HOMÈRE RHÉTORIQUE

RECHERCHES SUR LES RHÉTORIQUES RELIGIEUSES

VOLUME 28

Collection dirigée par
Gérard Freyburger et Laurent Pernot

Homère rhétorique

Études de réception antique

Textes réunis et édités par
Sandrine Dubel
Anne-Marie Favreau-Linder
Estelle Oudot

BREPOLS

© 2018, Brepols Publishers n.v., Turnhout, Belgium.

All rights reserved. No part of this publication may be reproduced, stored in a retrieval system, or transmitted, in any form or by any means, electronic, mechanical, photocopying, recording, or otherwise without the prior permission of the publisher.

D/2018/0095/234
ISBN 978-2-503-58081-4
eISBN 978-2-503-58082-1
DOI 10.1484/M.RRR-EB.5.115733

ISSN 0770-0210
eISSN 2566-0004

Printed in the EU on acid-free paper.

Table des matières

Préface   7
Gérard Freyburger & Laurent Pernot

Introduction : lectures rhétoriques d'Homère   9
Anne-Marie Favreau-Linder

Homère *mélèsigénès* : enjeux poétiques et rhétoriques d'une naissance légendaire   23
Jean-Luc Vix

Première partie
Homère logographe : l'éloquence des orateurs homériques

Divine Rhetoric in the *Odyssey*: The Dialogue between Hermes and Calypso at *Od.* V, 85-148   41
Christodoulos Zekas

Commentaires rhétoriques de l'ambassade à Achille   59
Anne-Marie Favreau-Linder

Rhéteurs de père en fils : Ulysse et Télémaque vus par Eustathe de Thessalonique   81
Corinne Jouanno

Deuxième partie
Homère *technitès logôn* : le maître du style

Lysias avant Homère   95
Martin Steinrück

Autour de la tradition du style sublime d'Ulysse : dénotation, connotations, cliché, ou la fortune d'une comparaison homérique   107
Sylvie Perceau

6 TABLE DES MATIÈRES

Les figures selon les scholies à Homère   121
Françoise LÉTOUBLON

**Homère, le maître incontesté de l'expression selon le Pseudo-
Plutarque du *De Homero***   141
Hélène FUZIER

Homère dans le *De figuris* d'Alexandros : la lettre et l'esprit   151
Pierre CHIRON

À propos de la paréchèse chez Homère   163
Pierre-Yves TESTENOIRE

Troisième partie
Poète ou orateur ? Homère dans la réflexion rhétorique

Homère dans le *Traité du Sublime*   179
Sophie CONTE

L'Homère de Quintilien : *summus et primus auctor*   195
Pascale PARÉ-REY

**Homère, père des sophistes ? Les références homériques dans la
rhétorique religieuse d'Aelius Aristide**   215
Johann GOEKEN

Homère rhétorique à la Renaissance : de l'éloquence à l'élégance   229
Christiane DELOINCE-LOUETTE

Bibliographie d'orientation   245

Index des principaux passages cités   249

Préface

« C'est le plus grand. C'est le plus vieux. C'est le patron. C'est le père. Il est le maître de tout » rappelait Péguy à propos d'Homère[1]. Maître de tout, et donc aussi maître de rhétorique : c'est ainsi que les Anciens l'ont lu, même si cela peut surprendre, aujourd'hui, s'agissant d'un poète. Dans l'Antiquité, l'épopée n'était pas radicalement séparée de l'art du discours. On estimait qu'elle mettait en œuvre des procédés comparables à ceux de la prose et qu'elle était justiciable d'une approche critique similaire.

Pareille conception fonde l'enquête présentée ici par Sandrine Dubel, Anne-Marie Favreau-Linder et Estelle Oudot, trois spécialistes de littérature grecque, qui ont réuni des collègues français et étrangers pour réfléchir sur le magistère exercé par Homère dans le domaine de la rhétorique, à partir de textes célèbres, comme ceux du Pseudo-Longin et de Quintilien, mais aussi de textes moins connus et parfois non traduits – comme des scholies et des commentaires byzantins, ou des ouvrages de la Renaissance – dont la teneur est ici rendue accessible. Les rhéteurs grecs et latins ont noté le grand nombre des prises de parole qui émaillent le récit homérique et relevé des discours et des dialogues particulièrement réussis. Ils ont analysé les procédés et les figures employés par le poète. Ils sont remontés aux sources de son art : le sublime, l'inspiration divine, qui associent rhétorique et religion, dans l'esprit cher à la présente collection.

Abordant sous un angle original la richesse inépuisable des épopées homériques et du matériel exégétique qui les a accompagnées dans l'histoire de la culture, ce volume souhaiterait apporter une double contribution, à la connaissance d'Homère et à la connaissance de la rhétorique.

Gérard FREYBURGER & Laurent PERNOT

---

[1] *Clio. Dialogue de l'Histoire et de l'âme païenne*, dans *Œuvres en prose complètes*, III, éd. R. Burac, Paris, 1992, p. 1159.

ANNE-MARIE FAVREAU-LINDER

Introduction : lectures rhétoriques d'Homère

Poésie et rhétorique

Si Homère fut dès l'Antiquité le « Prince des poètes », à la fois source et génie inégalé de la poésie, il peut sembler paradoxal de célébrer en lui également le « prince des orateurs »[1]. Les Grecs définissent avant tout la prose comme un négatif du vers, du fait de son absence de mètre[2]. La prose oratoire, telle qu'elle apparaît à Athènes au Ve siècle av. J-C., s'est constituée en se distinguant de la poésie, jouant de l'écart et de la proximité, de l'imitation et de la rivalité[3]. Ainsi, Isocrate empiète délibérément sur le territoire de la poésie en composant des éloges en prose et revendique un style dont les caractères rapprochent son discours de la poésie plutôt que de l'éloquence contemporaine, notamment judiciaire[4]. L'essor de l'éloquence épidictique à l'époque impériale consacre le triomphe de la prose et l'orateur tend alors à se substituer au poète[5].

Le statut rhétorique d'Homère dans la réception antique est donc aussi lié à l'évolution des relations entre poésie et prose et à celle de leur théorisation respective. L'éloquence envisagée par les traités rhétoriques est d'abord celle du tribunal ou de l'assemblée plutôt que celle des cérémonies et de la célébration. Ce contexte politique lui assigne une visée et des sujets *a priori* éloignés de ceux de la poésie et détermine un état d'esprit et une attente de l'auditoire fort différents de ceux du public d'un poète.

---

1 L'expression française « Prince des poètes », familière à la Renaissance – cf. par exemple la traduction de l'*Iliade* par Hugues Salel (1545) – est un décalque du latin *princeps poetarum*, expression qui toutefois ne semble pas très usuelle dans la littérature latine antique. En revanche, l'expression *princeps oratorum* est bien attestée, ainsi chez Cicéron pour désigner Démosthène (*Brutus*, 141 et *De opt. genere oratorum*, 13).

2 Aristote, *Rhét.* III, 8, 3, 1408b30 ; cf. R. Graff, « Prose versus Poetry in Early Greek Theories of Style », p. 305. À l'inverse, Gorgias, en définissant la poésie comme « un langage pourvu de mètre » (λόγον ἔχοντα μέτρον), réduit celle-ci à n'être qu'une catégorie particulière du *logos* (*Éloge d'Hélène*, 8). Pour une histoire de l'apparition de la prose et de ses enjeux, voir notamment S. Goldhill, *The Invention of Prose*.

3 R. Graff, « Prose versus Poetry », p. 317-322. Sur la constitution d'une prose d'art dont Gorgias est le premier jalon, cf. G. A. Kennedy, « The evolution of a theory of artistic prose ».

4 Isocrate, *Ev.*, 8-11 ; cf. L. Pernot, *La rhétorique de l'éloge dans le monde gréco-romain*, p. 19-23. Sur le style « poétique » d'Isocrate, voir *Sur l'échange* (*Ant.*), 46-47, et T. Papillon, « Isocrates and the Greek Poetic tradition », ainsi que A. de Crémoux, « Les figures de poètes et la définition de la *philosophia* isocratique, quelques remarques ».

5 Cf. le chapitre « La succession des poètes » de L. Pernot, *La rhétorique de l'éloge*, p. 635-657.

Anne-Marie Favreau-Linder Maître de conférences à l'Université Clermont Auvergne.

Homère rhétorique. Études de réception antique, éd. par Sandrine DUBEL, Anne-Marie FAVREAU-LINDER et Estelle OUDOT, Turnhout, Brepols 2018 (*RRR* 28), p. 09-22
Brepols Publishers   10.1484/M.RRR-EB.5.115793

Aussi, la poésie ne devrait guère avoir sa place dans l'exposé de préceptes concernant l'élaboration d'un discours à même de convaincre des concitoyens sur des décisions judiciaires ou politiques. Mais une simple présentation des faits ou une pure démonstration ne suffisent pas à emporter la conviction. Les théoriciens – Aristote lui-même à son corps défendant (*Rhét.* III, 1, 1404a) – prennent acte de cette imperfection du public et soulignent la nécessité de recourir à d'autres moyens et de soigner notamment la manière de formuler le discours. Cette réflexion menée sur la *lexis* – la mise en forme stylistique du discours – amène à réintroduire la poésie dans la rhétorique. Aristote reconnaît l'antériorité de la poésie et la dette stylistique de la prose oratoire à son égard[6], même si c'est pour aussitôt distinguer l'une de l'autre[7]. La poésie, en tant que langage versifié, apparaît bien souvent comme une frontière stylistique qui encadre et délimite l'usage de procédés (vocabulaire, rythme, figures). Elle s'avère indispensable pour penser les éléments constitutifs de l'expression, du fait de sa primauté chronologique, puisqu'elle offre les premiers exemples de mise en œuvre de ces procédés. Mais ce rôle de modèle est inséparable de sa fonction de repoussoir, nécessaire, pour isoler les spécificités de la prose oratoire. Cette position ambiguë demeure celle de la poésie dans la majorité des traités rhétoriques[8]. Toutefois, plusieurs éléments viennent nuancer cette radicalité théorique qui tracerait une ligne de démarcation infranchissable entre poésie et rhétorique.

Même si des traités furent consacrés en propre à la poésie – la *Poétique* d'Aristote en étant, pour nous modernes, le mieux connu – la réflexion sur ces deux genres fut menée non seulement en parallèle mais aussi de concert[9]. Les références croisées entre les deux traités d'Aristote montrent les points de chevauchement entre ces deux arts du discours : ainsi, Aristote renvoie à la *Rhétorique* alors qu'il évoque, dans la *Poétique* (ch. 19), une partie de la poésie, la pensée (*dianoia*) : « Relève de la pensée tout ce qui doit être produit par la parole », c'est-à-dire « démontrer, réfuter » mais encore « produire des émotions violentes… et aussi l'effet d'amplification et des effets de réduction »[10]. Le poète (épique ou tragique) fait parler des personnages et à ce titre le

---

6 Aristote, *Rhét.* III, 1, 1404a24-29.

7 La *lexis* poétique ne convient pas au discours (*Rhét.* III, 1404b4-5), à la fois parce qu'elle n'est pas appropriée aux sujets traités par l'éloquence et parce qu'elle nuirait à l'efficacité persuasive du discours. Le style poétique est trop éloigné du langage courant et paraîtrait apprêté pour séduire et dissimuler la vérité. Non que la prose de l'orateur soit le degré zéro du style ; au contraire, elle doit elle-aussi se distinguer de la langue quotidienne, mais cacher son art. Comme le résument J.-Ph. Guez et D. Kasprzyk : « Le prosateur est un poète qui veut passer inaperçu » (Avant-propos au volume *Penser la prose dans le monde gréco-romain*, p. 8).

8 Voir l'analyse de P. Chiron sur le traité *Du style* du Pseudo-Démétrios, « La poésie, modèle et repoussoir chez les théoriciens des caractères et des formes (*ideai*) du discours ». Pour les auteurs de manuels d'exercices scolaires, Homère apparaît même comme un « contre-modèle stylistique », cf. F. Robert, « La présence d'Homère dans les *progymnasmata* d'époque impériale », p. 73-86.

9 G. Kennedy, *Classical Rhetoric and its Christian and Secular Tradition from Ancient to Modern Time*, p. 279-282. Les traités de Philodème (Ier s. av. J-C) consacrés l'un à la poésie, l'autre à la rhétorique, sont un exemple à l'époque romaine de cette double tradition, cf. la présentation de ces traités par D. C. Innes, dans G. Kennedy (éd.), *Literary Criticism*, p. 215-219.

10 *Poet.*, 9, 56a 33, traduction R. Dupont-Roc et J. Lallot ; voir également leurs explications à ce passage, notes 3 et 4 p. 305-311. Sur les points communs entre l'art de l'orateur et celui du poète, cf. R. Webb, « Poetry and Rhetoric », p. 341-349.

INTRODUCTION : LECTURES RHÉTORIQUES D'HOMÈRE   11

discours (*logos*), et non seulement l'intrigue (*muthos*), joue un rôle majeur. Le poète
se doit donc de connaître les préceptes de la rhétorique et d'être lui-même, d'une
certaine manière, orateur. En retour, les discours épiques ou tragiques relèvent de
l'analyse des rhétoriciens et peuvent être cités en modèles. De fait, les poètes, et en
particulier Homère, forment un répertoire familier, intégré au programme scolaire
dès l'époque hellénistique, dans lequel les technographes vont puiser pour illustrer
non pas uniquement des procédés stylistiques mais plus généralement des procédés
du discours jugés communs. Par ailleurs, les auteurs des traités, à partir du moment
où ils ne forgent pas leurs propres exemples mais les empruntent aux orateurs
comme aux poètes[11], glissent parfois de l'illustration ou du jugement comparatif au
commentaire littéraire du texte cité.

   Cette évolution des traités à l'époque hellénistique et impériale suit le mouvement
général de « littérarisation » de la rhétorique qui tend à élargir son champ pour
inclure le discours sous toutes ses formes[12]. Ainsi, dans son traité sur les catégories
stylistiques du discours, Hermogène (IIe siècle ap. J-C) regroupe sous l'appellation
de panégyrique, la prose historique et philosophique mais aussi la poésie. Par une
forme de renversement, la poésie est devenue une espèce du discours panégyrique,
dans une vision qui subsume le clivage prose-poésie. Sans grande surprise, le modèle
par excellence de la poésie est Homère, au même titre que Démosthène peut l'être
pour le discours politique. Toutefois, Hermogène étend la souveraineté d'Homère
à quasiment toute la littérature en convoquant, dans la lignée d'Aristote, la nature
mimétique de la poésie : « La meilleure des poésies est celle d'Homère et Homère
est le meilleur des poètes ; et si j'ajoute le meilleur des orateurs et des logographes,
c'est peut-être la même chose. En effet la poésie est une imitation de toutes choses,
et celui chez qui l'ornement au niveau de l'expression s'unit à une parfaite imitation
des orateurs haranguant le peuple et des chantres à la cithare chantant dans les fêtes,
comme Phémios et Dêmodokos, et de tous les autres personnages et de toutes les autres
choses, celui-là est le meilleur des poètes ; dans ces conditions donc, peut-être était-ce
la même chose de dire qu'il est le meilleur des orateurs et des logographes[13]. » La
perfection de l'imitation des discours oratoires qui caractérise les discours qu'Homère
place dans la bouche de ses héros en fait non seulement des discours-modèles, mais
confère à celui qui les a composés le statut de logographe, au sens étymologique
d'« écrivain de discours ». Le langage est en effet le matériau commun à l'imitation
(le discours fictif) et à l'objet imité (le discours réel) si bien que pour Hermogène,

---

11   Si l'auteur de la rhétorique à Alexandre rédige lui-même ses exemples, par la suite la pratique la plus
     courante (en dehors des recueils de *progymnasmata*) est celle des citations littéraires, initiée, semble-t-il,
     par Aristote, cf. P. Chiron, « Les arts rhétoriques gréco-latins : structure et fonction », note 55, p. 126.
12   G. Kennedy, *Classical Rhetoric and its Christian and Secular Tradition*, p. 128-130.
13   ἀρίστη τε γὰρ ποιήσεων ἡ Ὁμήρου, καὶ Ὅμηρος ποιητῶν ἄριστος, φαίην δ' ἂν ὅτι καὶ ῥητόρων καὶ
     λογογράφων, λέγω δ' ἴσως ταὐτόν· ἐπεὶ γάρ ἐστιν ἡ ποίησις μίμησις ἁπάντων, ὁ δὲ μετὰ τῆς περὶ τὴν λέξιν
     κατασκευῆς ἄριστα μιμούμενος καὶ ῥήτορας δη μηγοροῦντας καὶ κιθαρῳδοὺς πανηγυρίζοντας ὥσπερ τὸν
     Φήμιον καὶ τὸν Δημόδοκον καὶ τὰ ἄλλα πρόσωπά τε καὶ πράγματα ἅπαντα, οὗτος ἄριστός ἐστι ποιητής,
     ἐπειδὴ οὖν ταῦθ' οὕτως ἔχει, τάχ' ἂν ταὐτὸν εἰρηκὼς εἴην, εἰπὼν εἶναι ποιητῶν ἄριστον, ὡς εἰ καὶ ῥητόρων
     ἄριστον καὶ λογογράφων ἔλεγον (II, 10, 31, traduction M. Patillon).

12 ANNE-MARIE FAVREAU-LINDER

il y a une coïncidence entre l'imitation et son objet[14]. Homère est donc tout autant orateur que poète[15]. La singularité de l'expression versifiée est momentanément dépassée par une conception plus large du *logos*. Homère logographe doit en effet s'entendre, pour Hermogène, au sens plus large d'écrivain en prose. On comprend de la sorte que les discours des héros homériques mais aussi des passages de narration ou de description soient cités en modèle et inspirent les traités de *progymnasmata*, ces manuels d'exercices qui accompagnent l'éducation rhétorique pour former, plus qu'un orateur, un écrivain.

Homère et la rhétorique

Au sein de cette histoire des relations entre prose et poésie, rhétorique et poétique, Homère occupe une place spécifique. Anciens comme modernes ont en effet été sensibles à la fois à l'importance des discours dans les poèmes homériques et à leur facture. L'*Iliade* offre plusieurs scènes d'assemblée, divine ou humaine, où résonnent des discours de délibération sur la conduite à tenir ou d'exhortation à l'action. La parenté du cadre énonciatif avec celui du discours politique de la cité classique athénienne – même si les conditions sociopolitiques ne sont pas les mêmes – semble conférer à ces personnages homériques un statut d'orateurs dont l'éloquence pourrait s'analyser selon une grille rhétorique formalisée à une époque postérieure. Ainsi, non sans malice, Platon établit en la fondant sur l'étymologie l'identité entre héros et orateurs (*Cratyle*, 398d). Le constat d'une certaine pratique de l'éloquence dans les poèmes homériques semble accréditer la présence d'une rhétorique chez Homère et vient interférer avec la question des origines de la rhétorique, question posée dès l'Antiquité mais qui continue d'interroger et de diviser les savants modernes. L'*archè* proposée varie selon la définition de la rhétorique retenue : conçue comme une théorisation organisée et écrite, la rhétorique voit généralement sa naissance placée dans la deuxième moitié du Ve siècle[16] ; mais, entendue comme une pratique réfléchie du discours impliquant une mise en œuvre consciente de procédés visant à le rendre persuasif, comme le proposent par exemple S. Dentice et R. Ahern Knudsen,

---

14 Cf. la note 613 de M. Patillon à son édition et traduction du traité *De ideis*, p. 328.

15 Après avoir évoqué l'exemple des artisans, dont Homère imite aussi dans sa poésie les objets mais qu'il ne saurait réellement égaler, Hermogène remarque : « Pour ceux au contraire, dont l'œuvre consiste en un discours, comme les orateurs et les logographes, celui qui en donne la meilleure imitation et qui parle comme parlerait le meilleur d'entre eux, celui-là sera certainement aussi le meilleur d'entre eux. » (II, 10, 32 : οἷς δ' ἔστιν ἐν λόγῳ τὸ ἔργον, οἷον ῥήτορσι λέγω καὶ λογογράφοις, ὁ τούτους ἄριστα μιμούμενος καὶ λέγων, ὥσπερ ἂν ὁ ἐκείνων ἄριστος εἴποι, πάντως ἂν εἴη καὶ αὐτὸς ἐκείνων ἄριστος).

16 La tradition antique faisait remonter à deux orateurs de Syracuse, Corax et Tisias, la fondation d'une *technè rhètorikè*. Pour un examen critique de cette tradition, cf. T. Cole, « Who was Corax ? ». T. Cole, *The Origins of Rhetoric*, et E. Schiappa, *The Beginnings of Rhetorical Theory in Classical Greece*, proposent chacun de retarder au IVe siècle l'invention de la rhétorique, en se fondant notamment sur l'apparition du terme en grec. De fait, les premiers traités de préceptes rhétoriques conservés datent du IVe siècle, mais la théorisation de l'éloquence est déjà en œuvre dans l'enseignement des sophistes

INTRODUCTION : LECTURES RHÉTORIQUES D'HOMÈRE

la rhétorique plonge alors ses racines dans l'épopée homérique[17]. Leur thèse s'inscrit à la fois dans le débat sur les origines de la rhétorique et dans le champ des études homériques[18]. Les deux auteurs actualisent également, d'une certaine manière, la tradition antique d'une « rhétorique d'Homère » et qui va parfois jusqu'à faire d'Homère, l'inventeur de la rhétorique.

Homère lui-même encourage cette lecture, non seulement parce que ses poèmes abondent en discours, qui, selon Quintilien, illustrent entre autres les principaux genres oratoires[19], mais aussi parce qu'il commente l'éloquence de ses personnages ou souligne l'importance de savoir bien parler[20]. Deux passages très connus, auxquels se référaient déjà les Anciens, sont la description comparée de l'éloquence de Ménélas et Ulysse par Anténor (*Il.* III, 212-224) et la définition par Phénix de sa mission de précepteur auprès d'Achille, chargé de lui « apprendre (διδασκέμεναι) à être en même temps un bon diseur d'avis (μυθῶν τε ῥῆτηρ᾽) et un bon faiseur d'exploits » (*Il.* IX, 442-443). Le premier témoigne du souci du poète d'individualiser et de caractériser l'éloquence de ses héros et met en scène avec Anténor une figure de connaisseur, qui reflète sans doute le goût de l'auditoire de l'aède pour les beaux discours. Cette caractérisation a été interprétée dans l'Antiquité comme une préfiguration des principaux styles oratoires[21]. Le second passage souligne la nécessité pour être un héros accompli d'exceller non seulement dans le domaine des armes mais aussi dans celui de la parole, qualités qui ne relèvent pas simplement d'un don naturel mais également d'un apprentissage. Le passage a été lu comme la preuve de l'existence d'une *technè rhètorikè* dès Homère.

Le présent volume ne cherche pas à résoudre la question des origines de la rhétorique mais à examiner quelques facettes de la réception rhétorique d'Homère dans l'Antiquité. Il fait suite à un double colloque international consacré à ce sujet[22]. Une première partie des contributions a été publiée dans le livre, *À l'école d'Homère. La culture des orateurs et des sophistes.* La perspective adoptée y est celle de l'influence

---

et dans leurs réflexions et recherches sur le langage, cf. L. Pernot, *La rhétorique dans l'Antiquité*, p. 36-41 et P. Chiron, Introduction à son édition et traduction de la *Rhétorique à Alexandre*, p. VIII-IX et CVII-CLXV.

17 Stefano Dentice di Accadia Ammone, *Omero e i suoi oratori. Tecniche di persuasione nell'Iliade*, et avec un titre plus directement polémique, Rachel Ahern Knudsen, *Homeric Speech and the Origins of Rhetoric*.

18 Pour un état très soigné de la question, voir S. Dentice, *Omero e i suoi oratori*, p. 1-16.

19 Quintilien X, 1, 46. Voir dans ce volume l'étude de P. Paré-Rey.

20 R. Knudsen, *Homeric Speech*, établit pour l'*Iliade* une liste des commentaires métatextuels, formulés soit par le narrateur homérique soit par les personnages, p. 8-13. Voir également les passages relevés par L. Pernot, *La rhétorique dans l'Antiquité*, p. 16-18.

21 Aux figures de Ménélas, représentant du style simple, et d'Ulysse, représentant le style élevé, on ajoutait celle de Nestor pour le style moyen. Voir par exemple F. Létoublon, « Le bon orateur et le génie selon Anténor dans l'*Iliade* : Ménélas et Ulysse », p. 29-40 et S. Perceau, « Des mots ailés aux mots en flocon : quelques portraits d'orateurs dans l'*Iliade* », p. 23-37.

22 « Homère rhétorique. Études de réceptions antiques », dont on a repris le titre pour le présent volume. Le colloque fut organisé en 2010 successivement et conjointement par les universités de Clermont-Ferrand (CELIS, Centre de recherches sur les littératures et la socio-poétique, EA 4280) et de Bourgogne (Centre pluridisciplinaire textes et cultures, EA 4178).

14 ANNE-MARIE FAVREAU-LINDER

d'Homère dans la production littéraire des sophistes ou des orateurs[23]. Les articles ici réunis portent sur un aspect à la fois plus spécifique et plus technique puisqu'ils s'intéressent aux lectures et aux commentaires rhétoriques d'Homère dans l'Antiquité, dont témoignent non seulement les ouvrages consacrés à l'exégèse homérique – scholies, monographies et commentaires – mais aussi les traités de rhétorique qui intègrent des références, parfois nombreuses et développées, aux poèmes homériques. Cette étude a été étendue également à quelques discours d'Aelius Aristide qui proposent une réflexion théorique sur la poésie homérique.

La majorité des contributions se fondent sur des textes d'époque impériale voire byzantine, même si dans le cas des scholies, leur contenu peut dériver de commentaires alexandrins. Cette périodisation est le résultat de deux phénomènes conjugués : celui de la transmission des textes, les traités rhétoriques ou les commentaires consacrés à Homère qui nous ont été conservés sont le plus souvent postérieurs à l'époque classique et même hellénistique ; celui de l'essor et du foisonnement de la production de traités rhétoriques à l'époque impériale où la rhétorique irrigue et domine la réflexion théorique littéraire.

Ce livre s'ouvre sur la figure d'Homère, que les Anciens ont placé à l'origine de la rhétorique, et qui avait lui-même inspiré de nombreuses légendes sur son origine. En menant l'enquête sur la tradition qui en fait le fils du fleuve Mélès, Jean-Luc Vix montre comment cette légende, qui servit de blason touristique et d'argument pour conforter l'orgueil poliade de Smyrne, a été l'objet elle-même d'une exégèse à la fois poétique et rhétorique. Par le détour de la métaphore et de la paronomase, les rhéteurs ont remotivé cette filiation, détachée désormais de son contexte local, pour restaurer Homère dans son identité de poète et d'orateur universel.

Le volume s'ordonne autour de deux grands thèmes, l'éloquence des orateurs homériques et la rhétorique d'Homère. Le premier fait écho, en quelque sorte, à la vision hermogénienne d'un Homère orateur ou logographe, mais il se veut aussi un clin d'œil ludique aux prolégomènes antiques à la rhétorique. Pour démontrer que la rhétorique avait existé de toute éternité, ces textes tardifs (du IVe siècle à l'époque byzantine[24]) convoquaient pour les temps divins et héroïques, des exemples tirés d'Homère. Dans son étude du discours d'Hermès à Calypso au chant V de l'*Odyssée*, Christodoulos Zekas met au jour une rhétorique de la suggestion et de l'implicite, qui vise à manipuler le destinataire. Ce discours oblique lui paraît une caractéristique de l'éloquence divine dans l'*Odyssée*. On pourra se demander également si la fonction d'ambassadeur divin porteur d'un message déplaisant – que revêt Hermès en la circonstance – ne requiert pas les précautions d'un langage diplomatique comparable

---

23 Les œuvres oratoires ou sophistiques inspirées par Homère, étudiées dans le volume *À l'école d'Homère*, engagent bien souvent de manière plus ou moins explicite une certaine interprétation d'Homère, comme le note Richard Hunter, « The Rhetorical Criticism of Homer » : « Throughout antiquity, the critical interpretation and creative *mimesis* of the Homeric text travelled hand-in-hand », p. 683. C'est pourquoi, ce double colloque a exploré de concert des textes exégétiques et des réécritures rhétoriques d'Homère.

24 Sur ces prolégomènes, voir l'introduction de M. Patillon à l'édition et traduction du *Préambule à la Rhétorique* (anonyme), p. 3-12.

à celui d'Ulysse, envoyé par Agamemnon auprès d'Achille. La dissimulation de ses intentions véritables dans le discours, théorisée par la rhétorique antique sous le terme de « discours figuré », est en effet l'un des traits saillants des commentaires rhétoriques à l'*Ambassade* étudiés par Anne-Marie Favreau-Linder. Le discours déguisé, voire mensonger, reparaît évidemment dans l'*Odyssée*, pour caractériser l'éloquence d'Ulysse, mais aussi celle de Télémaque. Comme le montre Corinne Jouanno, Eustathe de Thessalonique est particulièrement attentif à ce lien de filiation rhétorique entre les deux héros et souligne les progrès accomplis par Télémaque dans cet apprentissage de l'éloquence sous la houlette d'Athéna-Mentès.

Le second thème qui parcourt ce volume illustre le titre de *technitès logôn* – « artiste » et « technicien » de l'éloquence – que le Pseudo-Plutarque décernait à Homère (*De Homero*, 2). Il s'articule en trois problématiques : celle du style, celle des figures et enfin, dans un élargissement et une mise en perspective des enjeux des deux précédentes consacrées à la *lexis*, la question de la place d'Homère, entre poète et orateur, dans la réflexion rhétorique.

Une des préoccupations qui domine la théorie stylistique antique est la détermination d'un système de genres (trois ou quatre en général), qui permette à la fois de classer les orateurs de l'époque classique, de juger de la réussite des orateurs suivants à l'aune de ce canon et de déterminer les éléments constitutifs de chacun de ces styles. Les héros épiques dont Homère avait caractérisé l'éloquence – Ménélas, Ulysse et Nestor – ont été réunis par les rhéteurs de l'époque romaine en une triade d'orateurs précurseurs des modèles attiques représentatifs des trois styles d'éloquence, Lysias, Démosthène et Isocrate[25]. Cette projection tardive, comme le montre Martin Steinrück, méconnaît une opposition stylistique que met en œuvre l'*Odyssée* et qui fait écho aux rivalités contemporaines entre poètes, celle du style catalogique et du style narratif. Pourtant, cette querelle stylistique n'a pas été sans influencer la théorie rhétorique classique et la distinction entre style simplement coordonné (ou « cousu » pour reprendre la métaphore d'Aristote[26]) et style périodique (ou « tressé »), même si elle fut par la suite quelque peu oubliée et supplantée au profit de la division entre style simple, style élevé et style moyen. Le succès de cette classification ternaire se mesure en particulier à la façon dont elle détermine les explications des exégètes antiques, lorsqu'ils commentent la comparaison entre l'éloquence d'Ulysse et les flocons de neige au chant III de l'*Iliade*. Sylvie Perceau retrace ce parcours interprétatif, en soulignant la subjectivité et les jugements de valeur à l'œuvre dans les commentaires. En se livrant elle-même à cet exercice d'exégèse, elle met en lumière les défaillances méthodologiques des interprétations antiques, qui finissent par fausser la signification de cette comparaison.

Indépendamment d'un style, les comparaisons homériques sont étudiées ou recensées, en leur qualité de figures. Les scholies, à plusieurs reprises, ne se contentent pas de signaler une comparaison mais en offrent une explication, dont la

---

25 Les noms des orateurs ou prosateurs d'époque classique attachés à chaque style ont pu varier selon les sources rhétoriques.

26 Selon la traduction de P. Chiron, *Aristote, Rhétorique*, 1409a24-25.

justesse n'est, de fait, pas toujours pertinente au vu du contexte énonciatif. Pourtant, les scholiastes mettent ponctuellement en relation les comparaisons entre elles à l'intérieur d'un chant ou même du poème tout entier. Françoise Létoublon suit les méandres de l'interprétation donnée par les scholiastes à quelques comparaisons de l'*Iliade*, pour tenter d'en dégager les principes herméneutiques et d'y repérer les traces d'une distinction (ou au contraire d'une confusion) théorique entre comparaison et métaphore. Le traité du Pseudo-Plutarque, qui fait d'Homère la source et le paradigme de tout savoir, comprend également un assez long développement sur les figures de style, qui oscille entre répertoire illustratif et commentaire. Hélène Fuzier, après avoir souligné la conformité de l'exposé sur les tropes avec les présentations offertes par d'autres traités, signale en revanche l'originalité de l'auteur du *De Homero* quand il traite des comparaisons. Les exemples donnés relèvent d'un choix personnel et font l'objet d'un commentaire particulier qui les replace dans leur contexte narratif. Cette contextualisation disparaît dans les monographies rhétoriques consacrées aux figures, tel le traité d'Alexandros présenté par Pierre Chiron. Cependant, même ainsi détachée, la citation homérique n'en est pas pour autant isolée mais recompose par association avec les autres citations qui l'entourent un tissu signifiant et représentatif des conceptions stylistiques de l'auteur. Alors même que les références aux orateurs dominent comme de juste un traité destiné à la formation rhétorique, les citations homériques sont pourtant nombreuses et convoquées, non pour illustrer les excès de l'ornement poétique, mais pour servir l'efficacité persuasive du discours dans une vision en quelque sorte « atticiste » d'Homère. Au regard des catalogues standardisés de figures proposés par les traités, la figure de la paréchèse, à laquelle s'intéresse Pierre-Yves Testenoire, se distingue par sa singularité. Cette figure, qui repose sur des échos sonores entre deux mots, ne se rencontre qu'à partir d'Hermogène où elle est brièvement traitée. Étonnamment, elle devient une figure majeure dans le commentaire d'Eustathe de Thessalonique, pour qui elle apparaît comme un trait emblématique de l'*euphônia* d'Homère. Conséquence incidente des transformations phonétiques de la langue grecque (notamment le iotacisme), le développement de cette figure témoigne avant tout d'une attention nouvelle portée aux phénomènes sonores au sein du vers à une époque, pourtant, où le rapport à la poésie homérique est d'abord écrit.

La poésie homérique nourrit de ses exemples les traités de rhétorique, laquelle, en retour, imprègne les écrits exégétiques consacrés au Poète. Cette tension réflexive entre poésie et rhétorique – où alternativement l'une est au service de l'autre— s'observe au sein d'un texte lui-même à la croisée des genres, entre *technè* et essai littéraire, le *Traité du Sublime*. Sophie Conte, par une étude détaillée des citations homériques et de leur insertion dans les différents chapitres du traité, montre comment l'agencement réfléchi des citations, la recomposition en centon de certaines, le commentaire ou parfois son absence, concourent à la démonstration du sublime homérique mais révèlent également une écriture travaillée et qui semble parfois rivaliser avec son modèle. La perspective de Quintilien – plus clairement rhétorique et didactique – rend son traitement de la poésie homérique particulièrement emblématique de cette « rhétoricisation » d'Homère, comme le démontre l'étude de Pascale Paré-Rey. Le rôle premier et fondamental d'Homère dans l'éducation antique et la diffusion de la

INTRODUCTION : LECTURES RHÉTORIQUES D'HOMÈRE 17

conception d'une rhétorique homérique se conjuguent pour conférer à Homère dans l'*Institution oratoire* une place prééminente. Il retrouve son identité plus proprement poétique aux côtés de son *alter ego* latin Virgile, en un couple qui, s'il ne suscite chez Quintilien que peu de jugements comparatifs, cristallise dans l'Antiquité tardive, puis avec plus d'acuité encore à la Renaissance, la querelle sur les modèles stylistiques.

Le rapport du grec Aelius Aristide avec Homère est plus conflictuel et plus complexe, ce qui pourrait paraître paradoxal, mais s'explique par le genre choisi par Johann Goeken pour examiner ces relations. Aelius Aristide est l'auteur de plusieurs hymnes en prose, or l'éloge des dieux relève de la tradition poétique. Le sophiste doit composer avec cet héritage tout en affirmant la légitimité voire la supériorité de son œuvre. La poésie homérique apparaît à la fois comme une source incontournable à laquelle l'hymne aux dieux puise sa matière et son langage mais aussi un précédent que le sophiste récuse tant pour des raisons théologiques que littéraires. L'oscillation entre éloge et blâme caractérise encore la réception d'Homère à la Renaissance dans les milieux littéraires et érudits. Christiane Deloince-Louette retrace l'évolution de ces lectures homériques, intimement liée à l'histoire de la transmission du texte avec les premières éditions humanistes. Elle montre comment les angles d'approche, rhétorique ou poétique, eux-mêmes en partie hérités de l'Antiquité, déterminent les jugements et participent à la théorisation d'une polémique littéraire contemporaine.

Ces lectures rhétoriques d'Homère constituent un volet essentiel de la réflexion intellectuelle et savante des Anciens sur Homère, mais aussi sur la rhétorique. Elles montrent combien les cadres de la théorie rhétorique informent et modèlent l'interprétation des poèmes ; elles viennent ainsi confirmer les travaux réalisés sur les scholies[27] et l'intérêt que présentent celles-ci pour notre compréhension de l'exégèse antique aussi bien que des textes qu'elles commentent. Le prisme de l'analyse rhétorique permet en effet de mieux mettre en lumière ou de voir sous un nouveau jour le rôle déterminant joué par certains éléments dans le poème (cf. les études de C. Zekas, d'A.-M Favreau-Linder et C. Jouanno). À l'inverse, on reste parfois frustré par le silence des commentateurs anciens sur certains procédés rhétoriques remarquables du texte homérique, qu'il faille imputer ce qui nous apparaît comme une défaillance au caractère nécessairement fragmentaire des scholies, ou à des habitudes de citation et de commentaire spécifiques, ou encore à une sensibilité différente de nos lointains prédécesseurs. Ces cadres rhétoriques, qui offrent des instruments d'analyse, peuvent se révéler des carcans qui faussent l'interprétation ou étouffent la pensée critique en l'enfermant dans une doctrine sclérosée que l'exégète se contente de répéter. On en apprécie d'autant mieux le caractère personnel de certaines remarques alors même que l'auteur est l'héritier justement d'une longue tradition (ainsi, Eustathe) et que la visée encomiastique de son écrit (claire dans le *De Homero*, cf. la contribution d'H. Fuzier) pourrait dicter son analyse.

---

27 Ainsi N. Richardson, « Literary Criticism in the Exegetical Scholia to the *Iliad* : a Sketch » ; M. Schmidt, « The Homer of the Scholia : what is explained to the reader ? », et pour une recherche étendue aux scholies à d'autres auteurs, R. Nünlist, *The Ancient Critic at Work : Terms and Concepts of Literary Criticism in Greek Scholia*.

En effet, l'interprétation du texte homérique peut être mise au service d'un parti-pris, afin d'en démontrer la validité (cf. les parcours diachroniques de S. Perceau et J.-L. Vix pour l'Antiquité et C. Deloince-Louette pour la Renaissance) ; mais, parfois aussi, les poèmes homériques stimulent la réflexion théorique en contribuant à enrichir ou à interroger les catégories stylistiques existantes, que ce soit le répertoire des figures (ainsi la figure de la paréchèse, voir l'analyse de P.-Y. Testenoire) ou la pertinence de la théorie des styles (C. Deloince-Louette). Si, dans les traités de rhétorique, les poèmes d'Homère ont au premier abord pour fonction la plus évidente d'illustrer un précepte ou une notion, la place qu'ils occupent varie d'un traité à l'autre, non seulement selon sa nature – traité général ou traité spécialisé – ou sa visée – didactique, pratique ou spéculative – mais selon également son auteur[28]. Les jugements de Quintilien expriment clairement son admiration pour Homère, qu'il prône comme modèle au futur orateur latin (cf. P. Paré-Rey), mais d'autres traités se présentent à première vue de manière impersonnelle comme de simples catalogues. Étudier la présence du texte homérique, par le biais de la citation ou de la mention, permet d'appréhender le traité comme une œuvre[29] : les références à Homère peuvent jouer un rôle dans la structure en favorisant enchaînement et échos, ou révéler une architecture (cf. P. Chiron), voire influer sur l'écriture même de l'auteur (cf. S. Conte). Elles émanent également du choix du technographe et sont autant d'indices qui révèlent un jugement et esquissent les contours de la personnalité d'un auteur évanescent (tels Alexandros ou l'auteur du traité *Du Sublime*).

Les lectures rhétoriques d'Homère révèlent donc parfois autant les conceptions, les jugements voire les contradictions de leurs exégètes qu'elles éclairent le texte homérique ou la théorie rhétorique eux-mêmes. C'est évidemment plus clair encore lorsque l'on quitte la littérature technique pour la prose oratoire d'un écrivain, comme Aelius Aristide (cf. J. Goeken). Ses convictions personnelles réactualisent le débat entre prose et poésie initié dans l'Athènes classique. Les polémiques littéraires constituent encore la toile de fond des exégèses homériques à la Renaissance, lesquelles après avoir nourri ces débats, en découvrent à l'historien le reflet (cf. C. Deloince-Louette) ; mais déjà l'*Iliade* et l'*Odyssée* s'inscrivaient dans un contexte de rivalité poétique dont le texte porte la trace (cf. M. Steinrück).

Si les études de ce volume font apparaître dans ces lectures d'Homère l'empreinte culturelle et historique des siècles qui les ont produites, la subjectivité et la partialité de leurs auteurs, elles soulignent également la continuité que la rhétorique instaure dans cette réception, sans pour autant la figer. Les études récentes sur les poèmes homériques montrent que loin d'être dépassée, l'approche rhétorique permet de relire Homère et d'en découvrir encore aujourd'hui le génie.

---

28 Pour une typologie des traités, voir P. Chiron, « Les arts rhétoriques gréco-latins : structures et fonctions », p. 101-134 et l'introduction de S. Conte au volume *L'écriture des traités rhétoriques des origines grecques à la Renaissance*, p. 21-23.

29 Sur cette perspective, cf. le volume de S. Conte et S. Dubel, *L'écriture des traités rhétoriques*.

Bibliographie

Sources antiques

Dupont-Roc, Roselyne et Lallot, Jean (éd.), *Aristote, Poétique*, Paris, Éditions du Seuil, 1980.

Chiron, Pierre (trad.), *Aristote, Rhétorique*, Paris, Flammarion GF, 2007.

Patillon, Michel, *Hermogène, les catégories stylistiques du discours (De ideis)*, Corpus rhetoricum, tome 4, Paris, Les Belles Lettres, 2012.

Patillon, Michel, *Préambule à la Rhétorique* (anonyme), *Corpus Rhetoricum*, tome 1, Paris, Les Belles Lettres, 2008.

Études

Ahern Knudsen, Rachel, *Homeric Speech and the Origins of Rhetoric*, Baltimore, The Johns Hopkins University Press, 2014.

Chiron, Pierre, « La poésie, modèle et repoussoir chez les théoriciens des caractères et des formes *(ideai)* du discours », in J.-Ph. Guez et D. Kasprzyk (éd.), *Penser la prose dans le monde gréco-romain*, Rennes, Presses Universitaires de Rennes, 2016, p. 57-68.

Chiron, Pierre, « Les arts rhétoriques gréco-latins : structures et fonctions », *Mètis*, NS 5, 2007, p. 101-134.

Cole, Thomas, « Who was Corax ? », *Illinois Classical Studies*, 16, 1-2, 1991, p. 65-84.

Cole, Thomas, *The Origins of Rhetoric in Ancient Greece*, Baltimore, The Johns Hopkins University Press, 1991.

Conte, Sophie, « Introduction : Le traité de rhétorique comme texte », in S. Conte et S. Dubel, (éd.), *L'écriture des traités rhétoriques des origines grecques à la Renaissance*, Bordeaux, Ausonius éditions, « Scripta Antiqua » 87, 2016, p. 11-28.

Conte, Sophie et Dubel, Sandrine (éd.), *L'écriture des traités rhétoriques des origines grecques à la Renaissance*, Bordeaux, Ausonius éditions, « Scripta Antiqua » 87, 2016.

De Crémoux, Anne, « Les figures de poètes et la définition de la *philosophia* isocratique, quelques remarques » in Vial, Hélène (éd.) et Favreau-Linder, Anne-Marie (coll.), *Poètes et orateurs dans l'Antiquité. Mises en scène réciproques*, Clermont-Ferrand, coll. « Erga » 13, Presses Universitaires Blaise Pascal, 2013, p. 75-87.

Dentice di Accadia Ammone, Stefano, *Omero e i suoi oratori. Tecniche di persuasione nell'Iliade*, De Gruyter, Berlin-Boston, 2012.

Dubel, Sandrine, Favreau-Linder, Anne-Marie & Oudot, Estelle (éd.), *À l'école d'Homère. La culture des orateurs et des sophistes*, Paris, Éditions rue d'Ulm, 2015.

Galy, Jean-Michel et Thivel, Antoine (éd.), *La rhétorique grecque. Actes du colloque « Octave Navarre »*, Publication de la Faculté des lettres, arts et sciences humaines de Nice, Nouv. sér., n°19, Nice, 1994.

Goldhill, Simon, *The Invention of Prose*, Oxford, Oxford University Press, 2002.

Graff, Richard, « Prose versus Poetry in Early Greek Theories of Style », *Rhetorica*, 23, 4, 2005, p. 303-335.

Guez, Jean-Philippe et Kasprzyk, Dimitri (éd.), *Penser la prose dans le monde gréco-romain*, Presses Universitaires de Rennes, Rennes, 2016.

Hunter, Richard, « The Rhetorical Criticism of Homer » in F. Montanari, S. Matthaios et A. Rengakos (éd.), *Brill's Companion to Ancient Greek Scholarship*, Leyde-Boston, Brill, 2015, vol. 2, p. 673-705.

Innes, Doreen, « Philodemus » in Kennedy, George A., *Cambridge History of Literary Criticism, vol. 1 : Classical Criticism*, Cambridge, Cambridge University Press, 1989, p. 215-219.

Kennedy, George A., « The evolution of a theory of artistic prose », in *id.* (éd.), *Cambridge History of Literary Criticism, vol. 1*, Cambridge, Cambridge University Press, 1989, p. 184-199.

Kennedy, George A. (éd.), *Cambridge History of Literary Criticism*, Cambridge, Cambridge University Press, 1989.

Kennedy, George A., *Classical Rhetoric and its Christian and Secular Tradition from Ancient to Modern Times*, 2e édition, Chapel Hill et Londres, University of North Carolina Press, 1999.

Létoublon, Françoise, « Le bon orateur et le génie selon Anténor dans l'*Iliade* : Ménélas et Ulysse », in J.-M. Galy et A. Thivel (éd.), *La rhétorique grecque. Actes du colloque « Octave Navarre »*, Nice, Publication de la Faculté des lettres, arts et sciences humaines de Nice, Nouv. sér., n°19, 1994, p. 29-40.

Montanari, Franco (éd.), *Omero tremila anni dopo*, Rome, Edizioni di Storia e Letteratura, 2002.

Montanari, Franco, Matthaios, Stephanos et Rengakos, Antonios (éd.), *Brill's Companion to Ancient Greek Scholarship*, Leyde, Brill, 2015.

Nünlist, Richard, *The Ancient Critic at Work : Terms and Concepts of Literary Criticism in Greek Scholia*, Cambridge, Cambridge University Press, 2009.

Papillon, Terence, « Isocrates and the Greek Poetic tradition », *Scholia*, 7, 1998, p. 41-61.

Perceau, Sylvie, « Des mots ailés aux mots en flocon : quelques portraits d'orateurs dans l'*Iliade* », dans Vial, Hélène (éd.) et Favreau-Linder, Anne-Marie (coll.), *Poètes et orateurs dans l'Antiquité. Mises en scène réciproques*, Clermont-Ferrand, coll. « Erga » 13, Presses Universitaires Blaise Pascal, 2013, p. 23-37.

Pernot, Laurent, *La rhétorique de l'éloge dans le monde gréco-romain*, Paris, Institut d'Études Augustiniennes, 1993.

Pernot, Laurent, *La rhétorique dans l'Antiquité*, Paris, Livre de poche, série « Antiquité », 2000.

Porter, Stanley E. (éd.), *Handbook of Classical Rhetoric in the Hellenistic Period (330 BC - AD 400*, Leyde, Brill, 1997.

Richardson, Nicholas, « Literary Criticism in the Exegetical Scholia to the *Iliad* : a Sketch », *Classical Quarterly*, 30-32, 1980, p. 265-287.

Robert, Fabrice, « La présence d'Homère dans les *progymnasmata* d'époque impériale », in Dubel Sandrine, Favreau-Linder, Anne-Marie & Oudot, Estelle (éd.), *À l'école d'Homère. La culture des orateurs et des sophistes*, Paris, Éditions rue d'Ulm, 2015, p. 73-86.

Schmidt, Martin, « The Homer of the Scholia : what is explained to the reader ? », in Montanari Franco (éd.), *Omero tremila anni dopo*, Rome, Edizioni di Storia e Letteratura, 2002, p. 159-177.

Schiappa, Anthony Edward, *The Beginnings of Rhetorical Theory in Classical Greece*, New Haven, Yale University Press, 1999.

Vial, Hélène (éd.) et Favreau-Linder, Anne-Marie (coll.), *Poètes et orateurs dans l'Antiquité. Mises en scène réciproques*, Clermont-Ferrand, coll. « Erga » 13, Presses Universitaires Blaise Pascal, 2013.

Webb, Ruth, « Poetry and Rhetoric », in Porter, Stanley (éd.), *Handbook of Classical Rhetoric in the Hellenistic Period (330 BC - AD 400)*, Leyde, Brill, 1997, p. 341-349.

JEAN-LUC VIX

Homère *mélèsigénès* : enjeux poétiques et rhétoriques d'une naissance légendaire

Dans son ouvrage *À travers l'Asie Mineure* Louis Robert consacre un chapitre à « Lucien et son temps » (ch. XVIII). Il y explique en particulier un passage d'*Alexandre ou le faux prophète* (§ 53) dans lequel l'oracle, à deux reprises, refuse de répondre à la question « d'où était Homère ». Lors de son enquête, le savant observe qu'une cité paphlagonienne voisine de celle de l'oracle, Amastris[1], avait frappé, à l'époque impériale, certaines monnaies portant sur le droit « au lieu de l'image et du nom de l'empereur […] la tête barbue d'Homère avec le nom Homéros. Au revers, tantôt il y a des types divers, tantôt un dieu-fleuve tenant une lyre et avec le nom Mélès[2]. » L. Robert explique cette curiosité par la prétention de Cromna, ville entrée dans le synœcisme d'Amastris, à avoir été la cité de naissance d'Homère, prétention justifiée par des allusions homériques à cette cité. Mais cette revendication n'était pas acceptée par ses voisines, en particulier par Abônouteichos, siège de l'oracle d'Alexandre, qui ne répondait jamais à un citoyen d'Amastris. La conclusion éclairante du texte lucianesque faite par l'éminent épigraphiste mérite d'être citée : « Le choix de cette question [posée à l'oracle] n'était pas un pédantisme de rhéteur rabâcheur, un remplissage facile d'un littérateur ne sachant qu'imaginer. Elle était inspirée par les réalités de l'époque et d'une région particulière[3]. » Pourtant, si le savant explique pourquoi les monnaies pouvaient comporter le visage et le nom d'Homère, il ne justifie pas, sur le revers, la représentation du fleuve Mélès, dont on sait qu'il arrosait Smyrne, mais non Amastris.

Il faut supposer qu'à l'époque impériale le nom d'Homère était en partie indissociable du fleuve Mélès, dont une légende raconte qu'il était le fils, à tel point que, même en dehors de Smyrne, la représentation de l'aède appelait celle de son père légendaire. Cette assimilation est sans doute à mettre en relation non seulement avec la poésie homérique et, en particulier, le traitement des fleuves et leur divinisation, mais aussi avec une récupération de l'aède par les rhéteurs et sophistes, soucieux d'annexer un Homère également tourné vers la rhétorique.

---

1 Ville sur la côte de Paphlagonie.
2 L. Robert, *À travers l'Asie mineure*, p. 416.
3 *Ibid.*, p. 419.

Jean-Luc Vix Maître de conférences à l'Université de Strasbourg.

Homère rhétorique. Études de réception antique, éd. par Sandrine DUBEL, Anne-Marie FAVREAU-LINDER et Estelle OUDOT, Turnhout, Brepols 2018 (*RRR* 28), p. 23-38
Brepols Publishers   10.1484/M.RRR-EB.5.115794

Une légende bien établie jusqu'à l'époque byzantine

Les nombreuses *Vitae Homeri*[4] évoquent régulièrement, à côté d'autres traditions, la naissance du poète à Smyrne. Mais, dans la plupart des cas, deux versions se côtoient : la version légendaire, Homère était le fils du fleuve Mélès et de la nymphe Crithéis[5], et, plus courante, l'explication en quelque sorte rationnelle du surnom Mélèsigénès qui aurait été attribué à l'aède, du fait de sa naissance sur les rives du fleuve. Parfois, on ne trouve que la seconde hypothèse, ainsi dans la vie d'Homère de Proclus ou dans celle du Pseudo-Hérodote, peu tentés par le merveilleux. Une troisième catégorie de textes évoque Homère fils de Mélès, sans préciser s'il s'agit du fleuve ou, ce qui était une des hypothèses communément admises, le nom de l'homme qui engendra le poète.

Quoi qu'il en soit, la mention de cette filiation légendaire du poète se trouve attestée dans de nombreux documents, généralement d'époque tardive, autres que les *Vies*. Ainsi l'encyclopédie de la Souda signale sous le nom Homère :

Ὅμηρος ὁ ποιητὴς ἦν υἱὸς Μέλητος τοῦ ἐν Σμύρνῃ ποταμοῦ καὶ Κριθηΐδος νύμφης

Homère était le fils du fleuve Mélès à Smyrne et de la nymphe Crithéis.

Même les grammairiens n'hésitent pas à prendre l'exemple de la vie d'Homère pour éclairer des fonctionnements linguistiques. Aelius Herodianus (IIe sièlce)[6], passant en revue la déclinaison de mots particuliers, évoque le génitif de *Mélès, Mélètos,* pour ajouter immédiatement à la suite qu'il s'agit du père d'Homère, sans préciser dans ce cas particulier si, dans son esprit, ce Mélès est le fleuve smyrniote ou un nom d'homme :

Μέλης, κύριον, καὶ κλίνεται Μέλητος · ἔστι δὲ ὁ τοῦ Ὁμήρου πατήρ · λέγουσι γὰρ αὐτὸν Μέλητος καὶ Κριθηΐδος εἶναι.

Mélès, nom propre, se décline sur le radical de Mélétos. C'est le père d'Homère : on dit en effet qu'Homère est le fils de Mélès et de Crithéis.

À l'époque byzantine, Tzétzès, dans les *Chiliades,* est plus précis[7]. Évoquant les nombreuses patries du poète, sept selon lui, il commence par envisager l'origine smyrniote : Homère était le fils de Mélès et Crithéis (*Chil.* 13. 630) :

Σὺ δὲ Σμυρναῖον γίνωσκε τὸν Ὅμηρον ὑπάρχειν, υἱὸν δὲ δὴ τοῦ Μέλητος ὄντα καὶ Κριθηΐδος

Considère qu'Homère est smyrniote, étant donné qu'il est le fils de Mélès et de Crithéis.

---

4 Voir M. L. West, *Homeric Hymns, Homeric Apocrypha, Lives of Homer.*

5 Ainsi Hésychius commence sa « Vie » par l'indication : « Homère le poète, fils du fleuve Mélès à Smyrne et de la nymphe Crithéis. » Une « Vie » anonyme prétend que la majorité des sources penchent pour la version légendaire de l'engendrement par le fleuve Mélès, cf. p. 435 (κατὰ δὲ τοὺς πλείστους).

6 Cf. J. F. Boissonade, *Herodiani Partitiones.*

7 Cf. P. A. M. Leone, *Ioannis Tzetzes, Historiae.*

Mais au vers suivant, le savant a soin de préciser qu'il laisse de côté les versions plus merveilleuses de sa naissance (Ἐῶ τὰ μυθωδέστερα γονῆς τῆς τούτου λέγειν), soulignant de la sorte que le Mélès qu'il mentionne est un homme et non le fleuve, mais que la version « plus mythique » lui était connue.

L'ensemble de ces attestations est à ramener au problème des origines du poète. Cependant, un certain nombre de mentions ou d'allusions à la naissance légendaire du poète, du IIe sièlce siècle de notre ère jusqu'à l'époque byzantine, relève d'une stratégie autre que purement informative.

S'il est indéniable que la création poétique est dans un certain nombre de ces textes un référent évident de ces mentions, il n'est pas moins visible que, parallèlement, les auteurs, sophistes, poètes, savants, mêlent volontiers cette légende à des aspects plus rhétoriques, en lien avec l'image d'un Homère également doué pour l'éloquence. La légende de Mélèsigénés concourt ainsi à sa manière à l'évolution de la perception de l'aède à travers les siècles, en contribuant à mettre l'accent sur l'aspect rhétorique de son œuvre. Cette double vision se perçoit aussi bien dans les analyses d'époque byzantine que dans la pratique des premiers siècles de notre ère.

Le poète inspiré ou la réflexivité de la poésie homérique

Philostrate, dans sa *Galerie de Tableaux* (livre II, 8), décrit une peinture représentant l'amoureuse Crithéis devant le Mélès. Les Muses sont aussi présentes :

Τί οὖν αἱ Μοῦσαι δεῦρο ; τί δὲ ἐπὶ ταῖς πηγαῖς τοῦ Μέλητος ; Ἀθηναῖοι τὴν Ἰωνίαν ὅτε ἀπῴκιζον, Μοῦσαι ἡγοῦντο τοῦ ναυτικοῦ ἐν εἴδει μελιττῶν · ἔχαιρον γὰρ τῇ Ἰωνίᾳ διὰ τὸν Μέλητα ὡς Κηφισοῦ καὶ Ὀλμειοῦ ποτιμώτερον […]. Νυνὶ δὲ γένεσιν τῷ Ὁμήρῳ αἱ Μοῦσαι κλώθουσι Μοίραις δοκοῦν, καὶ δώσει διὰ τοῦ παιδὸς ὁ Μέλης Πηνειῷ μὲν ἀργυροδίνῃ εἶναι, Τιταρησίῳ δὲ κούφῳ καὶ εὐφόρῳ, Ἐνιπεῖ δὲ θείῳ καὶ Ἀξιῷ παγκάλῳ, δώσει καὶ Ξάνθῳ τὸ ἐκ Διὸς καὶ Ὠκεανῷ τὸ ἐξ αὐτοῦ πάντας.

Pourquoi les Muses sont-elles ici ? Pourquoi les voyons-nous près des sources du Mélès ? Lorsque les Athéniens colonisèrent l'Ionie, les Muses conduisaient leur flotte sous l'apparence d'abeilles : elles se réjouissaient en effet d'habiter l'Ionie à cause du Mélès dont elles savaient les eaux meilleures à boire que celles du Céphise et de l'Olmeios[8]. […] Pour le moment elles filent le jour natal d'Homère avec l'approbation des Parques. Grâce au Mélès, ou plutôt à son fils, le Pénée roulera l'argent dans ses eaux [*Il.* II, 753], le Titarésios sera léger et rapide [*Il.* II, 751], l'Énipée s'appellera divin [*Od.* XI, 238], l'Axios très beau [*Il.* II, 850], Xanthos tirera son origine de Zeus [*Il.* XIV, 434] et tous les fleuves de l'Océan[9].

---

8 Fleuves de Béotie, séjour des Muses.

9 Les traductions sont celles de A. Bougot et F. Lissarrague, *La Galerie de tableaux*, très légèrement remaniées.

C'est sur cette note à la fois poétique et savante que se termine la description du tableau. Le lecteur est, par la grâce de l'*ecphrasis*, transporté dans un monde poétique d'avant la naissance du poète, les muses filant son jour natal, mais sa filiation légendaire est aussi annonciatrice de la célébration des fleuves dans les deux épopées. Or, le traitement des fleuves dans les poèmes homériques, qu'appelle l'allusion à la naissance de l'aède, permet au mythe de se déployer au gré de l'œuvre à venir, et constitue une célébration de cette dernière, les fleuves étant comme une métonymie de la création poétique d'Homère. Le sophiste de Lemnos nous rapporte en outre une légende importante dans ce contexte, celle des Muses escortant les premiers colons athéniens sous forme d'abeilles. Il donne à comprendre subtilement le lien phonétique, non développé explicitement, mais sans aucun doute présent, entre le nom de l'abeille μέλιττα et celui du fleuve Mélès (μελιττῶν/ Μέλητα).

Autre *ecphrasis* dans un discours d'Himérios (IVe siècle) conservé uniquement par Photios (Codex 243[10]) : dans un *excursus* sur l'Asie, le sophiste évoque le fleuve Mélès, qui commence aux abords de Smyrne (Ὁ γὰρ δὴ Μέλης οὗτος ἀνίσχει μὲν ἐκ προαστείων τῆς Σμύρνης) et il en décrit le cours sur une dizaine de lignes. Une parenthèse a soin de préciser l'importance du fleuve : « Il n'est, en effet, pas permis de passer sous silence celui qui a engendré un tel chantre[11] » (οὐ γὰρ δὴ θέμις σιωπῇ παρελθεῖν γλῶσσαν τοσαύτην γεννήσαντα). Homère est évoqué par le seul mot γλῶσσα, transparent pour tout lecteur, qui renvoie à la création poétique. D'autre part, le terme θέμις nous ramène au domaine religieux : le fleuve dans l'esprit du discours est présenté comme étant d'origine divine, à l'instar des fleuves des épopées homériques. Le caractère sacré de l'œuvre homérique et du poète lui-même est donc mis en avant.

Au VIe siècle, le poète chrétien Christodoros de Coptos[12] décrit, dans une *ecphrasis* en vers, les statues du gymnase de Zeuxippos à Constantinople. Ce bâtiment, en réalité des thermes datant de Septime Sévère (193-211), avait été rénové et décoré sous le règne de Constantin par une splendide galerie de statues antiques venues de Grèce et peut-être d'Italie. À la fin du texte (vers 408) est évoquée une représentation d'un autre Homère (Ἵστατο δ᾽ ἄλλος Ὅμηρος), une première représentation du poète ayant déjà été décrite longuement des vers 311 à 350. Selon l'opinion de Christodoros, cette statue n'était pas celle du poète :

ὃν οὐ πρόμον εὐεπιάων / θέσκελον υἷα Μέλητος ἐυρρείοντος

Je ne crois pas que ce fût le prince de la poésie, le divin fils du Mélès au cours abondant[13].

Mention brève qui a, semble-t-il, pour but de créer un lien avec le vers suivant, tout en opposant fortement les deux Homère :

---

10 Discours XII dans l'édition Colonna, p. 93-101.

11 Traduction de R. Henry remaniée.

12 P. Walz, *Anthologie grecque*, T. I, L. II. H. Beckby, *Anthologia graeca I-VI*, L. II, p. 166 sq.

13 Vers 407-408. Il s'agissait de la statue d'Homère de Byzance, poète tragique et grammairien du IIIe siècle av. J.-C. Les traductions sont celles de P. Walz.

ἀλλ’ ὃν Θρηικήσι παρ’ ἠόσι γείνατο μήτηρ / Μοιρὼ κυδαλίνη Βυζαντιάς

C'était plutôt celui que, près des rivages de la Thrace, enfanta sa mère, la célèbre Moero de Byzance.

On passe ainsi des rives du divin Mélès, caractérisé par une épithète homérique, aux rives de la Thrace qui ne connurent qu'une filiation humaine. Mais surtout les deux vers sont une allusion claire à l'œuvre du poète, comme l'indiquent aussi bien εὐέπεια, forme épique qui renvoie au talent poétique de ce fils divin, que ἐυρρείοντος, autre forme épique que l'on retrouve couramment dans l'*Iliade* pour qualifier précisément les fleuves, en particulier le Scamandre[14].

Entre poésie et éloquence

Eustathe va être amené, dans son commentaire du vers 249 du chant I de l'*Iliade*, à développer une interprétation dans laquelle on retrouve la légende de la naissance d'Homère, mais avec une analyse rhétorique mêlée à la traditionnelle vision poétique. L'aède, dans ce célèbre vers 249 du chant I de l'*Iliade*, met en scène Nestor, dont il est dit que « de sa bouche, les accents coulaient plus doux que le miel » (τοῦ καὶ ἀπὸ γλώσσης μέλιτος γλυκίων ῥέεν αὐδή). Eustathe commente la métaphore ῥέεν αὐδή en expliquant :

τὸ δέ ἔρρεεν αὐδή τὴν τοῦ λόγου δηλοῖ δαψίλειαν ὡς ῥύδην καὶ ἀπαραποδίστως προϊόντος καὶ κατὰ ῥεῦμα προχεομένου καὶ ῥέοντος

L'expression « coulaient les accents » montre l'opulence du discours qui avance comme abondamment et librement et se répand et coule en suivant un courant[15].

Le lien entre l'eau des fleuves et l'éloquence est donc d'emblée mis en place, ainsi que l'emploi du verbe ῥέεν le suggère. S'ensuit une démonstration cherchant à prouver qu'en réalité c'est Homère qui doit être admiré, bien plus que Nestor, puisque c'est lui qui possède cette voix semblable au miel. Et « en louant Nestor, il se loue lui-même », nous dit Eustathe, qui poursuit avec cette réflexion :

Μήποτε δὲ διὰ τοῦτο καὶ Μέλητος ποταμοῦ υἱὸν τὸν ποιητὴν ἐπλάσαντο οἱ παλαιοί · Μέλητος μὲν κατά τινα ἐν τοῖς ἑξῆς φανησομένην παρῳδίαν ἢ καινοτέραν παρήχησιν διὰ τὴν μελιτόεσσαν ἡδυέπειαν· ποταμοῦ δὲ διὰ τὸ πολύρρουν τῆς φράσεως καὶ διὰ τὸ οἷον ποταμηδὸν προβάλλειν τὰς τοῦ λόγου ῥοάς

Je ne sais si jamais c'est pour cette raison que les Anciens imaginèrent aussi que le poète était le fils du fleuve Mélès : *Méletos*, d'après une parodie qui se révélera dans les paroles qui suivent [les paroles douces comme le miel de Nestor] ou une homophonie plus récente à cause du doux parler semblable au miel ; et *du*

---

14 *Il.* VI, 508 ; XIV, 433 ; XV, 265 ; XXI, 1 ; XXIV, 692.

15 *Comm. ad Il.*, I, p. 151, l. 2.

fleuve, à cause du cours abondant de la parole et à cause du fait de jeter en avant, à la manière d'un fleuve, les flux du discours[16].

Eustathe esquisse plusieurs explications : l'origine de la légende pourrait, selon lui, être liée d'abord au parler doux comme le miel, qui a pu, très tôt, évoquer le Mélès pour les Grecs, soit à cause de la paronymie, ce qu'il qualifie de « parodie », c'est-à-dire une relation établie au départ à la façon d'un jeu, soit, plus tard, du fait de l'homophonie, à la suite du phénomène du iotacisme, μέλιτος et μέλητος n'étant plus du tout distingués dans la prononciation ; ensuite la métaphore du flot, déjà présente dans l'expression homérique, n'a pu que renforcer l'histoire merveilleuse de la naissance du poète, le Mélès n'étant plus seulement une évocation de douceur, mais redevenant également le fleuve au courant impétueux, à l'égal de la parole de Nestor. Dans le premier cas, c'est la suavité du langage qui est soulignée, comme dans le texte d'Homère, dans le second c'est l'abondance qui est relevée. Ce commentaire, en tout cas, semble indiquer que, sans doute depuis longtemps dans l'esprit des Grecs, le fleuve Mélès était lié à la référence homérique de l'éloquence pareille au miel – ce que confirme d'ailleurs *a posteriori* l'épisode des Muses escortant les colons sous la forme d'abeilles relaté par Philostrate – et qu'il y avait par conséquent conscience d'une exégèse de la légende par l'intermédiaire de l'œuvre du poète dans une sorte de réflexivité.

Aussi bien les textes de Philostrate et, dans une moindre mesure, de Christodoros, que celui d'Eustathe établissent un lien entre la légende de la naissance merveilleuse d'Homère et la langue semblable au miel. Le rapprochement, dès lors, entre, d'une part, l'éloge de l'éloquence de Nestor, et, d'autre part, le texte homérique lui-même, était comme naturel, ainsi que l'indique explicitement Eustathe : la louange attribuée, dans l'*Iliade*, à la voix de miel de Nestor devait en réalité s'appliquer à Homère lui-même, dont il convient avant tout d'admirer la virtuosité. Et cette pente en quelque sorte naturelle était accentuée par la métaphore, reprise inlassablement depuis Homère, de l'éloquence semblable au courant des fleuves, ces fleuves divinisés, qui, précisément, jouent un rôle si important dans les épopées homériques. Tout était donc en place pour accorder à cette légende liant le poète au fleuve smyrniote un espace central, aux côtés des théories et analyses rhétoriques et stylistiques qui ont fleuri dans l'Antiquité pour donner à Nestor, puis à Homère, une place de premier rang.

En effet, il est difficile de ne pas associer ces commentaires ou ces recoupements aux célébrations de Nestor, puis d'Homère, parangons du « style moyen », celui qui sait tenir le juste milieu entre le « style simple » et le « style élevé ». Pour établir cette classification, les Anciens ont tout naturellement tourné leur regard vers les épopées homériques. Ainsi, un texte anonyme[17] établit clairement la distinction entre le style « délié » de Ménélas, le style « resserré » dont le représentant le plus illustre est Nestor et le style « convaincant » d'Ulysse. Dans une typologie mettant en scène les orateurs attiques, Ménélas annoncerait ainsi Lysias, Nestor Isocrate, et Ulysse

---

16 *Comm. ad Il.*, I, p. 151, l. 8-11.

17 L. Spengel, *Rhetores Graeci*, vol. 3, p. 152-153. Voir également dans ce volume l'étude de S. Perceau, et *ead.*, « Des mots ailés aux mots en flocons ».

Démosthène[18]. On retrouvera cette analyse chez les rhétoriciens latins (Quintilien, *Institution oratoire*, XII, 10, 64) – preuve sans aucun doute de sa popularité dans l'Antiquité. Les théoriciens grecs ont parfois déplacé l'analyse en mettant Homère directement en concurrence avec les autres grands noms de la « littérature » grecque. Ainsi Denys d'Halicarnasse, dans *La Composition stylistique* (24, 4), évoque ce qu'il appelle « l'harmonie intermédiaire », l'équivalent du style moyen :

> Κορυφὴ μὲν οὖν ἁπάντων καὶ σκοπός, ἐξ οὗ περ πάντες ποταμοὶ καὶ πᾶσα θάλασσα, καὶ πᾶσαι κρῆναι, δικαίως ἂν Ὅμηρος λέγοιτο

> Leur coryphée à tous et leur guide [aux tenants de cette harmonie intermédiaire], celui *D'où sortent tous les fleuves, la mer entière / Et toutes les fontaines* (*Il.* XXI, 196-197), c'est à juste titre Homère[19].

Il déclare de même dans *Démosthène* (41, 2) :

> Ταύτης τῆς ἁρμονίας κράτιστος μὲν ἐγένετο κανὼν ὁ ποιητὴς Ὅμηρος, καὶ οὐκ ἄν τις εἴποι λέξιν ἄμεινον ἡρμοσμένην τῆς ἐκείνου πρὸς ἄμφω ταῦτα, λέγω δὲ τήν τε ἡδονὴν καὶ τὸ σεμνόν

> Pour cette harmonie [l'harmonie intermédiaire qui est un mélange des deux autres], le modèle suprême est le poète Homère : l'on ne saurait citer en effet de style mieux ajusté que le sien sous le double rapport de l'agrément et de la solennité.

Plusieurs remarques s'imposent dans la façon dont Denys présente sa pensée. Relevons tout d'abord une citation homérique détournée, qui met en place, là également, une métaphore fluviale et maritime. Mais surtout, il convient de noter les caractéristiques, selon Denys, du style homérique, l'*hêdonê* et le *semnon*. L'*hêdonê* est précisément la qualité attribuée à Nestor dans le texte anonyme cité ci-dessus (ἐκ τῆς ἡδύτητος τοῦ λόγου), qualité, on le comprend bien, directement liée à la comparaison homérique avec son *logos* semblable au miel. Nous avons ainsi un réseau de concordances et de points de contacts qui nous ramènent à la glorification de l'écriture du poète. D'ailleurs, dans la suite de son analyse (*Composition stylistique*, 24, 5), Denys établit des parallèles entre le style homérique et celui d'auteurs postérieurs, précisant que « tous les écrivains qui ont adopté comme lui [Homère] la voie moyenne, tout en restant bien inférieurs à Homère […], sont considérés en eux-mêmes tout à fait

---

18 L. Spengel, p. 152, l. 11 sq. : Περὶ δὲ Μενελάου καὶ Νέστορος καὶ Ὀδυσσέως μνήμην ποιούμενος τοὺς τρεῖς τρόπους τῆς ῥητορικῆς καθ' ἕκαστον πρόσωπον ἔδειξεν, τό τε ἀπολελυμένον καὶ πυκνὸν καὶ πιθανόν. Les parallèles avec les trois grands orateurs sont établis à la suite. Il est précisé que l'aspect persuasif du discours de Nestor vient de sa très grande douceur (ἔχει γὰρ τὸ πιθανὸν ἐκ τῆς ἡδύτητος τοῦ λόγου). Voir dans ce volume l'étude de M. Steinrück.

19 *Composition stylistique*, 24, 4. Denys décrit cette troisième harmonie un peu plus haut (23, 1-2) en ces termes : « La troisième de ces harmonies […] est un mélange assez équilibré des deux autres harmonies ; c'est une sorte de sélection de ce qu'il y a de meilleur dans l'une et dans l'autre. Cette harmonie, à mon sens, mérite le premier prix, puisque c'est une sorte de juste milieu : or, le juste milieu est la qualité suprême, que ce soit dans l'existence, dans l'action ou dans l'art. » (trad. G. Aujac/M. Lebel).

dignes d'attention. » Suit une liste exhaustive, très restreinte, d'auteurs anciens dont le style peut se rapprocher le plus de celui du maître absolu que fut Homère : Stésichore, Alcée, Sophocle, Hérodote, Démosthène, Démocrite, Platon et Aristote. Un seul « orateur » dans cette liste, Démosthène, l'unique, donc, à pouvoir prétendre posséder un tant soit peu cette éloquence d'Homère dans le domaine de la rhétorique.

On ne peut qu'établir une relation entre ces analyses et les commentaires liés à la naissance merveilleuse de l'aède, dans le sens où la glorification non seulement de la poésie, mais aussi du style homérique n'a pu que renforcer la propagation de cette histoire merveilleuse. Et la rhétorique, qu'on aurait pu penser absente de ce phénomène en est, au contraire, un des points d'ancrage et l'un des vecteurs, comme l'indiquent les jeux lexicaux en lien avec la légende.

Une légende propice aux jeux rhétoriques

On sait que les orateurs de la Seconde Sophistique aimaient pratiquer ces jeux lexicaux, rapprochements phonétiques, homéotéleutes, figures étymologiques, polyptotes, etc., procédés rhétoriques qu'ils apprenaient à maîtriser durant leurs études.

On trouve dans le discours XVIII d'Aelius Aristide, *La Monodie de Smyrne*, écrit à la suite d'un séisme qui détruisit la cité en 177[20], un traitement rhétorique lié au nom du fleuve Mélès. Smyrne est le sujet du discours et, tout naturellement, dès le § 2, l'orateur évoque la naissance du poète, avant d'avancer que, devant un tel malheur, tous les fleuves devraient dorénavant ruisseler de larmes, tous les vaisseaux marchands déployer des voiles noires (ἐκπλεῦσαι μέλασι τοῖς ἱστίοις, 9). Puis il se lamente sur le Mélès qui coule à travers un désert (δι' ἐρήμου ῥέων). Suit une autre plainte évoquant les chants présents, chants de deuil, opposés à ceux d'autrefois (τῶν προτέρων μελῶν τὰ παρόντα ἀντίφθογγα). Le Mélès se trouve ainsi au centre d'un réseau paronymique, les voiles noires, *mélasi,* et les chants d'avant le désastre, *mélôn,* d'où le triptyque μέλασι, Μέλης, μελῶν[21]. Le lien entre le Mélès et Homère n'est assuré que très discrètement par l'évocation de la naissance du poète à Smyrne quelques paragraphes plus haut, mais l'ensemble du passage étant particulièrement soigné et placé sous le sceau de la poésie avec des métaphores, les fleuves en larmes, ou des images, l'évocation du chant des cygnes ou du chœur des hirondelles, le père des poètes n'est pas loin dans l'esprit des auditeurs.

De façon indirecte, Michel Italikos, érudit de la première moitié du XIIe siècle, amplifie encore ce procédé homophonique dans trois lettres adressées à un ami, Étienne Mélès[22], réputé, semblerait-il, pour ses qualités exceptionnelles d'orateur. Dans ces trois missives, Italikos fait assaut de jeux de mots entre Mélès, le nom propre, et *méli,* le miel, pour louer son éloquence, réminiscences homériques évidemment, tout en usant également de métaphores propres à rappeler le fleuve du même nom. Ainsi,

---

20 D'après C. A. Behr, *P. Aelius Aristides,* p. 358.
21 Voir L. Pernot, *La Rhétorique de l'éloge,* p. 318.
22 P. Gautier, *Michel Italikos, Lettres et discours,* p. 44-45. Il s'agit des lettres 20, 21 et 40.

« c'est Mélès qui répand ces flots[23] » d'éloquence (Μέλης ἐστὶν ὁ ταῦτα κελαρύζων τὰ ῥεύματα). Dans la lettre 20, déplorant l'absence de son ami, Italikos l'invoque comme « le fleuve intarissable de toute douceur, […] [à] la parole douce comme le miel[24] » (ὁ πάσης γλυκυθυμίας ἀείρυτος ποταμὸς, […] ἀπὸ γὰρ σοῦ, τοῦ Μέλητος, καταρρεῖ, ἤτοι μέλιτος). Laissons de côté l'insistance un peu lourde de ces éloges, pour noter, outre le miel, *méli*, qu'appelle le nom propre Mélès, l'appellation de ce dernier par le terme *potamos* et les métaphores consécutives. Que le fleuve Mélès n'est pas loin dans l'esprit de l'érudit, la lettre 21 nous le prouve :

> Καὶ τί παρὰ τὸν πρότερον Μέλητα ὁ παρ' ἡμῖν Μέλης, ὁ τῶν ἀγαθῶν ποταμός, εἴπερ μὴ μῦθος ἦν τὰ τοῦ ποταμοῦ Μέλητος, πατὴρ Ὁμήρου

> Quel rapport y a-t-il entre le Mélès d'autrefois et celui d'aujourd'hui, le fleuve de la vertu, si ce n'est pas un mythe que les flots de Mélès, le père d'Homère ?

L'ensemble du commentaire du vers 249, *Iliade* I, d'Eustathe se retrouve dans ces différentes lettres, confirmant, si nécessaire, non seulement la permanence de la légende jusqu'au XIIe siècle, mais aussi son interprétation, au moins dans les milieux érudits.

Mais loin de ne constituer que des jeux lexicaux, l'histoire merveilleuse de la naissance d'Homère représente parfois aussi l'occasion de nourrir des éloges ou des blâmes.

Quand Homère Mélèsigénès devient argument rhétorique

Dans les discours encomiastiques

Même si la légende est connue dans l'ensemble du monde hellène, son inscription plus spécifique à Smyrne est indiscutable. Smyrne fut une des capitales de la sophistique[25] et une capitale culturelle au passé prestigieux, dont Homère n'est pas absent comme en témoigne la présence d'un *Homereion*, comportant une bibliothèque[26]. De nombreuses monnaies, surtout d'époque impériale, représentent la gloire locale en compagnie, parfois, du Mélès[27]. Un certain nombre d'écrits des IIe et IVe siècles illustrent ainsi la fierté des Smyrniotes à l'égard de ce compatriote illustre.

Himérios consacre un de ses discours à l'éloge des Ioniens (*or.* LX, εἰς τοὺς Ἴωνας ξένους), dans lequel il se contente de sélectionner quelques exploits ou qualités parmi les plus importants, en évoquant certains personnages célèbres, tels Pythagore ou Héraclite. Mais c'est aussi la terre des prodiges, puisque

> ἐκεῖ καὶ ποταμοὶ ποιητὰς γεννῆσαι λέγονται καὶ τὴν Ὁμήρου φύσιν Μέλητι πάντες χαρίζονται

---

23 Les traductions sont celles de P. Gautier. *Lettre* 40, p. 231.

24 *Lettre* 20, p. 164-165.

25 Cf. Philostrate, *Vies des Sophistes*, 1, 21, 516 ; 2, 26, 613.

26 Cf. Strabon XIV, 1, 37. On consultera avec profit à ce sujet l'ouvrage de C. Franco, *Elio Aristide e Smirne*.

27 D. O. A. Klose, *Die Münzprägung von Smyrna*, p. 156-159.

là-bas aussi on raconte que des fleuves engendrent des poètes et tous savent gré à Mélès de la nature d'Homère[28].

Le lien entre le fleuve et le poète, ainsi que la nature divine (φύσιν) de ce dernier, font partie des éléments de fierté des Ioniens, au même titre que la cité d'Éphèse qui accueillit Artémis, et comprit dans son cercle d'influence les Branchides. Que le fleuve Mélès et son glorieux fils fassent partie de ce florilège restrictif est éloquent et permet de comprendre combien cette filiation divine rejaillissait sur la gloire de Smyrne.

De la même époque date un *epikêdeion* en l'honneur d'un professeur de Bérytos en Phénicie[29], éloge funèbre anonyme en vers, dont il nous reste des fragments importants. Ce professeur était originaire de Smyrne, ce qui justifie un éloge particulièrement appuyé, bien que commun : la cité connaît son plus grand deuil, même plus grand que lors des séismes, car elle a acquis grâce au défunt une gloire inestimable, celle d'être appelée par tous les mortels *aristokoton*, celle qui a enfanté les plus beaux fils. En effet, ils sont trois illustres enfants : le premier est un poète (εἷς μὲν ἀοιδοπόλος), les deux autres des rhéteurs admirables (δύο δὲ ῥητῆρες ἀγανοί). Dans le premier fils illustre, il faut bien entendu reconnaître « le divin Homère » :

ἤ τοι ὁ μὲν φίλος υἱὸς ἐυρρείταο Μέλητος
[κῆρ]υξ ἀθανάτων τε καὶ ἀνδρῶν θεῖος Ὅμηρος,
[Ἴλι]ον ὅστις ἔθηκεν ὑπ' ὀφθαλμοῖσιν ἁπάν[των]
[πλ]αγκτοσύνην τ' Ὀδυσῆος ἰδεῖν ὑποφ[ή]τ[ορι Μούσῃ,].

le fils chéri du Mélès au cours abondant, héraut des immortels et des hommes qui plaça Ilion sous tous les yeux et fit voir la course errante d'Ulysse par la Muse interprète de la parole des dieux[30].

On retrouve, au-delà de l'affirmation de la naissance légendaire d'Homère, une insistance particulière sur la divinité de l'aède, inspiré par les Muses. Les deux orateurs, autres fils illustres de la cité sont Aristide et le défunt lui-même, « doués pareillement de dons d'une langue par laquelle coulait une voix comme du miel » (ἴσα δὲ δῶρα γλώσσης ἀμφοτέροισι, δι' ἧς ῥέεν ὡς μέλι φωνή). Les orateurs sont ainsi placés sous l'égide du fils de Mélès par cette allusion au vers homérique et à la paronymie *méli/mélètos*, ainsi que par l'image des flots qui renvoie à l'épithète homérique ἐυρρείταο. Et surtout on peut constater à nouveau combien la légende a partie liée avec la rhétorique et l'éloquence d'Homère, car l'éloge de l'aède se confond avec celui de deux orateurs.

Aelius Aristide, présenté comme un des plus illustres citoyens de Smyrne dans ce poème, a également fait mention du Mélès à plusieurs reprises, en particulier dans le corpus des discours appelés smyrniotes. Nous avons déjà évoqué la mention figurant dans la monodie de Smyrne. Dans le premier discours smyrniote (*or.* 17), Aristide

---

28 *Or.* 60, l. 18-20 Colonna.

29 G. P. Goold-D. L. Page, *Select Papyri, III Literary Papyri Poetry*, n° 138 ; E. Heitsch, *Die griechischen Dichterfragmente*, p. 94, n° XXX ; W. Schubart, *Papyri graecae Beronlinenses*, n° 43a ; W. Schubart-U. von Wilamowitz-Moellendorf, *Epische und elegische Fragmente*, p. 82 sq.

30 l. 61-64 Heitsch.

offre une sorte de visite de la cité au nouveau gouverneur d'Asie et il lui fait suivre le cours du Mélès jusqu'à l'embouchure de la mer (§ 14-16). Ce parcours n'est pas dénué d'aspects merveilleux, puisque le sophiste y convoque les nombreux poissons, qui, raconte-t-on à Smyrne, sont les compagnons des hommes qui campent sur la rive et dansent au son de la flûte (§ 15). Mais l'enfant le plus beau du fleuve c'est

Ὅμηρος, ὁ κοινὸς τοῖς Ἕλλησι τροφεὺς καὶ φίλος ἐκ πατέρων τε καὶ ἐκ παιδὸς ἑκάστῳ

Homère, le nourricier commun aux Grecs et cher à chacun depuis ses ancêtres et son enfance.

La mention du Mélès et de son noble fils amène chez Aristide le thème de l'inspiration et de l'éloquence et une référence au texte homérique, puisque, dit-il, tous avec raison souhaitent offrir les prémices de leurs discours aux sources du Mélès, comme Achille souhaitait offrir ses boucles de cheveux au Sperchios (§ 16, allusion au discours d'Achille, *Il.* XXIII, 144-151).

S'il peut paraître naturel que cette filiation apparaisse au gré des éloges, elle peut également, par un retournement rhétorique, être utilisée comme argument dans les reproches ou les blâmes.

Dans les blâmes

Le prêtre Pionios, « qui fut brûlé à Smyrne lors de la persécution de Dèce (250 ap. J. C.), prononce un discours à l'agora[31] » de la ville, alors qu'il vient d'être arrêté, pour expliquer à ses concitoyens, Grecs et Juifs rassemblés à cette occasion, pourquoi il ne reniera pas sa religion et pourquoi il refuse de sacrifier aux dieux païens. Il commence de la sorte son discours (IV, 2) :

Ἄνδρες οἱ ἐπὶ τῷ κάλλει Σμύρνης καυχώμενοι, οἱ ἐπὶ τοῦ Μέλητος, ὥς φατε, Ὁμήρῳ σεμνυνόμενοι,

Vous qui vous vantez de la beauté de Smyrne et qui vous glorifiez d'Homère, fils du Mélès à ce que vous dites[32]…

On a le sentiment que Pionios va développer un discours semblable à ceux qui sont enseignés dans les écoles de rhéteurs ; éloge de Smyrne, avec la mention de sa beauté (ἐπὶ τῷ κάλλει[33]), puis allusion au fils célèbre de la cité, Homère, et à sa filiation légendaire. Il convient cependant de relever que, selon le martyr chrétien, les Smyrniotes semblent éprouver une fierté particulière (σεμνυνόμενοι) à l'égard du récit de la naissance légendaire d'Homère. La beauté de Smyrne, comme sa revendication d'être la patrie du grand poète sont, apparemment, deux procédés

---

31 L. Robert, *À travers l'Asie Mineure*, p. 423.
32 La traduction est celle de L. Robert, *Le Martyre de Pionios*.
33 Voir l'analyse sur le *topos* de la beauté des cités dans L. Robert, *À travers l'Asie Mineure*, p. 423-424 (« κάλλος καὶ μέγεθος sont des thèmes obligatoires et obsédants dans la littérature d'éloge ») et L. Robert, *Le Martyre de Pionios*, p. 56 : « La beauté de Smyrne est un thème important des inscriptions et des monnaies de Smyrne, thème qui distingue cette ville de toutes les autres de l'Asie. »

rhétoriques destinés à flatter un public qui s'enorgueillit de ces deux points. Mais, un peu plus loin, il cite à nouveau Homère (IV, 3-4) pour faire la leçon aux Grecs :

Ἀκούω γὰρ ὅτι ἐπὶ τοῖς αὐτομολοῦσιν ὡς ἐπιγελῶντες καὶ ἐπιχαίροντες παίγνιον ἡγεῖσθε τὸ ἐκείνων ἀστόχημα ὅτι ἑκόντες ἐπιθύουσιν. Ἔδει δὲ ὑμᾶς μέν, ὦ Ἕλληνες, πείθεσθαι τῷ διδασκάλῳ ὑμῶν Ὁμήρῳ, ὃς συμβουλεύει μὴ ὅσιον εἶναι ἐπὶ τοῖς ἀποθνήσκουσι καυχᾶσθαι.

J'apprends que vous riez et vous vous réjouissez des transfuges et vous jugez amusante leur défaillance, à savoir quand ils sacrifient volontairement. Mais vous devriez, vous les Grecs, écouter votre maître Homère, qui vous donne ce conseil, qu'il n'est pas permis de se vanter de ceux qui meurent (cf. *Od.* 22, 412).

La parole de l'aède, comme dans la rhétorique païenne, est utilisée par le martyr chrétien à des fins morales, pour appeler ses concitoyens à plus de sagesse. Le recours à la parole homérique, après l'évocation de son ancrage légendaire à Smyrne, met sur le même plan l'œuvre du poète et la légende. Et l'on peut se demander si Pionios ne cherche pas, dès la première mention d'apparence flatteuse, à faire prendre conscience aux Smyrniotes de l'inanité de leurs croyances, que ce soit au sujet de leurs anciennes légendes, ou de leurs dieux, soulignant ainsi leur vaine prétention à le forcer à sacrifier à des divinités, dont l'existence ne pouvait pas être plus crédible que la naissance merveilleuse du poète. Y contribuent en tout cas la construction du discours ainsi que la répétition du verbe καυχᾶσθαι présent dans les deux passages. La légende relative à la naissance d'Homère serait de la sorte mise sur le même pied que la religion païenne : les Grecs renient par leur comportement l'aède, dont ils sont tellement fiers ; Pionios n'accepte pas, quant à lui, de sacrifier à des dieux auxquels il ne croit pas.

Revenons pour terminer au célèbre citoyen de la cité, Aelius Aristide. Dans le discours XXXIII, *À ceux qui lui reprochaient de ne pas déclamer*, il s'en prend à ses détracteurs, des étudiants vraisemblablement, en leur reprochant leur paresse. Le § 29 contient ces propos :

Τούτοις οἱ κατάπτυστοι σοφισταὶ πείθουσιν ὑμᾶς ὡς ἄρα καὶ τῷ Ὁμήρῳ τοῦτο μέγιστον ὑπάρξειεν, υἱὸν Μέλητος γενέσθαι. Πᾶς τις οὖν ἵεται σπουδῇ παρὰ τὸν πατέρα αὐτοῦ φιλοσοφήσων ἐκεῖ, καὶ οὐδὲ ἐξ αὐτῶν τούτων ἐνθυμηθῆναι δύνασθε εἰ τὰ μάλιστα ἀληθῆ λέγουσιν, ὅτι οὐδ᾽ αὐτῷ τῷ Ὁμήρῳ ἤρκει παρὰ τὰς ὄχθας ἐσκηνῆσθαι τοῦ πατρός, οὐδὲ τοῖς ἰχθύσι συμπαρανεῖν ἀδελφοῖς οὖσιν ἑαυτοῦ, ὡς ὁ τούτων λόγος, ἀλλ᾽ οὕτως αὐχμηρόν τινα ἐβίω βίον ὥστε πολλαχῇ δῆλός ἐστι στέργων, εἰ τῶν ἀναγκαίων εὐποροίη.

Les méprisables sophistes cherchent à vous persuader que pour Homère également avoir été fils de Mélès fut le plus grand titre de gloire. Tout le monde s'élance donc avec ardeur vers son père afin d'y philosopher[34], et vous n'êtes même pas capables de réfléchir à partir de ces déclarations mêmes – à supposer même qu'ils disent vrai – qu'Homère non plus ne se contentait pas de prendre ses quartiers sur les

---

34 Le verbe est employé ironiquement à la place de « se baigner ».

rives de son père, ni de nager au milieu des poissons[35] qui étaient ses frères, ainsi qu'ils le racontent, mais qu'il vécut une vie si misérable que bien souvent il était content s'il pouvait se procurer le nécessaire[36].

Même si l'on peut supposer que le discours a été composé loin de Smyrne, il est assuré qu'il est lu devant des citoyens de la grande cité. Ce passage est par conséquent important dans la mesure où il nous indique la prégnance de la légende et ce qu'on en disait au IIe siècle de notre ère. Homère, fils de Mélès, est ici explicitement apparenté aux poissons du fleuve, ses frères, et un ensemble de fables semble avoir eu cours à cette époque à Smyrne, à partir de l'histoire merveilleuse de la naissance du poète, une sorte d'imagerie populaire, montrant Homère, en famille en quelque sorte, sur les rives du Mélès, son père, en compagnie des poissons ses frères. On est loin de la célébration du poète divin à la langue de miel et à la parole coulant comme des flots. La raison en est que ce n'est pas Aristide qui, cette fois, en parle, mais d'autres sophistes, qualifiés de méprisables. Il y a peut-être une part d'exagération dans les propos, mais il est cependant crédible et vraisemblable qu'un discours de cet ordre avait cours, de la part de certains sophistes, qu'une partie de la population pouvait tenir pour gens sérieux. Les étudiants d'Aristide semblent ainsi avoir prêté une oreille attentive à ces histoires, devenues, par un retournement étonnant, un éloge de la paresse : une image d'Homère bien éloignée de celle qui était véhiculée dans l'Antiquité. Aristide se moque de la candeur et de la naïveté des étudiants, prompts à croire les « misérables sophistes », en forçant peut-être le trait dans la description d'Homère en train de se prélasser sur les rives du Mélès, tableau sarcastique à la force argumentative très puissante.

L'exemple du discours XXXIII d'Aristide nous montre que, au moins à cette époque, les sophistes n'hésitaient pas à emprunter la légende merveilleuse de la naissance du poète pour en tirer des arguments spécieux. Aristide, si l'on prête foi à ses propos, est l'unique témoin de cette vogue, car si de tels discours ont existé, la postérité ne nous en a pas gardé trace. Et, pour nous, l'histoire smyrniote de la naissance merveilleuse du père de la poésie est, en fin de compte, relativement peu représentée dans les écrits de l'Antiquité grecque tardive, dans quelques textes, dont on peut par conséquent supposer qu'ils sont la face émergée de toute une tradition bien plus dense, mais qui n'aurait connu son véritable essor qu'à partir des premiers siècles de notre ère, avec le mouvement de renouveau de la rhétorique[37].

Du IIe au IVe siècle, les textes en notre possession, mentionnant et jouant avec cette légende, sont liés à Smyrne, attestant ainsi d'une particularité locale : c'est le

---

35 Pour la description de cette scène, voir le discours XVII, 15, dans lequel le rhéteur, pareillement, évoque les rives poissonneuses du fleuve.

36 Trad. J.-L. Vix, *L'Enseignement de la rhétorique à travers les discours 30-34 d'Aelius Aristide*, p. 468-470.

37 Cette légende s'est, par ailleurs, aussi propagée à partir de la version rationnelle de la naissance d'Homère près des rives du Mélès qui, elle, avait cours déjà à l'époque hellénistique, cf. Éphore, dans F. Jacoby, *FGrH* 2a,70,F, frgt 1, φοιτῶσα δὲ αὐτὴ ἐπὶ τοὺς πλύνους, οἳ ἦσαν παρὰ τῶι Μέλητι, ἀπεκύησε τὸν Ὅμηρον ἐπὶ τῶι ποταμῶι, καὶ διὰ τοῦτο Μελησιγένης ἐκλήθη, « Alors qu'elle marchait autour des bassins de lavage qui étaient près du Mélès, elle mit au monde Homère à côté du fleuve et pour cette raison il fut appelé Mélèsigénès. »

cas d'Aristide, Philostrate ou Himérios, mais aussi du chrétien Pionios au iiie siècle, ou encore dans le cadre du poème funèbre en l'honneur d'un professeur smyrniote au ive siècle, textes à la forte coloration rhétorique. Le fait que l'on retrouve cette tradition dans l'*ecphrasis* de Christodoros au vi[e] siècle, puis à Byzance, prouve que l'histoire avait continué à circuler, et n'était pas circonscrite au seul cadre géographique de Smyrne. Mais le confinement géographique nous indique également que les sophistes d'autres cités ne trouvaient pas d'intérêt à l'évoquer, sauf s'ils étaient amenés à parler devant le public de la grande cité d'Asie Mineure. Par la suite, d'ailleurs, il est visible qu'elle s'insère dans un autre but que la louange de Smyrne, jeux lexicaux avec Italikos, exégèse avec Eustathe.

Cependant une certaine permanence dans l'utilisation rhétorique de la légende, d'Aristide jusqu'à l'époque byzantine souligne aussi que de tels procédés étaient étudiés dans le cadre de l'enseignement, et il n'est pas impossible que l'exemple plus particulier du fleuve Mélès père d'Homère ait pu être présenté aux apprentis rhéteurs. Cela permettait de les rendre sensibles aux possibilités des sonorités de la langue, mais aussi, dans ce cas particulier, de les rendre attentifs aux vers homériques, à la beauté de la poésie, ainsi qu'à la force de l'éloquence, à cette voix pareille au miel. Ils étaient ainsi amenés à se mesurer avec ce que la littérature grecque avait produit de plus beau pour exercer leurs propres qualités oratoires.

Le point commun des commentaires ou utilisations de la légende nous ramène ainsi toujours à un point d'ancrage essentiel, l'éloquence de la poésie d'Homère, figure tutélaire de la littérature grecque jusqu'à l'époque byzantine. C'est peut-être ce qui peut expliquer que, sur les monnaies d'Amastris, le fleuve Mélès ait pu être représenté avec Homère, certes dans une perspective de glorification de la cité, mais aussi, peut-être, avec le souci d'une revendication culturelle.

Bibliographie

Sources

Aujac, Germaine et Lebel, Maurice, *Denys d'Halicarnasse. Opuscules rhétoriques : la composition stylistique*, Paris, Les Belles Lettres, 1981.

Aujac, Germaine, *Denys d'Halicarnasse. Opuscules rhétoriques : T. II Démosthène*, Paris, Les Belles Lettres, 1988.

Beckby, Hermann, *Anthologia graeca I-VI*, Munich, Herrmann, 1957.

Behr, Charles Allison (trad.), *P. Aelius Aristides, The Complete Works. Translated into English*, 2 Vol., Leyde, Brill, 1981-1986.

Boissonade, Jean-François, *Herodiani Partitiones*, Londres, 1819.

Bougot, Auguste, et Lissarrague, François, (trad.), *La Galerie de tableaux, Philostrate*, Paris, Les Belles Lettres, 1991.

Colonna, Aristide, *Himerii Declamationes et orationes cum deperditarum fragmentis. A.C. recensuit*, Rome, Typis Publicae Officinae Polygraphicae, 1951.

Gautier, Paul, *Michel Italikos, Lettres et discours*, Paris, « Archives de l'Orient Chrétien » 14, 1972.

Heitsch, Ernst, *Die griechischen Dichterfragmente der römischen Kaiserzeit*, Göttingen, Vandenhoek et Ruprecht, 1961.

Henry, René, *Photius. Bibliothèque, tome IV*, Paris, Les Belles Lettres, 1965.

Leone, Petrus Aloisius, *Ioannis Tzetzes, Historiae*, Naples, « Pubblicazioni dell'Istituo di Filologia Classica » I, 1968.

Page, Denys L., *Select Papyri, III Literary Papyri Poetry*, Cambridge, « The Loeb Classical Library », 1950.

Robert, Louis, Bowersock, Glenn W. et Jones, Christopher P. (éd., trad. et comm.), *Le Martyre de Pionios, prêtre de Smyrne*, Washington, D. C., Dumbarton Oaks Research Library and Collection, 1994.

Schubart, Wilhelm et Wilamowitz-Moellendorff, Ulrich von, *Epische und elegische Fragmente*, Berlin, Weidmann, 1907.

Schubart, Wilhelm, *Papyri graecae Berolinenses*, Bonn, A. Marcus et E. Weber, 1911.

Severyns, Albert, *Recherches sur la Chrestomathie de Proclos : IV La Vita Homeri et les sommaires du cycle* (Bibliothèque de la Faculté de Philosophie et Lettres de l'Université de Liège, fascicule CLXX), Paris, 1963.

Spengel, Leonhard (éd.), *Rhetores Graeci*, 3 vol., Leipzig, Teubner, 1856.

Van Der Valk, Marchinus, *Eustathii Archiepiscopi Thessalonicensis Commentarii ad Homeri Iliadem pertinentes ad fidem codicis laurentiani editi*, 4 vol., Leyde, 1971-1987.

Walz, Pierre, *Anthologie grecque. Première partie, Anthologie palatine* T. I, L. I-IV, Paris, Les Belles Lettres, 1928.

West, Martin L., *Homeric Hymns, Homeric Apocrypha, Lives of Homer*, Cambridge – Londres, « The Loeb Classical Library », 2003.

Études

Franco, Carlo, *Elio Aristide e Smirne*, Rome, Accademia Naz. dei Lincei, 2005.

Klose, Dietrich O. A., *Die Münzprägung von Smyrna in der römischen Kaiserzeit*, Berlin, Antike Münzen und Geschnittene Steine 10, 1987.

Perceau, Sylvie, « Des mots ailés aux mots en flocons : quelques portraits de héros en orateurs dans *l'Iliade* », *in* Vial Hélène (éd.) et Favreau-Linder Anne-Marie (coll.), *Poètes et orateurs dans l'Antiquité. Mises en scènes réciproques, Actes des Journées d'études de Clermont-Ferrand (14-15 mai 2009)*, Clermont-Ferrand, Presses Universitaires Blaise Pascal, 2013, p. 23-37.

Pernot, Laurent, *La Rhétorique de l'éloge dans le monde gréco-romain, T. I : Histoire et technique*, Paris, Institut d'Études Augustiniennes, 1993.

Robert, Louis, *À travers l'Asie Mineure : poètes et prosateurs, monnaies grecques, voyageurs et géographie*, (Bibliothèque des écoles françaises d'Athènes et de Rome, 239), École française d'Athènes, 1980.

Vix, Jean-Luc, *L'Enseignement de la rhétorique à travers les discours 30-34 d'Aelius Aristide*, « Recherches sur les Rhétoriques Religieuses » 13, Turnhout, Brepols, 2010.

PREMIÈRE PARTIE

Homère logographe : l'éloquence des orateurs homériques

CHRISTODOULOS ZEKAS

Divine Rhetoric in the *Odyssey*: The Dialogue between Hermes and Calypso at *Od*. V, 85-148*

Introduction

Of paramount importance for the understanding and appreciation of the sophisticated texture of Homer's *Odyssey* is the examination of the discourse that is communicated between the characters of the poem. Apart from embellishing the act of narration with variety and vividness, speeches constitute a large part of this epic,[1] playing a key role in the progression of the story, as well as in the characterisation of the main figures.[2] The discourse of the gods, in particular, holds a prominent position in the development of the plot. The most decisive shifts in the narrative are set off through divine exchanges whose guidelines are subsequently fulfilled on human terrain. The monumental first assembly of the gods (I, 26-95) triggers decisively the overriding threads of the narrative, which are then re-activated in the second council (V, 1-42), are followed in the Hermes-Calypso scene (V, 85-148), and they are finally concluded in the last Olympian gathering (XXIV, 472-486). In addition, the prevailing storylines of divine anger in the poem are either resolved, for the most part, or put into effect through two, comparable to some extent, conversations of the father of the gods with Helius at XII, 376-388 and Poseidon at XIII, 125-158.

With the single exception of the dialogue with the Sun, where discourse formulation is strikingly diverse,[3] communication in all the other divine conversations

---

* This paper is a revised and expanded version of part of my Ph.D. thesis with the title *Oblique Communication and Divine Persuasion in Homer's* Odyssey, submitted at the University of St Andrews in 2009. I would like to warmly thank the supervisors of my dissertation, Professor Stephen Halliwell and Professor Emily Greenwood, for constructive criticism on earlier drafts of this paper, as well as the editors for their invitation to contribute to this volume. Needless to say, any errors or shortcomings are my own responsibility.

1 More than two thirds of the *Odyssey* consist of direct speech (8225 lines out of 12,103 in total, J. Griffin, « The Speeches », p. 156).

2 J. Griffin, « The Speeches ». See also G. Anastasiou, « Ο αφηγηματικός χαρακτήρας των λόγων στην Οδύσσεια », and I. J. F. de Jong, « Convention *versus* Realism in the Homeric Epics », p. 12-17.

3 The Helius-Zeus scene, set at the conclusion of the *Apologue*, is notoriously problematic in terms of narrative coherence and time (see, for instance, H. Erbse, *Beiträge zum Verständnis der Odyssee*, p. 12-16, and G. Danek, *Epos und Zitat*, p. 264-265). As regards the communication that takes place between the two interlocutors, the divergence in this speech exchange rests mainly in the bold way in

---

Christodoulos Zekas University of Ioannina.

Homère rhétorique. Études de réception antique, éd. par Sandrine DUBEL, Anne-Marie FAVREAU-LINDER et Estelle OUDOT, Turnhout, Brepols 2018 (*RRR* 28), p. 41-58
Brepols Publishers

10.1484/M.RRR-EB.5.115795

follows a certain pattern, which I examine under the general heading of *indirectness*. A distinctive feature of this pattern is concealment of aspects of the story combined with a notable use of implicitness, according to which characters do not manifest their true intentions, but instead employ peripheral, feigned or exaggerated arguments that ultimately lead to their goal in an indirect manner. Within this framework, it is a standard strategy that speakers do not assume responsibility but constantly deflect it to another party, while confrontation between them is in principle avoided and, when it does occur, it is essentially artificial. In addition, the same strategy is reflected on the outcome of these dialogues, which comes to shape a rather fluid notion of persuasion: it is often the case that deities hide themselves behind vague, concealed or ambiguous statements and suggestions that advance the story but not divulge who takes the credit for the final decision-making. In that sense, the way in which divinities converse is rather revealing for the open-ended mode in which the *Odyssey* negotiates issues of power, knowledge and story management.

Furthermore, it may be suggested that the indirect communicative pattern, as defined above, can be associated with more general principles of the narrative of the *Odyssey*, which seem to rely on the quintessential characteristic of its central hero, i.e. the versatility of Odysseus. If this judgement has any validity, it seems reasonable to observe that the trait of versatility pervades the *Odyssey* and exercises a decisive impact on the narrative as a whole, accounting for the complexity of the story in which secrecy and disguise are the essential conditions for the enactment and conclusion of the hero's *nostos*.[4]

Beyond doubt one of the most remarkable instances of the indirect communicative mode in the *Odyssey* can be found in the celebrated Hermes-Calypso episode at *Od.* V, 85-148. The present passage is all the more important for my discussion, for it is a unique example of a message delivery scene between gods in the poem, and in that sense, it constitutes a case in which verbal interaction is decisively influenced by a preceding scene, i.e. the second divine assembly at V, 1-42. Accordingly, Hermes' diplomatic tactics, as well as Calypso's reluctant submission, are further illustrated when read in the light of Zeus' discourse in the council of the gods. In fact, the two scenes (the second Olympian gathering and Hermes' visit to Calypso) are intrinsically associated in terms of content and narrative motivation. The prolonged sojourn of Odysseus with the nymph for seven years (VII, 259), and her unwillingness to release him (I, 13-15, 55-57, IV, 556-560, V, 13-17, IX, 29-30, XVII, 142-146, XXIII, 333-337[5]) demanded a drastic divine intervention initiated on Olympus by Athena, sustained

---

which the Sun addresses the father of the gods – a significant indication that the dialogue is reported by a secondary storyteller (Odysseus), who lacks the supreme knowledge of the primary narrator (see C. Zekas, « Odysseus as Storyteller»).

4   The idea that Odysseus' versatility permeates the *Odyssey* seems to be rooted in the remarks of Plato (*Hippias Minor* 364b-365c) and Aristotle (*Poetics* 1459b 13-16). The same notion is followed by modern critics, most notably R. B. Rutherford (ed.), *Homer Odyssey: Books XIX and XX*, p. 6-7. For the complexity of the poem, in particular, see S. Goldhill, « Reading Differences: The *Odyssey* and Juxtaposition », and I. J. F. de Jong, « Developments in Narrative Technique in the *Odyssey* ».

5   For all references to the Calypso theme in the *Odyssey*, see J.-P. Vernant, « The Refusal of Odysseus », p. 185 n. 2, and B. Louden, *The Odyssey*, p. 112; cf. N. Felson-Rubin, *Regarding Penelope*, p. 160 n. 11.

by Zeus' authority and carried out by Hermes, who is summoned to travel to Ogygia and herald the new outcome. The ensuing encounter of the two deities, which takes the combined form of a hospitality and a messenger type-scene,[6] communicates the divine dictum cautiously but decisively, and ultimately secures Calypso's compliance; after the nymph's initial question to the messenger about the purpose of his visit (V, 87-91), and the provision of typical hospitality acts (V, 86, 92-94), Hermes elaborates on Zeus' command. Astonished at the possibility of Odysseus leaving Ogygia, Calypso attacks the Olympian gods for being jealous of her happy life with a mortal, but finally she abandons resistance.[7]

More generally, the Hermes-Calypso dialogue represents an excellent case study for the examination of the principles that govern communication in the divine arena. First and foremost, these principles relate to a deliberate selection of material that advances the cases of the two interlocutors and their constant attempts at suppressing aspects of the story and at manipulating the narrative so as to favour their own stance. Second, divine discourse, as my analysis will show, is enhanced in rhetorical effect by an ample use of implications, on the part of the speakers, who in that fashion attempt to exercise influence on one another.

The Unwilling Messenger: Hermes Reporting the Order of Zeus

It may be argued that Calypso's compliance mainly results from the weight of the message itself rather than from Hermes' discourse. Significant though this factor is, it does not diminish the sophistication and competence of the messenger-god as a speaker, a quality also noted by the ancient scholia, some of which pay, as we will see below, particular attention to the modes of communication in the present dialogue.

In the following sections, I will first discuss Hermes' discourse in detail, but here suffice it to make some general preliminary remarks on the matter. In terms of structure, the communicative tactics of the messenger-god are deployed gradually and in two parts: first, a central utterance (97-115), which elaborates on the remoteness of the island, the account of Odysseus' trials, and the divine decree; and, finally, a brief epilogue (146-147) that follows Calypso's reaction and seems to endorse her surrender to the power of the Olympians. Throughout this arrangement, Hermes hurls consecutive implications, aiming to disavow any responsibility for both the trip and the order, and to draw Calypso's attention to the necessity of obeying the divine ultimatum. Equally important, Hermes' diplomatic skills are particularly manifest in

---

6 W. Arend, *Die typischen Scenen bei Homer*, p. 48-49; M. Edwards, « Type-Scenes and Homeric Hospitality », p. 61-62, 64-67; and S. Reece, *The Stranger's Welcome*, p. 5-6. Due to limitations of space I do not treat at all here matters relating to the narrative that precedes the dialogue. On this topic, see M. Baltes, « Hermes bei Kalypso », p. 12-17; I. J. F. de Jong, *A Narratological Commentary on the Odyssey*, p. 127-130.

7 For a detailed structure of the dialogue, see M. Baltes, « Hermes bei Kalypso », p. 17-18, 21, and I. J. F. de Jong, *A Narratological Commentary on the Odyssey*, p. 130-131 95-148 n.

the fact that the original message is not translated verbatim, but is amended skilfully and is left to be uttered at the end of his central utterance.[8]

We may, then, discern a crescendo in the articulation of the command vis-à-vis the level of directness with which it is conveyed. In other words, the speaker starts off with less disturbing statements such as the isolation of Ogygia, then proceeds to define the reason for his visit (Odysseus) in general and touching terms, and leaves the announcement of the actual divine decree for the concluding part.[9] This communicative technique cannot but suggest that Hermes must have been expecting the nymph's reservations about releasing the hero. After all, the idea that Calypso poses a serious impediment to Odysseus' journey is a significant topic of discussion in both divine assemblies (I, 48-59, 84-87, V, 13-17, 30-32), and therefore we would expect Hermes to be aware of her stance and understand that the hero's separation from her will not be effortless.

The Prelude to the Message

The indirect manner in which the speaker prepares the ground for the articulation of the message is epitomised in advance in the prelude of his main speech, which responds directly to Calypso's initial question about the purpose of his visit at V, 87-91. Here the god prefigures the fundamental importance of the order, intimates his lack of involvement in playing a part in its delivery, and ironically hints at his manipulated translation of Zeus' words (V, 97-98):

εἰρωτᾷς μ' ἐλθόντα θεὰ θεόν· αὐτὰρ ἐγώ τοι
νημερτέως τὸν μῦθον ἐνισπήσω· κέλεαι γάρ.

You ask me, goddess to god, why I have come.
Well, I'll tell you exactly why. Remember, you asked.[10]

In a very subtle manner, the messenger distances himself from the command and implies that his addressee has compelled him to reply: what the nymph is about to hear comes clearly as a result of her request (κέλεαι γάρ, 98) and not of his own will. This technique has already been noticed by the ancient critics (Schol. HP[1] *ad Od.* V, 96a), who pinpoint Hermes' cunning as follows:

δαιμονίως οὐκ εὐθὺς ἀποκρίνεται τῆς παρουσίας τὴν αἰτίαν, ἀλλ' ὡς ἀναγκαζόμενος ὑπ' ἐκείνης ἧκεν ἐπὶ τὴν ἀπόκρισιν· οἷόν ἐστι καὶ τὸ ἐπιφερόμενον "κέλεαι γάρ" οὐχ ὡς ἡδέως λέγων, ἀλλὰ διὰ τὴν ἐρώτησιν.

---

8   In the *Iliad* messenger-speeches are for the most part repeated verbatim, whereas in the *Odyssey* they depart from the original message (I. J. F. de Jong, *Narrators and Focalizers*, p. 180-185, and « Developments in Narrative Technique in the *Odyssey* », p. 82-84).

9   I. J. F. de Jong, *A Narratological Commentary on the Odyssey*, p. 131: 97-115 n.

10 For the text of the *Odyssey* I am following P. von der Mühll (ed.), *Homeri Odyssea*, and for its translation S. Lombardo, *Homer Odyssey*.

DIVINE RHETORIC IN THE *ODYSSEY*   45

Admirably he does not utter straightaway the reason for his presence, but gives this answer because he has allegedly been forced by her; the same applies to the following (line) 'since you urge (me)', as if he does not speak pleasantly, but because he has been asked to.[11]

The observation that the prelude indicates reluctance to speak appears to rely on the god's expressed unwillingness for the trip to Ogygia later on (V, 100-102). Yet the reading that Hermes may be an unenthusiastic speaker seems somewhat far-fetched, since it is inconsistent with his main goal to ensure cooperation and avoid any strong reaction from the nymph.[12] However, it is worth observing that other remarks of the ancient scholion are of particular significance for the appreciation of awkwardness in the god's opening words and his ability in shrewdness: the word δαιμονίως ('admirably'),[13] alongside the observation that the speaker's statements are not expressed straightaway but are deployed progressively (οὐκ εὐθὺς), highlight Hermes' cautious and indirect manner at the outset of the speech, a strategy that it is again indicated by his disavowal of any responsibility for the answer.

Other aspects of implicitness in the messenger's initial statement share the same pathway: the specific reference to Calypso's divine status (θεὰ θεόν, 97) could be interpreted as the speaker's indirect attempt to both disengage the nymph from a mortal's lot and stress her obligation, as a goddess, to show obedience to the superiority of Zeus' decree.[14] The latter is specifically heralded as μῦθος, a word that, in archaic Greek epic, signifies a 'coherent statement', and particularly in the context of the language of the gods in the *Odyssey* it bears the implication of the authoritative and order-like discourse of the divine ruler.[15]

At this point, Hermes makes no mention of the actual reason for his visit, but his assurance that he will speak 'unerringly' (νημερτέως, 98) may recall the delineation of the action in both divine councils, wherein the will of the gods is signalled as νημερτέα βουλήν ('unerring decision', I, 86, V, 30). However, the messenger's ensuing words are far from 'truthful' and raise many unanswered questions, including his unwillingness to make the trip in the first place, his account of Odysseus' whereabouts and trials, and the exact content of the decree, which all make his initial statement seem rather misleading for Calypso.

---

11   The scholia are according to F. Pontani, (ed.), *Scholia graeca in Odysseam*. All translations of the scholia excerpts are my own. For a discussion of the ancient scholia on the Calypso episode, see also F. Pontani, « Speaking and Concealing ».

12   The idea that Hermes' opening words show reluctance to speak is followed in M. Baltes, « Hermes bei Kalypso », p. 18.

13   For the meaning of δαιμονίως I am following Montanari, s.v. δαιμόνιος (similar meanings in LSJ); F. Pontani, « Speaking and Concealing », p. 39 renders the adverb as 'cleverly', which also seems fitting.

14   Differently in M. Baltes, « Hermes bei Kalypso », p. 18, who notes that the θεὰ θεόν reference compliments Calypso by elevating her status from a nymph to a proper goddess, and expresses Hermes' intention to speak candidly (as a god to a god).

15   The association of μῦθος with the power of Zeus in the *Iliad* has been examined by R. Martin, *The Language of Heroes*, p. 47-59. With reference to the present passage, see also *LfgrE*, s.v. νημερτής B1c.

The Unwilling Traveller

Hermes' diplomatic strategy becomes more evident in the next section (99-104), which prioritises his disavowal of any responsibility for the mission. Hence the god secures neutrality with the aim of protecting himself from any outburst by the nymph. At the same time, he introduces the theme of obedience to Zeus, which reoccurs toward the end of the speech (112) and comes to a climax in his concluding threat to Calypso (146-147); plus he highlights the inappropriateness of Ogygia, thereby hinting at Odysseus' unwillingness to prolong his stay with the nymph. Lines V, 99-104 read:

Ζεὺς ἐμέ γ᾽ ἠνώγει δεῦρ᾽ ἐλθέμεν οὐκ ἐθέλοντα·
τίς δ᾽ ἂν ἑκὼν τοσσόνδε διαδράμοι ἁλμυρὸν ὕδωρ
ἄσπετον ; οὐδέ τις ἄγχι βροτῶν πόλις, οἵ τε θεοῖσιν
ἱερά τε ῥέζουσι καὶ ἐξαίτους ἑκατόμβας.
ἀλλὰ μάλ᾽ οὔ πως ἔστι Διὸς νόον αἰγιόχοιο
οὔτε παρεξελθεῖν ἄλλον θεὸν οὔθ᾽ ἁλιῶσαι.

Zeus ordered me to come here; I didn't want to.
Who would want to cross this endless stretch
Of deserted sea? Not a single city in sight
Where you can get a decent sacrifice from men.
But you know how it is: Zeus has the aegis,
And none of us gods can oppose his will.

The prominence of the theme of submission to the superiority of the father of the gods embraces the present passage as a whole (99, 103-104), and is further stressed by Hermes' reluctance to make the trip (99-102).[16] His unwillingness is specifically explained by the lack of any organised human community on Ogygia alongside the remoteness of the island (100-102). The subtext of the statement is that deities do not favour places void of humans, and therefore Ogygia at whose sight Hermes was amazed, as emphatically indicated earlier (V, 75), is now described as an unsuitable location, which makes it improper for the hero as well. The negative image of the island is also indicative of a more general idea in the *Odyssey* that attaches great importance to life within the community and establishes the hero's reintegration into it as an enabling factor in the story. All in all, it seems fair to maintain that the 'unwillingness motif' constitutes the first comprehensive manifestation of the god's deceptive skills toward Calypso. Although Hermes reassures the nymph that the whole task was against his will, there is no independent evidence to sustain such a claim, since the messenger did not disobey Zeus' words but, as explicitly mentioned in the second divine council, he immediately started preparing himself for the assigned mission (V, 43-48).[17]

---

16 M. Baltes, « Hermes bei Kalypso », p. 19.
17 See also I. J. F. de Jong, *A Narratological Commentary on the Odyssey*, p. 131, 97-115 n.

The Wretched Traveller

The rendering of Zeus' message commences with a *précis* of the two principal chapters in the hero's trials, i.e. the Trojan war and the subsequent *nostos* until his arrival at Ogygia (V, 105-111). In this section, there are several important issues at work, establishing the two fundamental communicative techniques of the speaker, namely the consecutive implications and his deceptive tactics, which are ingeniously intermingled so as to construct a most persuasive case before Calypso. The first device centres around a moving presentation of the hero's post-war whereabouts with the intention of evoking the nymph's pity; at the same time, by referring to Odysseus' stay on Ogygia as one stage in a much larger process, the god challenges Calypso's aspiration to keep her mortal lover on a permanent basis.[18] The second technique relates to a carefully concocted, though highly inconsistent, narrative of the hero's plight, or as has been aptly called a « wildly inaccurate summary[19] », which omits the negative function of Zeus and subverts the currently supportive role of Athena. In concert with this strategy, Hermes' narrative suppresses the background to the decision-making in the two previous Olympian scenes, alongside the nymph's amatory bonds with the hero, and undercuts the literal rendition of the original message. It becomes evident, then, that the speaker here articulates a discourse that aims at imposing his own standpoint with respect to the past, present and future of Odysseus. In that sense, his tactic concentrates on a subtle but decisive manipulation of the nymph's perspective, seeking to eliminate any objection that she might raise to releasing the hero. Lines V, 105-111 read:

> φησί τοι ἄνδρα παρεῖναι ὀϊζυρώτατον ἄλλων,
> τῶν ἀνδρῶν, οἳ ἄστυ πέρι Πριάμοιο μάχοντο
> εἰνάετες, δεκάτῳ δὲ πόλιν πέρσαντες ἔβησαν
> οἴκαδ'· ἀτὰρ ἐν νόστῳ Ἀθηναίην ἀλίτοντο,
> ἥ σφιν ἐπῶρσ' ἄνεμόν τε κακὸν καὶ κύματα μακρά.
> ἔνθ' ἄλλοι μὲν πάντες ἀπέφθιθεν ἐσθλοὶ ἑταῖροι,
> τὸν δ' ἄρα δεῦρ' ἄνεμός τε φέρων καὶ κῦμα πέλασσε.

> He says you have here the most woebegone hero
> Of the whole lot who fought around Priam's city
> For nine years, sacked it in the tenth, and started home.
> But on the way back they offended Athena,
> And she swamped them with hurricane winds and waves.
> His entire crew was wiped out, and he
> Drifted along until he was washed up here.

We may detect Hermes' strategy in misleading Calypso even from the start of his narrative on Odysseus' story. Although, in the second Olympian gathering, the

---

18 I. J. F. de Jong, *A Narratological Commentary on the Odyssey*, p. 131 97-115 n.
19 R. Scodel, *Credible Impossibilities*, p. 67.

father of the gods referred, without much elaboration, simply to « the homecoming of the much-troubled Odysseus » (νόστον Ὀδυσσῆος ταλασίφρονος, V, 31), here the invented epitome of the hero's evils is rendered as stemming from the original message of Zeus (φησί, 105). In this way, not only does Hermes attempt to escape any direct attack from the nymph, but embellishes his narrative with an appeal to the utmost authority.

Equally important, emblematic in this passage is the speaker's tactic of not referring to the hero by name but instead as « the most wretched man » (ὀϊζυρώτατος, 105). In general, the anonymity of Odysseus is a salient device in the poem, which occurs at various places in the narrative (I, 1-20, 158-177, 231-251, IV, 831-834, XIV, 80-108, 122-143, XXIV, 287-296) and serves to highlight his attributes.[20] Accordingly, in this case the messenger places emphasis on ὀϊζυρώτατος, a markedly Odyssean adjective (also in III, 95, IV, 325, 832, XX, 140), which may be linked with the πολύτλας-group of the hero's stock epithets, with the intention of evoking the nymph's sympathy for the hero.[21] The same effect is reinforced through the mention of the Trojan war and the accumulation of the post-war evils, along with Odysseus' current misfortune, which, taken together, construct his image as a man of many sufferings.[22]

The breadth in which Hermes' discourse operates is further advanced in another possible reading of ὀϊζυρώτατος, as indicated by the scholion HP¹T *ad Od.* V, 105a:

ἐξ ἀμφοῖν πρὸς πειθὼ παρασκευάζει, ἔκ τε τοῦ ἀποσεμνύνειν τὸν Διὸς φόβον καὶ ἐκ τοῦ καθυβρίζειν τὴν περὶ τὸν οὕτως ταπεινὸν σπουδήν. διὸ οὐχ ἥρωα, οὐκ ἀριστέα, ἀλλ' "ὀϊζυρώτατον" αὐτὸν καλεῖ.

Through both (words) he arranges (his speech) with a view to persuasion, first by stressing the fear coming from Zeus and then by blurring her engagement with such a humble (man). Therefore, he does not call him a hero or excellent but 'the most wretched' (man).

Here, apart from the constraints imposed on Calypso by the power of Zeus, the ancient commentator seems to imply the impropriety of the erotic liaison between the nymph and the hero. According to this reading, Odysseus is not furnished as the celebrated Homeric hero, one that excelled during the Trojan war, but instead as an anonymous, humble, and exceedingly miserable human. This interpretation, alongside the initial reference to the divine nature of the two gods earlier (θεὰ θεόν, 97), brings up with particular force Hermes' attempts to separate the amorous nymph from Odysseus.

Indeed love plays a key role in the present dialogue, and the ancient critics were again correct to further highlight Hermes' complete silence on this matter, as two

---

20 See D. Maronitis, *Αναζήτηση και νόστος του Οδυσσέα*, p. 109-118; J. Peradotto, *Man in the Middle Voice*, p. 114-116; I. J. F. de Jong, *A Narratological Commentary on the Odyssey*, p. 7 1 n. with bibliography.

21 Differently in G. Danek, *Epos und Zitat*, p. 126: ε 97-115 n., who maintains that the suppression of Odysseus' name should be regarded as Hermes' attempt to show indifference to the hero. Similarly, J. B. Hainsworth *in* A. Heubeck, & al., *A Commentary to Homer's Odyssey*, p. 264, 97-113 n.

22 I. J. F. de Jong, *A Narratological Commentary on the Odyssey*, p. 131 97-115 n.

other scholia suggest: the first points out the god's endeavour to downplay the sexual implications of the relationship between the hero and the nymph by drawing attention to Odysseus' unresponsiveness and his incidental presence on Ogygia (Schol. HP[1] ad *Od.* V, 110b):

δαιμονίως τὰ τοῦ ἔρωτος ἐσιώπησεν· οὐ γὰρ ὅτι τοῦτον τὸν μάταιον ἄκοντα φησὶν ἀγαπᾷς, ἀλλ᾽ ἁπλῶς τέθεικε τὴν παρουσίαν αὐτοῦ.

Admirably he silences the matters of love; it is not that you love this poor man against his will, he says, but simply this man happened to be there.

The second comment foregrounds Hermes' persuasive skills by laying stress on the absence of any reference to Penelope (Schol. H *ad Od.* V, 114a):

καὶ τοῦτο π<ε>ιστικόν, ἵνα καὶ αὐτὴ εἴξῃ τῇ εἱμαρμένῃ. ὑπερφυῶς δὲ ἐξεῖλε τοῦ λόγου τὴν Πηνελόπην, οὐ βουλόμενος λυπεῖν τὴν ἀγαπῶσαν ἐκ τῆς ζηλοτυπίας.

This is another persuasive (statement), so that she yields to what is destined. Admirably he leaves Penelope out of his speech, for he does not want to evoke jealousy and to distress the loving woman.

In the mind of Calypso, Penelope may represent the fulfilment of love in terms of reciprocity, duration, and social recognition, and clearly contrasts with what the goddess' relationship with the hero stands for. Thus it seems reasonable to suggest that here the speaker again attempts to smooth any fierce reaction from the nymph and eschew any outburst stemming from her possessive feelings over her lover.[23]

In line with the affectionate presentation of Odysseus' torments lies Hermes' focus on the hero's likely future, should he prolong his stay on Ogygia. Contrary to the possibility of dying away from those close to him (V, 113), Ithaca is designated as the appropriate place to continue and possibly end his life, since it encompasses the material and human environment to which the hero is emotionally attached. The subtext seems to be that Odysseus' former social life can only be restored in his homeland, which reinforces the point about Ogygia's unsuitability.

By now it has become clear that Hermes does not simply transmit the original message, but shapes his speech in a rather eloquent manner in order to strengthen its rhetorical effect. He disavows any responsibility for the order and its delivery, highlights Odysseus' misfortunes and concludes with the necessity of the hero's homecoming as demanded by both Zeus and *moira.* A closer look will reveal more aspects of the god's skilfulness and cunning in the selection and formulation of the material used for the speech. This takes us to the speaker's second communicative technique: his inconsistent and even deceitful presentation of elements of the story. We have already observed this technique with the mention of νημερτέως earlier and here we are presented with a conspicuously misleading detail, which accounts for Calypso's ensuing outburst.

---

23 *Pace* J. B. Hainsworth *in* A. Heubeck, & al., *A Commentary to Homer's Odyssey*, p. 264 97-113 n.

Hermes' deceptive tactic, in particular, involves the omission of Zeus' hostile intervention that caused Odysseus to be shipwrecked on Ogygia, and Athena's role in his wanderings after the sack of Troy (V, 108-111). The goddess is thus portrayed as the main agent responsible for the rough sea that killed Odysseus' comrades and imprisoned him on Calypso's island.[24] In this case it seems that the messenger mingles two instances of divine wrath in the post-war story of the hero. After the Greeks had conquered Troy, Athena's *menis*, as expressed in Zeus' actions, hindered their return home (I, 326-327, III, 130-161), and the goddess no longer stood by Odysseus, in spite of her clearly supportive role during the Trojan war (III, 218-222, XIII, 314-319).[25] However, there are significant inconsistencies in this rendering of the episode, since the sea-storm that Hermes is referring to has taken place at a much later stage in the story: according to the narration of Odysseus in the *Apologue*, it was brought about by Zeus after Helius' insistence on avenging the devouring of his cattle (XII, 374-419). Hence it is not Athena, but Helius, as the driving force, and Zeus, as the executive instrument, who should be held responsible for the hero's coming to Ogygia.

The awkwardness of Hermes' version was initially noticed by the scholia, which proposed its *athetesis* on story grounds (Schol. HP[1] *ad Od.* V, 107a):

περιττοὶ οἱ στίχοι καὶ πρὸς τὴν ἱστορίαν μαχόμενοι · οὐ γὰρ καθ' ὃν καιρὸν ὑπὸ τῆς Ἀθηνᾶς ὁ ἄνεμος ἐκινήθη καὶ οἱ ἄλλοι ἀπώλοντο, Ὀδυσσεὺς τῇ νήσῳ προσηνέχθη. οἱ δὲ τελευταῖοι δύο ἐκ τῶν μετὰ ταῦτά εἰσι μετενηνεγμένοι [cf. V, 133-134].

The lines are superfluous and inconsistent with the story, since Odysseus was not brought to the island at the time when the wind was stirred up by Athena and the rest (comrades) perished. The last two (lines) have been transposed from the lines below [cf. V, 133-134].

It has rightly been suggested that, in mingling the two stories, Hermes attempts to downplay the role of Zeus who issued the decision for Odysseus' release.[26] Yet the matter becomes even more complicated if we take into consideration Odysseus' own narration at XII, 374-390, according to which Calypso was aware of the dialogue between Zeus and Helius that led to the Thrinacia disaster. Scodel correctly points out that Hermes' narrative relies more on what the audience already knows about the hero rather than on the *Apologue* as told by Odysseus himself.[27] In that sense, we should not read the present passage and the Helius-Zeus dialogue together and therefore we need not take into account any discrepancies between them. A plausible alternative, however, would be to regard this inconsistency as a deliberate strategy with additional

---

24 M. Baltes, « Hermes bei Kalypso », p. 20; J. S. Clay, *The Wrath of Athena*, p. 50 accepts the lines in view of their compatibility with Athena's wrath before the narrative time of the *Odyssey*; M. J. Alden, « The Role of Calypso in the *Odyssey* », p. 104 believes that Hermes draws on a version downplayed in the poem.

25 Although Athena plays a key role in assisting the hero throughout the poem, in the *Iliad* her support is mainly distributed among heroes other than Odysseus (W. B. Stanford, *The Ulysses Theme*, p. 25).

26 M. Baltes, « Hermes bei Kalypso », p. 20; I. J. F. de Jong, *A Narratological Commentary on the Odyssey*, p. 132, 108-111 n.

27 R. Scodel, *Credible Impossibilities*, p. 66-67.

implications. In changing the facts of Odysseus' post-war whereabouts, Hermes seeks to induce Calypso to accept a different rendering of the story regardless of the fact that both interlocutors know the truth. In this way, he tries to violate Calypso's memory and force her obedience. More importantly, the domineering technique of the speaker assumes special significance, since his inaccurate summary is reported as originating from Zeus himself. Thus, the authority of the father of the gods impels a different reading of the past; one that purifies his own destructive activities and even challenges Calypso's involvement in saving the hero's life.

The Dictates of Fate: Odysseus' Imperative Homecoming

Hermes concludes the delivery of Zeus' message with a reference to the order itself (V, 112-115):

> τὸν νῦν σ' ἠνώγειν ἀποπεμπέμεν ὅττι τάχιστα·
> οὐ γάρ οἱ τῇδ' αἶσα φίλων ἀπονόσφιν ὀλέσθαι,
> ἀλλ' ἔτι οἱ μοῖρ' ἐστὶ φίλους τ' ἰδέειν καὶ ἱκέσθαι
> οἶκον ἐς ὑψόροφον καὶ ἑὴν ἐς πατρίδα γαῖαν.

> Anyway, Zeus wants you to send him back home. Now.
> The man's not fated to rot here far from his friends.
> It's his destiny to see his dear ones again
> And return to the high-gabled Ithacan home.

The command is centred on two main areas: its origin from both Zeus and *moira*, and the content of Odysseus' *nostos*. It is now that Hermes' mention of his own obedience to Zeus in the first part of the speech finds its target. Just as he complied with the will of the father of the gods in making an unpleasant trip to Ogygia, in the same way Calypso has to display submission despite any distress this might involve. The fulfilment of Zeus' order was not a difficult task for Hermes to carry out, but in the case of the nymph it entails a violent change that may overturn her settled life in a tranquil environment. The weight of the divine dictum is further stressed by the repetitive mention of fate (αἶσα, 113; μοῖρα, 114), and the almost verbatim translation of Zeus' original message (V, 41-42). Zeus, however, has referred to the order as « the unerring decision » (νημερτέα βουλήν, V, 30), and concluded with the necessity of Odysseus' homecoming as ordained by *moira*. Hermes' articulation of the same idea is quite different. He begins with the urgent command of the divine ruler, and explains it as resulting from the pressing need of fate. Thus, in line with his previous strategy to detract attention from Zeus, once again the speaker downplays the latter's role, and attributes the essential character of a pre-determined *nostos* to an impersonal power, one that would be impossible for Calypso to defy. Within this framework, the father of the gods is simply the interpreter and upholder of the dictates of fate, which stands for the man's portion in life. In Homer, fate is a fact that cannot be overlooked even by deities, and the messenger cunningly plays with the vague limits between the realm of fate and the range of divine action.[28] And quite emphatically, Zeus' supremacy comes to the fore in the conclusion of the dialogue with Hermes' strict warning to the nymph, which is clearly a follow-up to the divine dictum and brings the imperative character of the command to a climax by cautioning against the nymph's failure to comply (V, 146-147):

οὕτω νῦν ἀπόπεμπε, Διὸς δ' ἐποπίζεο μῆνιν,
μή πώς τοι μετόπισθε κοτεσσάμενος χαλεπήνῃ.

Well send him off now and watch out for Zeus' temper.
Cross him and he'll really be rough on you later.

The second main device in this section is a deliberate concealment of important elements of the order relating to the plan about Odysseus' route from Ogygia to Ithaca and the means for his trip. Even though this material occupies the largest part in Zeus' order (V, 31-40), and is crucial for the overall plot of the *Odyssey*, Hermes totally excludes it, thereby increasing Calypso's anxiety about the hero's future. If the nymph was provided with a realistic proposal for the safe return of her mortal paramour, probably her initial objection and certainly her ensuing scepticism would have no place. On the contrary, she is simply ordered to permit Odysseus' departure, which gives her space to express her indignation even in a scheme in which her final obedience is taken for granted.

As Good as it Gets: The Reluctant Submission of Calypso

Despite all its subtlety Hermes' speech forms a serious menace to Calypso's world. The clarity of the divine dictum leaves her no alternative option but to comply with the will of the father of the gods. Yet her ultimate obedience comes not without protest and emerges only in the last part of the speech (V, 137-144). What we get first is her verbal attack on the Olympian gods in their entirety, who are branded as « jealous » (ζηλήμονες, 118) of goddesses in love with mortals (V, 118-120):

σχέτλιοί ἐστε, θεοί, ζηλήμονες ἔξοχον ἄλλων,
οἵ τε θεαῖσ' ἀγάασθε παρ' ἀνδράσιν εὐνάζεσθαι
ἀμφαδίην, ἤν τίς τε φίλον ποιήσετ' ἀκοίτην.

You gods are the most jealous bastards in the universe –
Persecuting any goddess who ever openly takes
A mortal lover to her bed and sleeps with him.

There can be no doubt that Calypso's response is indicative of her despair, which impels her to defy her status as a minor goddess and raise her voice against the gods.

---

28 For Homeric fate, see M. P. Nilsson, *Geschichte der griechischen Religion*, p. 361-368, W. Burkert, *Greek Religion*, p. 129-130, and more recently E. Sarischoulis, *Schicksal, Götter und Handlungsfreiheit in den Epen Homers*.

« In those circumstances in which a person of lesser status utters a rebuke against a superior, Homer is careful to explain his reasons.[29] » Accordingly, the nymph's accusation is first supported by two mythological examples as a means of strengthening the persuasiveness of her case.[30]

In general, « Catalogues of exempla are a special subgenre within the surviving epics, used by only gods addressing other gods[31] », and particularly in the present passage, the catalogue consists of two cases: the stories of Eos and of Demeter whose mortal lovers, Orion and Iasion respectively, are killed by the gods (V, 121-128). The common denominator in these stories is divine jealousy for the erotic liaison of goddesses with men, which lends weight to Calypso's attack. Her examples, however, seem rather misleading.[32] On the surface, they bear on the decision of Odysseus' release as regards the human-divine relationship and the involvement of the gods in disrupting it. On a closer look, we may see that the core of the exempla, which rests in the envy theme (ἀγάασθε, 119; ἠγάασθε, 122; ἄγασθε, 129) and the killing of the mortal lovers, appears to be irrelevant to the present situation. It may be that Calypso implies that Odysseus, should he stay with her, is threatened to be killed by the gods.[33] Nonetheless, here the divine dictum is not the result of jealousy for Calypso, but was necessitated by the gods and fate together for the benefit of the hero, whereas his current sorrowful state (V, 81-84, 151-158) may be compared to non-existence.

The theme of death as a result of divine malevolence can be associated with Calypso's ensuing words concerning her beneficial role as opposed to the stance of Zeus who almost killed Odysseus in the past (V, 130-136):

> τὸν μὲν ἐγὼν ἐσάωσα περὶ τρόπιος βεβαῶτα
> οἶον, ἐπεί οἱ νῆα θοὴν ἀργῆτι κεραυνῷ
> Ζεὺς ἐλάσας ἐκέασσε μέσῳ ἐνὶ οἴνοπι πόντῳ.
> ἔνθ' ἄλλοι μὲν πάντες ἀπέφθιθεν ἐσθλοὶ ἑταῖροι,
> τὸν δ' ἄρα δεῦρ' ἄνεμός τε φέρων καὶ κῦμα πέλασσε.
> τὸν μὲν ἐγὼ φίλεόν τε καὶ ἔτρεφον ἠδὲ ἔφασκον
> θήσειν ἀθάνατον καὶ ἀγήραον ἤματα πάντα.

> Well, I was the one who saved his life, unprying him
> From the spar he came floating here on, sole survivor
> Of the wreck Zeus made of his streamlined ship,
> Slivering it with lightning on the wine-dark sea.
> His entire crew was wiped out, and he
> Drifted along until he was washed up here.

---

29 E. Minchin, *Homeric Voices*, p. 164.

30 M. Edwards, *Homer*, p. 98. See also M. M. Willcock, « Mythological Paradeigma in the *Iliad* », and N. Austin, « The Function of Digressions in the *Iliad* ».

31 R. Scodel, *Listening to Homer*, p. 145.

32 R. Scodel, *Listening to Homer*, p. 146. Somewhat differently in I. J. F. de Jong, *A Narratological Commentary on the Odyssey*, p. 132, 118-129 n., who interprets the examples of Orion and Iasion as exaggerations. Both interpretations in B. Sammons, *The Art and Rhetoric of the Homeric Catalogue*, p. 40-42.

33 R. Harder, « Odysseus und Kalypso », p. 158, and M. Baltes, « Hermes bei Kalypso », p. 23.

> I loved him, I took care of him, I even told him
> I'd make him immortal, and ageless all of his days.

Calypso's crucial contribution to the welfare of Odysseus starts with the fact that she rescued him from a sea-storm caused by Zeus and continues with her constant assistance and care throughout his stay on Ogygia. It also extends potentially to eternity through the idea of the hero's immortalisation, which privileges the nymph as the hyper-donor of the hero's life. In other words, Odysseus' departure from Ogygia equals to a definitely mortal existence whose outcome will be death just as death would have been caused had Calypso not intervened to save the hero from Zeus. From the perspective of Calypso, then, it seems that Odysseus' sojourn with her is the single blissful parenthesis within his otherwise tormented and precarious living, whereas any deviation from this scheme is bound to bring about the sorrowful consequences of mortality.[34]

It is interesting to note that the ancient scholia too comment on Calypso's elaborate rhetoric in a brief though suggestive manner (Schol. T *ad Od.* V, 130a):

> ὅρα τὴν δικαιολογίαν, ὅτι ὃν ἔσωσα, εἰμὶ δικαία τοῦτον κατέχειν, ὑμεῖς δὲ διαφθείραντες ἄλλως βουλεύεσθε.

> Pay attention to the [following] excuse, i.e. because I saved him, I have the right to possess him, whereas you who harmed him have different plans.

Here the consecutive antitheses between life and death, right and wrong, power and submission are quite sharp and are aptly employed by the nymph in her (desperate) attempt to hold on to her mortal companion. Yet her opposition against the authority of the Olympians goes even further, since her story challenges Hermes' earlier (inaccurate) version of the manifestation of divine wrath, and in so doing, it undermines the value of the divine decree, which partly bears the seal of Zeus.

Again Calypso's approach seems rather partial in that she privileges only those factors that sustain her own stance, and completely disregards aspects of the story that may weaken her objection to letting the hero go. More specifically, she totally ignores Hermes' attempt to give a more general picture of Odysseus' troubled past and his involvement in the Trojan war. In addition, even though she underlines her succour and love, she suppresses any element that would reveal Odysseus' apparent misery on Ogygia, as repeatedly emphasised in the narrative (V, 81-84, 151-158). In that sense, she concocts a discourse that is entirely self-centred and insistently neglectful of the hero's needs.

Nonetheless, the last part of her speech records her unconditional surrender. Calypso acknowledges the superiority of Zeus over the rest of the gods, thereby recalling Hermes' efforts to underline the necessity of the theme of obedience to a divinity of the highest rank (V, 137-144):

---

34 See also B. Sammons, *The Art and Rhetoric of the Homeric Catalogue*, p. 42.

ἀλλ' ἐπεὶ οὔ πως ἔστι Διὸς νόον αἰγιόχοιο
οὔτε παρεξελθεῖν ἄλλον θεὸν οὔθ' ἁλιῶσαι,
ἐρρέτω, εἴ μιν κεῖνος ἐποτρύνει καὶ ἀνώγει,
πόντον ἐπ' ἀτρύγετον. πέμψω δέ μιν οὔ πῃ ἐγώ γε·
οὐ γάρ μοι πάρα νῆες ἐπήρετμοι καὶ ἑταῖροι,
οἵ κέν μιν πέμποιεν ἐπ' εὐρέα νῶτα θαλάσσης.
αὐτάρ οἱ πρόφρων ὑποθήσομαι οὐδ' ἐπικεύσω,
ὥς κε μάλ' ἀσκηθὴς ἣν πατρίδα γαῖαν ἵκηται.

But you said it, Hermes: Zeus has the aegis
And none of us gods can oppose his will.
So all right, he can go, if it's an order from above,
Off on the sterile sea. How I don't know.
I don't have any oared ships or crewmen
To row him across the sea's broad back.
But I'll help him. I'll do everything I can
To get him back safely to his own native land.

What is striking, however, is the confusion that emerges from these lines. Although they register submission to the peremptory context of the message (137-138, almost identical with V, 103-104), at the same time they undermine it. This tendency is particularly evident in the nymph's refusal to provide any assistance, other than advice (143-144), and her scepticism about Odysseus' lack of resources for his journey (141-142). Of course the latter does not constitute a serious obstacle to the hero's departure, since, according to Zeus, the first stage of the trip will be accomplished without any ship and crew (V, 32-33). But Hermes, as we have seen, has omitted all details surrounding the hero's passage to Ithaca, thus leaving the nymph in total ignorance and cutting all links that might associate her with the future of her mortal lover. In addition to Calypso's life-preserving role (130) and desire to prolong the hero's existence (135-136), the concealment of any particulars about Odysseus' exodus from Ogygia comes as no surprise and provides the goddess with an excellent opportunity to raise her doubts about the success of the journey. Yet in contrast to her initial strong reaction, it is evident that the current objections of the nymph, expressed smoothly and in indirect terms, register her final, though reluctant, submission to the power of the Olympians.

Bibliography

Primary Sources

Mühll, Peter von der (éd.), *Homeri Odyssea*, 3rd edition, Stuttgart, Teubner, 1962 (1946).
Pontani, Filippomaria (éd.), *Scholia graeca in Odysseam*, v. III, Rome, Edizioni di storia e letteratura, 2015.
Lombardo, Stanley (transl.), *Homer Odyssey*, introduction by Murnaghan Sheila, Indianapolis, Hackett, 2000.

Secondary Sources

Alden, Maureen J., « The Rôle of Calypso in the *Odyssey* », *A&A*, 31, 1985, p. 97-107.

Anastasiou, Giannis, « Ο αφηγηματικός χαρακτήρας των λόγων στην Οδύσσεια », *in* Païsi-Apostolopoulou, Mahi (éd.), *Σπονδές στον Όμηρο: Από τα πρακτικά του ΣΤ΄ συνεδρίου για την Οδύσσεια (2-5 Σεπτεμβρίου 1990)*, Ithaca, Κέντρο Οδυσσειακών Σπουδών, 1993, p. 41-56.

Arend, Walter, *Die typischen Scenen bei Homer*, Berlin, Weidmann, 1933.

Austin, Norman, « The Function of Digressions in the *Iliad* », *GRBS*, 7, 1966, p. 295-312.

Baltes, Matthias, « Hermes bei Kalypso (*Od.* ε 43-148) », *WJA*, 4, 1978, p. 7-26.

Burkert, Walter, *Greek Religion: Archaic and Classical*, translated by Raffan John, Oxford, Blackwell, 1985; originally published as *Griechische Religion der archaischen und klassischen Epoche*, Stuttgart, Kohlhammer, 1977.

Clay, Jenny Strauss, *The Wrath of Athena: Gods and Men in the* Odyssey, Princeton, Princeton University Press, 1983.

Danek, Georg, *Epos und Zitat: Studien zu den Quellen der* Odyssee, Vienne, Österreichische Akademie der Wissenschaften, 1998.

Edwards, Mark W., « Type-Scenes and Homeric Hospitality », *TAPhA*, 105, 1975, p. 51-72.

Edwards, Mark W., *Homer: Poet of the* Iliad, Baltimore-Londres, The Johns Hopkins University Press, 1987.

Erbse, Hartmut, *Beiträge zum Verständnis der Odyssee*, Berlin-New York, De Gruyter, 1972.

Felson-Rubin, Nancy, *Regarding Penelope: From Character to Poetics*, Princeton, Princeton University Press, 1994.

Goldhill, Simon, « Reading Differences: The *Odyssey* and Juxtaposition », *Ramus*, 17, 1988, p. 1-31.

Griffin, Jasper, « The Speeches », in R. Fowler (éd.), *The Cambridge Companion to Homer*, Cambridge, Cambridge University Press, 2004, p. 156-167.

Harder, Richard, « Odysseus und Kalypso », *in Kleine Schriften*, edited by Marg Walter Munich, Beck, 1960, p. 148-163.

Heubeck, Alfred, Hainsworth, John Bryan et West, Stephanie, *A Commentary on Homer's Odyssey*, vol. I, Oxford, Clarendon Press, 1988.

Jong, Irene J. F. de, « Convention *versus* Realism in the Homeric Epics », *Mnemosyne*, 58, 2005, p. 1-22.

Jong, Irene J. F. de, « Developments in Narrative Technique in the *Odyssey* », in M. Reichel et A. Rengakos (éd.), *EPEA PTEROENTA: Beiträge zur Homerforschung: Festschrift für Wolfgang Kullmann zum 75. Geburtstag*, Stuttgart, Steiner, 2002, p. 77-91.

Jong, Irene J. F. de, *A Narratological Commentary on the* Odyssey, Cambridge, Cambridge University Press, 2001.

Jong, Irene J. F. de, *Narrators and Focalizers: The Presentation of the Story in the* Iliad, 2nd edition, Londres, Bristol Classical Press, 2004 (1987).

LfgrE = Snell, Bruno, *et al.* (éd.), *Lexikon des frühgriechischen Epos*, Göttingen, Vandenhoeck & Ruprecht, 1955-2010.

Louden, Bruce, *The* Odyssey: *Structure, Narration, and Meaning*, Baltimore-Londres, The Johns Hopkins University Press, 1999.

LSJ = Liddell, Henry Jones, Scott, Robert, Jones, Henry Stuart and McKenzie, Roderick, (éd.), *A Greek-English Lexikon*, 9th edition with a revised supplement in 1996, Oxford, Oxford University Press, 1996 (1940).

Maronitis, Dimitrios N., *Αναζήτηση και νόστος του Οδυσσέα: Η διαλεκτική της Οδύσσειας*, Athens, Κέδρος, 1971.

Martin, Richard P., *The Language of Heroes: Speech and Performance in the* Iliad, Ithaca, NY-Londres, Cornell University Press, 1989.

Minchin, Elisabeth, *Homeric Voices: Discourse, Memory, Gender*, Oxford, Oxford University Press, 2007.

Montanari = Montanari, Franco, *The Brill Dictionary of Ancient Greek*, edited by Madeleine Goh and Chad Schroeder, Leiden, Brill, 2015.

Nilsson, Martin Persson, *Geschichte der griechischen Religion*, vol. I, 3rd edition, Munich, Beck, 1967 (1941).

Peradotto, John, *Man in the Middle Voice: Name and Narration in the* Odyssey, Princeton, Princeton University Press, 1990.

Pontani, Filippomaria, « Speaking and Concealing – Calypso in the Eyes of Some (Ancient) Interpreters », *SO*, 87, 2013, p. 30-60.

Reece, Steve, *The Stranger's Welcome: Oral Theory and the Aesthetics of the Homeric Hospitality Scene*, Ann Arbor, University of Michigan Press, 1993.

Rutherford, Richard B. (éd.), *Homer Odyssey: Books XIX and XX*, Cambridge, Cambridge University Press, 1992.

Sammons, Benjamin, *The Art and Rhetoric of the Homeric Catalogue*, Oxford-New York, Oxford University Press, 2010.

Sarischoulis, Efstratios, *Schicksal, Götter und Handlungsfreiheit in den Epen Homers*, Stuttgart, Steiner, 2008.

Scodel, Ruth, *Credible Impossibilities: Conventions and Strategies of Verisimilitude in Homer and Greek Tragedy*, Stuttgart-Leipzig, Teubner, 1999.

Scodel, Ruth, *Listening to Homer: Tradition, Narration, and Audience*, Ann Arbor, University of Michigan Press, 2002.

Stanford, William Bedell, *The Ulysses Theme: A Study in the Adaptability of a Traditional Hero*, 2nd corrected edition, Dallas, Spring Publications, 1968 (1954).

Vernant, Jean-Pierre, « The Refusal of Odysseus », translated by V. Farenga, in S. L. Schein (éd.), *Reading the* Odyssey: *Selected Interpretive Essays*, Princeton, Princeton University Press, 1996, p. 185-189.

Willcock, Malcolm M., « Mythological Paradeigma in the *Iliad* », *CQ*, 14, 1964, p. 141-154.

Zekas, Christodoulos, « Odysseus as Storyteller: Narrator and Speech Formulation in the Thrinacia Episode », *Mnemosyne*, 70, 2017, p. 721-739.

ANNE-MARIE FAVREAU-LINDER

Commentaires rhétoriques de l'ambassade à Achille

Dès l'époque classique, les poèmes homériques ont été lus comme un répertoire de beaux discours pouvant servir de modèles aux rhéteurs. Les déclamations du sophiste Antisthène donnant la parole à Ajax puis à Ulysse dans une controverse sur les armes d'Achille en sont un exemple[1]. Cependant, présenter Homère comme un πρῶτος εὑρέτης de l'art rhétorique est une idée essentiellement diffusée à l'époque impériale même si elle a ses racines dans les milieux philosophiques de l'époque hellénistique[2]. Dans le débat sur l'existence d'une rhétorique dès Homère, le chant IX de l'*Iliade* revêt une importance particulière[3]. Le discours de Phénix comprend en effet deux vers célèbres (v. 442-443) qui définissent l'instruction d'un héros accompli tel qu'Achille : « Je devais t'apprendre à être en même temps un bon diseur d'avis (μύθων τε ῥήτηρ᾽) et un bon faiseur d'exploits. » Or, ces vers sont cités par nombre de théoriciens tant grecs que latins à l'appui de l'idée qu'Homère non seulement pratiquait la rhétorique, mais en connaissait le terme[4]. Les scholies à l'*Iliade* s'inscrivent dans cette tradition interprétative qui voit dans Homère un « maître de rhétorique »[5], au sens où le poète pratique en toute conscience et d'une manière supérieure un art du discours et dans la mesure où il considère que l'éloquence peut être enseignée et constitue donc une *technè*[6].

À l'époque impériale, les traités de rhétorique attestent par ailleurs de la constitution dans les écoles d'un recueil d'épisodes de l'*Iliade* choisis pour leurs qualités rhétoriques[7]. Dans cette anthologie, l'ambassade du chant IX occupe une place de choix

---

1   Voir R. Knudsen, « Homer in the First Sophistic ».
2   G. A. Kennedy, « The Ancient Dispute over Rhetoric in Homer », p. 25 et p. 31, note 22.
3   Cf. B. Reyes Coria, « Homero, maestro/estudiante de rétorica. », p. 9-34 et E. A. Ramos Jurado, « Homero como fuente de la retorica en el mundo antiguo », p. 21-45.
4   L'auteur du traité *De Homero* (Keaney-Lamberton, § 170) y voit une preuve de ce que la rhétorique est un art ; Quintilien (II, 17, 8), une preuve qu'on trouve déjà chez Homère des préceptes d'éloquence ; le rédacteur anonyme d'un *Préambule à la rhétorique* (Patillon, § 5), l'indice que le nom de rhétorique est connu d'Homère (déduction tirée de la proximité entre ῥήτηρ et ῥήτωρ).
5   443a, scholie T. Le scholiaste, pour corroborer sa thèse, cite d'autres vers homériques qui se réfèrent à la parole. Ce faisant, il ajoute à sa démonstration l'idée implicite qu'Homère connaît déjà les principaux genres du discours rhétorique tels que les définit plus tard Aristote : en effet, *Il.*, XV, 284 et *Il.*, IV, 323 illustrent le genre délibératif ; *Od.*, XI, 545 l'éloquence judiciaire.
6   Les scholies bT au vers 443 notent ainsi, non sans peut-être un clin d'œil à Platon : ὅτι διδακτὸν ἡ ἀρετή.
7   Y figuraient notamment les chants I, II, III, IX, cf. Quintilien X, 1, 47 ; Ps-Plutarque, *De Hom.*, 164-174, et M. Hillgruber, *Die Pseudoplutarchische Schrift* De Homero, p. 354.

Anne-Marie Favreau-Linder Maître de conférences à l'Université Clermont Auvergne.

Homère rhétorique. Études de réception antique, éd. par Sandrine DUBEL, Anne-Marie FAVREAU-LINDER et Estelle OUDOT, Turnhout, Brepols 2018 (*RRR* 28), p. 59-80
Brepols Publishers   10.1484/M.RRR-EB.5.115796

avec les trois discours prononcés par Ulysse, Phénix et Ajax pour persuader Achille de mettre un terme à sa retraite. Offrant en apparence une variation sur un même thème, ces discours appartiennent au genre délibératif et illustrent les catégories du protreptique mais aussi de la requête. Cependant les traités de rhétorique conservés n'offrent que très rarement une lecture suivie d'un texte et préfèrent les exemples brefs qui viennent illustrer le procédé exposé. Les scholies à l'inverse, par leur nature linéaire, donnent un aperçu de la lecture expliquée d'une œuvre[8], et transmettent par bribes des commentaires consacrés à ces œuvres (*hypomnêmata*), conçus parfois selon un point de vue particulier[9]. C'est pourquoi notre enquête a porté principalement sur les scholies[10] ; toutefois, pour éclairer les interprétations de certains passages ou l'emploi de certains concepts rhétoriques, nous avons cherché un point de comparaison dans d'autres commentaires anciens : traités rhétoriques sur une question théorique, commentaires sur l'*Iliade*, comme l'ouvrage du Pseudo-Plutarque[11] ou le commentaire monumental d'Eustathe pour la lecture qu'ils proposent de certains vers de l'Ambassade[12]. Ce choix pourrait distendre excessivement l'étude de la réception rhétorique de l'Ambassade (de l'époque hellénistique au xiiᵉ siècle byzantin)[13], mais s'il est difficile de dater les scholies bT, on s'accorde à penser qu'une grande partie de ces scholies ainsi que des remarques d'Eustathe conservent des commentaires plus anciens, et la terminologie rhétorique employée correspondrait à celle en usage entre la fin de l'époque hellénistique et les premiers siècles de l'Empire[14].

Les scholies dites bT abondent en remarques dénotant une appréciation portée sur la dimension rhétorique du texte. Un certain nombre d'adverbes évaluatifs ponctuent les commentaires des scholiastes qui viennent souligner le caractère persuasif du

---

8 Notre étude s'inscrit dans la perspective développée notamment par R. Nünlist, *The Ancient Critic at Work*, p. 2 : « The scholia provide a very good insight into how critics made use of the various scholarly tools in the daily business of explaining the Greek "classics" in their entirety. »

9 Ainsi du traité *Sur la rhétorique selon Homère* qu'aurait composé Télèphe de Pergame au iiᵉ siècle ap. J-C. voir : L. Pernot, *La Rhétorique dans l'Antiquité*, p. 9.

10 Les scholies bT éditées avec les scholies A par H. Erbse ont formé notre corpus initial. Pour une introduction aux différents types de scholies, voir E. Dickey, *Ancient Greek Scholarship*, p. 3-28 ; G. Nagy, « Homeric Scholia », p. 101-122. Sur la valeur des scholies bT pour la critique littéraire antique, voir M. Schmidt, « The Homer of the Scholia », p. 159-177 et N. J. Richardson, « Literary criticism in the exegetical scholia to the *Iliad* », p. 265-287.

11 Pseudo-Plutarque (*De Homero*), édition de J. F. Kindstrand, la seconde partie (non biographique) pourrait dater de la deuxième moitié du iiᵉ siècle ap. J.-C., cf. *Praefatio*, p. X.

12 *Commentarii ad Homeri Iliadem pertinentes*, édition de M. Van der Valk. Les traités du Ps-Denys d'Halicarnasse (*Ars rhetorica* VIII-IX) ont une nature mixte : consacrés à une théorie rhétorique bien précise, le discours figuré, ils offrent également une analyse détaillée, orientée par leur démonstration, de plusieurs passages conséquents de l'*Iliade*, dont certains discours du chant IX. Nous les avons donc également consultés.

13 L'ouvrage de S. Dentice, *Omero e i suoi oratori* (paru depuis le colloque à l'origine de notre article), offre une analyse de l'Ambassade éclairée par les commentaires antiques (p. 176-203), que nous rejoignons nécessairement sur plusieurs points. À la différence de ce dernier toutefois, notre objectif n'est pas de prouver qu'Homère est un maître de rhétorique avant l'heure, ni d'offrir un commentaire au chant IX mais d'en étudier la réception rhétorique antique.

14 Pour les scholies, voir M. Schmidt, *op. cit.*, p. 171-176, E. Dickey, *op. cit.*, p. 19-20 et N. J. Richardson, *op. cit.*, p. 265. Pour Eustathe, voir l'introduction de M. Van der Valk.

procédé employé par le poète (ainsi πιθανῶς), ou encore faire l'éloge de son art (tel ἐντέχνως, τεχνικῶς), exprimer un jugement esthétique ou plus modestement une approbation du savoir-faire (καλῶς, εὖ, εὐπρέπως, ἄκρως)[15]. Ces adverbes se rencontrent dans les commentaires aux discours des trois ambassadeurs comme dans celui aux réponses d'Achille. Ni hiérarchie ni préférence pour un discours ne se laissent donc déceler. Les scholiastes peuvent employer ces adverbes pour souligner l'emploi d'une figure[16], mais aussi pour désigner une manière de faire habile, sans qu'un procédé particulier soit *a priori* nommé[17]. Pour autant, une remarque à première vue allusive peut renvoyer à une théorie précise :

> 417a, scholies AT : καὶ δ᾽ ἂν τοῖς ἄλλοισιν ἐγὼ παραμυθησαίμην : τοσοῦτον ἀπέχει πειθοῦς. τεχνικῶς δὲ καὶ τοὺς ἄλλους ἀφίστησι, τὸ ἀδύνατον τῆς ἁλώσεως προβαλλόμενος.

> *Et c'est même à tous que je conseillerais, moi* : Tant il (Achille) est loin d'être persuadé. C'est avec art qu'il cherche à détacher aussi les autres, en mettant en avant l'impossibilité de la prise de la ville.

Le scholiaste glose les conseils donnés par Achille au terme de sa réponse à Ulysse et remarque que le Péléide est si loin d'être convaincu de reprendre le combat qu'il incite même les autres à le cesser. L'adverbe τεχνικῶς[18] salue la stratégie persuasive employée par Achille pour dissuader les Achéens, mais fonctionne également comme un signal textuel pour le lecteur des scholies, et l'incite à examiner de plus près où réside la *technè* de l'orateur selon le scholiaste. En effet, aux yeux d'un rhéteur antique, le verbe παραμυθησαίμην inscrit les propos d'Achille dans la catégorie de l'éloquence de conseil, qui relève du genre délibératif et vise à exhorter ou dissuader de prendre une décision, notamment dans le cadre d'une assemblée. La question de la guerre et de la paix constitue l'un des enjeux récurrents de cette éloquence politique[19]. Or, parmi les arguments propres à ce genre, figure celui de la possibilité ou de l'impossibilité à réaliser l'entreprise projetée[20]. Il est donc probable que le scholiaste souligne en réalité le recours habile et averti à une topique de l'argumentation délibérative, à un des *telika kephalaia*[21].

Ces quelques exemples donnent une première idée du degré varié de précision technique des commentaires et du caractère à la fois concis et allusif propre au

---

15 M. Van der Valk, *Researches on the Text and Scholia of the Iliad*, p. 469-471.

16 Ainsi, dans la scholie bT au vers 636, l'adverbe ἐντέχνως vient approuver l'emploi d'une métabase dans le discours d'Ajax, forme d'apostrophe mise en œuvre dans le brutal glissement d'un interlocuteur à un autre.

17 Par exemple, la scholie bT aux vers 360-361 salue l'introduction d'un argument supplémentaire dans la réponse d'Achille à Ulysse par un πιθανῶς.

18 La scholie b reproduit le même commentaire mais substitue à τεχνικῶς l'adverbe πιθανῶς, ce qui confirme que les deux adverbes commentent l'habileté rhétorique.

19 Aristote, *Rhét.*, I, 1358b20 *sq.* et 1359b33 *sq.*

20 cf. *Rhét.* I, 1359a30 *sq.* ; Ps-Aristote, *Rhét. à Alex.*, 1421b 23-30.

21 Terminologie en usage à l'époque impériale, voir L. Pernot, « Lieu et lieu commun dans la rhétorique antique », p. 266, note 64.

genre des scholies. Notons toutefois que les scholies qui relèvent une figure ou un procédé n'y ajoutent pas systématiquement un commentaire approbateur sur l'art du poète. Néanmoins, la récurrence de ces adverbes qui saluent la *technè* du poète à la fois corrobore le postulat exprimé dans la scholie aux paroles de Phénix d'une rhétorique d'Homère et montre l'importance de l'analyse rhétorique comme grille de lecture mise en œuvre par les scholiastes.

Au sein de cet ensemble foisonnant, il nous a semblé que trois principes orientaient de manière remarquable ces commentaires ponctuels : la mise en évidence de la structure argumentative des discours, la mise au jour des procédés employés par l'orateur pour voiler sa pensée, la caractérisation des personnages homériques par leur discours[22]. Dans les deux premiers cas, l'analyse porte sur la rhétorique mise en œuvre par les héros pour persuader leur interlocuteur. Le troisième principe s'attache à ce qu'on pourrait appeler l'art de l'éthopée homérique.

Organisation du discours et stratégie argumentative

La structure du discours

Plusieurs scholies s'efforcent de dégager la structure du discours, en prenant pour cadre de référence la théorie des parties du discours (τὰ μέρη τοῦ λόγου[23]). Ainsi, dans l'allocution d'Ulysse sont repérés l'exorde et le début de la narration[24]. Les scholies exposent également la structure argumentative mais laissent de côté l'épilogue[25]. De fait, isoler un épilogue est moins évident, puisqu'Ulysse ne procède à aucune récapitulation, même si son appel à la pitié et à l'orgueil d'Achille relève du *pathos* attendu notamment en conclusion[26]. Ainsi, les scholies dénotent une capacité

---

22 Tous les commentaires des scholiastes ne relèvent pas nécessairement de ces trois principes – ainsi, des remarques ponctuelles sur les figures que nous laissons de côté parce qu'elles nous ont paru moins pertinentes pour appréhender l'interprétation proposée par les scholies d'une stratégie rhétorique globale d'un discours ou d'un orateur. Notre étude ne prétend pas rendre compte de manière exhaustive de l'ensemble des commentaires rhétoriques aux discours d'ambassade du chant IX, mais mettre en évidence quelques lignes interprétatives récurrentes, fondées sur certaines théories rhétoriques antiques, et interroger leur pertinence pour la lecture de l'*Ambassade*.

23 La préconisation d'une construction du discours en parties est développée dès les premiers traités rhétoriques d'époque classique, voir Pseudo-Aristote, *Rhétorique à Alexandre*, ch.29 *sq.* et les remarques de P. Chiron dans l'introduction, p. CV, CXXXVII et *sq.*

24 Exorde : scholies bT au vers 225a ; narration : scholies bT au vers 232a.

25 Mentionné toutefois par le *De Hom.* 169, qui tout en repérant les articulations principales du discours d'Ulysse, n'use pas pour les autres parties de la terminologie attendue. À l'inverse, Eustathe indique soigneusement ces parties : exorde (II, 707, l. 8-9) ; début (II, 707, l. 12) et fin de la narration (v. 232-243 ; II, 708, l. 13) ; requête (à propos du v. 247 : ἐπάγει ῥητορικῶς ἀξίωσιν, 708 l. 15) selon une terminologie hermogénienne cf. Ps-Herm., *De Inv.*, p. 125, l. 5 (Rabe). Eustathe souligne également les principales articulations de l'argumentation, mais ne fait pas mention de l'épilogue.

26 Aristote, *Rhét.* III, 19 et Ps-Aristote, *Rhét. à Alex.*, ch. 34, 1 et 5, à propos de l'épilogue qui doit clore un discours exhortant à secourir des particuliers ou une cité.

à une compréhension globale d'une unité textuelle et leur analyse des articulations du discours d'Ulysse est reprise en partie dans les commentaires modernes[27].

Les discours des autres protagonistes ne suscitent pas autant de remarques sur leur organisation[28]. Cette disparité dans l'analyse tient vraisemblablement à la difficulté rencontrée par les scholiastes à retrouver dans la réponse d'Achille à Ulysse ou dans le discours de Phénix les quatre parties canoniques. Les scholiastes n'appliquent donc pas aveuglément une théorie rhétorique dans leur commentaire.

L'indication des parties du discours d'Ulysse s'accompagne de quelques observations sur leur mise en œuvre. Pour l'exorde, le scholiaste justifie l'allusion à l'hospitalité d'Achille qui ouvre le discours d'Ulysse, comme une entrée en matière imprévue, dans la mesure où Ulysse ne commence pas son discours en exposant d'emblée la raison de leur venue[29].

225a, scholies bT : πρὸς τὸ διαχέαι τὸ σκυθρωπὸν αὐτοῦ, ὃν ἦν σκεψάμενος λόγον, ἀφῆκε καὶ ἀπὸ τοῦ καιροῦ ἔλαβε τὸ προοίμιον.

en vue de dissiper son air sombre, il (Ulysse) laisse le discours qu'il avait envisagé et tire son exorde de l'occasion.

En évoquant la stratégie d'Ulysse qui cherche par son exorde à « dissiper » l'« air sombre » d'Achille[30], le scholiaste rappelle la fonction traditionnelle de la *captatio benevolentiae*[31]. Cependant cette bienveillance, loin d'être acquise à Ulysse, est empêchée par les dispositions et les préventions de son interlocuteur[32]. Ulysse doit donc y parer en recourant à un exorde tiré de l'occasion présente, c'est-à-dire du repas que le Péléide vient d'offrir à ses visiteurs. L'expression utilisée par le scholiaste paraît faire écho à la terminologie des traités impériaux, qui distinguent dans les exordes tirés des faits, ceux tirés des circonstances afférentes, comme le temps[33]. Cependant plus qu'aux circonstances passées, le *kairos* dans les scholies semble

---

27 B. Hainsworth, *The Iliad : A Commentary*, p. 93, mentionne les scholies mais plutôt pour l'argumentation. G. Kennedy, *Classical Rhetoric and its Christian and Secular Tradition*, p. 12, repère cinq parties, qu'il emprunte à la théorie rhétorique antique, sans indiquer clairement toutefois ses sources : *proemium* (v. 225-228), *proposition* (v. 228-231), *narrative* (v. 232-246), *command* (v. 247-248), *proof* (v. 249-306).

28 À l'exception des scholies bT au vers 434 : *prooimion* du discours de Phénix. Eustathe analyse les *prooimia* des discours d'Ulysse, de Phénix et des réponses d'Achille à ces deux ambassadeurs.

29 La remarque du *De Hom.* va dans le même sens (169, 2).

30 Cette interprétation du scholiaste se fonde sans doute sur l'aveu par Achille, au vers 198, de la persistance de sa colère : μοι σκυζομένῳ.

31 Aristote, *Rhét*. III, 14, 1415a 23-36, *Rhét. à Alex*. III, 29, 1. Cf. également Quint. IV, 1, 5.

32 *Rhét. à Alex*. III, 29, 10 sq. ; Quint. IV, 1, 20. Toutefois, l'exorde d'Ulysse ne vise pas tant à dissiper les préventions d'Achille qu'à l'en distraire par un discours flatteur et par une entrée en matière indirecte.

33 Pour l'emploi du même verbe λαμβάνειν ἀπὸ/ἐκ, cf. Apsinès, *Art rhétorique*, I, 1 ou Anonyme de Séguier, *Art du discours politique*, I, 7. Sur l'exorde tiré d'une circonstance temporelle, voir Quint. IV, 31, Anonyme de Séguier I, 8, Ps-Hermog., *De Inv.*, p. 105, 10 sq. (Rabe), mais le *kairos* renvoie alors à un événement du passé qui est favorable à la cause défendue. Or, dans le cas d'Ulysse, le *kairos* correspond à la situation présente, cf. la précision d'Eustathe (II, 707, l. 9) : προοίμιον ἐξ αὐτοῦ τοῦ καιροῦ ὑπογυίως : « un exorde issu de l'occasion toute récente ».

désigner avant tout les circonstances de l'énonciation, voire impliquer une forme d'improvisation de la part de l'orateur, en réaction au comportement ou au discours de son interlocuteur[34]. Ce type d'exorde est même, selon Eustathe, coutumier chez Homère, remarque qui dénote une appréhension des poèmes homériques comme un corpus de discours, à l'instar de ceux d'un orateur attique[35].

La narration du discours d'Ulysse fait l'objet d'un bref commentaire, qui souligne le rôle que joue l'élément du lieu dans le développement donné par Ulysse au motif du danger :

ἔνθεν ἡ διήγησις. Τῷ δὲ τόπῳ τὸν κίνδυνον ηὔξησεν ὃ περιέμενεν Ἀχιλλεύς.

À partir de là c'est la narration. Par le lieu, il a amplifié le danger, ce qu'attendait Achille[36].

La préposition ἐγγύς qui ouvre avec un relief particulier le vers 232 – sans que le scholiaste commente, d'un point de vue stylistique, cette place dans le vers – incite en effet à voir dans le motif du lieu le point de départ du tableau développé par Ulysse, dans les vers 232 à 243, sur la situation désastreuse de l'armée achéenne assaillie jusque dans ses retranchements. La théorie des éléments du récit (στοιχεῖα διηγήσεως[37]), au nombre desquels figure le lieu, s'avère ici une grille d'analyse opératoire pour rendre compte de l'organisation du récit.

Les récits occupent une place primordiale dans le discours de Phénix[38], cependant ils n'interviennent pas au titre de la narration mais dans l'argumentation à titre d'exemples. Ils font donc partie d'une stratégie de persuasion.

Le choix des arguments

Les commentaires les plus détaillés sur la structure argumentative des discours se rencontrent dans les scholies au discours d'Ulysse, et mettent en œuvre la théorie des états de cause (*staseis*). Cette théorie que l'on trouve exposée de manière très aboutie dans le traité d'Hermogène περὶ στάσεων[39], doit permettre à l'orateur, à

---

34 Ainsi, les premières paroles de Phénix sont rangées dans la même catégorie par les scholiastes (scholie T au vers 434a), parce que Phénix au lieu de commencer par un conseil, semble répondre aux dernières paroles d'Achille (v. 427-429).

35 Eustathe (II, 749, l. 14-16). Même analyse dans le commentaire de Jean de Sponde, voir dans le présent volume, C. Deloince-Louette, « Homère à la Renaissance : de l'éloquence à l'élégance », Annexe.

36 232a, scholies bT. La mention de l'attente d'Achille est à comprendre comme la réalisation de la vengeance de ce dernier, ce que confirme la référence (ajoutée par la scholie T) à *Il.* I, 409.

37 Par exemple Théon, *Progymnasmata* 78, l. 17 (Spengel) = ch.5 (Patillon) ; sur l'origine hermagoréenne des « parties constitutives de l'action » dont découle la liste des éléments du récit voir L. Pernot, « Lieu et lieu commun dans la rhétorique antique », p. 263-265.

38 Le rappel de sa venue en Phthie (v. 447-495), l'allégorie des Prières (v. 502-512) et le récit de Méléagre (v. 524-599). Les deux premiers sont qualifiés de μῦθοι, fables, et le dernier de récit (διήγημα, ἱστορία), ou de récit secondaire (ὑποδιήγησις, scholie bT 529a, cf. R. Nünlist, *The Ancient Critic at Work*, p. 263).

39 Les états de cause font l'objet d'une théorisation dès l'époque hellénistique par Hermagoras de Temnos qui s'inspire d'une pratique observable déjà à l'époque classique, voir la présentation synthétique de F. Woerther à son édition d'Hermagoras, p. XXI-XXIV. Le traité d'Hermogène est daté du IIe siècle ap. J-C.

partir d'une série de questions, de définir la position argumentative dont relève sa cause et de disposer d'un plan pour développer son argumentation. Quand la position argumentative a été définie, l'orateur va développer son argumentation en la divisant (étape de la *diairesis*) sous forme de points (*kephalaia*), dont les uns sont avancés pour soutenir son argumentation, les autres sont repris à l'adversaire pour être réfutés.

Les scholies au vers 228 identifient la position argumentative adoptée dans le discours d'Ulysse et mettent à jour sa *diairesis* (διεῖλε) ; elles s'écartent toutefois de la démarche habituelle, puisque cette division aboutit non pas à une liste de points mais à la distinction de deux *staseis* employées tour à tour dans le discours.

> 228 scholies A b T : εἰς δύο στάσεις διεῖλε τὸν λόγον, τὴν παρορμητικήν, τραγῳδήσας τὰς συμφοράς, εἰς τὸ καλὸν καὶ ἀναγκαῖον καὶ συμφέρον ποιήσας τὴν παρόρμησιν. Καὶ εἰς τὴν ἀλλοιωτικήν. ἧς μέρος τὸ ὑπαλλακτικόν· ἀντὶ γὰρ Ἀγαμέμνονος τὴν στρατείαν ἔλαβε

> Il a divisé le discours en deux *staseis* : l'exhortative, en jouant tragiquement les malheurs, exhortant au beau, au nécessaire et à l'utile. Et la substitutive, dont une partie est la substitution : en effet, à la place d'Agamemnon, il a pris l'armée.

Les scholies identifient en effet deux positions argumentatives : celle de l'exhortation (παρορμητική) et celle de la substitution (ἀλλοιωτική). La terminologie employée ne correspond pas à celle d'Hermogène, mais pourrait dériver de la théorie plus ancienne du rhéteur Athenaeus[40]. Le premier qualificatif se comprend clairement comme une indication que la position argumentative relève du genre délibératif ; d'ailleurs, les buts assignés par le scholiaste à l'exhortation correspondent aux rubriques argumentatives propres à ce genre. La seconde *stasis* est présentée par les scholies comme un moyen pour sortir de l'impasse que constitue le différend entre Achille et Agamemnon : Ulysse, après s'être fait le porte-parole officiel du chef des Achéens en répétant son offre, présente sa requête d'ambassadeur comme émanant de tous les Achéens (v. 300-303).

> 300a, scholies bT : τέταρτον κεφάλαιον δεητικὸν ὑπὲρ τῶν Ἑλλήνων· ὑποφορᾷ δὲ χρῆται, προλαμβάνων αὐτοῦ τὴν ἀντίρρησιν καὶ τῇ Ἀγαμέμνονος ἔχθρᾳ ἀντιτιθεὶς τὸν ἁπάντων ἔλεον καὶ μόνον οὐχὶ πᾶσαν ἱκετεύουσαν παράγων Ἑλλάδα. ἐπὶ τὴν δευτέραν δὲ μεταβέβηκε στάσιν καὶ πανταχόθεν πείθει· ὑποσχέσει, δεήσει, ὠφελίμῳ, ἐλέῳ.

> Le quatrième point est une prière au nom des Grecs : il (Ulysse) use de l'hypophore en recevant par avance l'objection d'Achille et il oppose à la haine d'Agamemnon la pitié pour tous et c'est presque la Grèce tout entière qu'il introduit en suppliante. Il est passé à la deuxième position argumentative et cherche à persuader par tous les moyens : promesse, prière, utilité, pitié.

---

40 La doctrine d'Athenaeus (I[e] siècle av. J-C.) est décrite par Quintilien, III, 6, 47, voir M. Heath, « Στάσις-theory in Homeric Commentary », p. 356-360.

En effet Ulysse, après avoir fidèlement énuméré les présents offerts par Agamemnon en réparation, pressent que cette offre ne suffira pas à persuader Achille[41]. Il recourt alors à un autre argument qui anticipe sur l'assertion brutale d'Achille au vers 378 : ἐχθρὰ δέ μοι τοῦ δῶρα, « ses présents me font horreur ». Cette technique argumentative s'accompagne d'un glissement dans la stratégie choisie au départ. La substitution des Achéens à la personne d'Agamemnon est interprétée comme un changement de position argumentative, puisqu'elle invite l'interlocuteur à reconsidérer la requête développée par Ulysse. Les scholies offrent donc un témoignage précieux de l'application de cette théorie marginale (puisqu'elle sera supplantée par la théorie hermogénienne) à l'analyse d'un texte poétique[42].

Les scholies repèrent également les *kephalaia* qui structurent la progression du discours d'Ulysse[43], mais il est difficile d'y voir la reconnaissance d'un schéma doctrinal préétabli, et le terme désigne de manière plus générique les points principaux de l'argumentation. En revanche, le terme « hypophore », utilisé dans la scholie au vers 300 pour désigner l'anticipation d'une objection de l'adversaire dans le but de le réfuter par avance, correspond à l'emploi qui en est fait dans le traité *Sur l'invention* du Pseudo-Hermogène[44].

Le recours à la théorie des *staseis* continue d'informer ponctuellement le commentaire du discours d'Achille, dont la structure plus lâche est articulée, en bonne partie[45], par la réfutation des propos d'Ulysse. Ainsi les vers 312 et suivants sont interprétés comme une réponse et un rejet de la *stasis* de substitution d'Ulysse[46]. Les scholiastes lisent et analysent en parallèle l'argumentation des deux discours comme pour une antilogie, et sont donc extrêmement attentifs à tous les contre-arguments employés par Achille[47] mais aussi à ses omissions, qu'ils considèrent comme volontaires et

---

41 *Il.* IX, 300 : « Et même si le fils d'Atrée n'en devient alors que plus odieux à ton âme, lui et ses présents, aie du moins pitié des autres. »

42 Cette distinction des *staseis* est absente dans le commentaire d'Eustathe, qui fait usage le plus souvent d'une terminologie et d'une grille d'analyse empruntées au corpus hermogénien voir M. Heath, *op. cit.*, p. 360-361 ; voir par ex. II, 713, 15 sur l'exorde d'Achille (v. 308 *sq.*) tiré des préjugés (ἐξ ὑπολήψεως), cf. Ps-Hermogène, *Invention* I, 1.

43 Quatre *kephalaia* sont identifiés par les scholiastes, voir scholies bT aux vers 230, 252b, 261a, 300a.

44 Ps-Hermogène, *L'invention*, III, 3, 9 (éd. M. Patillon = p. 134 Rabe). Le traité, qui est destiné au déclamateur plutôt qu'à l'orateur, est daté par Patillon du IIe siècle, au plus tard IIIe siècle ap. J-C. Pour d'autres sources sur la figure de l'hypophore, voir Rufus, *Ars*, 39 (éd. Spengel) et Tiberius, *De figuris demosthenicis*, 39 (éd. Ballaira). L'hypophore, dans la déclamation, prend souvent la forme d'une citation au discours direct de l'objection prêtée à l'adversaire, ce qui n'est pas le cas chez Homère, mais par exemple dans les déclamations de Libanios développant le discours de Ménélas dans une autre scène d'ambassade, celle auprès des Troyens (*Il.* III, 203-224 ; *Decl.*3, 16 et 19).

45 Mais pas seulement. Ainsi, les scholies (340-343, bT) interprètent l'argumentation développée par Achille, vers 337-343, comme une parade à l'accusation qui pourrait lui être adressée (et qui, de fait, intervient dans les reproches émis par Ajax, IX, 637-638) de s'être mis en colère pour une femme.

46 312, scholie T : πρὸς τὴν ἀλλοιωτικὴν στάσιν Ὀδυσσέως, « en réponse à la position argumentative substitutive d'Ulysse ». De même, 316a, scholies bT.

47 Ainsi, 364a (AbT), à propos du catalogue des biens qu'Achille possède en Phthie : ἀντίθεσιν ποιεῖται τῶν δώρων Ἀγαμέμνονος. Voir également 418 bT et Eustathe, II, 739, l. 3-4 ; cf. également, R. Nünlist, *The Ancient Critic at Work*, p. 320-321.

significatives : si Achille ne répond pas à l'argument de la modération contenu dans la recommandation de Pélée dont Ulysse se fait l'écho, c'est parce que c'est pour lui un point difficile à réfuter, et qu'il est donc plus habile de passer sous silence[48].

Le discours de Phénix ne donne pas lieu à des remarques suivies sur la structure générale de son argumentation ; en revanche, au seuil de ce discours, les scholies bT au vers 432 offrent une brève analyse synthétique des principes qui gouvernent l'argumentation. Les scholiastes mettent en avant le rôle conjoint des moyens de persuasion fondés sur la pitié, sur la raison et sur l'intérêt. L'appel à la pitié passe notamment par l'*actio* (les larmes), mais aussi par des paroles de lamentation[49]. Cependant le discours de Phénix n'est pas une simple prière, mais relève du genre du protreptique comme le suggèrent les scholiastes en remarquant que c'est la rubrique de l'intérêt et non de la pitié qui oriente le discours[50]. Dans ce même commentaire liminaire, les scholiastes notent la fonction déterminante des récits dans l'argumentation : en ce début de discours, ils se focalisent davantage sur le premier récit de Phénix, qui est autobiographique et sert l'appel à la pitié, mais d'autres scholies viennent par la suite commenter la fonction paradigmatique des récits, plus spécialement le rôle dissuasif de l'exemple de Méléagre[51].

L'auteur du *De Homero* range également le discours de Phénix dans la catégorie du protreptique et considère qu'il n'omet aucun point de l'argumentation rhétorique à sa disposition[52]. Eustathe nuance ce point de vue puisqu'il note qu'à l'inverse d'Ulysse, Phénix « le plus souvent ne cherche pas à argumenter » (ὁ δέ γε Φοῖνιξ οὐκ ἐπεχείρησε μὲν εἰς πολλά), et préfère recourir à la pitié, à la conversation familière et à l'exemple d'un récit pour convaincre Achille[53]. Cette stratégie rhétorique qui distingue Phénix n'en est pas moins efficace et les commentateurs interprètent l'évolution des réponses d'Achille comme un indice du succès plus grand rencontré par les discours de Phénix et d'Ajax[54]. La différence de réussite entre les trois orateurs n'est pas imputée à un

---

48 378a, scholies bT : πρὸς τὸ δεύτερον κεφάλαιον, τὴν παραίνεσιν τὴν τοῦ Πηλέως, οὐδὲν ἀντειπεῖν ἔχων παρῆλθεν αὐτό, « Comme en réponse au second point, la recommandation de Pélée, il (Achille) n'a rien à opposer, il l'omet. » De même Eustathe II, 765, l. 20 *sq.*

49 432, scholies bT : οὐδὲ ἀρξάμενος εὐθὺς τὴν συμβουλίαν προσάγει, ἀλλὰ δακρύσας προσοχὴν καὶ ἔλεον ἐπισπᾶται. οἴκτῳ γὰρ τὸ πλέον ἀγωνίζεται καὶ διηγήμασιν οἰκείων ἀτυχημάτων, « et quand il commence, il n'introduit pas non plus immédiatement le conseil, mais par ses larmes, il attire l'attention et la pitié. Il plaide le plus souvent en recourant à la lamentation et aux récits de ses propres infortunes. » La première partie de la scholie commente le rôle de cette *actio* pathétique dans l'exorde, moyen habile de capter l'attention et de provoquer l'empathie.

50 432, scholies bT.τὸν δὲ λόγον οὐκ ἐπὶ ἱκετείαν ἀνάγει, ἀλλ᾿ ἐπὶ τὸ συμφέρον Ἀχιλλεῖ, « Cependant il ne conduit pas le discours vers la supplication, mais vers l'intérêt d'Achille. »

51 Scholies aux vers 527, 528, 529 ; sur la fonction exhortative, dissuasive, ou illustrative du παράδειγμα voir Ps-Hérodien, *fig.* 65 (éd. Hajdú) et R. Nünlist, *The Ancient Critic at Work*, p. 262-263. Cf. également, *De Hom.*, 169, § 6 et 7 et Eustathe II, 820, l. 15-16.

52 *De Hom.* 169 : προϊὼν οὐδὲν τῶν εἰς προτροπὴν παραλείπει πᾶσι τοῖς κεφαλαίοις ῥητορικῶς χρώμενος.

53 Eustathe II, 820, l. 13-16.

54 Scholies 651-652 bT ; *De Hom.* 169, § 10-11 ; Eustathe, 817, l. 15 *sq.* : « Remarque également que les points avancés par Ulysse, Achille les a tous réfutés, comme on l'a dit précédemment, à l'exception d'un seul, celui de l'exhortation de son père. En revanche, les points avancés par Phénix, dans l'ensemble, Achille n'a pas pu les révoquer, à l'exception d'un seul, le dernier, celui qui concerne l'honneur ; quant à ceux d'Ajax, Achille n'en révoque aucun, comme on le montrera. »

talent oratoire supérieur des deux derniers, mais paraît liée plutôt au statut différent de chacun d'entre eux[55].

Achille paraît d'ailleurs rendre vaine toute tentative puisqu'il réplique à Ulysse qu'aucun discours ne saurait le persuader et montre à l'égard de ceux qui manient trop bien les mots une défiance qui met en cause leur sincérité : « Celui-là m'est en horreur à l'égal des portes d'Hadès, qui dans son cœur cache une chose et sur les lèvres en a une autre[56] ». La sentence d'Achille vient justifier le recours au langage franc et direct qu'il revendique, mais adressée en réponse à Ulysse, elle peut également être comprise comme une dénonciation de l'hypocrisie de ce dernier qui sous de beaux discours dissimule des intentions au service non des intérêts d'Achille ou des Achéens, mais de ceux d'Agamemnon[57]. De fait, les scholies interprètent cette réponse d'Achille comme un rejet de la *stasis alloiôtikè* qu'avait employée Ulysse, dans la mesure où le procédé de substitution de la personne des Achéens à celle d'Agamemnon est considéré comme une manière de dissimuler le sujet véritable[58].

Les artifices du discours

Le recours par l'orateur à une stratégie de dissimulation de son intention véritable pour mieux persuader est une pratique attestée dès l'époque classique, et ce procédé s'apparente à une forme de figure[59]. L'extension d'un procédé ponctuel à une modalité globale du discours a été théorisée par les Anciens sous le nom de discours figuré (*eschèmatismenos logos*)[60], lequel connaît un développement particulièrement important à l'époque impériale, car il constitue l'une des catégories des sujets de déclamation qui occupent les rhéteurs. Le sophiste Polémon de Laodicée, actif sous l'empereur Hadrien, aimait à citer ces vers d'Achille, et selon certains, nous dit Philostrate, signifiait par là son peu de goût pour les sujets de déclamation figurés[61]. Homère est d'ailleurs également convoqué dans les exemples cités par les traités consacrés à cette forme particulière de communication indirecte, et notamment dans ceux attribués de

---

55 Eustathe (II, 821, l. 10 *sq.*) reconnaît cependant qu'aucun des trois ne parvient à persuader complètement Achille ; c'est le « grand orateur » Nestor qui, selon lui, y réussira, de manière indirecte toutefois, par l'intermédiaire de Patrocle.

56 *Il.* IX, 312-313, voir également 315-316 et 375-376.

57 Déjà chez Platon (*Hippias mineur*, 364 e-365b), les vers d'Achille illustrent, selon Hippias, son caractère très direct et très franc (ἁπλούστατος καὶ ἀληθέστατος) et à l'inverse le caractère rusé et menteur d'Ulysse πολύτροπος. Sur l'identité du pronom κεῖνος, qui pourrait être compris également comme une référence à Agamemnon, qu'Achille hait et auquel il reproche son langage trompeur, voir B. Heiden, « Hidden Thoughts, Open Speech », p. 431-433.

58 Cf. *supra* scholie v. 313.

59 B. Schouler, « Le déguisement de l'intention », p. 257-259.

60 Sur la théorie du discours figuré dans l'Antiquité, voir entre autres B. Schouler, « Le déguisement de l'intention » ; l'introduction de M. Patillon au traité d'Apsinès, *Art Rhétorique. Problèmes à faux-semblant*, p. LXXIX-XCI ; P. Chiron, *Un rhéteur méconnu : Démétrios*, p. 224-236.

61 Philostrate, *Vies des sophistes*, 542.

manière erronée à Denys d'Halicarnasse[62]. On y trouve une brève analyse consacrée aux discours de l'ambassade homérique[63]. De manière assez inattendue, ce n'est pas le discours d'Ulysse qui est interprété comme un discours figuré mais celui de Phénix. Dans les deux traités, l'auteur part du constat que Phénix ment sur ses intentions profondes quand il déclare au seuil de son discours qu'il suivra Achille, puisque tout son discours par la suite vise en réalité à convaincre Achille de rester. Le discours de Phénix poursuit donc un but contraire à celui affiché dans ses propos (analyse du traité B, catégorie κατὰ τὸ ἐναντίον) ou différent et multiple (traité A, catégorie du κατὰ πλάγιον). La stratégie argumentative qui en découle consiste à induire, dans les raisons données par Phénix pour justifier sa décision de ne pas quitter Achille, tous les arguments démontrant la nécessité, à l'inverse, pour Achille, de ne pas quitter Phénix et de rester. Ces raisons sont exposées dans le récit autobiographique de Phénix, qui rappelle tous les soins donnés par le vieil homme à Achille dès son plus jeune âge et son attachement quasi-paternel à ce dernier[64]. Cette affection qui légitime la résolution de Phénix suggère dans le même temps une forme de dette contractée par Achille à l'égard de son vieux précepteur et qui le met dans l'obligation d'accéder à présent à sa requête.

> τὰς δὲ αἰτίας λέγων δι' ἃς οὐκ ἂν ἀπολειφθείη τοῦ Ἀχιλλέως, ὅτι χρὴ μένειν τὸν Ἀχιλλέα κατασκευάζει, τῷ μὲν δοκεῖν δεικνύς, καθ' ἃς προφάσεις οὐ μενετέον αὐτῷ, ἔργῳ δὲ ἀπαιτῶν τὰς χάριτας, ἃς εἰς τὸν Ἀχιλλέα κατέθετο θρέψας καὶ παιδεύσας, Ἀγαμέμνονι δὲ χάριν φέρων τῷ λόγῳ.

> Cependant en énonçant les raisons pour lesquelles il ne saurait se tenir loin d'Achille, il prouve qu'Achille doit rester ; en montrant en apparence les motifs pour lesquels lui-mêml ne peut rester, il réclame en réalité la reconnaissance des bienfaits qu'il a eus pour Achille en le nourrissant et en l'éduquant, rendant un bienfait à Agamemnon par son discours[65].

Les autres commentateurs sont eux aussi sensibles à l'habileté de Phénix tant lorsqu'il cherche, dans un premier temps, à se concilier Achille[66] par cet engagement à le suivre que lorsqu'il blâme de manière indirecte son peu de respect et de reconnaissance à l'égard de son maître[67]. Le caractère indirect de la stratégie de

---

62 Ainsi le discours d'Agamemnon au chant II, 135, voir Ps-Herm., *De meth.*, 22 et Pseudo-Denys, *Ars rhetorica* VIII-IX, traités A, 15 et B, 5 (Dentice) ; voir P. Chiron, « Le *logos eskhèmatisménos* ou discours figuré », p. 249-252 et S. Dentice, « La prova di Agamemnone », p. 225-256.
63 La question du nombre et de l'identité des auteurs de ces deux (ou trois) traités est débattue, voir S. Dentice, *I Discorsi figurati I e II*, p. 14, note 19. Par commodité, on adopte la désignation de traités A et B retenue par S. Dentice et de Pseudo-Denys pour renvoyer à son ou ses auteurs. Le traité est d'époque impériale (Ier-IIIe s.).
64 cf. S. Dentice, *Omero e i suoi oratori*, p. 188-191.
65 Ps-Denys, A, 11, l. 12-17 ; cf. également B, 14, l. 16-19.
66 *De Hom.*, 169 : « Dans un premier temps, il (Phénix) s'associe au projet d'Achille, car il a déclaré qu'il ne resterait pas en arrière, s'il mettait la voile ; cette pensée en effet était faite pour lui plaire. » Toutefois, jamais l'auteur ne qualifie cette stratégie de mensonge ou de dissimulation.
67 Scholies aux vers 491-495 bT : καλῶς δὲ προδανεισθείσας ἀπαιτεῖ χάριτας, « habilement, il réclame en retour les bienfaits alloués auparavant. »

Phénix est repéré par les scholies, même si la terminologie du discours figuré n'est pas explicitement employée :

Τεχνικῶς ἐνέφηνεν ὅτι προσῆκόν ἐστι τὸ μὴ ἀπιστεῖν τῷ διδασκάλῳ. Εἰ δὲ ὡς διδασκάλῳ ἐκέλευσε πείθεσθαι, χαλεπῶς ἂν ἤνεγκεν Ἀχιλλεύς. Νῦν δὲ δι' ἃς αἰτίας ἐκεῖνον τὸ κελευόμενον ποιεῖν ἔδει διὰ ταύτας αὐτὸς ἀκολουθήσειν φησίν.

Habilement il a suggéré qu'il convient de ne pas désobéir à son précepteur. Si, en revanche, il lui avait ordonné d'obéir comme à un précepteur, Achille l'eût difficilement supporté. Mais en fait, les motifs pour lesquels Achille devait exécuter l'ordre, sont ceux pour lesquels lui-même déclare qu'il le suivra[68].

Eustathe voit même dans la promesse de Phénix de suivre Achille une forme d'ironie, dans la mesure où ce serait normalement à Achille, en tant que disciple confié par son père à Phénix, de suivre son maître (II, 750, l. 3 *sq.*). Dans les deux cas, le discours de Phénix vise d'une certaine manière l'inverse de ce qu'il indique, et pourrait relever de la catégorie du discours figuré *par le contraire* (κατὰ τὸ ἐναντίον). Mais les scholies semblent privilégier – plutôt qu'une classification du procédé – une analyse des raisons qui justifient ce détour du discours et qui sont d'ordre psychologique. Phénix adopte le comportement contraire à celui requis par son statut de *didaskalos* pour d'une part ne pas vexer son élève et de l'autre l'amener à une forme de retour sur soi qui lui fasse prendre conscience des devoirs et obligations induits par leur relation. Les scholiastes jugeaient apparemment peu efficace qu'un maître cherchât à convaincre un élève issu d'une noble famille, fier et blessé dans son amour-propre, de l'écouter en faisant étalage de l'autorité de son statut. L'expérience d'enseignants des scholiastes transparaît peut-être ici.

Les scholies présentent donc comme une forme de tact et de subtilité psychologique ce refus de Phénix de recourir à l'autorité et à l'ordre, là où le Pseudo-Denys insiste surtout sur le déguisement de l'intention. On pourrait objecter que Phénix avoue clairement son intention, lorsqu'il exhorte une première fois Achille à mettre un terme à sa colère (v. 496), puis l'engage à accepter l'offre d'Agamemnon (v. 515-523 et au terme de son discours, v. 602-603)[69]. Mais la réponse d'Achille confirme, d'après le Pseudo-Denys, le caractère figuré du discours de Phénix et oppose même une contre-figure à celle du maître :

Τοῦτο τὸ σχῆμα συνιδὼν καὶ ὁ Ἀχιλλεὺς ἀντισχηματίζει ἑξῆς, μιμούμενος τὴν τέχνην τοῦ διδασκάλου. ἐξηγεῖται γὰρ οὕτως (*Il.* IX, 612-613). αὕτη μὲν ἐξήγησις τῆς τοῦ Φοίνικος τέχνης εἶτα ὁ ἀντισχηματισμός (*Il.* IX, 616).

---

68 Scholies bT au vers 437a, cf. également scholies aux vers 438 et 439 qui signalent la dissimulation (λεληθότως δείκνυσιν ὅτι ἀπειθεῖ τῷ πατρὶ τούτου ἀποστάς, « il indique implicitement qu'il désobéit à son père s'il se sépare de lui (Phénix) »).

69 L'auteur du traité B le reconnait (14, l. 5), mais cela ne remet pas en cause son analyse. On peut considérer que le recours au discours figuré ne concerne finalement que la première partie du discours de Phénix et non sa totalité.

Achille lui-même, quand il a perçu cette figure, y oppose à son tour une contre-figure, imitant l'artifice de son maître. En effet, il explicite de la sorte : (*Il.* IX, 612-613). C'est là une exégèse de l'artifice de Phénix. Puis la contre-figure : (*Il.* IX, 616)[70].

L'interprétation du Pseudo-Denys semble procéder d'une relecture du discours de Phénix à la lumière des reproches que lui adresse Achille, qui l'accuse de chercher à l'attendrir pour le compte d'Agamemnon, et donc d'affecter des sentiments et de mener double-jeu. Elle commente une réception des paroles de Phénix et entend en rendre raison. En suggérant une surenchère entre l'élève (Achille) et le maître (Phénix), le technographe projette sur les rapports entre les deux héros homériques les assauts d'habileté rhétorique qui pouvaient se rencontrer entre un rhéteur ou un sophiste et son brillant disciple à l'époque impériale. Cette lecture n'est pas non plus sans rappeler l'anecdote de Corax et Tisias où l'élève prend son maître aux pièges de ses propres artifices rhétoriques. Elle s'inscrit pleinement dans la tradition d'un Homère maître de rhétorique dont les personnages maîtrisent à la perfection les stratagèmes du discours figuré et qui se plaît lui-même, dans une forme de méta-discours, à signaler l'artifice à son lecteur[71].

Les scholiastes signalent d'autres formes de détours dans le discours de Phénix et notamment le recours au récit. L'exemple de Méléagre permet, par l'analogie des situations, de mettre en garde Achille contre les conséquences d'une colère excessive et de le convaincre de secourir les siens :

524a, scholie T : ὅτι πάντως δεῖ βοηθῆσαι αὐτόν, ὅπερ ἐσκέπασε τῇ διηγήσει.

Qu'Achille doit absolument porter secours, ce que justement il (*Phénix*) a voilé derrière son récit[72].

De fait, le discours de Phénix alterne les récits digressifs et les injonctions, et cette structure pourrait être interprétée en termes de recours alterné à un mode indirect de persuasion et à une expression franche. Les scholiastes notent ainsi tour à tour la franchise que peut se permettre Phénix en tant que père nourricier – et contrairement à Ulysse – dans son injonction au vers 496 :

496 bT : ἅπερ Ὀδυσσεὺς εἰπεῖν ἐφυλάξατο (πικρὸν γὰρ ἦν), ἐπὶ δὲ τὸν Πηλέα ἀνήνεγκε, ταῦτα Φοίνικι δίδωσιν ἡ τῆς ἀνατροφῆς παρρησία.

ces mots justement qu'Ulysse se garda de lui dire (en effet, c'eût été blessant) mais attribua à Pélée, la franchise du père nourricier les permet à Phénix.

---

70 Selon le Ps-Denys, Achille contrecarre Phénix qui lui reprochait *indirectement* son ingratitude en rappelant son dévouement (c'est la figure), en lui offrant de partager avec lui sa royauté, manière implicite (contre-figure) de payer autrement sa dette qu'en obtempérant à sa demande de réconciliation, cf. aussi Scholies bT à 616a : « En même temps et en lieu de la faveur que Phénix voulait recevoir, il lui en offre une autre, plus grande, réfutant de la sorte la prière (ἀποκρουόμενος τὴν δέησιν). »

71 Ps-Denys A, 11, l. 17-20 et S. Dentice, *I Discorsi figurati*, p. 44-45 et p. 36 à propos de *Il.* IX, 260, cf. également D. Russell, « Figured Speeches : "Dionsysius", *Art of Rhetoric* VIII-IX », p. 164.

72 Même idée dans la scholie b.

et la dissimulation du blâme dans l'emploi d'une sentence qui ouvre l'allégorie des *Litai*[73].

Le rappel du recours par Ulysse à l'éthopée – signalé d'ailleurs par la scholie *ad locum* comme une figure permettant de voiler un blâme qui serait sinon insupportable à Achille[74] – montre que les scholiastes distinguent, dans les contraintes qui imposent le détour par un discours figuré, non seulement les circonstances mais aussi le statut des deux interlocuteurs. La bienséance ou le risque encouru quand on s'adresse à un pair ou à un supérieur exigent certaines précautions de langage et excluent le discours direct. En outre, la parole diplomatique de par le contexte dans lequel elle se déploie, les dispositions de l'interlocuteur, l'objectif visé, est *sui generis* une parole qui nécessite le plus souvent de recourir au discours figuré[75]. Dans le chant IX, la colère d'Achille envers Agamemnon fait nécessairement de l'ambassade une entreprise délicate où la prudence est de mise pour ne pas risquer un renvoi immédiat et brutal. Ainsi, les scholiastes interprètent l'allusion aux repas pris dans la tente d'Agamemnon au début du discours d'Ulysse (vers 226) comme une manière subtile (λεληθότως) de signifier (ἐσήμανεν), sans braquer Achille en le disant plus clairement (διαρρήδην), qu'ils sont envoyés par Agamemnon[76]. Ces remarques des scholies sur la pratique par Ulysse d'un discours voilé, évitant autant que faire se peut de nommer trop expressément Agamemnon ou cherchant à le destituer de sa place de commanditaire de l'ambassade[77], ne trouvent pas d'écho dans les traités du Pseudo-Denys, alors même que la réaction d'Achille pouvait justifier une telle lecture[78]. Pourtant, l'auteur du traité B partant du présupposé que tout discours, même apparemment direct, est figuré, inclut dans ce genre le discours d'Ajax :

Ὁ δέ γε Αἴας ἁπλούστατος ὢν βαθύτατος ἐν τοῖς λόγοις πάντων ἐστίν. ἀνίσταται γὰρ ὡς ὀργιζόμενος καὶ ἀξιῶν μηκέτι μηδὲ διαλέγεσθαι, καὶ λέγει[79].

---

73 497a bT : « C'est sentencieux (ἀποφθεγματικόν) (…) le discours est un blâme (ἐπίφθονος). En effet, ils sont venus pour le supplier comme un dieu et implicitement (λεληθότως), il enseigne que si Achille ne cède pas aux prières auxquelles même les dieux cèdent, il est impie et envers les dieux et envers sa propre mère. »

74 252b, scholies bT : « Voulant blâmer sa sédition, il n'emploie pas les mots d'une manière dévoilée (ἀνακεκαλυμμένως), ni ne fait lui-même le reproche, mais il l'introduit au moyen de l'éthopée de personnages absents (…) ». Le discours figuré est notamment préconisé pour le blâme, voir Ps-Démétrios, *Sur le style*, 289-292.

75 L'exemple d'une ambassade grecque auprès du Macédonien Cratéros est évoqué par le Ps-Démétrios au § 289.

76 226, scholies bT. De manière corollaire, les scholies (369, bT) envisagent la prudence de langage que peut imposer le compte-rendu d'ambassade auprès du puissant Agamemnon pour expliquer l'injonction insistante d'Achille à Ulysse de bien rapporter tous ses propos sans rien omettre.

77 L'analyse que mènent les scholies de la *stasis* de substitution insiste sur cette stratégie d'effacement de la personne d'Agamemnon dans le discours d'Ulysse. Voir également l'analyse de S. Dentice, *Omero e i suoi oratori*, p. 179-180.

78 Ainsi les scholies bT au vers 311 : « Il (Achille) raille avec arrogance l'artifice (τὴν ὑποτέχνησιν) des discours d'Ulysse et prend les devants sur Phénix, lui qu'il soupçonne (ὑποπτεύει) d'être mandé par Agamemnon. »

79 Ps-Denys, B, 15, l. 23-25.

Ajax tout en étant le plus direct s'avère le plus obscur de tous dans ses discours. Il se lève comme sous le coup de la colère et comme s'il jugeait qu'il n'y a plus désormais de dialogue possible, il déclare : *Il.* IX, 625-626.

Selon ce genre d'analyse, dans un discours, la franchise comme les sentiments ne sont jamais spontanés mais toujours calculés et intégrés à une stratégie de persuasion[80].

Achille lui-même, tout en revendiquant un discours franc et direct, manie parfaitement l'ironie, comme le soulignent à juste titre les scholies[81], lorsqu'il feint de louer les succès d'Agamemnon. Toutefois à la différence du discours figuré qui manipule l'interlocuteur à son insu, l'ironie prend toute sa saveur si elle est perçue par le destinataire ou tout au moins par les interlocuteurs secondaires. Loin d'atténuer un blâme en le voilant, elle l'accentue.

La franchise et la simplicité d'Achille sont des traits de caractère qui lui sont reconnus au moins depuis Platon, même si Socrate se plaît, non sans mauvaise foi, à interpréter les revirements et les contradictions du Péléide dans l'*Ambassade* comme un exemple de mensonge qui prouve sa duplicité foncière[82]. On observe dans les scholies la même attention portée à la caractérisation des personnages en relation avec leur langage[83].

Une galerie d'orateurs homériques

Les scholies voient dans les discours des héros homériques le reflet d'un *ethos* particulier et dressent une véritable typologie d'orateurs héroïques. Or, cette caractérisation éthique par le discours est au fondement de l'exercice d'éthopée pratiqué dans les *Progymnasmata* et se retrouve également dans l'exercice de la déclamation. Il s'agit en effet pour l'étudiant d'imaginer les propos d'un personnage donné en conformant au mieux le discours au caractère du personnage et à sa situation[84]. Les personnages sont souvent empruntés au répertoire homérique et l'épopée peut fournir un modèle préalable à l'invention de tels discours[85]. Il est possible que l'intérêt des scholiastes pour cette articulation entre *logos* et *ethos* s'explique par la popularité de ces exercices autant que par la théorie rhétorique[86].

---

80 De même, les larmes de Phénix relèvent d'une volonté d'émouvoir Achille, voir scholies bT au vers 432 (*supra*).

81 Scholies bT aux vers 346a et 348, de même Eustathe II, 726, 25, à propos des vers 348-351. Sur l'ironie dans les scholies, voir R. Nünlist, *The Ancient Critic at Work*, p. 212-215.

82 Voir *supra Hippias min.* 364e et les mensonges d'Achille selon Socrate : 370 a-371 d.

83 Cf. également l'éloge du Ps-Plut., *De Hom.* 172.

84 Ps-Hermogène, *Prog.,* IX, 5 et 8 et Théon, 115, 23-116, 21 ; sur l'exercice de l'éthopée dans les *progymnasmata*, voir M. Patillon, *Ælius Théon*, introduction, p. XXXVI *sq.*

85 Théon loue Homère pour son art de l'éthopée (*Prog.* 60, l. 28). L'exercice, dénommé prosopopée chez Théon, est conçu comme un discours adressé à un destinataire, tandis que dans les traités ultérieurs, il s'apparente le plus souvent à un monologue. Voir F. Robert, « La présence d'Homère dans les *progymnasmata* d'époque impériale », p. 79.

86 cf. R. Nünlist, *op. cit.*, p. 248-254. Déjà, dans la *Poétique* ch. 15, Aristote signale que le caractère d'un personnage peut transparaître à travers son discours et dans la *Rhétorique* III, 7, il insiste sur la nécessité d'employer un langage qui corresponde au caractère.

74   ANNE-MARIE FAVREAU-LINDER

Ainsi, les scholiastes ont dressé en une brève vignette un portrait des héros homériques qui individualise chacun en tant qu'orateur :

Οἱ τέσσαρές εἰσι ῥήτορες· Ὀδυσσεὺς συνετός, πανοῦργος, θεραπευτικός· Ἀχιλλεὺς θυμικός, μεγαλόφρων· Φοῖνιξ ἠθικός, πρᾷος, παιδευτικός· Αἴας ἀνδρεῖος, σεμνός, μεγαλόφρων, ἁπλοῦς, δυσκινητός, βαθύς.

Ils sont quatre orateurs : Ulysse : intelligent, plein de ressources, courtisan ; Achille : bouillant, orgueilleux ; Phénix : moral, plein d'aménité, pédagogue ; Ajax : brave, noble, orgueilleux, sans détour, difficile à émouvoir, obscur[87].

Ulysse possède à la fois l'intelligence et la ruse qui le caractérisent traditionnellement, mais qui conviennent particulièrement à sa mission diplomatique, et sait flatter en bon courtisan (θεραπευθικός). Ces qualités sont développées dans le commentaire d'Eustathe qui identifie Ulysse à l'ambassadeur par excellence (πρέσβις ἀκραιφνής)[88] et détaille les caractéristiques de son éloquence : fondée sur le raisonnement et l'argumentation, elle se distingue par sa noblesse (σεμνοτέρα) et une forme d'âpreté (στρυφνοτέρα)[89], car Ulysse dit les faits tels qu'ils sont sans jouer sur les sentiments d'amitié d'Achille[90]. C'est l'éloquence « qui convient pour tout dire à un ambassadeur royal »[91]. L'épithète est bien choisie dans la mesure où elle isole le statut plus particulier d'Ulysse, qui apparaît, de fait, comme le porte-parole d'Agamemnon : ambassadeur habituel du camp achéen[92], il se charge de relayer officiellement l'offre de compensation du roi. Ce statut lui interdit le recours à d'autres stratégies de persuasion et explique en partie son échec[93]. L'expression revêt également d'autres connotations si on la rapporte non plus au contexte de l'*Iliade*, mais à celui du commentateur. L'archevêque de Thessalonique, maître des rhéteurs, était conduit par ses fonctions à prononcer des discours à la cour impériale : il était lui aussi, à sa manière, un orateur royal[94].

Phénix est caractérisé par son statut de précepteur d'Achille, qui justifie les épithètes ἠθικός (moral), πρᾷος (plein d'aménité) et παιδευτικός (pédagogue) qui lui sont attribuées par les scholies. Cette identité est enrichie par sa qualité de vieillard et par les liens affectifs étroits qui l'unissent à Achille, en tant que père nourricier.

---

87 Scholies bT au vers 622b avant le discours d'Ajax.

88 Eustathe II, 820, l. 9.

89 Eust. II, 749, l. 3-5.

90 Eust. II, 820, l. 8 *sq.* : ἐπιχειρηματικώτερος μὲν Ὀδυσσεύς (…) αὐτὰ γυμνὰ φράζων τὰ πράγματα δίχα σχετικῆς τινος φιλικῆς παρενθήκης.

91 II, 749, l. 5 : τὸ ὅλον εἰπεῖν, πρέπουσα πρέσβει βασιλικῷ.

92 *Il.* III, 205 *sq.*

93 Eust. II, 749, l. 5 : Phénix est plus persuasif qu'Ulysse, « non parce qu'il est meilleur rhéteur (ῥητορικώτερος), mais parce qu'aucun des moyens qu'il emploie ne convenait à ce dernier ». Par ailleurs, les scholies notent, de manière récurrente, les efforts de chaque orateur pour taire, autant que possible, le nom d'Agamemnon. Pour une analyse des différentes raisons de son échec, voir S. Dentice, *Omero e i suoi oratori*, p. 182-183.

94 Voir la contribution de C. Jouanno, « Rhéteurs de père en fils : Ulysse et Télémaque vus par Eustathe de Thessalonique » dans ce volume.

Autant de données qui composent l'*ethos* du personnage et imposent une forme de discours particulière. Au niveau du personnage-orateur, le statut de *didaskalos* peut être un atout ou un handicap, comme le montre la stratégie subtile de Phénix qui, d'après les scholiastes, renonce à s'appuyer sur l'autorité de sa fonction tout en prenant soin de la rappeler à Achille. Au niveau du poète, cette identité complexe exige une adaptation du propos au personnage, comme le recommande la théorie de l'éthopée. Ainsi, l'emploi privilégié du récit plutôt que du raisonnement argumenté s'accorde à sa qualité de vieillard, puisque chacun sait que « les vieillards sont diseurs d'histoires et qu'ils conseillent en usant d'exemples[95] ». La spécificité narrative du discours de Phénix répond à des règles rhétoriques et ce commentaire du scholiaste, loin de se perdre en banalités, le rappelle. La prolixité et la familiarité des propos de Phénix s'expliquent également par son *ethos* : c'est un vieillard disert, un pédagogue habile, un père nourricier aimant. L'adjectif ἠθικός[96] qui ouvre la liste des qualificatifs du portrait signale peut-être aussi l'appartenance de Phénix à la catégorie des personnages sans grandeur héroïque, qui peuplent le genre de la comédie[97].

À l'inverse, Ajax réunit les traits psychologiques qui définissent le guerrier héroïque : brave, noble, fier, difficile à ébranler. Deux qualificatifs caractérisent d'une manière plus ambiguë à la fois son *ethos* et sans doute aussi son *logos*. Le grand Ajax est à la fois direct et profond ou obscur (βαθύς). Cette épithète est également utilisée dans le traité B du Pseudo-Denys pour décrire le discours d'Ajax dans ce chant et signifier, d'une manière imagée, que sa simplicité n'est que superficielle et recèle en profondeur une intention cachée[98]. Les scholiastes se font l'écho de cette réception en reprenant ce couple d'épithètes à première vue oxymoriques. Ils signalent peut-être aussi la tension entre franchise et omission délibérée, qui se manifeste dans les reproches cinglants d'Ajax à Achille[99] et l'omission du nom d'Agamemnon dans son discours[100]. L'éloquence du héros se signale également par sa concision[101] et par son mélange de véhémence et de prière, cette dernière étant toutefois extrêmement restreinte, comme il convient à la noblesse du personnage.

Les commentateurs se sont attachés à distinguer les spécificités de l'éloquence propre à chacun de ces trois orateurs. Cette triade n'est pas sans rappeler, d'une certaine manière, celle des trois figures homériques retenues par les rhéteurs

---

95   Scholies bT 447b : μυθολόγοι οἱ γέροντες καὶ παραδείγμασι παραμυθούμενοι. Cf. également Ps-Longin, *Du Sublime*, IX, 11. C'est aussi une méthode de professeur, voir scholie bT 527c.

96   Sur l'ambiguïté des termes de la famille d'ἦθος dans les scholies, voir R. Nünlist, *op. cit.*, p. 254-256.

97   Les *progymnasmata* distinguent les éthopées éthiques et pathétiques, distinction qui recoupe celle entre comédie et tragédie, voir M. Patillon, *Ælius Théon. Progymnasmata*, p. XXXVI, note 56. Les poèmes homériques ont eux-mêmes été lus à la lumière des genres comique et tragique, selon la dimension éthique ou pathétique qui prédomine en leur sein, voir Aristote, *Poétique* 24, 1459b, 13-16, Pseudo-Longin, *Du Sublime*, IX, 15.

98   B 15, cf. *supra*. La récurrence des mêmes adjectifs pour qualifier Ajax suggère une tradition interprétative commune.

99   Scholies bT 630 et 636 : la franchise est vue comme le propre d'un homme courageux (*andreios*) ou d'un parent, cf. *supra* la scholie sur la franchise de Phénix.

100 Scholies bT 630.

101 Scholies bT 622b et Eustathe, II, 820, l. 21-22.

comme exemples des trois styles : Ulysse, Ménélas et Nestor. On retrouve, en effet, la figure d'Ulysse, même si la caractérisation de son discours ne correspond pas au style sublime et élevé dont on l'a institué représentant[102], tandis qu'aux figures de Ménélas et Nestor semblent s'être substituées celles d'Ajax et Phénix. Deux héros laconiques opposés à deux vieillards diserts[103]. Il n'y a pas de superposition exacte possible entre les deux galeries d'orateurs, mais plutôt variation et enrichissement de la première par la deuxième.

Il faut d'ailleurs ajouter à ces trois orateurs la figure d'Achille, qui bénéficie lui aussi d'un portrait[104]. Sans surprise, sa colère lui vaut d'être étiqueté d'un tempérament bouillant et fier. Il est également qualifié de direct et de franc (dans la tradition de l'*Hippias*), mais aussi d'ironique, ce qui révèle, comme dans le cas d'Ajax, un caractère et un discours plus complexes qu'ils n'en ont l'air. À cet *ethos* ainsi défini correspond de fait un langage approprié que les scholiastes mettent en lumière ponctuellement. Ainsi, sa franchise est vue comme un effet de sa colère[105], dans l'idée que la passion impose une forme d'expression spontanée. La *lexis* même du héros est influencée par ce sentiment. Les scholiastes mettent en relation le rythme brisé et commatique des vers 374-378 avec la colère qui anime Achille[106]. La caractérisation de l'*ethos* du héros n'occupe donc pas une place isolée dans les scholies, mais elle s'articule de manière cohérente avec les commentaires linéaires.

Ces nombreux exemples confirment une lecture d'Homère comme maître de l'éthopée : le poète dote ses personnages d'un langage pleinement en accord avec leur *ethos*, alliant à la perfection les différents impératifs éthiques qui leur sont propres[107].

En dépit du caractère éclaté et fragmentaire des scholies, ce qui ressort, nous semble-t-il, de cette étude est finalement la cohérence des analyses rhétoriques qui participe sans doute d'une volonté de démontrer en retour l'unité et la cohésion de la poésie homérique. La stratégie rhétorique de chaque orateur est conforme à son *ethos*, compris au sens large de « caractère » et de « statut ». L'argumentation

---

102 À moins de voir dans l'épithète ἐπιχειρηματικώτερος chez Eustathe un écho à la densité des pensées qui caractérise le style d'Ulysse, selon les commentateurs d'*Il.* III, 222, voir la contribution de S. Perceau, « Autour de la tradition du style sublime d'Ulysse » dans ce volume.

103 Eustathe, II, 821, l. 1 à propos d'Ajax : ἐπίτροχον λακωνίζει : à comparer à la brièveté laconique de Ménélas et à sa rapidité d'expression (*Il.* III, 213-214 : ἐπιτροχάδην ἀγόρευε / παῦρα μέν / οὐ πολύμυθος).

104 Les scholies aux vers 307-309 (avant la réponse d'Achille à Ulysse) analysent la caractérisation d'Achille par Homère : « il livre (παραδίδωσι) un Achille… ».

105 Scholies 309a (bT) : « Il est nu sous l'effet de la colère et ignore les détours des discours, (…) car son cœur est plein d'une franchise désordonnée. » L'*ethos* entendu au sens large inclut le caractère et les passions.

106 Scholies bT aux vers 374-379, et A aux vers 375-378. À verser à cette stylistique de la colère, les scholies bT aux vers 379-386 : « Les hommes en colère ont l'habitude d'employer un très grand nombre d'hyperboles. »

107 431, scholies A bT : ἐμαρτύρησεν ἑαυτῷ ὁ ποιητὴς ὅτι ἀπότομον λόγον τῷ Ἀχιλλεῖ περιέθηκεν· ἄκρως γὰρ διέθηκε τὸν Ἀχιλλέως λόγον, φύσει φρονήματι ἀξιώματι ἤθει, « Le poète a reconnu pour lui-même qu'il a placé dans la bouche d'Achille un discours abrupt. En effet, il a atteint des sommets dans la composition du discours d'Achille, en faisant part à sa nature, son orgueil, sa dignité, son caractère. »

structurée du discours d'Ulysse comme sa diplomatie sont en consonance avec son rôle d'ambassadeur et de héros éloquent ; les récits qui caractérisent le long discours de Phénix sont la marque d'un vieillard et d'un pédagogue ; la franchise, la brièveté et la véhémence d'Ajax conviennent à son identité de brave. Toutefois, la tension entre expression directe et détours diplomatiques qui s'observe dans chacun de ces discours exclut toute caractérisation trop simpliste de ces orateurs héroïques et conduit certains commentateurs, d'une manière excessive peut-être, à voir dans la franchise elle-même un calcul. Les scholiastes ont également bien perçu comment les trois orateurs partagent une stratégie commune, celle de l'omission du nom d'Agamemnon ou de la substitution au nom du roi d'une désignation collective. À l'issue de l'ambassade, Achille persiste dans son refus de reprendre le combat et les paroles conclusives de Diomède semblent dénoncer son échec. Pourtant les scholiastes insistent, à juste titre, non sur l'impuissance de la parole éloquente, mais au contraire sur les victoires successives remportées par chacun des trois orateurs, en fondant leur appréciation sur l'évolution des réactions et résolutions d'Achille à l'issue de chaque discours. Leur interprétation alterne en effet les échelles d'analyse dans un va-et-vient entre l'unité du vers et du discours, du chant et du poème, et distingue entre explications rhétoriques et raisons d'économie narrative[108], démarche nécessaire pour restituer les différents niveaux de répercussion de l'épisode. Les scholies, bien que partiales et partielles, nous donnent un accès privilégié à la richesse et la subtilité de l'analyse rhétorique –ou critique, selon notre terminologie moderne – des lectures d'Homère par les Anciens.

Bibliographie

Sources

Ballaira, Guglielmo, *Tiberii de figuris Demosthenicis*, Rome, 1968.

Chiron, Pierre, *Un rhéteur méconnu : Démétrios (Ps.-Démétrios de Phalère). Essai sur les mutations de la théorie du style à l'époque hellénistique*, (Textes et traditions, 2), Paris, Vrin, 2001.

Chiron, Pierre (éd., trad.), [Pseudo-Aristote], *Rhétorique à Alexandre*, Paris, Les Belles Lettres, 2002.

Civiletti, Maurizio (trad.), *Filostrato. Vite dei sofisti*, Milan, Bompiani, 2002.

Cousin, Jean (éd., trad.), *Quintilien, Institution oratoire*, Paris, Les Belles Lettres, 2003 (édition revue et corrigée).

Croiset, Maurice (éd, trad.), *Platon, Hippias mineur*, Paris, Les Belles Lettres, 1920.

Dentice di Accadia Ammone, Stefano (trad., comm.), *Pseudo-Dionigi di Alicarnasso. I discorsi figurati I e II (Ars. Rhet. VIII e IX Us.-Rad.)*, Pise-Rome, Fabrizio Serra, 2010.

---

108 Eustathe souligne à plusieurs reprises les stratégies narratives du poète dans le choix d'utiliser et de faire parler ou non un personnage ; ainsi à propos des raisons pour lesquelles Nestor ne participe pas lui-même à l'ambassade : « Le poète le garde en réserve (ταμιεύεται) pour la suite » (II, 691, 15).

Dufour Médéric et Wartelle André (éd., trad.), Aristote, *Rhétorique*, Paris, Les Belles Lettres, 3 vol. 1931-1973.

Dupont-Roc, Roselyne et Lallot, Jean, *Aristote, Poétique*, Paris, Seuil, 1980.

Erbse, Hartmut (éd.), *Scholia graeca in Homeri Iliadem (scholia vetera)*, Berlin, De Gruyter, 1969.

Hajdú, Kerstin, *Ps.Herodian, De figuris : Überlieferungsgeschichte und kritische Ausgabe, Sammlung griechischer und lateinischer Grammatiker (SGLG)*, vol. 8, Berlin-New York, De Gruyter, 1998.

Kayser, Charles L. (éd.), *Flavii Philostrati opera auctiora*, vol. II, Leipzig, Teubner, 1871.

Keaney, John. J. et Lamberton, Robert (éd., trad.), [Plutarch], *Essay on the Life and Poetry of Homer*, Atlanta, (American Philological Association), Atlanta Scholars Press, 1996.

Kindstrand, Jan Fredrik (éd.), *[Plutarchi]. De Homero*, Leipzig, Teubner, 1990.

Lebègue, Henri (éd., trad.), *Du Sublime*, Paris, Les Belles Lettres, 1939.

Patillon, Michel (éd., trad.), *Théon, Progymnasmata*, Paris, Les Belles Lettres, 1997.

Patillon, Michel (éd., trad.), *Apsinès, Art rhétorique. Les Problèmes à faux-semblant*, Paris, Les Belles Lettres, 2001.

Patillon, Michel (éd., trad.), *Anonyme de Séguier, Art du discours politique*, Paris, Les Belles Lettres, 2005.

Patillon, Michel (éd., trad.), *Préambule à la rhétorique*, Corpus Rhetoricum t. 1, Paris, Les Belles Lettres, 2008.

Patillon, Michel (éd., trad.), *Hermogène, Les états de cause*, Corpus Rhetoricum t. 2, Paris, Les Belles Lettres, 2009.

Patillon, Michel (éd., trad.), *Pseudo-Hermogène, De l'invention*, Corpus Rhetoricum t. 3, Paris, Les Belles Lettres, 2012.

Patillon, Michel (éd., trad.), *Pseudo-Hermogène, La méthode de l'habileté*, Corpus Rhetoricum t. 5, Paris, Les Belles Lettres, 2014.

Rabe, Hugo (éd.), *Hermogenis opera*, Leipzig, Teubner, 1913.

Van der Valk, Marchinus (éd.), *Eustathii archiepiscopi Thessalonicensis commentarii ad Homeri Iliadem pertinentes*, 4 vol., Leiden, Brill, 1971-1987.

Woerther, Frédérique (éd., trad.), *Hermagoras de Temnos, Fragments et témoignages*, Paris, Les Belles Lettres, 2012.

Études

Ahern Knudsen, Rachel, « Homer in the First Sophistic. A Study of Four Speeches », in S. Dubel, A.-M. Favreau-Linder et E. Oudot (éd.), *À l'école d'Homère. La culture des orateurs et des sophistes*, Paris, Éditions rue d'Ulm, 2015, p. 33-45.

Chiron, Pierre, « Le logos eskhèmatisménos ou discours figuré », in G. Declercq, M. Murat et J. Dangel (éd.), *La Parole polémique*, Paris, Champion, 2003, p. 223-254.

Dentice di Accadia Ammone, Stefano, « La prova di Agamemnone. Una strategia retorica vincente », *RhM*, 153, 3/4, 2010, p. 225-256.

Dentice di Accadia Ammone, Stefano, *Omero e i suoi oratori. Tecniche di persuasione nell'Iliade*, Berlin-Boston, De Gruyter, 2012.

Dickey, Eleanor, *Ancient Greek Scholarship*, Oxford, Oxford University Press, 2007.

Graziosi, Barbara, « The ancient Reception of Homer », in L. Hardwick et C. Stray (éd.), *A Companion to Classical Receptions*, (Blackwell Companions to the Ancient World). Oxford, Blackwell, 2008, p. 26-37

Hainsworth, Bryan, *The* Iliad *: A Commentary, Books 9-12*, Cambridge, Cambridge University Press, 1993.

Heath, Malcom, « Stasis-Theory in Homeric Commentary », *Mnemosyne*, 46, 1993, p. 356-363.

Heiden, Bruce, « Hidden Thoughts, Open Speech », in F. Montanari (éd.), *Omero tremila anni dopo*, Edizioni di Storia e letteratura, Rome, 2002, p. 441-444.

Hillgruber, Michael, *Die Pseudoplutarchische Schrift de Homero*, Stuttgart-Leipzig, Teubner, 1994.

Kennedy, George, « The Ancient Dispute over Rhetoric in Homer », *AJPh*, 78-71, 1957, p. 23-35.

Kennedy, George, *Classical Rhetoric and its Christian and Secular Tradition from Ancient to Modern Times*, Chapel Hill, University of North Carolina Press, 1980.

Meijering, Roos, *Literary and Rhetorical Theories in Greek Scholia*, Egbert Forsten, Groningue, 1987.

Mitchell Reyes (G.), « Sources of Persuasion in the *Iliad* », *Rhetoric Review*, 21-21, 2002, p. 22-39.

Nagy, G., « Homeric Scholia », in I. Morris et B. Powell (éd.), *A New Companion to Homer*, Leyde, Brill, 1997, p. 101-122.

Ramos Jurado Enrique A., « Homero come fuente de la retorica en el mundo antiguo », in A. Ruiz Castellano (éd.), *Actas del Primer Encuentro Interdisciplinar sobra retorica, texto y comunicacion*, col. Retorica griega, Universita de Cadiz, Cadix, 1994, p. 21-31.

Reyes Coria Bulmaro, « Homero maestro/estudiante de retorica : una fantasia Il. IV, 443-444 ? », *Nova Tellus*, 14, 1, 1996, p. 9-34.

Nünlist, René, *The Ancient Critic at Work : Terms and Concepts of Literary Criticism in Greek Scholia*, Cambridge, Cambridge University Press, 2009.

Pernot, Laurent, « Lieu et lieu commun dans la rhétorique antique », *BAGB*, 3, 1986, p. 253-284.

Pernot, Laurent, *La Rhétorique dans l'Antiquité*, Paris, Le Livre de Poche, 2000.

Richardson, Nicholas, « Literary Criticism in the Exegetical Scholia to the *Iliad* : a Sketch », *CQ*, 30-32, 1980, p. 265-287.

Robert, Fabrice, « La présence d'Homère dans les *progymnasmata* d'époque impériale », in S. Dubel, A.-M. Favreau-Linder et E. Oudot (éd.), *À l'école d'Homère. La culture des orateurs et des sophistes*, Paris, Éditions rue d'Ulm, 2015, p. 73-86.

Russell, Donald, « Figured Speeches : "Dionsysius", *Art of Rhetoric* VIII-IX », in C. W. Wooten (éd.), *The Orator in Action and Theory in Greece and Rome*, Leyde, Brill, 2001, p. 156-168.

Schmidt, Martin, « The Homer of the Scholia : what is explained to the Reader ? », in F. Montanari (éd.), *Omero tremila anni dopo*, Rome, Edizioni di Storia e letteratura, 2002, p. 159-177.

Schouler, Bernard, « Le déguisement de l'intention dans la rhétorique grecque », *Ktèma*, 11, 1986, p. 257-259

Van der Valk, Marchinus, *Researches on the Text and Scholia of the Iliad*, Leyde, Brill, 1963.

CORINNE JOUANNO

Rhéteurs de père en fils : Ulysse et Télémaque vus par Eustathe de Thessalonique

Les commentaires composés par Eustathe de Thessalonique sur l'*Iliade* et l'*Odyssée* font une large place aux analyses rhétoriques[1] : dans ses deux préfaces, Eustathe insiste sur l'utilité d'Homère en matière de formation oratoire[2], et dans le corps même des deux ouvrages, il s'intéresse avec beaucoup d'acuité à la ῥητορεία d'Homère et aux prises de parole de ses personnages. En prêtant attention à cet aspect des poèmes homériques, Eustathe s'inscrit certes dans une tradition qui remonte à l'Antiquité : on trouve déjà dans les scholies de l'*Iliade* et de l'*Odyssée* un certain nombre d'analyses rhétoriques[3], et un texte comme le traité *De Homero* du Pseudo-Plutarque montre l'importance accordée à l'époque impériale à l'œuvre d'Homère comme manuel d'art oratoire[4]. Mais, même si ses commentaires sont largement dépendants de la tradition exégétique ancienne, Eustathe, par son expérience de professeur de rhétorique et par sa pratique de l'éloquence épidictique, possédait une compétence toute particulière pour évaluer les poèmes homériques sous l'angle de l'art du discours : il exerça pendant plusieurs années la fonction prestigieuse de « maître des rhéteurs » à l'École patriarcale de Constantinople – une école qui, au xiiᵉ siècle, était au cœur de la vie culturelle byzantine – et en tant que maître des rhéteurs, il fut amené à prononcer des discours de circonstances d'une solennité particulière, notamment l'éloge annuel de l'empereur pour la cérémonie du samedi de Lazare. Ses amis et anciens disciples célèbrent à l'envi ses dons de professeur et d'orateur : Michel Choniatès le qualifie de protecteur et de sauveur de l'art rhétorique[5], Euthyme Malakès dit que des copies de ses discours

---

1 Cf. R. Nünlist, « Homer as a Blueprint for Speechwriters ». Voir aussi le glossaire de S. Fenoglio, *Eustazio di Tessalonica*, où figurent de nombreux termes rhétoriques, comme ἀμφιβολία, ἀναδίπλωσις, αὔξησις, ἔλλειψις, παρεκβολή, παρήχησις, σύγκρισις, σχῆμα, τραχύτης, τρόπος, φράσις...

2 Dans le prologue de son commentaire de l'*Iliade*, Eustathe dit que le texte d'Homère est un objet d'étude pour les rhéteurs, qu'il est riche en ῥητορεία et qu'on peut y apprendre toutes sortes de procédés de style (éd. M. van der Valk, I, p. 1, l. 18 ; p. 2, l. 6-9 ; p. 3, l. 13-14). Dans son introduction à l'*Odyssée*, Eustathe qualifie Homère de « maître de toute la science des discours » (éd. F. Pontani, l. 95-96).

3 Voir R. Nünlist, *The Ancient Critic at Work* : l'auteur étudie les analyses consacrées dans les scholies aux questions littéraires (intrigue, focalisation, style, discours...). D'après M. van der Valk, *Researches on the Text and Scholia of the Iliad*, p. 470, les commentaires de ce type sont particulièrement fréquents dans les scholies B-T de l'*Iliade*.

4 *De Homero*, 162 (éd. J. F. Kindstrand).

5 Μονῳδία εἰς τὸν ἁγιώτατον Θεσσαλονίκης κῦρ Εὐστάθιον, 21, éd. S. P. Lampros, p. 292.

Corinne Jouanno Professeur de langue et littérature grecques à l'Université de Caen – Normandie.

Homère rhétorique. Études de réception antique, éd. par Sandrine DUBEL, Anne-Marie FAVREAU-LINDER et Estelle OUDOT, Turnhout, Brepols 2018 (*RRR* 28), p. 81-92
Brepols Publishers   10.1484/M.RRR-EB.5.115797

circulaient en de nombreuses cités de l'Empire et appelle sa maison un vrai séjour des Muses[6]. On peut s'attendre à trouver dans les appréciations qu'un personnage aussi qualifié a formulées sur les performances oratoires des héros homériques le fruit d'une réflexion approfondie sur la rhétorique : comme le remarque Robert Browning, « il ne fut pas le simple transmetteur d'un matériau traditionnel, mais un érudit doué de jugement personnel », qui « révèle la richesse de l'approche byzantine des poèmes <homériques>, à une époque où beaucoup d'intellectuels commençaient à innover, expérimenter et réévaluer les éléments de leur héritage antique[7] ».

Dans l'*Iliade*, les deux personnages que le commentaire d'Eustathe désigne comme les meilleurs orateurs sont Nestor et Ulysse, le premier rang étant attribué à Nestor, « excellent », tandis qu'Ulysse, seulement « bon », vient en second[8]. Quatre autres personnages reçoivent, plus épisodiquement, la dénomination de « rhéteurs », Anténor, Phœnix, Achille et Polydamas. Dans le commentaire de l'*Odyssée*, les héros désignés comme « rhéteurs » ne sont plus que trois, Nestor et Ulysse, bien sûr, à qui vient s'adjoindre Télémaque, qu'Eustathe appelle volontiers « le jeune rhéteur » (νεανίας ῥήτωρ), tandis qu'il emploie pour parler d'Ulysse une assez large gamme de périphrases, « ingénieux rhéteur » (πολύμητις ῥήτωρ), « vieux rhéteur » (γέρων ῥήτωρ, παλαιὸς ῥήτωρ), « rhéteur exilé » (πρόσφυξ ῥήτωρ), ou « rhéteur étranger » (ξένος ῥήτωρ). Si la place de Nestor dans l'*Odyssée* est très épisodique et les commentaires sur son éloquence par conséquent fort réduits, Eustathe consacre beaucoup d'attention aux prises de parole d'Ulysse et de Télémaque, qui est, après le protagoniste, le personnage qui, dans le poème, parle le plus.

Lorsqu'il étudie les discours prononcés par le père ou le fils, Eustathe s'emploie tout d'abord à définir leur style général, en recourant pour ce faire au vocabulaire technique en usage dans les traités de rhétorique, et notamment aux catégories d'Hermogène, dont l'influence est très sensible dans tous ses ouvrages de critique littéraire, commentaires d'Homère, de Pindare ou de Denys le Périégète[9]. En technicien, Eustathe analyse également les procédés mis en œuvre par chaque orateur et l'efficacité des discours prononcés, leur réception. Au chant V, dès la première apparition d'Ulysse, il souligne l'habileté (δεινότης) des propos qu'il tient à Calypso[10], et dans le chant suivant, il consacre un long commentaire au très subtil discours adressé par le héros naufragé à Nausicaa – discours dont les qualités rhétoriques avaient déjà attiré l'attention des scholiastes[11] : les propos d'Ulysse sont, d'après Eustathe, « doux comme le miel » (μειλίχιοι) « en raison de leur forme encomiastique » (τὸ ἐγκωμιαστικὸν εἶδος) ; ils constituent une λαλιά caractérisée par sa γλυκύτης. Eustathe note l'heureux effet de l'éloquence d'Ulysse : Nausicaa, à qui il a présenté des demandes « modestes »

---

6 *Laudatio funebris Eustathii*, PG 136, col. 760 B et 764 B.

7 R. Browning, « Eustathios of Thessalonike Revisited », p. 88.

8 *Comm. ad Il.*, I, p. 336, l. 25-26 ; voir aussi *ibid.*, p. 151, l. 13-14 et p. 352, l. 4-6.

9 Cf. M. van der Valk, *Eustathii archiepiscopi Thessalonicensis commentarii*, I, introduction, § 100 ; G. Lindberg, *Studies in Hermogenes and Eustathios*.

10 *Comm. ad Od.*, éd. J. G. Stallbaum, I, p. 208, l. 44-46.

11 Cf. *Scholia graeca in Homeri Odysseam* [ci-après *Schol. in Od.*], éd. W. Dindorf, VI, 148, 152, 160, 170, 178.

(μέτρια), lui accorde de « grands biens » (μεγάλα καλά). Eustathe remarque aussi avec justesse le caractère réflexif de la formule d'annonce utilisée par Homère pour introduire le discours d'Ulysse (*Od.* VI, 148 : « Aussitôt il lui tint ce discours doux et astucieux », μειλίχιον καὶ κερδαλέον […] μῦθον) : « Le poète caractérise <ainsi> de façon théorique [θεωρικῶς] la forme [ἰδέαν] du discours d'Ulysse[12]. » L'idée était déjà présente dans les scholies de l'*Odyssée*, où l'on peut lire qu'Homère, en ce passage, a précisé « la règle des discours sur le point d'être prononcés » et que les propos d'Ulysse sont bel et bien conformes à cette « promesse » initiale[13] ; mais Eustathe a reformulé la constatation en termes hermogéniens et mis en évidence, plus clairement que ses prédécesseurs, la présence, au sein même du texte homérique, d'une « conscience critique à l'égard du discours[14] ».

Dans les nombreux passages où Eustathe souligne l'habileté des propos tenus par Ulysse – à ses hôtes phéaciens, au Cyclope, à ses compagnons d'expédition, puis à ses proches d'Ithaque et aux prétendants – deux termes reviennent avec insistance pour caractériser la parole du héros, celui de flatterie et celui de mensonge (sujet auquel Eustathe s'intéressait visiblement beaucoup, puisqu'il évoque, dès le prologue de son commentaire, à la fois les mensonges d'Homère et ceux du protagoniste de l'*Odyssée*[15]). Sont qualifiés de flatteurs les propos adressés par Ulysse à Calypso, à Nausicaa, à la reine Arété, qu'il cherche à se concilier en louant Nausicaa[16] ; Eustathe note qu'il flatte aussi Alcinoos en prononçant devant lui l'éloge des danseurs phéaciens[17], le Cyclope en lui proposant des « libations », comme s'il était dieu[18], Eumée et Philoitios en leur promettant qu'ils deviendront, après sa victoire sur les prétendants, les compagnons et les frères de Télémaque[19], et les prétendants eux-mêmes, en les interpellant en termes gracieux pour obtenir d'eux l'autorisation de participer à l'épreuve de l'arc[20]. De la prédilection d'Ulysse pour le mensonge et l'affabulation, Eustathe cite pour premier exemple le récit qu'il fait à Alcinoos de sa rencontre avec Nausicaa – récit où il altère délibérément la vérité pour excuser la princesse de ne pas l'avoir amené elle-même jusqu'au palais : Ulysse, remarque Eustathe, ment ici « de façon manifeste (φανερῶς), chose que le sage peut faire à bon escient (ἐν καιρῷ)[21] ».

---

12   *Comm. ad Od.*, I, p. 244, l. 25 – p. 247, l. 46 (voir notamment p. 245, l. 33-34).

13   *Schol. in Od.* VI, 148 et 178.

14   La formule est de L. Pernot, *La Rhétorique dans l'Antiquité*, p. 16.

15   Toute la première partie du prologue est consacrée à la question du rapport entre fiction et réalité, mensonge et vérité (éd. F. Pontani, l. 1-57).

16   *Comm. ad Od.*, I, p. 208, l. 39 ; p. 244, l. 26 ; p. 276, l. 31.

17   *Comm. ad Od.*, I, p. 306, l. 10-14 (le passage ne contient pas de terme de la famille de κολακεύω, mais plusieurs occurrences de ἔπαινος, ἐπαινῶ). Eustathe souligne l'heureux effet de ce discours complimenteur par lequel Ulysse s'attire bienveillance et éloges en retour (*ibid.*, p. 306, l. 12-13).

18   *Comm. ad Od.*, I, p. 345, l. 39-40.

19   *Comm. ad Od.*, II, p. 257, l. 39-40.

20   *Comm. ad Od.*, II, p. 259, l. 4-7.

21   *Comm. ad Od.*, I, p. 277, l. 8-9. Même formule en I, p. 348, l. 11-12, à propos de l'invention du nom de Personne. Dans les scholies, le soin pris par Ulysse, dans son entretien avec Arété et Alcinoos, pour épargner à Nausicaa tout soupçon de mauvaise conduite est souligné à maintes reprises : cf. *Schol. in Od.* VII, 241 ; 244 ; 290 ; 293 ; 303 et 305.

Dans les épisodes de Charybde et Scylla, Eustathe note qu'Ulysse ment à nouveau, cette fois par omission, en ne répétant pas à ses hommes l'intégralité des mises en garde de Circé, par crainte de les effrayer – silence que le commentateur byzantin estime « stratégique », et approuve par conséquent[22]. Notre auteur remarque d'ailleurs, en un autre passage, qu'Ulysse « est loué » pour tenir « beaucoup de mensonges pareils à des vérités » (*Od.* XIX, 204), par exemple auprès des Phéaciens, « qui aiment ce genre de choses » (φιλοτοιούτους), puis à Ithaque, en trompant ses proches « avec à propos » (ἐν καιρῷ) : car, ajoute-t-il, « le mensonge n'est pas toujours totalement blâmable », et il cite à l'appui trois références antiques – une formule tirée du livre III d'Hérodote (« Là où il est nécessaire de faire un mensonge, qu'on le fasse »), un passage du *Panathénaïque* d'Isocrate faisant l'éloge du mensonge utile, et enfin l'exemple d'Ésope, dont les fables prouvent que la ψευδολογία est parfois louable[23].

Étudiant en rhéteur les discours mensongers d'Ulysse à Ithaque, Eustathe s'emploie à en démonter les mécanismes : il insiste tout particulièrement sur la manière dont le héros adapte ses propos à chaque interlocuteur successif et sur les procédés de crédibilisation qu'il met en œuvre[24]. Dans le récit destiné à Pénélope, par exemple, Eustathe note la présence de détails « historiques » (les généalogies) bien faits pour inspirer confiance à une « femme savante » (γυναῖκα σοφήν) comme la reine d'Ithaque[25]. Face aux prétendants, Ulysse se révèle un maître en l'art du double langage, habile à manier ce qu'Eustathe appelle *schêmatismos*, en usant d'un terme technique employé dans les traités de rhétorique pour définir un type particulier de discours « figuré », où le locuteur déguise son intention et, souvent par souci de précaution, dit une chose pour en signifier une autre[26]. Eustathe cite en exemple l'autobiographie mensongère qu'Ulysse débite aux prétendants (*Od.* XVII, 419-444) – récit dont les éléments véridiques sont transparents à Télémaque, mais impénétrables à Antinoos et ses comparses, « en raison de la sécurité que procure le *schêmatismos* » (διὰ τὸ ἀσφαλὲς τοῦ σχηματισμοῦ)[27]. Un peu plus loin dans le même épisode, il signale un autre exemple de *schêmatismos*, lorsque Ulysse déclare aux prétendants : « On n'a au cœur ni chagrin ni peine, quand on combat pour ses propres biens et qu'on reçoit

---

22 *Comm. ad Od.*, II, p. 19, l. 16-17 et l. 43-44.

23 *Comm. ad Od.*, I, p. 110, l. 21-31 : cf. Hérodote, III, 72 et Isocrate, *Panathénaïque*, 246. Sur la question du mensonge utile, voir aussi *Comm. ad Il.*, I, p. 290, l. 2-4 (avec la même référence à Hérodote).

24 *Comm. ad Od.*, II, p. 49, l. 28-31 (Ulysse se fait passer pour le meurtrier du fils d'Idoménée, ami d'Ulysse, pour être mieux accueilli par les prétendants : cf. *Schol. in Od.* XIII, 267) ; II, p. 83, l. 21-24 (dans son discours à Eumée, Ulysse s'exprime avec σαφήνεια, parce qu'il parle à des ἀγροίκους).

25 *Comm. ad Od.*, II, p. 196, l. 24-27 et 31-34.

26 Cf. Démétrios, *Du style*, 287-295 ; Quintilien, *Institution Oratoire*, IX, 2, 65-66 ; Ps.-Hermogène, *De l'invention*, IV, 13 (éd. M. Patillon) ; Ps.-Denys d'Halicarnasse, *Opuscula*, t. II, p. 292-358 (éd. H. Usener et L. Radermacher) : développement illustré de nombreux exemples homériques ; Apsinès, *Art rhétorique. Les Problèmes à faux-semblant* (éd. M. Patillon). Voir aussi les études de B. Schouler, « Le déguisement de l'intention dans la rhétorique grecque » ; P. Chiron, « Le *logos eskhèmatismenos* ou discours figuré » ; L. Pernot, « Les faux-semblants de la rhétorique grecque ». Sur l'intérêt des scholiastes pour les significations cachées, voir R. Nünlist, *The Ancient Critic at Work*, p. 225-237 (« Allusions, hints, hidden meanings »).

27 *Comm. ad Od.*, II, p. 152, l. 42-44.

des coups pour défendre ses bœufs ou ses blanches brebis » (*Od.* XVII, 470-472), puis s'empresse d'ajouter, pour dissimuler la vérité de cette affirmation, qu'en ce qui le concerne, c'est son « misérable ventre » qui lui a valu de recevoir des coups d'Antinoos – référence destinée, par son prosaïsme, à masquer son identité[28].

Si les performances rhétoriques d'Ulysse font l'objet d'une appréciation homogène tout au long du commentaire d'Eustathe, car le héros de l'*Odyssée*, bien que *polytropos*, reste constant dans ses qualités, il n'en va pas de même pour Télémaque, qui présente la particularité d'être un personnage évolutif, le seul des poèmes homériques[29] : l'intrigue de l'*Odyssée* s'ouvre en effet au moment précis où le fils d'Ulysse accède à l'âge adulte, et le poète nous fait assister à sa maturation progressive – aspect auquel les Anciens ont été réceptifs au point de voir dans la *Télémachie* le récit d'une *paideusis* : Philodème de Gadara, dans son traité *Sur le bon roi selon Homère*, nous offre le premier exemple sûrement datable de cette interprétation des aventures de Télémaque[30] – dont on retrouve ensuite l'écho dans les *Allégories* du Pseudo-Héraclite et dans les extraits des *Questions homériques* de Porphyre transmis par les scholiastes[31].

Or, pour accéder à la plénitude du statut héroïque, Télémaque doit devenir, selon le mot de Phœnix, non seulement un « bon faiseur d'exploits » (πρηκτῆρά τε ἔργων), mais aussi un « bon diseur d'avis » (μύθων τε ῥητῆρ'), car l'aptitude oratoire fait partie des qualités requises d'un héros[32]. Et l'on constate que les compétences de Télémaque en ce domaine évoluent au fil du poème : initialement très inexpérimenté – comme il l'avoue à Athéna-Mentor, avant sa rencontre avec le sage Nestor : « Je ne suis pas encore expert en paroles prudentes » (*Od.* III, 23) – il acquiert progressivement assurance et subtilité dans le maniement du discours. Sensible à cet aspect du texte homérique, Eustathe souligne à plusieurs reprises la simplicité ou la naïveté des premières prises de parole de Télémaque, et il remarque notamment, à propos de la plaisanterie que le fils d'Ulysse adresse à Athéna-Mentès en *Od.* I, 173 (« Car je ne pense pas que tu sois venu ici à pied ! »), que pareil propos possède un caractère improvisé (τὰ τοῦ σχεδιασμοῦ) et est de ceux tenus par « les jeunes gens, qui n'ont pas encore été formés à la parole[33] ». Aux interrogations de Télémaque sur son identité (*Od.* I, 215-216 : « Ma mère dit que je suis bien son fils, mais moi, je n'en sais rien, car par soi-même on ne reconnaît pas son père »), Eustathe trouve un caractère juvénile et simple : il parle de λόγου μειρακιώδους καὶ ἀφελοῦς et dit que le jeune homme s'exprime ἁπλοϊκῶς[34]. Les Anciens avaient souvent souligné l'habileté avec

---

28 *Comm. ad Od.*, II, p. 156, l. 39-43.

29 Cf. E. Scheid-Tissinier, « Télémaque et les prétendants » ; I. De Jong, *A Narratological Commentary on the Odyssey*, p. 20-21.

30 Voir J. Fish, « Philodemus on the Education of the Good Prince », p. 71-77.

31 Ps.-Héraclite, *Allégories d'Homère*, 63, 8-9 ; *Schol. in Od.* I, 284 a.

32 *Il.* IX, 443 et commentaire de L. Pernot, *La Rhétorique dans l'Antiquité*, p. 17.

33 *Comm. ad Od.*, I, p. 45, l. 22-25 : Eustathe qualifie le discours de Télémaque d'ἀφελὴς et d'ἀστεῖος.

34 *Comm. ad Od.*, I, p. 51, l. 11-14. Eustathe qualifie également de « simple » (ἁπλῆ) [*sic*] le récit que Télémaque fait à Mentès de la situation à Ithaque en *Od.* I, 231-251 (*Comm. ad Od.*, I, p. 55, l. 10). Il est à nouveau question de l'ἀφέλεια des propos de Télémaque, lorsque le jeune homme accueille avec incrédulité les espoirs formulés par Nestor qu'Athéna ramène enfin Ulysse à Ithaque (*Od.* III, 225-226 : « Vieillard, je ne crois pas que tes paroles se réalisent : tu dis de trop grands mots, la stupéfaction

laquelle Homère prêtait à ses personnages des discours en accord avec leur *êthos*[35] : les premières prises de parole de Télémaque sont, aux yeux d'Eustathe, caractéristiques de l'*êthos* propre à la jeunesse.

Eustathe note pourtant, dès le chant II, lors de la « démégorie » prononcée par Télémaque à l'assemblée d'Ithaque, l'habileté dont le fils d'Ulysse fait preuve à l'occasion de sa première performance publique : il souligne l'intelligence du discours de Télémaque[36], et remarque dans ses propos plusieurs entorses à la vérité qui font apparaître le jeune homme comme un digne émule du héros aux mille ruses[37]. Télémaque décrit les outrages des prétendants sous un jour exagéré, à dessein d'amplification rhétorique (ῥητορικῶς τὸν λόγον ὑψῶν), et il « ment » en les présentant comme « les propres fils des plus nobles gens d'ici » (*Od.* II, 51), alors que seulement douze d'entre eux sont originaires d'Ithaque ; il espère, par cette falsification du réel, exercer sur eux un effet dissuasif[38].

De nombreux passages, dans le texte de l'*Odyssée*, et notamment dans la *Télémachie*, soulignent la ressemblance d'Ulysse et de Télémaque – ressemblance physique, successivement évoquée par Athéna-Mentès, Hélène et Ménélas[39], mais aussi ressemblance, plus subtile, dans la manière de s'exprimer, comme le remarque Nestor (*Od.* III, 122-125), étonné de retrouver chez Télémaque « paroles pareilles » (μῦθοί γε ἐοικότες) à celles d'Ulysse, et se demandant comment il peut, malgré sa jeunesse, « tenir des propos si pareils » (ὧδε ἐοικότα μυθήσασθαι)[40]. Eustathe, qui note avec quelle pertinence Homère a attribué cette constatation au plus éloquent des Grecs[41], relève à plusieurs reprises, dans les discours adressés par Télémaque à Nestor et Ménélas, la présence d'éléments de flatterie qui apparentent effectivement le style du jeune homme à celui dont Ulysse est coutumier : sous l'effet stimulant des remarques de Nestor, qui lui a dit qu'il « parlait comme son père » (πατρῴζειν

---

me prend ! ») : *Comm. ad Od.*, I, p. 122, l. 46 – p. 123, l. 2. Eustathe recourt à la même notion d'ἀφέλεια pour caractériser le style de Nausicaa ou celui de l'esclave Eumée, comme le signale G. Lindberg, *Studies in Hermogenes and Eustathios*, p. 227.

35 Cf. Théon, *Progymnasmata*, ch. 1 (éd. M. Patillon et G. Bolognesi, p. 2-3 = éd. L. Spengel, II, p. 60, l. 27-29) ; *Schol. in Od.* VIII, 166 ; Ps.-Plutarque, *De Homero*, 67 et 164.

36 *Comm. ad Od.*, I, p. 81, l. 16-18. Sur l'habileté oratoire de Télémaque et les techniques rhétoriques déjà sophistiquées utilisées par lui en ce passage, voir l'étude de S. Dentice di Accadia, « Oratori brillanti dell'*Odissea* : Telemaco e i Proci ».

37 Dans ses *Allégories*, le Ps.-Héraclite dit que Télémaque, lors de l'assemblée d'Ithaque, « tient le langage de l'éloquence paternelle » (63, 6 : πατρῴοις λόγοις ἐνρητορεύει). Une scholie à *Od.* II, 15 estime qu'il imite la manière de son père en différant le moment de son intervention, comme fait Ulysse en *Il.* III, 216-220.

38 *Comm. ad Od.*, I, p. 81, l. 35-36 et p. 82, l. 7-8. L'efficacité de la rhétorique de Télémaque est, d'après Eustathe, marquée par le vers : « Personne n'eût osé répondre à Télémaque en termes rudes » (*Od.* II, 82-83) – preuve que cette démégorie « était sans réplique » (*Comm. ad Od.*, I, p. 83, l. 34-35).

39 Cf. *Od.* I, 207-209 ; IV, 141-143 et 148-150. Commentant ce dernier passage, Eustathe remarque qu'Homère, « à la manière d'un bon peintre », compare constamment Télémaque à son père, et qu'il les fait tous deux reconnaître à leurs larmes, Télémaque à Sparte, et Ulysse en Phéacie (*Comm. ad Od.*, I, p. 156, l. 31-33).

40 *Comm. ad Od.*, I, p. 116, l. 38-40.

41 *Comm. ad Od.*, I, p. 116, l. 38-40. Voir aussi *ibid.*, p. 156, l. 28-29.

ἐν λόγοις), il ose adresser au vieil orateur des compliments dignes d'Ulysse[42] ; et devant Ménélas, il fait un éloge « rhétorique » de Lacédémone dont l'habileté et la « douceur » lui attirent cette remarque du roi de Sparte : « Tu es d'un beau sang, mon cher enfant, tes paroles le prouvent. » (*Od.* IV, 611)[43].

Pareils passages suggèrent évidemment l'existence d'un même *êthos* chez Ulysse et Télémaque, en l'occurrence un don naturel pour la parole que Télémaque aurait hérité de son père. Mais à la différence d'Aelius Aristide qui, dans son *À Platon, pour la rhétorique*, se sert du personnage de Télémaque pour illustrer sa conviction qu'en matière d'éloquence, la φύσις et l'inspiration divine priment sur la τέχνη[44], Eustathe paraît bien convaincu de l'importance de l'enseignement dans la formation rhétorique[45] et, commentant, comme Aristide, la scène où Télémaque avoue à Athéna-Mentor l'appréhension qu'il éprouve à rencontrer Nestor, il gomme totalement la divinité d'Athéna pour en faire une figure de διδάσκαλος, dont il annonce qu'elle servira aussi au jeune homme de « maîtresse en prière » (εὐχῆς [...] καθηγητής), en lui apprenant à faire confiance aux dieux pour assurer le salut de son père[46]. Si, dans la *Télémachie*, ce sont ses entretiens avec Mentès, Nestor et Ménélas qui aident Télémaque à progresser, une fois qu'Ulysse est rentré à Ithaque, il prend naturellement la relève, pour guider son fils dans la maîtrise de l'art oratoire[47]. Car, bien que Télémaque tienne parfois, dans les premiers chants de l'*Odyssée*, le même langage que son père, « le jeune rhéteur » reste inférieur au « vieux », comme Eustathe l'indique expressément en un passage de son commentaire où il rapproche la description d'Ithaque tracée par Télémaque en *Od.* IV, 605-608 et celle présentée par Ulysse à ses hôtes phéaciens (*Od.* IX, 21-28), « mélange » (μῖγμα) d'éloge et de blâme, montrant à la fois l'amour

---

42 *Comm. ad Od.*, I, p. 121, l. 42-45 : Télémaque appelle Nestor « fils de Nélée, grande gloire de l'Achaïe » (*Od.* III, 203).

43 *Comm. ad Od.*, I, p. 184, l. 5-7 et 34-36 : pour qualifier le discours de Télémaque, Eustathe emploie successivement les termes ῥητορικῶς, γοργῶς, ποικίλως, ἀμφιδεξίως, et il estime que le jeune homme parle κατὰ λόγον γλυκύτητος.

44 *Or.* 2 (45 D.), § 93-96, éd. F. W. Lenz et C. A. Behr.

45 Les commentaires homériques d'Eustathe ayant probablement été composés à l'intention de ses étudiants de rhétorique, on comprend que l'auteur y mette en valeur la notion d'apprentissage (cf. M. van der Valk, *Eustathii archiepiscopi Thessalonicensis commentarii*, I, introduction, § 61 et 99). Il affiche la même foi en l'éducation dans le domaine moral : commentant la déclaration de Télémaque en *Od.* II, 314-315 (« Maintenant que je suis grand et m'informe en écoutant les propos d'autrui... »), il remarque que le jeune homme dit avoir été instruit de ce qu'il devait faire par Mentès, et non « par les dieux, comme Antinoos le prétend par raillerie » – ce qui prouve que « la sagesse peut s'enseigner », comme les autres vertus (*Comm. ad Od.*, I, p. 99, l. 18-21).

46 *Comm. ad Od.*, I, p. 110, l. 2-6.

47 Sur le rôle joué par Ulysse dans la maturation de Télémaque, voir P. Citati, *La Pensée chatoyante*, p. 296-297 : « Guidé par Ulysse, Télémaque grandit rapidement » ; il « devient ce dont il avait toujours rêvé [...] : le fils de son père. » D'Ulysse, Télémaque apprend aussi l'art du silence, d'après S. Montiglio, *Silence in the Land of Logos*, p. 269-271 : « To find his father – to find himself – means to identify himself with him, to be silent together during their joint undertaking. Telemachus' maturation thus includes a learning of silence. »

qu'il a pour sa patrie (τὸ φιλόπατρι) et son goût pour la vérité (τὸ φιλάληθες)[48] : aussi Eustathe qualifie-t-il la « méthode enkomiastique » (ἐγκωμιαστικὴ μέθοδος) d'Ulysse de « plus conforme à l'art » (τεχνικωτέρα) que celle de Télémaque, « le poète ayant opportunément réservé la meilleure part au vieux rhéteur[49] ».

Dans le commentaire d'Eustathe, plusieurs scènes de l'*Odyssée* sont interprétées comme illustrant le rôle pédagogique joué par Ulysse auprès de son fils. Le premier exemple figure au tout début de la scène de reconnaissance du chant XVI, alors qu'Ulysse, à qui Athéna a rendu « sa belle allure et sa jeunesse », vient de dévoiler son identité et trouve Télémaque incrédule. « Un mortel, remarque le jeune homme, ne saurait, par sa seule pensée, trouver le moyen d'opérer pareils changements, à moins qu'un dieu ne survienne pour le rendre à son gré, aisément, jeune ou vieux » (*Od.* XVI, 196-198) – à quoi Ulysse répond en transformant la supposition hésitante de son fils en formule gnomique : « Il est facile aux dieux, qui habitent le vaste ciel, de glorifier un mortel ou de le dégrader » (*Od.* XVI, 211-212) – affirmation que le chrétien Eustathe qualifie avec approbation de « sainte pensée » (σεμναῖς ἐννοίαις). Il estime par ailleurs que la méthode utilisée par Ulysse en ce passage est « philosophique », en ce qu'il a repris l'idée exprimée par Télémaque pour le convaincre plus efficacement : ce faisant, « le vieux rhéteur a persuadé le jeune, qui s'est, comme on dit, laissé prendre par ses propres ailes[50] ». La deuxième leçon d'Ulysse intervient peu après, lorsque, dûment reconnu pour père par Télémaque, il lui expose son plan d'action (*Od.* XVI, 264-307), et lui dicte la conduite à tenir, lui demandant de retirer toutes les armes de la grand-salle, et lui indiquant quel prétexte il devra fournir aux prétendants, si jamais ceux-ci s'inquiètent de leur disparition (*Od.* XVI, 287-294) : dans le texte homérique, ce discours-alibi est inséré, au style direct, à l'intérieur des recommandations d'Ulysse, comme un modèle que Télémaque pourra se contenter de reproduire littéralement – et qu'il reproduit en effet, avec de menues omissions, lorsqu'au chant XIX, 16-20, il annonce à Euryclée qu'il va mettre à l'abri les armes de son père[51]. L'attention d'Eustathe a été attirée, dans l'épisode du chant XVI, par la sentence qui sert de conclusion aux justifications fournies par Ulysse à son fils et présentées par lui comme de « douces paroles » (μαλακοῖσ'ἐπέεσι) faites pour abuser les prétendants : la disparition des armes est censée garantir leur sécurité, car « de lui-même, le fer attire l'homme à lui » – *gnômê* introduite par Ulysse « de façon plaisante » (ἀστείως), « en rhéteur » (ὡς ῥήτωρ), « pour servir d'excuse » (πρὸς ἀπολογίαν) à Télémaque[52].

---

48 Cette notion de « mélange », empruntée à Hermogène, est chère à Eustathe : cf. G. Lindberg, *Studies in Hermogenes and Eustathios*, p. 54-63 et p. 192-199.

49 *Comm. ad Od.*, I, p. 321, l. 6-11. En insistant sur l'âge d'Ulysse, Eustathe se montre attentif aux indications du texte homérique, où l'importance des années dans l'acquisition des capacités rhétoriques est plusieurs fois suggérée (cf. *Il.* III, 222-224 : supériorité de l'éloquence d'Ulysse sur celle de Ménélas, son cadet ; *Il.* IX, 55-61 : supériorité du vieux Nestor sur le jeune Diomède).

50 *Comm. ad Od.*, II, p. 122, l. 2-9.

51 *Comm. ad Od.*, II, p. 188, l. 1-3 : Eustathe note que « le jeune rhéteur » reprend, sur le mode abrégé, l'idée formulée par Ulysse, mais « sans la développer de manière rhétorique, comme avait fait Ulysse ».

52 *Comm. ad Od.*, II, p. 124, l. 17-24 (l'emploi d'une sentence, figure caractéristique du discours d'autorité, est certainement destiné à renforcer la crédibilité du propos). Eustathe voit dans la réponse de Télémaque aux recommandations d'Ulysse (*Od.* XVI, 309-320) une marque de la réceptivité du

Ce qu'Ulysse enseigne à son fils, dès leur première rencontre, en cette scène très remarquable, c'est en fait l'art de la parole trompeuse, le maniement du *schêmatismos* – un art que Télémaque ignorait, bien qu'il mente parfois dès les premiers chants du poème : Eustathe considère en effet qu'au chant I, lorsqu'il présente Mentès comme un hôte de sa famille, alors qu'il a déjà en son cœur « reconnu la déesse immortelle » (*Od.* I, 417-420), il dit la vérité (en répétant les propos d'Athéna) et ment dans le même discours, mais cela « sans volonté de faux-semblant » (ἀσχηματίστως)[53]. Or dans toute la fin du poème, où le jeune homme se fait l'auxiliaire de la vengeance paternelle, il manie de façon quasi constante mensonges et faux-semblants dans ses discours aux prétendants, mettant ainsi en pratique les conseils qu'Ulysse lui a donnés dans la scène de reconnaissance. À plusieurs reprises, il introduit dans ses propos des éléments de flatterie pour mieux dissimuler ses intentions véritables, en XVIII, 62-65, par exemple, où Eustathe loue l'habileté (δεξίως) de ses compliments mensongers aux prétendants et leur opportunité (κατ'οἰκονομίαν, ἐν καιρῷ)[54]. Quant au passage où le jeune homme, en XX, 339-344, feint d'être favorable au remariage de sa mère, Eustathe y voit un discours « tout entier figuré » (ἐσχηματισμένος) et, recourant ensuite à l'interprétation allégorique pour commenter l'intervention d'Athéna qui vient égarer la raison des prétendants et leur inspire « un rire inextinguible » (*Od.* XX, 345-346), il affirme que la déesse incarne « l'intelligence, c'est-à-dire l'habileté rhétorique (ἡ ῥητορικὴ δεινότης) de ce discours habilement figuré (τεχνικῶς ἐσχηματισμένη) » qui, troublant l'esprit des prétendants, les a mis dans l'incapacité de comprendre les vraies intentions de Télémaque[55].

Les commentaires formulés par Eustathe de Thessalonique sur les discours d'Ulysse et de Télémaque, le « vieux » et le « jeune rhéteur », montrent que, emboîtant le pas aux exégètes antiques, il a, lui aussi, lu l'*Odyssée* non seulement comme le récit des aventures d'Ulysse, mais comme le roman d'apprentissage de Télémaque, et plus particulièrement, comme l'histoire de son éducation rhétorique : or ce qu'Ulysse apprend à son fils en matière d'éloquence, c'est d'abord et surtout l'art de la parole ambiguë – c'est-à-dire un mode d'expression indirect, biaisé, très conforme aux goûts littéraires des rhéteurs byzantins, adeptes de l'obliquité[56], et proche peut-être de l'art qu'Eustathe lui-même enseignait à ses propres élèves de rhétorique, à qui les commentaires de l'*Iliade* et de l'*Odyssée* étaient, si l'on en croit M. van der Valk, prioritairement destinés.

---

jeune homme aux leçons paternelles (*Comm. ad Od.*, II, p. 125, l. 11). Une autre scène de pédagogie familiale figure, d'après Eustathe, au chant XXIII, 117-122, lorsque Ulysse consulte Télémaque sur l'attitude à adopter face aux parents des prétendants, peut-être pour le « mettre à l'épreuve », ou bien pour l'« éduquer » (*Comm. ad Od.*, II, p. 298, l. 33-35).

53 *Comm. ad Od.*, I, p. 72, l. 31-35.
54 *Comm. ad Od.*, II, p. 166, l. 15-21. De même, lorsqu'il demande à participer à l'épreuve de l'arc, Télémaque « flatte habilement » les prétendants pour s'assurer plus sûrement leur accord (*ibid.*, p. 252, l. 42-44). Sur l'accession progressive du fils d'Ulysse à la maîtrise des κέρδεα, trait caractéristique d'Ulysse (et de Pénélope), voir H. M. Roisman, « Like Father like Son ».
55 *Comm. ad Od.*, II, p. 240, l. 7-8 et 22-25.
56 Sur l'importance de ce type d'expression indirecte dans la littérature du XIIe siècle, voir P. Roilos, *Amphoteroglossia*.

Bibliographie

Sources

Dindorf, Wilhelm (éd.), *Scholia graeca in Homeri Odysseam, ex codicibus aucta et emendata*, I-II, Oxford, E Typographeo Academico, 1855 (réimpr. Amsterdam, A. M. Hakkert, 1962).

Kindstrand, Jan Fredrik (éd.), *Plutarchi, De Homero*, Leipzig, Teubner, 1990.

Lampros, Spyridon P. (éd.), Μιχαήλ Ακομινάτου του Χωνιάτου τα σωζόμενα, I, Athènes, Parnassos, 1879.

Lenz, Friedrich Walter et Behr, Carolus Allison (éd.), *P. Aelii Aristidis opera quae exstant omnia*, I, Leyde, Brill, 1976.

Patillon, Michel et Bolognesi, Giancarlo (éd., trad.), *Aelius Théon, Progymnasmata*, Paris, Les Belles Lettres, 1997.

Patillon, Michel (éd., trad.), *Apsinès, Art rhétorique. Les Problèmes à faux-semblant*, Paris, Les Belles Lettres, 2001.

Patillon, Michel (éd., trad.), *Corpus rhetoricum. Tome III, 1. Pseudo-Hermogène, L'invention. Anonyme, Synopse des exordes*, Paris, Les Belles Lettres, 2012.

Spengel, Leonhard (éd.), *Rhetores graeci*, 3 vol., Leipzig, Teubner, 1853, 1854, 1856.

Stallbaum, Johann Gottfried (éd.), *Eustathii archiepiscopi Thessalonicensis Commentarii ad Homeri Odysseam ad fidem exempli Romani editi*, 2 vol., Leipzig, Weigel, 1825-1826.

Usener, Hermann et Radermacher, Ludwig (éd.), *Dionysii Halicarnasei quae exstant* vol. VI, *Opuscula* II, Leipzig, Teubner, 1904-1929.

Van der Valk, Marchinus (éd.), *Eustathii archiepiscopi Thessalonicensis commentarii ad Homeri Iliadem pertinentes*, 4 vol., Leyde, Brill, 1971-1987.

Études

Browning, Robert, « Eustathios of Thessalonike Revisited », *BICS*, 40, 1995, p. 83-90.

Chiron, Pierre, « Le *logos eskhèmatismenos* ou discours figuré », in G. Declercq, M. Murat et J. Dangel (éd.), *La Parole polémique*, Paris, Champion, 2003, p. 223-254.

Citati, Pietro, *La Pensée chatoyante. Ulysse et l'Odyssée* [2002], traduit de l'italien par Brigitte Pérol, Paris, Gallimard, 2004.

De Jong, Irene J. F., *A Narratological Commentary on the* Odyssey, Cambridge, Cambridge University Press, 2001.

Dentice di Accadia, Stefano, « Oratori brillanti dell'*Odissea* : Telemaco e i Proci », *Aiôn*, 32, 2010, p. 111-122.

Fenoglio, Silvia, *Eustazio di Tessalonica, Commenti all' Odissea : glossario dei termini grammaticali*, Alessandria, Ed. dell' Orso, 2012.

Fish, Jeffrey, « Philodemus on the Education of the Good Prince : PHerc. 1507, col. 23 », in G. Abbamonte *et alii* (éd.), *Satura. Collectanea philologica Italo Gallo ab amicis discipulisque dicata*, Naples, Arte tipografica editrice, 1999, p. 71-77.

Lindberg, Gertrud, *Studies in Hermogenes and Eustathios. The Theory of Ideas and its Application in the Commentaries of Eustathios on the Epics of Homer*, Lund, Lund University, 1977.

Montiglio, Silvia, *Silence in the Land of Logos*, Princeton, Princeton University Press, 2000.

Nünlist, René, *The Ancient Critic at Work : Terms and Concepts of Literary Criticism in Greek Scholia*, Cambridge, Cambridge University Press, 2009.

Nünlist, René, « Homer as a Blueprint for Speechwriters : Eustathius' Commentaries and Rhetoric », *GRBS*, 52, 2012, p. 493-509.

Pontani, Filippomaria, « Il proemio al *Commento all'Odissea* di Eustazio di Tessalonica », *BollClass*, ser. 3a, 21, 2000, p. 5-58.

Pernot, Laurent, *La Rhétorique dans l'Antiquité*, Paris, Le Livre de Poche, 2000.

Pernot, Laurent, « Les faux-semblants de la rhétorique grecque », in C. Mouchel et C. Nativel (éd.), *République des lettres, République des arts. Mélanges offerts à Marc Fumaroli, de l'Académie française*, Genève, Droz, 2008, p. 427-450.

Roilos, Panagiotis, *Amphoteroglossia. A Poetics of the Twelfth-Century Medieval Greek Novel*, Washington (DC), Center for Hellenic Studies, 2005.

Roisman, Hanna M., « Like Father like Son : Telemachus' *kerdea* », *RhM*, 137, 1994, p. 1-22.

Scheid-Tissinier, Évelyne, « Télémaque et les prétendants. Les νέοι d'Ithaque », *AC*, 62, 1993, p. 1-22.

Schouler, Bernard, « Le déguisement de l'intention dans la rhétorique grecque », *Ktèma*, 11, 1986, p. 257-272.

Van der Valk, Marchinus, *Researches on the Text and Scholia of the Iliad*, 2 vol., Leyde, Brill, 1963-1964.

Deuxième partie

Homère *technitès logôn* : le maître du style

MARTIN STEINRÜCK

Lysias avant Homère

Le combat entre l'expérience inattaquable d'un orateur et la *tekhnè* trop claire des *rhetores* occupe jusqu'à Aelius Aristide dans son *À Platon, pour la rhétorique*. Au chapitre 25, il le fait même remonter à Homère. Mais si la plupart des réinterprétations antiques et modernes de l'épopée comme rhétorique rappellent le troisième chant de l'*Iliade*[1], Aristide pense aux chants III et IV de l'*Odyssée*[2]. Nestor, en tant qu'inventeur de la *tekhnè*, s'y oppose à la rhétorique de Ménélas, praticien de la parole simple.

En faisant le lien entre Nestor et Ménélas, Aristide tombe sur un élément « théorique » ou polémique des chantres de l'*Odyssée*. Les deux grandes traditions épiques du VIIe siècle, les chantres homériques avec leurs longs récits et les spécialistes de la forme du catalogue plutôt politique, Hésiode ou, dans le même groupe, les chantres du Cycle, comme Stasinos ou Lesches, se faisaient la guerre. Ainsi Hésiode attaque-t-il l'*Odyssée* au début de la *Théogonie* (27 sq.) et dans les *Travaux et les Jours*[3], notamment pour sa forme mensongère, et les chantres de l'*Odyssée* s'en prennent à leur tour aux catalogistes[4]. C'est dans ce cadre quelque peu polémique qu'on peut placer le rapport particulier entre quatre longs discours de l'*Odyssée*[5].

---

1 Schol. *Il.* III, 212 (on trouve chez Homère le style sériel – dans l'expression de Démétrios : la *lelumenè* de Lysias – attribué à Ménélas, le style sublime de Démosthène attribué à Ulysse, le mélange convaincant d'Isocrate attribué à Nestor), cf. Eustathe In *Il.* III, 212 (Van der Valk I, 640) et le traité anonyme *Sur les figures du logos* (L. Spengel, *RG* 3, 110-160).
2 Καίτοι τῶν ἄκρων ῥητορικὴν καὶ λόγους εὑρεῖν καὶ κρῖναι ὁ Νέστωρ αὐτῷ πεποίηται καὶ ἐν Ἰλιάδι καὶ ἐν Ὀδυσσείᾳ (Dindorf II, 25,14) : « Mais parmi les sommités, c'est Nestor qui chez Homère, et dans l'*Iliade* et dans l'*Odyssée*, trouve et juge la rhétorique et les discours. »
3 Selon S. Lowenstam, *As witnessed by images*, les images iliadiques ne se trouvent qu'à partir de la seconde moitié du VIe siècle. Si l'allusion au rassemblement à Aulis dans les *Travaux et les Jours* attaque le catalogue des vaisseaux (*Op.* 651ss.), il s'agit d'une *Iliade* un peu différente de la nôtre. Mais la remarque d'Hésiode sur son manque de connaissance dans le domaine de la navigation fait plutôt allusion à des collègues plus forts, les chantres de l'*Odyssée* ou des *Argonautiques*.
4 Le chant XI montre que le style catalogique d'Ulysse s'adapte mal à un public mixte, le public habituel du style narratif. Les femmes, représentées par leurs reines, approuvent le catalogue de femmes d'Ulysse, texte qui partage même quelques vers avec le catalogue des femmes remontant probablement à la tradition d'Hésiode, alors que les hommes, représentés par Alcinoos, se fâchent. Cf. A. Hurst, « Les dames du temps jadis » et M. Steinrück, « Le catalogue des femmes pseudo-hésiodique ».
5 Je suis l'édition de van Thiel H., *Homeri Odyssea*.

Martin Steinrück Lecteur à l'Université de Fribourg (Suisse).

Homère rhétorique. Études de réception antique, éd. par Sandrine DUBEL, Anne-Marie FAVREAU-LINDER et Estelle OUDOT, Turnhout, Brepols 2018 (*RRR* 28), p. 95-106
Brepols Publishers

10.1484/M.RRR-EB.5.115798

	forme	
	catalogue	récit
passé	III, 103-200 Nestor	IV, 332-592 Ménélas
	temps	
présent	XIV, 192-359 Ulysse	XV, 390-484 Eumée

Argument 1 : la composition

Quels sont les arguments permettant de lier ces discours et pourquoi seraient-ils agressifs contre le catalogue ? La construction de l'*Odyssée* est le premier argument, puisqu'elle met en rapport ces discours[6]. Elle semble reposer sur la double utilisation d'un schéma narratif comportant trois parties.

a) Comme le père se libère de sa prison, le fils doit se libérer de sa mère. Dans les deux cas, chez Télémaque tout comme chez Ulysse, un messager arrive, Hermès et Athéna respectivement, pour déclencher l'évasion.

b) Le héros arrive sur une île pour combattre, avec un arc, les prétendants d'une reine/princesse.

c) Le héros chante ou cause la perte de jeunes hommes.

Les chants I-V représentent dans l'*Odyssée*, telle qu'elle est transmise, le début du thème narratif dit *de l'homme au mariage de sa propre femme*. Nous trouvons ce même thème raconté par le même schéma un peu partout dans le monde. L'épopée usbèque par exemple, qui porte le titre de son héros *Alpamysh,* surprend par sa ressemblance structurale, mais le film des frères Cohen, basé sur le résumé de l'*Odyssée* et intitulé *O Brother where art thou* tout comme les chansons serbes sur leur héros Marko Kralyevitch peuvent également être comparés[7] : le récit commence toujours par la libération du héros de la prison, que ce soit le sultan turc, le gouvernement américain ou, comme dans l'*Odyssée*, une île et une nymphe possessive qui enveloppe le héros de ses vêtements. Seulement, dans l'*Odyssée*, cette première phase narrative destinée à mettre en évidence un manque (en l'occurrence du père ou de l'épouse) est dédoublée : comme le père se libère de sa prison, le fils doit se libérer de sa mère.

Au début du premier tour nous trouvons une assemblée des dieux (reprise avec des citations au chant XIII[8]) qui débouche sur l'envoi du premier messager, Athéna, qui devrait libérer Télémaque. Mais Athéna se révèle mauvaise pédagogue, elle échoue face

---

6 Cf. M. Steinrück, *The Suitors in the Odyssey*, p. 27 *sq*.

7 Cf. le texte chez V. Zirmunskij et L. M. Penkovskij, *Alpamys po variantu Juldasa Fazyla*, et N. K. Chadwick et V. Zirmunskij, *Oral Epics of Central Asia*, p. 293. Cf. aussi J. Baldick, *Homer and the Indo-European* et M. L. West, *The East Face of Helicon*. Pour les chants serbes cf. G. Danek, « Die Apologoi der Odyssee », p. 11, p. 16.

8 Notamment la reprise du proème en XIII, 89 *sq*.

au garçon replié sur soi et finit par recourir à la magie pour le relancer. La libération du garçon s'affiche au niveau spatial. Télémaque passera dans des espaces toujours plus larges : de l'espace domestique des femmes à l'espace domestique masculin, de là à l'assemblée publique ; finalement, il quitte l'île d'Ithaque pour le grand monde, pour Pylos et pour Sparte. Ulysse vit sa libération selon le même schéma, mais plus rapidement, au chant V : assemblée divine, messager, Hermès, détachement du monde féminin et départ, directement sur la mer. Or ces deux schémas semblables entourent un autre couple de schémas où Télémaque pose la même question à Pylos et à Sparte – « Que savez vous de mon père ? » – et deux fois la réponse est un long rapport. Les chants I-V se construisent donc selon le schéma ABBA, une tendance à la symétrie axiale qui se confirme quand on voit que la fin du chant IV reprend tous les espaces par lesquels Télémaque a passé, seulement dans l'ordre inverse. Au niveau de l'analyse abstraite de la macro-syntaxe, si l'on veut au niveau du souffle d'un public qui écoute un chantre pendant 3000 vers, donc pendant une soirée, le schéma ABB'A' suggère que le récit de Ménélas au chant IV est un écho du récit de Nestor au chant III.

Comme nous l'avons dit, ce schéma, qu'on peut tirer, pour l'essentiel, de Krischer[9], se répète dans la seconde moitié de l'*Odyssée*. Les envois, les récits, les conseils d'Athéna, qui créent une sorte de structure annulaire aux chants I-V, et donc aussi le rapport entre le discours de Nestor et celui de Ménélas, sont reflétés dans la structure des chants XIII-XVI, avec la paire correspondante formée par le discours d'Ulysse et le discours d'Eumée.

Argument 2 : les qualités de style (qui correspondent à la distinction d'Aristote entre style sériel et style en période)

Le second argument est l'observation que les qualités rhétoriques de Nestor se reflètent dans celles d'Ulysse tandis que celles de Ménélas se répètent chez Eumée. Commençons par Nestor, auquel Télémaque demande des nouvelles de son père au moyen de l'impératif *katalexon*. À elle seule, la morphologie de la demande indique qu'il ne s'agit pas vraiment du verbe *lego*, « dire », qui créerait un impératif aoriste du type *kateipe*. C'est donc l'autre verbe *légo*, « ramasser ou calculer », qui, avec le préverbe *kata-* signifie « faire un catalogue », une liste réelle, complète. On verra plus loin ce qu'est un catalogue antique, mais la réponse de Nestor montre déjà qu'on ne fait pas fausse route en traduisant par « fais-moi un catalogue » ! Le schéma de sa réponse peut se présenter comme suit :

---

9 Le néo-analyste Tilman Krischer a fait le long de son œuvre des remarques sur l'ordre parallèle des thèmes de l'*Odyssée*. Pour le thème de l'arc, cf. T. Krischer, « Die Bogenprobe ».

O phile	
III, 103	catalogue des héros morts à Troie, au moins trois (3x *entha*) à cause de Nestor tu devrais rester des années pour tout entendre
120	*entha* Ul. + Nestor
126	*entha* colère de Zeus
135	colère d'Athéna
141	*entha* colère entre Agamemnon et Ménélas
162	Agamemnon Zeus
162	séparation Ul.+ Nestor retour de Nestor
184	catalogue des morts pendant le retour
O phile	

On y observe un premier trait distinctif du catalogue, mis en évidence par S. Perceau[10]. Le catalogue se distingue du récit par sa voix plus proche du public. C'est-à-dire qu'il n'y a pas de discours directs de personnages, pas de dialogues qui barrent l'axe direct entre énonciateur et public par leur axe de communication entre personnages. Or Nestor, tout comme tendanciellement Hésiode et le *Cycle,* n'utilise pas de discours directs, même là où il raconte des assemblées – ce qui l'oppose au style d'Homère ou de Ménélas. En effet, le vieux ne s'appelle pas seulement *Nestor,* « le Rentrant », il revient aussi toujours des combats qui tuent tout le reste du monde, une survivance à laquelle il doit de vivre déjà sa troisième génération[11]. Ce bavard notoire a aussi le tic langagier catalogique si pénétrant de dire sans cesse « et alors » (*entha*) que Virgile le singera plus tard par un « *hic, hic, hic*[12] » ... Cet homme commence son rapport sur Ulysse par un petit catalogue des hommes tués devant Troie : Ajax, Patrocle, Achille et son propre fils Antiloque. Pourquoi pas Sarpédon ? C'est un héros tout aussi important que Patrocle. Or qui lit leur mort dans *l'Iliade* ou dans les *Posthomériques* de Quintus de Smyrne est frappé par un trait commun aux quatre héros que Nestor choisit : sa voix catalogique, légère, convaincante, a causé la mort de trois des héros dont il fait le catalogue (et peut-être aussi, comme juge, du quatrième, Ajax). La décision de Patrocle de se déguiser en Achille et de se lancer dans le combat est due aux chuchotements de Nestor. Selon Quintus de Smyrne, Nestor n'a rien à craindre quand il se confronte à Memnon qui n'aurait pas touché le vieux. Mais Nestor appelle son fils de sa voix *ligus,* et maintenant Memnon n'a plus d'autre choix que de tuer Antiloque[13]. Or Antiloque

---

10 Pour le catalogue comme forme, on se référera à T. Krischer, *Formale Konventionen der homerischen Epik,* W. Kühlmann, *Katalog und Erzählung,* et notamment à S. Perceau, *La Parole vive.* Pour son lien avec la prose cf. M. Steinrück, *Haltung und rhetorische Form.*

11 Pour les noms d'agent : P. Schubert, *Noms d'agent et invective.*

12 Verg., *Aen.* II, 29 *sq.*

13 Q. S., 2, 309 *sq.*, pour la réponse de Memnon : La mort d'Antiloque n'était pas nécessaire puisqu'il n'aurait pas touché le vieux guerrier.

est l'ami d'Achille, un second Patrocle, et sa mort déclenche ainsi encore une fois le schéma de vengeance utilisé dans *l'Iliade*. Achille tue Memnon et permet à Pâris de l'atteindre par ses flèches. C'est peut-être un hasard, mais peut-être y a-t-il aussi un méchant locuteur derrière le discours de Nestor, qui commence sans le vouloir par une sorte de *captatio maleuolentiae*[14]. Il termine sa réponse à nouveau par un catalogue des quatre héros rentrés (Idoménée, Philoctète et Néoptolème avec les Myrmidons, Agamemnon), dont uniquement le quatrième est tué, cette fois-ci non pas devant Troie, mais à la maison.

On peut lire la description aristotélicienne de *l'eiroménè*, du style de Lysias, comme une définition du catalogue : un écho entre le début et la fin entoure une liste, une série fondée sur un parallélisme, souvent de forme ABAB, et c'est ce que nous trouvons entre les deux petits catalogues chez Nestor. Nestor introduit la seconde liste par *katalegein* (III, 97), et il ajoute à la fois le thème qui se veut le but de tout catalogue, la vérité en tant que complétude, et un autre lieu commun du catalogue qu'on trouve aussi dans le catalogue des vaisseaux : la longueur de la tâche[15]. Mais ce qui rend Nestor définitivement désagréable, c'est qu'il tente de montrer que, si Ulysse était resté avec lui, l'homme qui rentre toujours, il serait déjà rentré depuis dix ans. Toutefois, à un moment donné (III, 162), Ulysse aurait fait demi-tour pour soutenir la partie de l'armée qui, par la suite, devait avoir un retour malheureux. Nestor n'a rien de constructif à dire, seulement que c'est la faute d'Ulysse lui-même. Il a aussi une explication pour ce mauvais *nostos* des autres : tout est la faute d'Athéna, Athéna qui, on s'en souvient, est dans son public. Elle assiste à ce catalogue sous le masque de Mentor avec un calme certainement divin, mais le public réagit sans doute par un certain refus, comme Télémaque qui, désespéré, ne veut plus rien entendre de Nestor (v. 208 *sq.* et 240 *sq.*).

Pour comprendre cette mauvaise réception, on peut utiliser les critères d'Aristote. Dans la *Poétique*, il affirme dès la première phrase qu'il ne parlera que de *muthoi*, ce qui fait que toute une partie de ce qu'on considérait comme poésie dans l'Antiquité, Hésiode et sa tradition catalogique, ne sera pas traitée. Pour parler quand même brièvement de la forme catalogique, Aristote utilise le verbe *aparithmein*. Il y avait dans la tradition du cycle épique des chantres qui auraient fait des catalogues de récits, *muthous apèrithmoun*[16]. Si nous regardons ce qu'il dit

---

14 Pour le concept du locuteur, C. Calame, *Le Récit en Grèce ancienne*, p. 18 : la voix qui derrière le narrateur ou les personnages s'adresse au public, certains, comme R. J. Rabel, *Plot and Point of View in the Iliad*, l'ont appelée « le poète ».

15 Il y a eu tant de souffrances, dit-il à Télémaque, que, pour les entendre toutes, tu devrais rester cinq ou six ans et tu finirais par t'ennuyer. Un narratologue moderne en déduirait que la vitesse de narration est cinq ans de narration divisée par dix ans de guerre, c'est-à-dire 1/2, ce qui est beaucoup trop lent, même comme hyperbole.

16 Aristote, *Poét.* 1453a18 : Πρῶτον μὲν γὰρ οἱ ποιηταὶ τοὺς τυχόντας μύθους ἀπηρίθμουν, νῦν δὲ περὶ ὀλίγας οἰκίας αἱ κάλλισται τραγῳδίαι συντίθενται, οἷον περὶ Ἀλκμέωνα καὶ Οἰδίπουν καὶ Ὀρέστην καὶ Μελέαγρον καὶ Θυέστην καὶ Τήλεφον καὶ ὅσοις ἄλλοις συμβέβηκεν ἢ παθεῖν δεινὰ ἢ ποιῆσαι, « Au début les poètes énuméraient des récits comme ils se présentaient, aujourd'hui les meilleures tragédies se composent autour d'un petit nombre de familles, comme celle d'Alcméon, Œdipe, Oreste, Méléagre, Thyeste et Télèphe et tous ceux qui ont ou subi ou fait des choses terribles. »

du *Cycle* épique, les concurrents d'Homère, cette impression se confirme, dans la mesure où selon le philosophe, ces textes utilisent l'ordre chronologique comme cadre et l'accentuent par la répétition, peut-être pas du mot « alors » comme Nestor, mais d'une formule semblable : « et ensuite ». Aristote distingue les deux traditions épiques :

Διὸ ὥσπερ εἴπομεν ἤδη καὶ ταύτῃ θεσπέσιος ἂν φανείη Ὅμηρος παρὰ τοὺς ἄλλους, τῷ μηδὲ τὸν πόλεμον καίπερ ἔχοντα ἀρχὴν καὶ τέλος ἐπιχειρῆσαι ποιεῖν ὅλον · λίαν γὰρ ἂν μέγας καὶ οὐκ εὐσύνοπτος ἔμελλεν ἔσεσθαι ὁ μῦθος, ἢ τῷ μεγέθει μετριάζοντα καταπεπλεγμένον τῇ ποικιλίᾳ. Νῦν δ' ἓν μέρος ἀπολαβὼν ἐπεισοδίοις κέχρηται αὐτῶν πολλοῖς, οἷον νεῶν καταλόγῳ καὶ ἄλλοις ἐπεισοδίοις [δὶς] διαλαμβάνει τὴν ποίησιν. Οἱ δ' ἄλλοι περὶ ἕνα ποιοῦσι καὶ περὶ ἕνα χρόνον καὶ μίαν πρᾶξιν πολυμερῆ, οἷον ὁ τὰ Κύπρια ποιήσας καὶ τὴν μικρὰν Ἰλιάδα.

C'est pourquoi sur ce point aussi Homère, comme je l'ai déjà dit, doit être inspiré plus que les autres. Parce qu'il ne tente pas de faire de la guerre le tout, bien qu'elle lui offre un début et une fin – et ceci parce que le récit serait alors trop long et dépourvu d'un regard contrôleur – ou qu'il n'ait pas simplement pris la quantité comme mesure, se livrant au filet de la variété. Non, il n'en prend qu'une partie et les utilise comme une série d'insertions, comme le catalogue des vaisseaux et d'autres insertions, et crée des chapitres. Les autres en prennent beaucoup de parties, mais les intègrent en une unité temporelle et d'action, avec un protagoniste, comme par exemple l'auteur des *Chants Cypriens* ou celui de la *Petite Iliade*. (*Poétique*, 1459a30 sq.)

Selon les critères antiques, Nestor n'utilise donc pas la structure annulaire homérique du type ABCBA, ni non plus la reprise (l'analepse) qui, selon Aristote, permet à Homère de réduire la chronologie de dix ans en quarante jours[17]. Et il suffit de jeter un coup d'œil sur l'épopée dite du *Cycle*, des *Chants Cypriens*, pour voir que Nestor reprend leurs formes : à la place de structures annulaires nous trouvons des parallélismes. Il n'y a pas de reprises temporelles, et très peu de dialogues.

Ménélas cependant suit exactement les règles de la tradition homérique. Il raconte, en fait, lui aussi son propre retour, mais ce retour suit à nouveau le schéma narratif de l'homme au mariage de sa propre femme[18]. Le récit de Ménélas est donc une image de l'*Odyssée*, ou ce que Lucien Dällenbach a appelé une mise en abyme[19]. Ce récit utilise une reprise, ce qui serait un trait typique d'Homère selon Aristote. Or à l'intérieur de ce récit, donc à l'intérieur d'un premier système dialogique, nous trouvons encore une fois une mise en abyme, celle du récit de Ménélas, une mise en abyme qui, logiquement, ne peut être que l'*Odyssée* même. En effet, l'oracle d'un dieu fait voir à Ménélas la situation d'Ulysse, qui ressemble à la sienne : il est prisonnier

---

17 Il suffit de regarder les *Éthiopiques* d'Héliodore (vᵉ sièlce ou ivᵉ sièlce de notre ère), une parodie structurellement très exacte de l'*Odyssée*, pour voir que la structure annulaire et la reprise étaient ressenties comme les éléments formels essentiels de cette tradition épique.

18 M. Steinrück, « Der Bericht des Proteus ».

19 L. Daellenbach, *Le récit spéculaire. Essai sur la mise en abyme*.

d'une île, d'une nymphe amoureuse, qui l'aide quand même à partir contre un dieu de la mer. Voilà ce qui explique la réaction positive de Télémaque : si un homme gentil, mais moins intelligent qu'Ulysse, a pu se libérer d'une situation semblable, Ulysse ne peut que s'en sortir. Comme on le voit dans le schéma proposé plus bas, Ménélas, cet homme sensible et malheureux auquel le narrateur iliadique s'adresse par le signe de sympathie qu'est l'apostrophe directe, utilise les structures annulaires complètes du type ABCBA.

IV	305	petit dialogue avec Télémaque		
a	332	sur le retour d'Ulysse comme voeu		
b	347	sur la prédiction de Protée		
c	370	premier *dialogue*		
d	400		préparation de l'embuscade	
d'	426		l'embuscade	
c'	460	dialogue		
b'	551	sur Ulysse (mise *en abyme*)		
a'	571	le retour de Ménélas		
	593-624	dialogue avec Télémaque		

La comparaison des deux récits montre que les deux caractéristiques du style homérique, la structure annulaire et l'analepse, renforcées par une association nette à l'*Odyssée* même, se trouvent du côté de Ménélas, les deux caractéristiques du style cyclique, la chronologie et le parallélisme catalogique, du côté de Nestor.

	Nestor	Ménélas
Question sur le père	réaction négative	réaction positive
Style	catalogue	récit
	parallélisme	structure annulaire
	chronologique	analepse
	sans dialogues	avec dialogues
	cyclique	homérique

Arguments 3 : le rapport se répète

On peut corroborer cette interprétation par la présence d'une répétition du même schéma dans la seconde moitié de l'*Odyssée*. Les chants XIII-XVI, en effet, se construisent de la même façon que I-V. Il y a, à nouveau, deux conseils avec une divinité qui déclenchent chaque fois deux envois de messagers, et ces conseils entourent des scènes dressées autour de récits, celui d'Ulysse et celui d'Eumée. Si on y applique les mêmes critères d'Aristote, on arrive à une *syncrisis* identique :

	Ulysse	Eumée
Style	catalogue	récit
	parallélisme	structure annulaire
	chronologique	analepse
	sans dialogues	avec dialogues
	cyclique	homérique

Comme on peut l'observer en regardant le schéma, Eumée tout comme Ménélas fait un récit en structure annulaire, avec une mise en abyme de son propre récit (une esclave raconte comment elle a, enfant, perdu sa liberté ravie par des pirates : c'est exactement le destin d'Eumée).

récit d'Eumée				
XV, 391	silence, τέρπειν			
403	île Syrie			
410		Artémis comme mort		
415		les Phéniciens viennent		
420			la servante couche avec l'un d'eux :	
			dialogue (mise en abyme : elle a été enlevée)	
440				plan
455				après une année, le Phénicien amène un collier
464				plan exécuté
470			Eumée est enlevé (et une partie de la vaisselle)	
477		les Phéniciens partent		
479		Artémis tue la servante		
484	île d'Ithaque			

Eumée utilise donc des dialogues, à la différence d'Ulysse qui, selon le schéma ci-dessous, ne se contente pas de répéter, comme Nestor, le *entha* dans son récit catalogique et chronologique, mais adopte encore la voix catalogique, frappée comme Hésiode par un haut pourcentage des séries de vers semblables (mis en évidence dans le schéma), ce qui est une particularité de tous les catalogues[20].

---

20 M. Steinrück, « La métrique comme marque du débrayage dans l'épopée antique ».

		rapport d'Ulysse
XIV, 196		même en une année à Ithaque je ne pourrais pas tout raconter
		fils de riche,
		déshérité,
		riche mariage
		piraterie
	216	*guerre de Troie*
		retour
	entha	nouveau raid
	256	*les victimes se défendent*
	entha	leur roi le protège
		devient riche
	291	*devient victime de pirates*
		se sauve en Thesprotie
	entha	redevient riche
321	*entha*	*devient victime de pirates*
		se sauve sur Ithaque

Un même événement distingue aussi bien la biographie du Crétois mensonger que la vie sincère d'Eumée, des Narrateurs que l'on entend dans les chants III et IV : le fait qu'au chant XIII Ulysse est entré dans un nouveau monde[21]. Les récits qu'Ulysse y trouve et y propose ne sont pas les récits de l'âge héroïque, mais des récits qui ne sont pas inspirés par une muse, c'est-à-dire une divinité qui connaît le passé. Ce sont des récits de poètes *autodidaktoi* comme Archiloque, qui parlent de ce qu'ils ont vécu eux-mêmes[22]. Dans le schéma que suggère l'analyse de l'*Odyssée*, nous trouvons donc une opposition entre récit du présent et récit du passé qui pourrait avoir servi de modèle à Aristote pour son propre carré entre sérieux et risible, qui réunit l'iambe et la comédie du côte du présent, l'épopée et la tragédie du côté du passé.

	Présent	passé
ancien	iambe	Homère
moderne	comédie	tragédie

---

21 B. Louden, dans sa comparaison entre Eumée et Ulysse (« Eumaios and Alkinoos »), et déjà Ch. Segal, *Singers, Heroes and Gods in the « Odyssey »*, ont mis le doigt sur l'impression que la biographie d'Ulysse déguisé en Crétois est en fait la même histoire que celle qu'il a présentée aux Phéaciens, seulement cette fois-ci sur un mode réaliste. H. Parry a posé alors la question (« The Apologos of Odysseus ») : est-ce que tous les récits d'Ulysse devant les Phéaciens sont des mensonges ? et a répondu correctement que les récits phéaciens avec leur style féérique sont quand même considérés comme la vérité, alors que le style réaliste – et nous ajoutons : catalogique – a peut-être bien le parfum de la vérité, mais est un mensonge. Or, ni Segal ni Parry n'ont tenu compte du parallèle de ce couple de discours avec le couple Nestor – Ménélas.

22 Comme l'annonce le premier mot de l'*Odyssée*, Ulysse n'est pas seulement le héros qui redevient mari et finalement, au chant XIV, père, il est aussi peut-être le seul héros qui fasse le pas de l'âge héroïque à l'âge des hommes adultes, les *andres*, ou, comme l'appelle Hésiode, l'âge de fer.

Il y a donc une sorte d'*éthos* narratif par lequel le chantre fait de la publicité pour sa propre tradition et une critique des concurrents[23]. Nestor est le vieux qui a toujours réussi et qui est rentré sans problèmes, immédiatement, et dont le style se trouve associé au vent qui l'a ramené. Sa voix est *ligeia* tout comme le vent, et cette facilité est associée à une vieille tradition épique qui ne se pose pas trop de problèmes poétiques. Son propre style, *l'Odyssée* le met dans la bouche des *loosers* du système, des malheureux comme Ménélas ou Eumée.

Il y a – aussi – dans cette sympathie une sorte de plainte sur la légèreté des gagnants, transposée au niveau poétique par un chantre qui ne semble pas se rendre compte que, par cette même plainte ou par sa tradition, il impose une forme qui régnera jusqu'à Aristote. La forme catalogique, transposée en prose oratoire, c'est la forme ouverte, le style sériel de Lysias que, beaucoup plus tard, Hermogène jugera, de même que *l'Odyssée*, mais contre la norme, comme un mensonge trop facile par sa fluidité. Pour Aristote, Lysias est encore le mauvais choix, alors que la forme bouclée, la *katestramménè* de Démosthène et l'équivalent du style de Ménélas, est *eusynoptos*, plus sincère que la tentative de noyer le public dans une fausse clarté. Mais à peine deux cents ans plus tard, après la victoire de la forme catalogique en poésie alexandrine, Démétrios met déjà d'autres accents en prose et préfère le style sériel, tandis que les agents de César propagent ce style comme atticisme, avant qu'il ne devienne la norme stylistique à partir d'Auguste.

Les concepts stylistiques d'Aristote sont cohérents avec Homère, mais les répartitions de l'époque impériale plus centrées sur l'*éthos* n'y correspondent pas toujours. On comprend que la tradition rhétorique qui entre dans les scholies à Homère ait préféré utiliser les passages des chants III ou IX de l'*Iliade* qui correspondent mieux à la tripartition post-aristotélicienne et se prêtent à transformer Nestor en représentant d'Isocrate, Ulysse en Démosthène, Ménélas en Lysias selon le système de classement qu'utilise déjà Quintilien pour récupérer des styles condamnés comme celui de Cicéron (le corpus des asianistes devient de plus en plus petit). César et Démétrios renversent donc un processus déclenché par les chantres de la tradition homérique. En fait Aristote le dit dans la *Rhétorique* 1409a : le style sériel est plus ancien que le style bouclé. Il y avait des Lysias, des Nestor, des Stasinos, avant la forme bouclée homérique, avant Pindare, avant Démosthène.

---

23   Si le couple Nestor – Ménélas est une attaque contre Stasinos, l'opposition dans la seconde partie de l'*Odyssée* entre Ulysse déguisé en Crétois menteur et le porcher, si semblable dans sa simplicité et sa bonté au héros de Sparte, semble plutôt attaquer la tradition d'Hésiode, qui introduit la définition du catalogue dans la *Théogonie,* 27 par un vers qui pourrait être un clin d'œil à l'*Odyssée* : Nous savons chanter des mensonges ressemblant à la réalité, disent les Muses et les commentateurs ont toujours pensé au vers *Od.* XIX, 203. Ce vers décrit Ulysse en train de raconter des mensonges crétois à Pénélope (il imaginait en chantant des mensonges semblables à la réalité) : attaque et contre-attaque ?

Bibliographie

Sources

Dindorf, Wilhem (éd.), *Aristides*, vol. II, Leipzig, Weidmann, 1829.

Erbse, Hartmut (éd.), *Scholia graeca in Homeri Iliadem (scholia vetera)*, Berlin, De Gruyter, 1969.

Spengel, Leonhard (éd.), *Rhetores Graeci*, 3 vol., Leipzig, Teubner, 1856 (repr. 1966).

Van der Valk, Marchinus (éd.), *Eustathii archiepiscopi Thessalonicensis commentarii ad Homeri Iliadem pertinentes*, 4 vol., Leyde, Brill, 1971-1987.

Van Thiel, Helmut (éd.), *Homeri Odyssea*, Hildesheim, G. Olms, 1991.

Zimmermann, Albert (éd.), *Kointou Tōn Meth'homēron Logoi : Quinti Smyrnaei Posthomericorum libri XIV*, Leipzig, Teubner, 1891.

Zirmunskij, Viktor (éd.) et Pen'kovskij Lev (trad.), *Alpamys po variantu Juldasa Fazyla* (l'*Alpamysh* selon la variante d'Youldach-Fazil), Moscou, Académie des sciences, 1958.

Études

Baldick, Julian, *Homer and the Indo-Europeans. Comparing Mythologies*, Londres-New York, Tauris, 1994.

Calame, Claude, *Le Récit en Grèce ancienne*, Paris, Belin, (2) 2000.

Chadwick, Nora Kershaw et Zirmunskij, Viktor, *Oral Epics of Central Asia*, Cambridge, Cambridge University Press, 1969.

Daellenbach, Lucien, *Le récit spéculaire. Essai sur la mise en abyme*, Paris, 1977.

Danek, Georg, « Die Apologoi der Odyssee und "Apologoi" im serbokroatischen Heimkehrerlied », *WS*, 109, 1996, p. 5-30.

Hurst, André, « Les dames du temps jadis : un argument », *Eos*, 76, 1988, p. 5-19.

Krischer, Tilmann, *Formale Konventionen der homerischen Epik*, Munich, 1971.

Krischer, Tilmann, « Die Bogenprobe », *Hermes*, 120, 1992, p. 19-25.

Kühlmann, Wilhelm, *Katalog und Erzählung, Studien zu Konstanz und Wandel einer literarischen Form in der antiken Epik*, thèse Freiburg/Breisgau, 1973.

Louden, Bruce, « Eumaios and Alkinoos : The Audience and the Odyssey », *Phoenix*, 20, 1997, p. 95-114.

Lowenstam, Steven, *As witnessed by images. The Trojan War Tradition in Greek and Etruscan Art*, Baltimore, The Johns Hopkins University Press, 2008.

Parry, Hughes, « The Apologos of Odysseus : Lies, All Lies ? », *Phoenix*, 48, 1994, p. 1-20.

Perceau, Sylvie, *La Parole vive. Communiquer en catalogue dans l'épopée homérique*, Louvain-Paris, Peeters, 2002.

Rabel, Robert J., *Plot and Point of View in the Iliad*, Ann Arbor, University of Michigan, Press, 1997.

Schubert, Paul, *Noms d'agent et invective, entre phénomène linguistique et interprétation du récit dans les poèmes homériques*, Göttingen, Vandenhoek et Ruprecht, 2000.

Segal, Charles, *Singers, Heroes and Gods in the « Odyssey »*, Ithaca-Londres, Cornell University Press, 1994.

Steinrück, Martin, « Der Bericht des Proteus », *QUCC*, 42, 1992, p. 47-60.

Steinrück, Martin, *Haltung und rhetorische Form, Tropen, Figuren und Rhythmus in der Prosa des Eunap von Sardes*, Hildesheim, G. Olms, 2004.

Steinrück, Martin, « Le catalogue des femmes pseudo-hésiodique et les rares amants héroïques des déesses », in A. Kolde, A. Lukinovich, A.-L. Rey (éd.), *Korufaioi andri, Mélanges offerts à André Hurst*, Genève, Droz, 2005, p. 293-302.

Steinrück, Martin, « La métrique comme marque du débrayage dans l'épopée antique », in D. Monticelli, R. Pajusalu et A. Treikelder (éd.), *De l'énoncé à l'énonciation et vice-versa, Regards multidisciplinaires sur la deixis*, Tartu, « Studia Tartuensia » IVb, 2005, p. 319-328.

Steinrück, Martin, *The Suitors in the Odyssey, The Clash between Homer and Archilochus*, New York-Berne, Lang, 2008.

West, Martin Litchfield, *The East Face of Helicon, West Asiatic Elements in Greek Poetry and Myth*, Oxford, Oxford University Press, 1997.

SYLVIE PERCEAU

Autour de la tradition du style sublime d'Ulysse : Dénotation, connotations, cliché, ou la fortune d'une comparaison homérique

Une première réflexion sur l'art rhétorique[1] et ses effets figurerait dans le fameux passage du chant III de *l'Iliade* où se trouvent confrontées deux façons de prendre la parole en public, celle de Ménélas et celle d'Ulysse[2]. Depuis l'Antiquité, ce passage a donné lieu à des commentaires stylistiques visant à caractériser l'éloquence des deux héros achéens auxquels on a cru bon d'adjoindre le vieux Nestor[3], en se fondant sur l'existence supposée chez Homère des trois genres ou styles de la rhétorique : le style bref (βραχύν), le style élevé (ὑψηλόν), et le style persuasif et technique (πιθανὸν καὶ τεχνικόν). Ainsi peut-on lire dans une scholie au vers 212 du chant III de *l'Iliade*[4] :

> Τρεῖς τρόπους ῥητορείας οἶδεν Ὅμηρος, τὸν ἀπολελυμένον, βραχύν, ἱκανὸν αὐτὰ τὰ ἀναγκαῖα παραστῆσαι, ὃν Λυσίας ἐζήλωσεν· τὸν δὲ ὑψηλόν, καταπληκτικόν, μεστὸν ἐνθυμημάτων, καὶ τούτων ἀθρόως λεγομένων, ὃν Δημοσθένης· τὸν δὲ πιθανὸν καὶ τεχνικόν, πολλῶν πλήρη δογμάτων, ὃν Ἰσοκράτης ἐζήλωσε, τὸ γνωμικὸν καὶ σαφὲς ἐπιλεγόμενος[5].

> Homère connaissait trois styles de la rhétorique, le style délié, bref, capable de mettre en évidence le nécessaire même, qu'a imité Lysias ; le style élevé, frappant, empli de pensées énoncées en bloc, qu'a imité Démosthène ; le style persuasif et technique, abondant en conseils nombreux, qu'a imité Isocrate, appelé gnomique et clair.

---

1 Selon Quintilien, « Homère nous a donné le modèle et le point de départ de tous les aspects de l'éloquence » (*Institution Oratoire*, X, 1, 46) : lire la contribution de P. Paré-Rey à ce volume. Voir la synthèse de F. Desbordes, *La Rhétorique antique* et, entre autres études, celles de G. A. Kennedy, « The earliest rhetorical Handbooks » et *The Art of Persuasion* ; A. J. Karp, « Homeric origins of ancient rhetoric » ; W. J. Verdenius, The principles of Greek Literary criticism ».

2 Voir R. P. Martin, *The Language of Heroes*, p. 96.

3 Sur cette question, voir G. A. Kennedy, « The Ancient Dispute over Rhetoric in Homer », en particulier p. 23-25 ; A. J. Karp, « Homeric origins of ancient rhetoric » ; D. A. Russell, *Criticism in Antiquity*, p. 137-138 ; F. Létoublon, « Le bon orateur et le génie », p. 29-40 et S. Perceau, « Des mots ailés aux mots en flocons ».

4 *Scholia vetera D*, H. Erbse (éd.).

5 F. Létoublon note fort justement qu'« il se pourrait que les commentateurs d'Homère se soient laissé prendre à leurs théories, faisant finalement comme si la théorisation courante à leur époque était déjà celle de l'époque homérique. » (« Le bon orateur et le génie », p. 29).

Sylvie Perceau Université de Picardie-Jules Verne. TRAME EA 4284

Homère rhétorique. Études de réception antique, éd. par Sandrine DUBEL, Anne-Marie FAVREAU-LINDER et Estelle OUDOT, Turnhout, Brepols 2018 (*RRR* 28), p. 107-120
Brepols Publishers

10.1484/M.RRR-EB.5.115799

108 SYLVIE PERCEAU

Bien que les héros homériques liés à ces trois genres ne soient pas nommés par le scholiaste qui évoque seulement des orateurs historiques connus (Lysias pour le premier style, Démosthène pour le second et Isocrate pour le troisième) qui en seraient les représentants « modernes », le contexte de la scholie suffit à reconnaître successivement Ménélas, Ulysse et Nestor.

Au livre XII de son *Institution Oratoire* (10, 58), Quintilien reproduit ce classement des « trois genres corrects de style » (« *tres partes* ») dont il donne l'équivalent latin, *subtile* (ἰσχνόν), *grande atque robustum* (ἁδρόν), et *floridum* (ἀνθηρόν) :

> *Namque unum subtile, quod* ἰσχνόν *uocant, alterum grande atque robustum, quod* ἁδρόν *dicunt, constituunt ; tertium alii, medium ex duobus, alii floridum (namque id* ἀνθηρόν *appellant) addiderunt.*

Le premier est le style simple, que les Grecs appellent ἰσχνόν, le second noble et vigoureux qu'ils nomment ἁδρόν, quant au troisième que l'on a ajouté, les uns l'appellent intermédiaire, les autres fleuri (car les Grecs le nomment ἀνθηρόν).

Désigné par l'adjectif ἁδρόν (copieux), le second style semble plus difficile à cerner pour un Latin puisqu'il requiert une glose, énoncée sous la forme de l'hendiadys « *grande atque robustum* » dans lequel on reconnaît aisément le style désigné comme ὑψηλόν par le scholiaste. Comme le scholiaste, Quintilien ne nomme pas les héros homériques concernés, manifestant ainsi la familiarité de son auditoire avec cette tripartition bien établie par la tradition.

Quelques siècles plus tard, Eustathe de Thessalonique cite la scholie quasiment mot pour mot (Φασὶ δ᾽ ἐνταῦθα οἱ παλαιοί, « les anciens disent »), à cette différence près qu'il ajoute le nom de deux des héros homériques, Ménélas pour le premier style et Nestor pour le troisième, sans toutefois donner le nom du représentant du deuxième style, le style ὑψηλόν auquel il attache le nom de Démosthène (vol. 1, p. 640 Van der Valk) :

> Φασὶ δ᾽ ἐνταῦθα οἱ παλαιοί, ὅτι τρεῖς τρόποι ῥητορείας, ὁ ἀπολελυμένος καὶ βραχὺς καὶ περὶ τὰ καίρια ἔχων, οἷος ὁ τοῦ Μενελάου, ὃς ἐπιτρέχων τὰ πολλά, ὡς εἴρηται, μόνα λέγει τὰ καίρια. δεύτερος ὁ ὑψηλὸς καὶ καταπληκτικὸς καὶ μεστὸς ἐνθυμημάτων ἀθρόως λεγομένων, ὃν καὶ Δημοσθένης ζηλοῖ. καὶ τρίτος ὁ πιθανὸς καὶ πολλῶν πλήρης δογμάτων, οἷος τοῦ Νέστορος, οὗ ζηλωτὴς Ἰσοκράτης, ὃς τὸ γνωμολογικὸν καὶ σαφὲς ἐζήλωσε.

De façon récurrente, le style d'Ulysse-Démosthène est caractérisé par la formule « élevé, frappant, empli de pensées énoncées en bloc » (ὑψηλὸς καὶ καταπληκτικὸς καὶ μεστὸς ἐνθυμημάτων ἀθρόως λεγομένων).

C'est d'ailleurs le cas dans le traité anonyme Περὶ τῶν τοῦ λόγου σχημάτων, où les trois styles, appelés « délié, dense et persuasif » (τό τε ἀπολελυμένον καὶ πυκνὸν καὶ πιθανόν), sont associés cette fois aux trois héros homériques[6]. Non seulement Ulysse est

---

6 L. Spengel (éd.), *Rhetores Graeci*, vol. 3, 110-160 : Περὶ δὲ Μενελάου καὶ Νέστορος καὶ Ὀδυσσέως μνήμην ποιούμενος τοὺς τρεῖς τρόπους τῆς ῥητορικῆς καθ᾽ ἕκαστον πρόσωπον ἔδειξεν, τό τε ἀπολελυμένον καὶ πυκνὸν καὶ πιθανόν. περὶ δὲ τοῦ Ὀδυσσέως φησίν, ἔπεα νιφάδεσσιν ἐοικότα χειμερίῃσιν οἱ λόγοι αὐτοῦ, αἰνιττόμενος τὸ πλῆθος τοῦ λόγου ὑψηλόν τε καὶ πυκνὸν καὶ καταπληκτικόν, καὶ τὸ μεστὸν τῶν ἐνθυμημάτων καὶ τούτων ἀθρόως λεγομένων, ὁποῖός τίς ἐστιν ὁ Δημοσθένης.

ici nommé, mais son style « sublime » est directement mis en relation avec la fameuse comparaison du chant III qui évoque « des mots semblables aux flocons d'une neige hivernale (ἔπεα νιφάδεσσιν ἐοικότα χειμερίῃσιν) ». Cette comparaison est présentée comme une façon imagée, sous-entendue (αἰνιττόμενος), de désigner l'abondance du discours d'Ulysse (τὸ πλῆθος τοῦ λόγου), présentée, conformément à la liste canonique de la scholie, comme « élevée (ὑψηλόν), frappante (καταπληκτικόν), et emplie de pensées énoncées en bloc (μεστὸν ἐνθυμημάτων καὶ τούτων ἀθρόως λεγομένων) ». Mais l'auteur ajoute à cette liste le qualificatif πυκνὸν (« dense »), dont il a déjà fait d'emblée la caractéristique du style d'Ulysse dès la première phrase du passage, indiquant ainsi que cette qualité constitue pour lui le pilier de la définition du « sublime ».

Au fil du temps les Anciens, on le voit, se sont appliqués à distinguer avec précision trois styles d'éloquence, représentés par trois héros homériques auxquels s'attachent des caractéristiques et des images bien différenciées : à Ménélas la parole musicale, déliée et sélective, à Ulysse l'abondance compacte et *sublime* des flocons de neige, à Nestor la voix persuasive qui coule douce comme le miel.

Pourtant en dépit de ces distinctions solidement établies par la tradition, on trouve par exemple, sous la plume d'un grammairien du IXe siècle, spécialiste d'Homère dont il fait une édition, un bien curieux amalgame. Dans son épigramme 40 sur la résurrection de Lazare, écrite à la manière d'Homère, le grammairien Cométas juxtapose deux de ces images que les commentateurs se sont évertués à distinguer : il attribue en effet aux amis du Christ « de céleste origine » dont il veut illustrer la noblesse de la parole, « à la fois une voix qui coule plus douce que le miel » (vers 23 : ὧν καὶ ἀπὸ γλώσσης γλυκίων μέλιτος ῥέεν αὐδὴ) et « des mots semblables aux flocons d'une neige hivernale » (vers 24 : καὶ ἔπεα νιφάδεσσιν ἐοικότα χειμερίῃσιν).

La présence dans le vers 24 de la comparaison avec les flocons de neige, dont le sens vient contredire l'image du miel introduite au vers 23, nous éclaire sur l'usage purement ornemental de ces expressions devenues simples clichés de langage, catachrèses poétiques dépouillées de tout arrière-plan dénotatif.

S'il semble tout à fait impossible de faire l'historique de ce processus de catachrèse et de reconstituer les étapes de la transformation d'une comparaison en cliché de langage, on peut toutefois illustrer quelques aspects de la fortune de cette comparaison en s'attardant sur une sélection d'exemples.

La comparaison avec les flocons de neige a, en effet, suscité un certain nombre de commentaires. Ce qui frappe lorsqu'on étudie de près ces commentaires, c'est la façon diverse, voire divergente, dont chaque auteur développe les connotations de la neige, parfois même en les surdéterminant par l'ajout de nouvelles comparaisons ou métaphores. En général, les modernes tentent de gommer ces écarts surprenants en regroupant les connotations sous de plus vastes catégories (par exemple le « sublime ») destinées à en souligner les convergences. C'est la démarche inverse qui sera la mienne : souligner certaines divergences, voire des contradictions, pour montrer les contresens auxquels a donné lieu la comparaison homérique dès lors qu'on l'a coupée de son contexte énonciatif.

Commençons par les scholiastes dont certains expliquent la comparaison en en donnant une équivalence synonymique.

1. La fameuse comparaison est citée dans une scholie au vers 213 du chant III consacrée à la diction de Ménélas, que le scholiaste caractérise en l'opposant à celle d'Ulysse. Or, il traduit en quelque sorte la comparaison (τουτέστι) en recourant aux adjectifs πολλὰ καὶ πυκνά (« nombreux et denses ») : ἐπὶ δὲ Ὀδυσσέως προσέθηκε τὸ, καὶ ἔπεα νιφάδεσσιν ἐοικότα, τουτέστι, πολλὰ καὶ πυκνά. Comme l'auteur du *Traité des Figures*, le scholiaste interprète la comparaison en la référant exclusivement à l'abondance et à la densité des mots.

2. Une scholie au vers 222 du chant III, celui précisément où figure la comparaison, « traduit » d'abord l'image exactement dans les mêmes termes : *Καὶ ἔπεα νιφάδεσσιν. Καὶ λόγους πολλοὺς καὶ πυκνούς* (« des paroles nombreuses et denses »). Puis le scholiaste développe son idée en explicitant certaines connotations de l'image qu'il rattache à la diction d'Ulysse, à sa *phrasis*. Pour lui, « la diction continue (τὴν γὰρ συνεχῆ) et tendue[7] (καὶ σύντονον φράσιν) » d'Ulysse est à rapprocher des « traits » des flocons de neige (νιφάδων βολῇ εἰκάζει), « du fait de leur densité (διὰ τὸ πυκνὸν αὐτῶν[8]) ».

Neige et parole sont rapprochées sous l'angle de leur densité, mise en relation avec une tension voire, dans le second cas, une forme de violence dans la *phrasis* d'Ulysse qui semble « lancer » sans interruption et en traits serrés ses mots comme on lance des projectiles, ce que suggère l'emploi du substantif βολῇ. Mais ces deux scholies laissent de côté, et cet oubli n'est pas anodin, l'épithète χειμερίῃσιν (la neige est « hivernale ») qui ajoute une précision essentielle à la comparaison homérique.

3. Une deuxième scholie au vers 222 (a¹) fait porter le sens de la comparaison sur une autre connotation, la rapidité de la diction oratoire (τὸ τάχος τῆς ῥητορείας). Mais cette connotation semble ne pas aller de soi puisque le scholiaste ajoute une explication (γὰρ) qui introduit une nouvelle série de connotations associées non plus au comparé (le discours), mais au comparant (διὰ), c'est-à-dire la neige.

La première explication, qui rejoint celle des scholies précédentes, concerne l'abondance de la neige (διὰ τοῦ πλήθους), révélatrice (δηλοῖ) de la densité du discours (τὸ πυκνὸν τοῦ λόγου). Une deuxième explication tient à la blancheur de la neige qui suggère la clarté du discours (διὰ δὲ τοῦ λευκοῦ τὸ σαφές)[9]. Enfin et plus étrangement, les flocons de neige eux-mêmes (διὰ τῆς νιφάδος), déplacés ici du statut de comparant à celui de connotation, suggèrent le frisson ressenti par les auditeurs du discours (τὴν φρίκην τῶν ἀκουόντων).

Il est intéressant d'observer comment se reconfigure dans ce passage la hiérarchie des interprétations, la vitesse y étant considérée comme la qualité surplombante, alors que la densité qui semblait pourtant la qualité première dans la scholie précédente, devient simple élément explicatif. En outre, l'allusion aux auditeurs déplace la focalisation de l'émetteur au récepteur.

---

7 D'origine musicale (voir par exemple Platon, *Rep.* 398e2), cet adjectif a fini par désigner le ton véhément de l'orateur.

8 Notons l'ambiguïté de l'anaphorique αὐτῶν : s'agit-il des flocons ou des discours ?

9 La clarté constituait pourtant une caractéristique de l'éloquence de Nestor et non d'Ulysse dans la scholie au vers 212, voir *supra* p. 1.

Enfin, pour expliquer sans doute l'épithète χειμερίῃσιν, le scholiaste opère une distinction entre une neige d'hiver (καὶ αἱ μὲν χειμέριαι), qui serait caractérisée par sa douceur, sa délicatesse (ἀπαλαί), et une neige de printemps (αἱ δὲ ἐαριναὶ) dévastatrice pour les productions (ἐκκόπτουσι τοὺς καρπούς).

4. La scholie 222 (a²) reprend sous la forme d'une liste les qualités précédentes, juxtaposant indistinctement les qualités supposées de la parole et celles attribuées à la neige, c'est-à-dire les qualités du comparant et celles du comparé : la vitesse (τὸ τάχος), l'abondance (τὸ πλῆθος), le dense (τὸ πυκνόν), le clair (τὸ σαφές), le blanc de la neige (τὸ λευκὸν τῆς νιφάδος), le frisson des auditeurs (τὴν φρίκην τῶν ἀκουόντων). Mais à la différence de la scholie précédente, le référent νιφάδος est appliqué non plus au frisson (φρίκην), mais au blanc (τὸ λευκὸν) distingué cette fois de la clarté, ce qui reconfigure de nouveau le réseau des connotations.

5. Enfin, dans une scholie plus récente[10] au vers 222, c'est cette fois la blancheur des flocons (τὸ λευκὸν τῶν νιφάδων) qui est mise au premier plan, blancheur interprétée comme le signe de la clarté des paroles (τὴν σαφήνειαν τῶν λόγων δηλοῖ). Dans un deuxième temps, la scholie revient sur la densité des flocons (ou des discours : διὰ τὸ πυκνὸν αὐτῶν ?), entendue comme une connotation de l'aspect continu et tendu des paroles (τὴν γὰρ συνεχῆ καὶ σύντονον), comme dans les scholies 1 et 2. Ont ici disparu la vitesse des paroles et le frisson des auditeurs, ainsi que toute référence à l'hiver.

Le point commun de ces scholies est qu'y sont développées, avec une partialité évidente, les connotations valorisantes au détriment de la connotation agressive présente dans le substantif βολῇ (scholie au vers 222) et dans l'épithète χειμερίῃσιν[11]. D'ailleurs, le seul scholiaste qui tente d'expliquer le qualificatif « hivernal » le transforme en élément positif en évoquant curieusement la douceur des neiges d'hiver.

Avec Sénèque le curseur change de sens et c'est la face négative des connotations qui prend le dessus. Dans sa quarantième *Lettre à Lucilius* (par. 2), Sénèque cite les mots de son disciple à propos du philosophe Sérapion qu'il est allé écouter[12] : ce philosophe « expulse les mots à grand train » (*magno cursu uerba conuellere*), il les « presse et les écrase » (*premit et urguet*), car il use de « trop de mots » (*plura quam*) pour une seule voix.

Sénèque se livre alors à la critique de ce genre d'éloquence et convoque à son propos la fameuse comparaison : Homère, écrit-il, établirait une opposition entre l'éloquence d'un jeune orateur « emportée et sans pause, arrivant à la façon d'une neige d'hiver » (*concitata et sine intermissione in morem niuis hibernae ueniens*) et celle d'un vieillard dont la parole « coule de ses lèvres plus douce que le miel » (*melle dulcior profluit*)[13]. Son interprétation de la comparaison homérique se fonde sur le rythme et le débit de la parole des orateurs, mais pour gloser l'image, Sénèque introduit une nouvelle

---

10   *Scholia in Iliadem (scholia vetera et recentiora e cod. Genevensi gr. 44).*

11   Sur cet adjectif, voir *infra* p. oo.

12   Voir D. Van Mal-Maeder, « *Testis carminum antiquitas*. Homère dans la rhétorique et les déclamations latines ».

13   L'opposition claire établie par Sénèque entre ces deux types d'éloquence permet de saisir encore mieux le caractère insensé de l'amalgame auquel procède Cométas dans son poème.

métaphore, celle de la course (*currere*) et de la précipitation (*sine intermissione*) liée à la jeunesse et au manque de sérieux. L'expression *sine intermissione* semble faire écho aux épithètes συνεχῆ καὶ σύντονον, mais en en dégageant la connotation négative par référence à un manque, du fait de la répétition de *sine*.

Sénèque poursuit d'ailleurs sa réflexion en développant une série de connotations péjoratives (*istam*) liées à la neige. Il met en contradiction la force locutoire (*istam uim dicendi*), l'abondance et la rapidité du débit (*rapidam atque abundantem*) avec le sérieux et la grandeur du sujet (*aptiorem esse circulanti quam agenti rem magnam ac seriam docenti*). Ce type d'éloquence consiste avant tout à faire du bruit (*plus sonat quam ualet*, par. 5). Or, écrit-il plus loin, « un tel fracas de mots[14] arrivant en trombe (*uerborum ruentium strepitus*) et sans discernement (*sine dilectu*) ne donne pas le moindre plaisir. » La récurrence de la préposition *sine* contribue ici, comme dans le paragraphe précédent, à accentuer la charge négative du propos.

Au paragraphe 8, Sénèque renouvelle sa critique envers cette éloquence (*ista*) dont la force violente et excessive (*uiolenta ista et nimia uis*) compromet la dignité morale de l'orateur et qu'il assimile à l'image négative du torrent (*torrens*), avant de conclure en condamnant sa focalisation sur la quantité aux dépens de la qualité (*quantum dicant non quemadmodum*).

Chez Sénèque, les connotations de la comparaison homérique sont lues depuis leur versant négatif, l'excès ou le manque : la vitesse est précipitation, l'abondance est excès, choix du quantitatif à défaut de la qualité, et la densité est violence et fracas. À cela s'ajoute une nouvelle connotation : le manque de sérieux lié à cette incessante agitation. Quant à la clarté, elle est tout simplement absente de son commentaire. Dans l'optique de Sénèque, Ulysse n'a plus rien d'un orateur sublime admirable mais devient le modèle de la mauvaise éloquence, une éloquence non-philosophique, terrassante et sans rapport avec le vrai[15].

On ne peut qu'être frappé par la proximité du vocabulaire de Sénèque avec celui de Quintilien qui, dans son *Institution oratoire* (XII, 10), glose à son tour la comparaison au paragraphe 64 :

> *Summam expressurus in Ulixe facundiam et magnitudinem illi uocis et uim orationis niuibus hibernis et copia uerborum atque impetu parem tribuit.*

> Homère, pour illustrer dans Ulysse la plus haute facilité d'élocution, lui attribua la puissance de la voix et une force de discours comparable aux neiges hivernales, à la fois par l'abondance des mots et par leur impétuosité.

> Mais chez Quintilien ces métaphores se reconfigurent autrement et l'image rejoint son pôle positif : de la neige, il retient l'élan (*impetus*) et l'abondance (*copia*) qui suggèrent la force (*uis*) et la grandeur (*magnitudo*) de la voix d'Ulysse (accentuées par l'hyperbole : *summam… facundiam et magnitudinem*). Mais il surdétermine la

---

14 Cette interprétation contredit celle des « modernes » qui, à la suite des Romantiques, associent volontiers la neige au silence.

15 Par. 4 : *Haec popularis nihil habet ueri.*

comparaison en lui adjoignant deux métaphores : celle, déjà présente chez Sénèque, du torrent qui emporte tout (paragraphe 61 : *feret, coget, rapiet*), et celle de la foudre. Or, ces deux images, au lieu d'évoquer comme chez Sénèque, la violence brutale, servent à connoter le sublime. La première lorsque, au paragraphe 63, l'auteur, avec force superlatifs (*ualidissimum, maximis causis, accomodatissimum*), proclame que cette éloquence est la meilleure et doit être préférée aux autres :

> *Quare si ex tribus his generibus necessario sit eligendum unum, quis dubitet hoc praeferre omnibus et ualidissimum alioqui et maximis quibusque causis accommodatissimum ?*

C'est pourquoi, s'il est nécessaire de choisir un seul de ces trois genres, qui hésiterait à préférer entre tous celui qui est par ailleurs le plus puissant et le mieux adapté à toutes les plus grandes causes ?

et la seconde du fait qu'elle figure dans un contexte de louange :

> *Cum hoc igitur nemo mortalium contendet ; hunc ut deum homines intuebuntur, hanc uim et celeritatem in Pericle miratur Eupolis, hanc fulminibus Aristophanes comparat.*

Avec lui, donc, aucun mortel n'osera lutter ; il sera considéré comme un dieu. Cette vigueur et cette rapidité, Eupolis les admire chez Périclès, et Aristophane les compare aux traits de la foudre. (par. 65).

Pour Quintilien, Ulysse redevient à l'évidence le modèle de la rhétorique sublime la plus admirable.

C'est le même type de valorisation qui s'exprime dans les *Prolégomènes à l'art rhétorique*[16], où la comparaison, citée intégralement, est glosée de façon positive : pour l'auteur, Homère, en introduisant cette comparaison, ferait de la rhétorique d'Ulysse un modèle (δι' αὐτοῦ εἰκονίσαι βουλόμενος) en matière de rythme (avec la métaphore de la course, τὸ τροχαλὸν) et de tonalité (καὶ ὀξὺ), de débit (καὶ τὸ σφοδρὸν) et d'éclat (καὶ τὸ λαμπρὸν τῆς ῥητορικῆς).

Dans son traité sur les catégories du discours, Περὶ ἰδεῶν λόγου (2, 9), Hermogène s'intéresse à son tour à la comparaison homérique. Dans le chapitre consacré à la *deinotès*, il commence par reformuler l'explication traditionnelle donnée à cette comparaison, qui associe une connotation « sublime » à la grandeur terrible du discours d'Ulysse :

> C'est afin de présenter Ulysse comme un orateur redoutable que le poète l'a représenté terrible et grand dans ses discours (φοβερόν τε καὶ μέγαν κατὰ τοὺς λόγους), disant par exemple qu'il prononçait des paroles « pareilles aux flocons d'une neige hivernale ».

Hermogène livre ensuite son interprétation personnelle du passage :

> Le poète nous montre un orateur habile au sens où je l'entends moi-même (ὡς ἐγὼ λέγω δεινὸν ῥήτορα ὁ ποιητὴς δείκνυσιν) : son Ulysse en effet emploie

---

16 *Rhetorica Anonyma, Prolegomena in artem rhetoricam (olim sub auctore Joanne Doxapatre)*, 23.

convenablement et à propos (εἰς δέον γὰρ καὶ κατὰ καιρὸν) la grandeur, la rudesse et la véhémence (τῷ μεγέθει καὶ τῇ τραχύτητι καὶ σφοδρότητι κέχρηται), puisque son discours contre Alexandre et contre les Troyens (ἅτε τοῦ λόγου κατά τε Ἀλεξάνδρου καὶ κατὰ τῶν Τρώων) requiert l'invective (ἐπιφορᾶς δεομένου).

Pour Hermogène, la comparaison connote certes la grandeur, mais elle renvoie surtout à la rudesse et la véhémence nécessaires dans ce contexte guerrier où Ulysse est censé pratiquer l'invective. Il s'agit donc d'une comparaison adaptée à la situation d'énonciation et sans connotation de clarté, de blancheur ou de sublime dans le discours.

Quelques siècles plus tard, Eustathe de Thessalonique commente à son tour l'expression homérique qu'il cite cinq fois. La première occurrence figure à la page 623 du volume 1, où l'auteur justifie la comparaison homérique en la référant à quatre qualités non plus des discours ou de la diction de l'orateur, mais des idées (νοημάτων) :

> Celui qui dit des « mots semblables à des flocons de neige » (ὁ λέγων « ἔπεα νιφάδεσσιν ἐοικότα »), c'est pour l'aisance et la densité des *idées* et aussi pour leur habileté et leur clarté (δι' εὐπορίαν καὶ πυκνότητα νοημάτων, ἤδη δὲ καὶ δεινότητα καὶ σαφήνειαν) qu'il est rapproché des flocons de neige (παραβέβληται πρὸς νιφάδας).

Fondé sur des connotations déjà présentes chez les scholiastes (la quantité et la densité, associées à la clarté), ce commentaire introduit un nouveau terme, la *deinotès* théorisée par Hermogène.

À la page 639, Eustathe explique qu'Homère, en comparant les paroles d'Ulysse « aux flocons d'une neige hivernale », donne à son personnage (ἐμφαίνει τὸν χαρακτῆρα) certains attributs : l'abondance copieuse (πάνυ ἁδρὸν reprenant en quelque sorte le substantif εὐπορίαν de la page 623) et la facilité à s'étendre (ἐμπλατυνόμενον) grâce à la densité des idées (πυκνότητι νοημάτων, expression déjà présente dans le commentaire de la page 623).

Dans la troisième occurrence (page 642), après avoir d'abord décrit le deuxième style (celui d'Ulysse) dans les mots exacts du scholiaste (ὁ ὑψηλὸς καὶ καταπληκτικὸς καὶ μεστὸς ἐνθυμημάτων ἀθρόως λεγομένων, ὃν καὶ Δημοσθένης ζηλοῖ), Eustathe explique la comparaison homérique (Τὸ δέ « ἔπεα νιφάδεσσιν ἐοικότα » εἴρηται). À la densité des idées (διὰ τὸ πυκνόν) relevée dans les pages précédentes, il ajoute d'autres qualités énoncées par les scholiastes : la vitesse (qui n'est plus celle de la parole comme dans la scholie, mais celle des idées : διὰ τὸ τάχος τῶν νοημάτων), la blancheur de la clarté (διὰ τὸ τῆς σαφηνείας διάλευκον), et enfin le frisson des auditeurs (διὰ τὸ φρίκης γέμον) sur lequel il s'attarde en l'explicitant. Comme Hermogène, il rappelle en effet la situation d'énonciation de la comparaison, c'est-à-dire l'ambassade à Troie (προάγειν τὸν λόγον ἐν τῇ Τροίᾳ ὁ Ὀδυσσεὺς) et explique la technique d'Ulysse qui mêle les menaces à son discours (παραμιγνὺς τῷ λόγῳ καὶ ἀπειλάς), usant alors d'une nouvelle image empruntée à la sphère guerrière, celle de la lance (« proposant pour ainsi dire d'un côté la lance, de l'autre le sceptre », καὶ ὡς οἷον εἰπεῖν, θατέρᾳ μὲν δόρυ, θατέρᾳ δὲ κηρύκειον προϊσχόμενος). Un peu plus loin, il propose même d'interpréter la neige comme connotant « la froideur de la raillerie » (Ἰστέον δὲ καί, ὅτι τὸ νιφάδεσσιν ἐοικέναι τοὺς λόγους δύναταί ποτε καὶ σκωπτικῶς ψυχρῷ ἐπιλέγεσθαι ῥήτορι). Dans son commentaire, Eustathe tente ainsi de concilier plusieurs traditions d'interprétation, sans prendre en compte leurs aspects contradictoires.

AUTOUR DE LA TRADITION DU STYLE SUBLIME D'ULYSSE

Notons toutefois qu'Eustathe, comme la plupart des scholiastes qu'il reprend, néglige systématiquement le qualificatif χειμερίησιν (sauf évidemment au moment où il cite intégralement les vers d'Homère), ce qui pourrait expliquer une autre citation que l'on trouve dans ses lettres, où la neige, comme chez Quintilien, est assimilée à un courant, et où la densité perd toute connotation violente pour se charger de générosité (δαψιλές), en contradiction avec son propre commentaire de la page 642 : ὦ ῥεῦμα λόγου δαψιλές, ἐπιρρέον ἅτε πόντου κύματα Ἰκαρίοιο, ἔπεα νιφάδεσσιν ἐοικότα (« Flot généreux de la parole, coulant comme les vagues de la mer d'Icare, paroles semblables à des flocons de neige », *Epistulae*, 19).

En dépit de sa connaissance approfondie de l'*Iliade*, Eustathe, on le voit, n'échappe pas à l'attrait du cliché.

Les diverses gloses de l'image homérique oscillent constamment entre commentaire rhétorique sur le rythme et le débit de la parole et constructions éthiques ou *ethopoiètiques* destinées à éclairer l'orateur lui-même (la clarté, la justesse, la réflexion, la vérité, etc[17].). Or, force est de constater que les explications rhétoriques de cette comparaison sont le plus souvent contradictoires selon que l'on souhaite valoriser ou non le personnage d'Ulysse et le type d'éloquence qui lui est associé[18].

Mais ce qui doit surtout attirer l'attention est le peu de rigueur d'analyses qui sans discernement amalgament comparant et comparé, mêlant les attributs de la neige et ceux de la parole, brouillant ainsi dénotation et systèmes de connotation, sauf quand un auteur comme Hermogène prend soin de replacer la comparaison dans son contexte homérique.

Or, ce qui ressort de la plupart de ces commentaires est l'oubli quasi systématique de l'épithète χειμερίησι sans laquelle pourtant l'hexamètre homérique est faux. C'est parce qu'elle est coupée de la performance poétique orale et donc de sa situation d'énonciation, que l'expression peut être ainsi tronquée pour se confondre avec une formule prosaïque, un syntagme figé. Une fois gommé le contexte homérique de cette neige « hivernale », l'expression fonctionne comme un cliché de langage, à la façon de ces tasses de thé ou de ces madeleines qui émaillent les propos de locuteurs dont certains n'ont jamais lu l'œuvre de Marcel Proust.

---

17 Sur l'*ethopoiia*, voir Aristote, *Rhétorique*, I, 2, 1356a5-13.

18 On note la même oscillation lorsque la comparaison est mise en relation avec les effets visés de l'éloquence, selon la distribution bien connue entre *mouere, docere, delectare*. Sénèque, dans sa *Lettre* 40 à Lucilius, met cette éloquence floconneuse en relation avec l'éloquence populaire qui n'a « aucun rapport avec le vrai » et qui cherche à émouvoir la foule (*mouere*) et « entraîner les oreilles non averties des auditeurs par leur élan » (*impetu rapere*). C'est la face négative du *mouere* qui est ici mise en lumière, dans son opposition avec la vérité. Si pour Quintilien aussi, dans la suite du passage où il cite Homère (XII, 10), la force (*uis*) du discours est nécessairement du côté du *mouere*, le système des connotations s'inverse (par. 59) pour faire de ce genre celui qu'il faut préférer aux autres pour ses effets pragmatiques (*ualidissimum*). S'affrontent ici deux visées de l'éloquence : l'éloquence philosophique, qui vise la vérité et ne peut s'accommoder du style d'Ulysse, et l'éloquence judiciaire (*dikanikos*), qui vise l'efficacité, et dont Ulysse est le meilleur représentant, non pour son talent de persuasion, mais pour sa capacité à *mouere*, c'est-à-dire à emporter grâce à sa véhémence soutenue. *Cf.* Anonymi in Hermogenem, *Introductio in prolegomena Hermogenis artis rhetoricae*, et *Prolegomena in librum περὶ στάσεων* (p. 188), ou encore *Rhetorica Anonyma, Prolegomena in artem rhetoricam* (*olim sub auctore Joanne Doxapatre*), 38.

Mais la lecture de la comparaison dans son contexte du chant III de *l'Iliade* (vers 221-224) invite à plus de circonspection :

ἀλλ' ὅτε δὴ ὄπα τε μεγάλην ἐκ στήθεος εἵη
καὶ ἔπεα νιφάδεσσιν ἐοικότα χειμερίῃσιν,
οὐκ ἂν ἔπειτ' Ὀδυσῆΐ γ' ἐρίσσειε βροτὸς ἄλλος.

Mais lorsqu'il laissait sortir de sa poitrine sa grande voix
et ses mots semblables aux flocons d'une neige hivernale,
aucun mortel désormais n'aurait pu chercher querelle à Ulysse.

La voix d'Ulysse est caractérisée ici par son volume : c'est une « grande voix » (ὄπα τε μεγάλην), une voix puissante. Anténor ajoute qu'elle sort « *de sa poitrine* (ἐκ στήθεος εἵη) », détail qui prend sens à être comparé à la voix de Nestor qui coule « *de sa bouche* (ἀπὸ γλώσσης) » (*Il.* I, 249). Deux types de voix sont ici distingués : une voix de poitrine dont le volume est puissant et une voix de gorge dont la sonorité est douce[19].

Ainsi, Ulysse, qui a du « coffre », déverse des « mots semblables aux flocons d'une neige hivernale » (vers 222). Détaché du nom et rejeté en finale du vers 222, l'adjectif χειμερίῃσιν est nettement mis en relief derrière la coupe bucolique. Si le poète attire ainsi l'attention sur cette précision climatique, c'est qu'en contexte homérique, la neige hivernale n'a rien d'un attribut esthétique : bien au-delà de la saison d'hiver, χειμών désigne précisément le mauvais temps et les conditions atmosphériques les plus difficiles comme celles que fuient les grues, au début du chant III (vers 4), « avec leurs averses de déluge »[20].

Dans l'*Iliade*, la neige hivernale dénote la violence, comme on peut le lire au chant XII où les flocons de neige servent à deux reprises de comparant aux pierres lancées sur les Troyens qui attaquent le grand mur des Achéens (vers 277-287)[21] :

Comme *les flocons de neige qui tombent dru* (ὥς τε νιφάδες χιόνος πίπτωσι θαμειαί),
un jour *hivernal* (ἤματι χειμερίῳ), où Zeus aux habiles desseins se met
à neiger, révélant aux hommes ses flèches à lui (τὰ ἃ κῆλα).
Ayant fait coucher les vents, il les déverse sans interruption (χέει ἔμπεδον), jusqu'à *couvrir* (ὄφρα καλύψῃ)
les cimes des monts *élevés* (ὑψηλῶν ὀρέων κορυφὰς), les *hauts promontoires*

---

19 Voir S. Perceau, « Des mots ailés aux mots en flocons ».

20 Dans le monde homérique, l'hiver n'a rien de « délicat » : les torrents d'hiver causent des dégâts (IV, 452 ; V, 88 ; XI, 493 ; XIII, 138 ; XXIII, 420), les bourrasques hivernales retiennent le marin au loin (II, 294) et le pénible hiver arrête les travaux sur terre et inquiète le bétail (XVII, 549).

21 C'est de cette image guerrière que se souvient l'historien Choniatès lorsqu'il cite l'expression homérique (*Historia*, éd. van Dieten, p. 87) : ἔκ τε οὖν τῶν πετροβόλων ὀργάνων τὰ βάρη τῶν λίθων ἠφίετο συνεχέστερα καὶ οἱ τοξόται παρὰ μαζὸν ἀεὶ πελάζοντες τὰς νευρὰς καὶ ἕως τῶν γλυφίδων ἕλκοντες νιφάδεσσιν ἐοικότα χειμερίῃσι κατὰ τῶν ἐπὶ τοῦ τείχους τὰ βέλη ἔπεμπον. Des machines lance-pierres jaillissaient en continu les lourdes pierres et les archers, approchant sans cesse la corde de leur arc près de leur poitrine en la tirant jusqu'à l'encoche de la flèche, décochaient les traits pareils aux neiges hivernales contre ceux qui se tenaient sur le rempart.

(καὶ πρώονας ἄκρους),
les *plaines* herbues (καὶ πεδία λωτοῦντα), les guérets fertiles des hommes ;
(καὶ ἀνδρῶν πίονα ἔργα).
Les voilà même épandus sur *la mer grise*[22] (καί τ᾽ ἐφ᾽ ἁλὸς πολιῆς κέχυται), sur les
havres et les pointes escarpées (λιμέσιν τε καὶ ἀκταῖς) ;
seule, la houle qui déferle est capable de l'arrêter ; mais tous les autres lieux
en sont *enveloppés par au-dessus* (εἴλυται καθύπερθ᾽), quand *sur eux* vient *peser*
(ὅτ᾽ ἐπιβρίσῃ) l'averse de Zeus.
De même, les pierres volaient *dru* (λίθοι πωτῶντο θαμειαί) dans les deux directions,
[...] et c'était un *fracas* qui se levait au-dessus du mur entier.

La neige, on le voit, « tombe » drue, ce que le poète décrit de façon redondante
à travers les variations sur le mouvement qui les mène inexorablement, du plus haut
au plus bas, des « cimes » aux « plaines » en allant jusqu'à « la mer », jusqu'à tout
recouvrir (c'est le sens précis du préverbe *epi-* dans le verbe composé ἐπιβρίσῃ)[23].

Quelques vers auparavant le poète avait amorcé sa description en recourant à
la même comparaison, moins développée, mais tout aussi suggestive dans laquelle
figurent les mêmes dénotations (vers 154-160) : la neige tombe dense et serrée sur le
sol qu'elle recouvre, comme les « traits » (βέλεα) des guerriers[24].

Comme des flocons de neige (νιφάδες δ᾽ ὥς), les pierres *tombaient* sur le sol
(πῖπτον ἔραζε),
(flocons) qu'un vent qui souffle avec force (ἄνεμος ζαὴς), agitant les nuées pleines
d'ombre (νέφεα σκιόεντα δονήσας),
déverse, serrés, sur la terre (ταρφειὰς κατέχευεν ἐπὶ χθονὶ) qui tant d'êtres nourrit.
Ainsi *de leurs mains* (ὣς τῶν ἐκ χειρῶν βέλεα ῥέον) coulaient les *traits*.

En contexte homérique, il apparaît que si le poète compare les mots d'Ulysse
« aux flocons d'une neige hivernale », juste après avoir évoqué le débit musical de
Ménélas, ce n'est ni pour leur éclat (la neige est souvent liée au gris, comme au vers
283 du chant XII), ni pour leur froideur (jamais évoquée ici), ni simplement pour
leur abondance, mais à cause du rythme, du débit et du ton de la voix d'Ulysse[25] :
violemment expulsés de sa poitrine, les mots tombent dans un flux continu et serré
qui empêche de les distinguer et occulte leur signification singulière.

Loin de chercher à illustrer le style prétendument « sublime » d'Ulysse, Anténor
montre comment, dans un monde où le style est lié aux résultats produits, c'est en
polumètis qu'Ulysse pratique l'éloquence, usant de coups de force pour détourner
l'attention, tétanisant le récepteur, l'ensevelissant sous le poids de ses mots en flocons,

---

22 C'est-à-dire « rendue grise », au sens d'une épithète résultative.
23 Notons ici la présence du « fracas ».
24 Je ne souscris donc pas au non-commentaire de G. S. Kirk (*A Commentary*, note *ad loc.*, p. 296) : « We
can not be certain – it depends what kind of snowflakes they are. »
25 La neige est d'ailleurs opposée au Zéphyr « dont le souffle *sonne de façon claire* (λιγύ) », au chant
IV de l'*Odyssée* (vers 566-567). F. Frontisi-Ducroux remarque certains de ces aspects, mais son
interprétation est contaminée par l'idée du « sublime » (*La Cithare d'Achille*, p. 39).

pour couper court à toute réflexion, comme le soulignent les dernières paroles d'Anténor lui-même (« Nul mortel n'aurait plus songé à *lutter* contre Ulysse, οὐκ ἂν ἔπειτ' Ὀδυσῆΐ γ' ἐρίσσειε βροτὸς ἄλλος ») et comme l'illustrent divers passages bien connus de l'*Odyssée*[26].

C'est pourquoi l'on peut dire pour conclure que les commentaires des Anciens nous en apprennent sans doute davantage sur eux et leur époque, leur idéologie et leurs modèles que sur Homère dont l'œuvre est citée comme preuve (*tekmèrion*) de leurs propres théories, au détriment bien souvent du texte homérique lui-même.

Bibliographie sélective

Sources

Erbse, Hartmut (éd.), *Scholia graeca in Homeri Iliadem (scholia vetera)*, Berlin, De Gruyter, 1969.

Nicole, Jules (éd.), *Les Scolies genevoises de l'Iliade*, vol. 1, Genève, 1891, reprint, Hildesheim, Olms, 1966 = *Scholia in Iliadem (scholia vetera et recentiora e cod. Genevensi gr. 44.)*

Rabe, Hugo (éd.), *Rhetorica Anonyma, Prolegomena in artem rhetoricam (olim sub auctore Joanne Doxapatre Prolegomenon sylloge* [*Rhetores Graeci*, 14] Leipzig, Teubner, 1931.

Spengel, Leonhard (éd.), *Rhetores Graeci*, 3 vol., Leipzig, Teubner, 1856 (repr. 1966).

Stallbaum, Gottfried (éd.), *Eustathii archiepiscopi Thessalonicensis commentarii ad Homeri Odysseam*, Leipzig, Weigel, 1825-1826 (repr. Hildesheim, Olms, 1970).

Van der Valk, Marchinus (éd.), *Eustathii archiepiscopi Thessalonicensis commentarii ad Homeri Iliadem pertinentes*, 4 vol., Leyde, Brill, 1971-1991.

Études

Desbordes, Françoise, *La Rhétorique antique*, Paris, Hachette, 1996.

Frontisi-Ducroux, Françoise, *La Cithare d'Achille. Essai sur la poétique de* l'Iliade, Urbino, Edizioni dell'Ateneo, 1986.

Karp, Andrew J., « Homeric Origins of ancient Rhetoric », *Arethusa*, 10, 1977, p. 237-258.

Kennedy, George A., « The Ancient Dispute over Rhetoric in Homer », *AJP*, 78, 1957, p. 23-35.

Kennedy, George A., « The earliest rhetorical Handbooks », *AJP*, 80, 1959, p. 169-178.

Kennedy, George A., *The Art of Persuasion in Greece*, Princeton, Princeton University Press, 1963.

Kirk, Geoffrey S., *The Iliad: A Commentary*, Vol. I: *books 1-4*, Cambridge, Cambridge University Press, 1985.

Létoublon, Françoise, « Le bon orateur et le génie selon Anténor dans l'*Iliade* : Ménélas et Ulysse », in J.-M. Galy et A. Thivel (éd.), *La Rhétorique grecque*, Actes du colloque

---

26 Voir par exemple S. Perceau, « Héros à la cithare ». En matière d'éloquence, c'est d'ailleurs Thrasymaque qui est comparé à Ulysse dans le *Phèdre* de Platon (261c2).

« Octave Navarre », Nice, Publication de la Faculté des Lettres, Arts et Sciences Humaines de Nice, 1994, p. 29-40.

Martin, Richard. P., *The Language of Heroes. Speech and performance in the Iliad*, Ithaca-Londres, Cornell University Press, 1989.

Perceau, Sylvie, « Héros à la cithare : la musique de l'excellence chez Homère », in F. Malhomme et A.G Wersinger (éd.), *Mousikè et Arétè, La Musique et l'éthique de l'Antiquité à l'âge moderne*, Paris, Vrin, 2007, p. 17-38.

Perceau, Sylvie, « Des mots ailés aux mots en flocons : quelques portraits de héros en orateurs dans *l'Iliade* », in Vial, Hélène (éd.) et Favreau-Linder, Anne-Marie (coll.), *Poètes et orateurs dans l'Antiquité. Mises en scènes réciproques,* Clermont-Ferrand, Presses Universitaires Blaise Pascal, 2013, p. 23-37.

Russell, Donald, *Criticism in Antiquity*, Berkeley, University of California Press, 1981.

Van Mal-Maeder, Danielle, « *Testis carminum antiquitas*. Homère dans la rhétorique et les déclamations latines » in S. Dubel, A.-M. Favreau-Linder et E. Oudot (éd.), *À l'école d'Homère. La culture des orateurs et des sophistes*, Paris, Éditions rue d'Ulm, 2015, p. 47-60.

Verdenius, Willem Jacob, « The Principles of Greek Literary Criticism », *Mnemosyne,* 36, 1983, p. 14-59.

FRANÇOISE LÉTOUBLON

Les figures selon les scholies à Homère

Le présent article se situe dans le cadre général d'une recherche collective sur les scholies à Homère à laquelle le centre homérique souhaitait donner une impulsion. L'initiative « Homère rhétorique » était l'occasion idéale pour tenter de faire le point dans ce domaine, à partir des figures de la rhétorique[1] : quelles sont les figures connues des scholiastes et repérées explicitement par eux dans les scholies homériques ? Parmi ces figures, la concentration sur les métaphores et comparaisons correspond à certains problèmes qui m'ont paru cruciaux dans l'analyse du texte homérique. Les ouvrages de référence sont dans ce domaine l'édition des scholies de l'*Iliade* par Hartmut Erbse (1977-1988), tandis que les scholies de l'*Odyssée* n'ont pas reçu d'édition moderne complète, celle de Dindorf remontant à 1855. On trouvera dans la bibliographie les références aux études critiques de Van der Valk, Heath, Kennedy, Pfeiffer, Nagy, Rengakos, Schmidt, et plus récemment Dickey, qui propose un panorama très complet des études homériques, du moins dans le monde anglophone. Avec le délai intervenu entre la remise de cet article et la réception des épreuves, il faut maintenant ajouter l'édition en ligne des scholies D de l'*Iliade* par Helmut Van Thiel à l'université de Cologne, les volumes publiés sous l'égide de Franco Montanari chez De Gruyter et chez Brill[2], et signaler l'avancement du projet *Scholia homerica* à l'université Paris Ouest[3].

Quelles sont les figures connues des scholiastes ?

Le nom des figures est bien connu des spécialistes de rhétorique, avec un petit problème dès l'abord puisqu'au terme latin unique *figura* semblent correspondre en

---

1 Dans le prolongement du colloque organisé par Maria Silvana Celentano, Pierre Chiron et Marie-Pierre Noël, publié aux Éditions Rue d'Ulm sous le titre Σχῆμα / *Figura*.
2 *From Scholars to Scholia*, en particulier L. Pagani, « Pioneers of Grammar. Hellenistic Scholarship and the Study in Language », p. 17-64, et *Brill's Companion to Ancient Greek Scholarship*, en particulier F. Montana, « Hellenistic Scholarship », p. 60-182 et S. Matthaios, « Philology and Grammar in the Imperial Era and Late Antiquity : An Historical and Systematic Outline », p. 184-296.
3 Les scholies à l'Iliade d'Homère : du texte à l'hypertexte – RECHERCHE – Scholia Homerica https://www.google.fr/search ?q = Les+scholies+%C3%A0+l%27Iliade+d%27Hom%C3%A8re+%3A +du+texte+%C3%A0+l%27hypertexte+-+RECHERCHE+-+Scholia+Homerica.

Françoise Létoublon Professeur émérite de littérature grecque à l'Université Grenoble-Alpes.

Homère rhétorique. Études de réception antique, éd. par Sandrine DUBEL, Anne-Marie FAVREAU-LINDER et Estelle OUDOT, Turnhout, Brepols 2018 (*RRR* 28), p. 121-140
Brepols Publishers
10.1484/M.RRR-EB.5.115800

grec deux mots, τρόπος et σχῆμα[4]. Il n'est pas question de nous engager dans le grand débat sur la valeur des deux termes et une éventuelle différence.

La lecture extensive des scholies repérées à partir de ces deux entrées permet de remarquer la fréquence très importante, pour les deux termes, de différents modèles de définitions du type [lemme] : τρόπος / σχῆμα x ... Le procédé permet de dire que les scholiastes répertorient les figures sous le terme générique de τρόπος ou de σχῆμα en précisant ensuite le nom spécifique de chacune. En voici quelques exemples qui m'ont paru significatifs, avec l'emploi du verbe « appeler » dans deux cas, par simple juxtaposition en phrase nominale dans un troisième :

> Schol. *Il.* I, 141, 4.3 καὶ τὸ ὁμοιοτέλευτον καλούμενον σχῆμα, « la figure appelée *homeotéleute* » ;
> Schol. *Il.* I, 287-9a καλεῖται δὲ τὸ σχῆμα ἐπιβολή, « la figure est appelée *epibolè* » ;
> Schol. *Il.* IV, 224, 2 ὁ δὲ τρόπος μεταφορά, « le trope est une métaphore ».

Un autre procédé d'équivalence entre τρόπος ou σχῆμα et le nom spécifique de la figure au génitif confirme cette hypothèse, par ex. Schol. *Il.* I, 366a τρόπον ἀνακεφαλαιώσεως, « trope de récapitulation », à comparer à 366b τρόπος ἀνακεφαλαίωσις, « le trope est une récapitulation ».

De ces définitions, il semble qu'on peut déduire que les figures sont rangées par genres et par espèces, suivant le principe des classifications aristotéliciennes[5].

Nous nous contenterons de prendre les occurrences de ces termes sans chercher à les distinguer puisque, pour les scholiastes, on a l'impression que les deux catégories sont synonymes et correspondent à la même liste de procédés rhétoriques[6]. Il est vrai que Quintilien[7], de son côté, semble distinguer entre σχῆμα, traduit en latin par *figura*, et τρόπος, traduit, si l'on ose dire, par *tropus*. Mais cela ne nous éclaire guère : il faudrait étudier la nuance qu'il établit entre les deux termes... Par ailleurs, et cela se trouve peut-être aussi dans les scholies homériques même si je n'en ai pas rencontré d'exemples dans le cadre limité de la présente recherche, σχῆμα signifie aussi « forme[8] », τρόπος « tour, expression » : pour faire court, les deux mots ont un spectre d'emplois différent, mais se recouvrent partiellement dans le sens rhétorique. Le fait que l'on trouve la plupart des figures sous les deux termes génériques peut s'interpréter soit en fonction d'une distinction théorique en grec, probablement chez les Stoïciens, antérieurement à l'emprunt de Quintilien, soit selon une confusion faite par les scholiastes, comme j'incline à le croire sans avoir pu approfondir la question.

---

4   M. Casevitz, « Étude lexicologique. Du *schéma* au schématisme », se limite au second terme, sans évoquer la relation au premier.
5   Sur le rôle de la classification dans l'approche scientifique des phénomènes selon Aristote, voir M. Crubellier et P. Pellegrin, *Aristote, le philosophe et les savoirs*, p. 97-109 ; sur la rhétorique, p. 142-149.
6   Par exemple, scholies à *Il.* I, 83 : ὁ τρόπος ὑπερβολή et *Il.* X, 437 : τὸ σχῆμα ὑπερβολή (les deux sont issues des *scholia recentiora Theodori Meliteniotis e cod. Genevensi* gr. 44).
7   Au livre VIII sur les tropes, IX sur les figures, cf. IX, 1 : l'ironie, par exemple, est « tantôt un trope et tantôt une figure ».
8   C. Sandoz, *Les Noms grecs de la forme*. Voir aussi M. Casevitz, « Étude lexicologique. Du *schèma* au schématisme ».

Je m'attacherai plus particulièrement dans la suite de l'étude aux procédés de transposition, comparaison et métaphore, en justifiant ce choix par le fait qu'ils occupent une position centrale dans la poétique d'Homère et la poétique grecque dans son ensemble : j'en prends à témoin le *Traité du Sublime* dans l'Antiquité[9], puis pour les modernes Fränkel et Stanford[10].

Μεταφορά et παραβολή ou ὁμοίωσις : métaphore et comparaison

On trouve 103 occurrences de παραβολή, 251 de μεταφορά dans le corpus des scholies à Homère selon le *TLG*. Même si l'on ajoute les 15 occurrences de ὁμοίωσις à celles de παραβολή, on voit que la très grande majorité des commentaires comportent le nom de la métaphore. Le rapport numérique semble curieusement inverse à l'emploi des deux figures dans le texte homérique[11] : on connaît l'importance des comparaisons, à la fois du point de vue numérique et à cause de l'ampleur extraordinaire que donne l'aède à certaines d'entre elles, spécialement dans des moments où le détour poétique semble pour un regard naïf contraire aux impératifs de l'urgence narrative. La poétique de l'épopée semble reposer essentiellement sur les comparaisons ; en revanche les métaphores chez Homère semblent « figées » (voir les énigmes sémantiques constituées par ῥοδοδάκτυλος ἠώς ou ἔπεα πτερόεντα, depuis Milman Parry, Durante, Schmitt, etc[12].). Les scholiastes utilisent aussi souvent la forme verbale εἰκάζει, « (le poète) compare », qui permet peut-être de ne pas choisir entre comparaison et métaphore, ou contribue à rétablir dans les scholies l'équilibre numérique entre les deux termes que l'on peut attendre à partir du texte commenté.

Je choisis ci-après quelques exemples, en essayant d'éviter les idées préconçues et en m'appuyant surtout sur les cas où j'ai eu l'impression de comprendre à peu près le style, difficile à mes yeux, des scholiastes, pour lequel il me semble qu'il faut un long temps de lecture passive et d'accoutumance avant de commencer à entrer dans la perspective qui est la leur.

---

9 Voir la contribution de S. Conte dans le présent volume.

10 Les études plus récentes sur les images homériques prennent moins souvent en compte les commentaires anciens. Par exemple, W. C. Scott, *The Oral Nature of the Homeric Simile*, ne les mentionne nullement. M. W. Edwards en note parfois, par ex. Aristarque à propos d'*Il.* XVI, 364, *The Iliad : A Commentary*, p. 35, n. 40.

11 M. W. Edwards a regardé chez les divers spécialistes du domaine comment on a dénombré les comparaisons homériques dans l'histoire de la critique, et a noté les divergences d'un auteur à l'autre : D. Lee, *The Similes of the Iliad and the Odyssey compared,* compte 197 comparaisons développées « complètes », c'est-à-dire avec une forme verbale, dans *l'Iliade*, et 153 « courtes », alors qu'il en compte 45 et 87 respectivement dans *l'Odyssée*. W. C. Scott, *The Oral Nature of the Homeric Simile,* compte au total 341 comparaisons (deux types cumulés) dans *l'Iliade*, 134 pour *l'Odyssée*. A. Bonnafé, « Quelques remarques à propos des comparaisons homériques de *l'Iliade* », a calculé le pourcentage des comparaisons par rapport au texte : 1128 vers sur 15693 vers pour *l'Iliade*, soit 7,2 % du total (M. Edwards, *The Iliad : A Commentary*, p. 24 *sq.*).

12 Voir les références dans F. Létoublon, « Comparaisons et métaphores ».

Une scholie à *Il.* II, 87 attribuée à Aristonicus[13] commente une comparaison de combattants à un essaim d'abeilles, d'autant plus importante que, comme le scholiaste le remarque lui-même, c'est la première comparaison de l'*Iliade*[14] : il semble que sa curiosité ait été déclenchée par l'application, apparemment « métaphorique », du terme ἔθνεα aux abeilles, à la place du terme attendu σμήνεα, « essaim », que justement le texte n'emploie pas. La comparaison commence donc par une sorte de préparation par l'application au monde animal d'un terme attendu pour le monde humain, à l'inverse de ce que l'on attend d'ordinaire spontanément[15] :

II."87a".1
Ariston. | ex. ἔθνεα : πρὸς τοὺς εἰκαζομένους Ἕλληνας, ἐπεὶ σμήνεα ἔδει. | πρώτη δὲ αὕτη παραβολὴ τῷ ποιητῇ. συγγενὲς δὲ ποιητικῇ τὸ ζῷον διὰ τὸν μόχθον καὶ τὸ γλυκὺ καὶ τὴν σύνθεσιν τοῦ κηρίου. ἡ μὲν οὖν φαλαγγηδὸν γινομένη πρόοδος εὖ ἔχει· ὡπλισμέναι τε κέντροις εἰσίν, ὑπήκοοι τε καὶ αὐταί εἰσι καὶ ἐπ' ἔργον ἐξίασιν, οὐχ ὡς αἱ γέρανοι (cf. Γ 3_7), φιλάλληλοί τέ εἰσι μεταβαίνουσαί τε πολλὰς ἀρχὰς πτήσεως ποιοῦνται. A b (BCE3E4)T

ἔθνεα : à propos des Grecs qui sont l'objet de la comparaison, car il aurait fallu parler d'essaims. Cette comparaison est pour le poète la première. L'animal a une parenté avec eux du point de vue poétique par la peine qu'il se donne, par la douceur et par la constitution du rayon de miel. La sortie qui se produit par phalanges est bonne ; les abeilles sont armées de leur dard, elles sont soumises et sortent pour travailler, nullement comme les grues (cf. *Il.* III, 3-7), mais en entente mutuelle et en se succédant pour le commandement du vol.

Il. II, 87-94 ἠΰτε ἔθνεα εἶσι μελισσάων ἀδινάων
πέτρης ἐκ γλαφυρῆς αἰεὶ νέον ἐρχομενάων,
βοτρυδὸν δὲ πέτονται ἐπ' ἄνθεσιν εἰαρινοῖσιν·
αἱ μέν τ' ἔνθα ἅλις πεποτήαται, αἱ δέ τε ἔνθα·
ὣς τῶν ἔθνεα πολλὰ νεῶν ἄπο καὶ κλισιάων
ἠϊόνος προπάροιθε βαθείης ἐστιχόωντο
ἰλαδὸν εἰς ἀγορήν· μετὰ δέ σφισιν ὄσσα δεδήει
ὀτρύνουσ' ἰέναι Διὸς ἄγγελος· οἳ δ' ἀγέροντο.

Comme on voit les abeilles, par troupes compactes, sortir d'un antre creux, à flots toujours nouveaux, pour former une grappe, qui bientôt voltige au-dessus

---

13 Sur ce commentateur, de l'époque augustéenne, outre Pagani, Montana et Matthaios cités ci-dessus note 3, voir l'entrée que lui a consacrée F. Razzetti dans *LGGA* en 2003.

14 Dans l'optique d'une lecture continue du texte tel qu'il se présente dans la Vulgate bien entendu. Pourtant, comme le montre son appendice, W. C. Scott, *The Oral Nature of the Homeric Simile*, p. 191, voit quatre comparaisons dans le chant I : v. 47 « il allait semblable à la nuit », 104 « ses yeux ressemblaient à un feu éclatant », 265 « semblable aux immortels » (vers suspecté d'interpolation parce qu'il s'agit de Thésée) et 359 « comme une nuée », à propos de Thétis. Ces comparaisons brèves ne méritent apparemment pas pour les scholiastes le statut de comparaison homérique au sens plein du terme.

15 Sur les comparaisons des humains à des animaux, voir W. C. Scott, *The Oral Nature of the Homeric Simile*, A. Schnapp-Gourbeillon, *Lions, héros, masques*, et S. H. Lonsdale, *Creatures of Speech*.

des fleurs du printemps, tandis que beaucoup d'autres s'en vont voletant, les unes par-ci, les autres par-là ; ainsi des nefs et des baraques, des troupes sans nombre viennent se ranger, par groupes serrés, en avant du rivage bas, pour prendre part à l'assemblée. Parmi elles Rumeur, messagère de Zeus, est là qui flambe et les pousse à marcher, jusqu'au moment où tous se trouvent réunis[16].

Le scholiaste insiste ici sur la vivacité de la comparaison des Grecs à des essaims d'abeilles, sur la disposition analogue en groupes compacts et l'ordre de l'armée comparable à celui de l'essaim : en appliquant aux deux domaines la notion de la phalange (ἡ μὲν οὖν φαλαγγηδὸν γινομένη πρόοδος εὖ ἔχει), il montre qu'à l'inverse pratiquement du texte homérique, qui voit les hommes comme un essaim, lui-même se représente les abeilles comme groupées en phalanges, probablement à cause de l'emploi de ἔθνεα pour σμήνεα sur lequel porte sa première remarque. Il insiste ensuite sur un aspect de la comparaison qui ne nous semble pas vraiment pertinent, à savoir le fait que dans les deux domaines, les groupes sont armés : là encore il essaie de trouver des justifications pour la pertinence de la comparaison par toutes les caractéristiques de chaque terme, et comme plus haut pour l'avance en phalanges, il affirme que les abeilles sont « armées » (féminin ὡπλισμέναι) comme les hommes, par leur dard ou aiguillon (κέντροις). Pour nous évidemment, cette mention aurait presque tendance à amoindrir la valeur poétique de la comparaison. Si l'on regarde le texte homérique lui-même en se dégageant de la scholie, on voit que l'abondance des abeilles en groupes toujours nouveaux (v. 88 αἰεὶ νέον ἐρχομενάων) est vue comme l'image de l'ordre des hommes en marche (v. 92-93 ἠϊόνος προπάροιθε βαθείης ἐστιχόωντο / ἰλαδὸν). Le point essentiel est que la comparaison ne vaut nullement pour un essaim de combattants, mais pour des hommes se rendant en ordre à l'assemblée : je n'oserais parler d'un *essaim démocratique* ou civil, mais en tout cas, ce qui intéresse le poète n'est sûrement pas ici l'ordre militaire. La précision du scholiaste semble donc à la limite du contresens. Pour la première comparaison de l'*Iliade*, l'essai n'est pas très concluant !

Le scholiaste semble avoir compris que les comparaisons homériques se situent entre deux mondes, celui du réel et celui des images, mais il a été victime ici de l'impression généralement répandue sur la prégnance du domaine de la guerre, qui lui a fait manquer la valeur de cette comparaison particulière, à partir de laquelle on pourrait peut-être parler d'une poétique du collectif dans l'*Iliade*, dont il existe d'autres exemples.

Dans plusieurs cas, les scholies renvoient d'un passage à un autre, montrant une méthode comparative et typologique dont nous retrouverons d'autres exemples.

Il. XVII comporte plusieurs exemples de comparaison des héros à un lion, avec une discussion dans les scholies portant sur le genre et les qualités respectives des mâles et femelles. Ainsi la scholie à XVII, 133-136 commente la comparaison d'Ajax combattant autour de la dépouille de Patrocle à un lion (le mot λέων implique-t-il un mâle ?) défendant ses *enfants* (τέκνα), en renvoyant à un autre passage du même

---

16 Les traductions de l'*Iliade* sont celles de P. Mazon.

chant, où il s'agit d'un animal femelle beaucoup plus faible, une vache simplement désignée comme « mère » servant d'image à Ménélas auprès du même Patrocle mort :

> XVII,"133-136".1 ex. ὥς τίς τε λέων <-ὄσσε καλύπτων> : ἐπὶ μὲν τῆς προτέρας παραβολῆς (cf. P 4_5) ἀντὶ τῆς βοὸς τῷ τῆς μητρὸς (cf. P 4) ἐχρήσατο ὀνόματι. ἐπεὶ δὲ ἀπεμφαῖνον ἦν ἐνταῦθα κατὰ τοῦ λέοντος χρήσασθαί τινι τοιούτῳ, τῷ μὲν κυριωτέρῳ κέχρηται κατὰ τούτου, τοὺς δὲ σκύμνους αὐτοῦ τέκνα ὀνομάζει τῷ φιλοστόργῳ ὀνόματι (cf. 133). **b**(B, C [bis], E3E4)**T** καλῶς δὲ καὶ νήπια ἐποίησε τὰ τέκνα· μείζων γὰρ ἡ περὶ τούτων φροντίς. **b**(BCE3E4)**T**

ὥς τίς τε λέων : pour la comparaison précédente (cf. *Il.* XVII, 4-5), il a utilisé le nom de la mère (cf. *Il.* XVII, 4) au lieu de celui de la vache, mais comme il aurait été absurde de s'en servir ici pour le lion, il s'est servi du nom le plus propre pour lui, et il a appelé ses petits ses enfants par ce nom plein d'affection ; car le souci qu'il se fait pour eux est mieux dit par là.

Le texte homérique montre en effet Ajax comme un lion (mâle) protégeant ses petits :

> *Il.* XVII, 132-139
> Αἴας δ' ἀμφὶ Μενοιτιάδῃ σάκος εὐρὺ καλύψας
> ἑστήκει ὥς τίς τε λέων περὶ οἷσι τέκεσσιν,
> ᾧ ῥά τε νήπι' ἄγοντι συναντήσωνται ἐν ὕλῃ
> ἄνδρες ἐπακτῆρες· ὃ δέ τε σθένεϊ βλεμεαίνει,
> πᾶν δέ τ' ἐπισκύνιον κάτω ἕλκεται ὄσσε καλύπτων·
> ὣς Αἴας περὶ Πατρόκλῳ ἥρωϊ βεβήκει.
> Ἀτρεΐδης δ' ἑτέρωθεν ἀρηΐφιλος Μενέλαος
> ἑστήκει, μέγα πένθος ἐνὶ στήθεσσιν ἀέξων.

Ajax, lui, de son large écu couvre le fils de Ménœtios. Il se tient là, pareil à un lion protégeant ses enfants – il s'est rencontré avec des chasseurs, alors qu'il menait ses petits aux bois, et, enivré de sa force, il abaisse sur ses yeux – les couvrant entièrement – toute la peau de son front. Tel s'est dressé Ajax aux côtés du héros Patrocle. Près de lui se tient l'Atride, Ménélas chéri d'Arès, qui sent dans sa poitrine grandir un deuil immense.

Avec une certaine continuité dans les images, le début du chant montrait Ménélas protégeant le cadavre de Patrocle comme une vache avec ses veaux :

> *Il.* XVII, 4-7
> ἀμφὶ δ' ἄρ' αὐτῷ βαῖν' ὥς τις περὶ πόρτακι μήτηρ
> πρωτοτόκος κινυρὴ οὐ πρὶν εἰδυῖα τόκοιο·
> ὣς περὶ Πατρόκλῳ βαῖνε ξανθὸς Μενέλαος.
> πρόσθε δέ οἱ δόρυ τ' ἔσχε καὶ ἀσπίδα πάντοσ' ἐΐσην,

Il se poste à ses côtés, comme aux côtés d'une génisse fait sa mère gémissante – mère pour la première fois, hier encore ignorant l'enfantement – ainsi aux côtés de Patrocle se poste le blond Ménélas. Il tient sa lance en avant, ainsi que son écu rond.

Les commentaires des scholiastes pour ce passage insistent sur le caractère affectif de la mère animale :

XVII.“4a”.1
Ariston. | ex. ἀμφὶ δ’ ἄρ’ αὐτῷ βαῖν’ <ὥς τις περὶ πόρτακι μήτηρ> : πόρταξ δὲ καὶ πόρτις τὰ νέα τῶν βοῶν ἔκγονα διὰ τὸ σκιρτητικὰ εἶναι. τὸ δὲ αὐτὸ πόρτις καὶ πόρις. ὅρα δὲ καὶ τὰς ἔξωθεν αὐξήσεις· οὐ γὰρ ἔφη ‘ὥς τις περὶ πόρτακι βοῦς ἕστηκεν’, ἀλλὰ μήτηρ, τὸ φιλοστοργότατον ὄνομα. **A**

πόρταξ et πόρτις (veau et génisse) désignent les descendants des bovins à cause de leurs sauts. Car πόρτις et πόρις sont la même chose. Vois comment les amplifications viennent de l’extérieur. Car il n’a pas dit « Comme une vache se tient près de son petit », mais « Comme une mère ... » : le mot est le plus chargé affectivement.

Cf. XVII.“4b”.1 : τὸν Αἴαντα λέοντι εἰκάζει : Il compare Ajax à un lion [...].

εὖ δὲ ἀντὶ τοῦ βοῦς τὸ μήτηρ ἔλαβε, τὸ φιλοστοργότατον τῆς φύσεως ὄνομα. Il a bien fait de prendre μήτηρ à la place de βοῦς, c’est le nom le plus affectueux de la nature.

Les scholies au premier texte (*Il.*, XVII, 4-7 dans l’ordre linéaire du texte) insistent sur le caractère maternel de la protection en mettant en valeur les qualités traditionnelles du féminin, mais surtout le fait que le poète n’emploie pas le nom habituel pour la vache, femelle du bœuf, mais le remplace par « mère » et ce, plus particulièrement dans le commentaire au deuxième passage : ἀντὶ τῆς βοὸς τῷ τῆς μητρὸς (cf. P 4) ἐχρήσατο ὀνόματι. Il faut bien entendu compléter la remarque en disant que μήτηρ n’a pas la même valeur métrique que βοῦς, mais les scholiastes, avec raison me semble-t-il, n’ont même pas invoqué cet argument.

Les scholiastes semblent aussi assez généralement avoir été stimulés par l’emploi du composé πρωτοτόκος, signifiant « qui enfante pour la première fois », effectivement redoublé dans le texte homérique par le second hémistiche οὐ πρὶν εἰδυῖα τόκοιο, « qui n’a pas connu l’enfantement auparavant » ; ils pensent que cet adjectif met en valeur la tendresse de l’animal, sa qualité affective (φιλόστοργον et même, dans deux commentaires, le superlatif φιλοστοργότατον). En somme les scholiastes ont l’air de penser que la force d’Ajax est bien exprimée par la comparaison à un lion défendant ses petits, mais perd peut-être une partie de la valeur de tendresse maternelle exprimée par la comparaison précédente de Ménélas à une mère animale bien moins forte physiquement. Les comparaisons homériques peuvent pourtant impliquer parfois des lionnes, on y reviendra dans le paragraphe qui suit ; la femelle du lion aurait pu ici exprimer la force d’Ajax supérieure à celle de Ménélas, bien plus capable de protéger efficacement le cadavre de Patrocle, mais les scholiastes n’y ont apparemment pas songé. Ils n’ont pas non plus été intéressés par le fait que dans les deux comparaisons, c’est le *mouvement* autour de Patrocle et la position protectrice qui semblent avoir déclenché le processus comparatif (pour Ménélas comme un vache βαῖν’ au vers 4 et βαῖνε au vers 6 ; pour Ajax comme un lion, la même forme ἑστήκει aux vers 133 et 139, βεβήκει s’appliquant plus spécifiquement à Ajax au vers 137).

Pourtant les comparaisons animales permettent parfois de poser le problème du « genre ». Ainsi en *Il.* XVIII, 318, la comparaison d'Achille gémissant à un(e) lion(ne) à la belle crinière

πυκνὰ μάλα στενάχων ὥς τε λίς ἠυγένειος,
ᾧ ῥά θ᾽ ὑπὸ σκύμνους ἐλαφηβόλος ἁρπάσῃ ἀνὴρ
ὕλης ἐκ πυκινῆς…

Il sanglote sans répit, tel un lion à crinière à qui un chasseur de biches a enlevé ses petits au fond d'une épaisse forêt…

suscite d'abondants commentaires des scholiastes, et l'un parle d'un lion mâle (λέοντι), mais deux commentateurs y voient une femelle :

318a {πυκνὰ μάλα στενάχων} ὥς τε λίς ἠυγένειος : ἐμπείρως πάνυ · αἱ γὰρ θήλειαι κάλλιστον ἔχουσι γένειον, οἱ δὲ ἄρρενες χαίτην, νῦν δ᾽ ἐπὶ θηλείας · ἄρσην γὰρ οὐ σκυμναγωγεῖ. τὸ δὲ λέαινα νεώτερον ὄνομα. A

Tout à fait pertinent. En effet, les femelles ont une belle barbe, tandis que les mâles ont une crinière ; il s'agit ici d'une femelle, car un mâle n'élève pas les petits. Le nom récent correspondant est *leaina*.

b ἠυγένειος : θήλεια· ταύτης γὰρ τὸ γένειον κάλλιον, χαίτη δὲ οἱ ἄρρενες. T

À la belle barbe : femelle ; elle a une plus belle barbe, alors que les mâles se distinguent par la crinière.

La plainte d'Achille est au centre de la comparaison : γόοιο au vers 316, στενάχων ὥς τε λὶς en 318[17] rappelé par ὡς ὁ βαρὺ στενάχων en 323. Il s'agit formellement d'un lion mâle si l'on en croit les accords des adjectifs et pronoms : certes ἠυγένειος, qui semble être une épithète formulaire de λὶς[18], ne nous dit rien du genre grammatical de ce mot puisque les adjectifs composés sont épicènes en grec, mais le relatif ᾧ, l'anaphorique ὁ δέ, le groupe ὕστερος ἐλθών et le participe ἐρευνῶν sont tous des masculins sans ambiguïté. Cela suffit-il à exclure que λὶς renvoie à une lionne ? Certains scholiastes trouvent que ἠϋγένειος « à la belle barbe » convient à la femelle alors que les lions mâles se caractérisent par une crinière[19]. Cela semble même évident pour Mark Edwards, commentateur de ce passage[20]. Mais la présence de la crinière n'exclut pas

---

17 Le participe στενάχων s'applique formellement à Achille mais aussi à λὶς ἠϋγένειος.

18 Dans les trois emplois homériques de λὶς au sens de lion (deux exemples dans l'*Odyssée* renvoient à une sorte de roche λὶς πέτρη), on trouve l'association λὶς ἠϋγένειος, en fin de vers : *Il.* 15.275 … ἐφάνη λὶς ἠϋγένειος, 17.109 ἐντροπαλιζόμενος ὥς τε λὶς ἠϋγένειος et notre passage. Liddell-Scott-Jones ne mentionnent même pas la possibilité que λὶς soit un féminin.

19 Aristote, *HA* VI, 31 (579b) : οὐκ ἔχει ἡ λέαινα χαίτην, ἀλλ᾽ ὁ ἄρρην λέων.

20 Mark W. Edwards, ad 318 : « ὥς τε λὶς ἠϋγένειος recurs at 17.109 (see note *ad loc.*). The exegetical scholia (AT) inform us ἠϋγένειος is accurate, for the lioness has a magnificent (κάλλιστον) beard, the male lion (which does not care for the cubs) a mane ; but see 15.271-276 n. On λὶς see 17.133-136 n. » Le même Mark Edwards remarque pourtant dans la note au chant 17 à laquelle renvoie sa dernière phrase citée qu'il s'agit alors d'un lion mâle avec la même thématique de la défense des petits : « Zenodotus omitted these lines (which were not in the Chian text ; see Apthorp,, *Manuscript Evidence* 102-104, n. 11) on the grounds

celle d'une barbe et le poète a pu s'attacher à un détail physique de préférence à un autre ; indépendamment de toute considération de genre, ἠϋγένειος a pu s'associer spécifiquement à λὶς, mot rare, alors qu'un jeu d'épithètes variées était disponible pour λέων. En fait, il faut conclure que le genre grammatical est masculin pour λέων comme pour λὶς, mais que le poète peut entendre une femelle protégeant ses petits dans les deux cas, comme le disait Fränkel dans le passage auquel renvoie la note d'Edwards citée ici.

L'ensemble de ces trois comparaisons des chants XVII et XVIII peut être lu comme une suite d'images de la protection apportée au corps de Patrocle que le poète emprunte aux comportements des animaux envers leurs petits. Les scholiastes ont vu leurs échos affectifs.

La comparaison entre deux passages comportant des images voisines entraîne parfois dans les scholies le rejet d'un passage. Le scholiaste montre alors que sa connaissance du texte homérique l'amène à penser qu'il y a un seul cas où la comparaison est justifiée, à sa place, alors que l'autre passage manifesterait une interpolation : ce sont de tels passages qui ont donné naissance aux idées « séparatistes », et les ont peut-être justifiées au moins en partie. Pour *Il.* VI, 506-511 (la comparaison concerne Pâris, qui s'est apprêté pour le combat, v. 503-505) :

> Ariston. ὡς δ' ὅτε τις στατὸς <-καὶ νομὸν ἵππων> : καὶ τούτοις ὁμοίως ἀστερίσκοι παράκεινται, ὅτι τὴν παραβολὴν ὅλην ἐπὶ Ἕκτορος βληθέντος λίθῳ ὑπ' Αἴαντος (sc. Ο 263_8) μετήνεγκεν ἐντεῦθεν.

> Comme lorsqu'un cheval à l'écurie… : les astérisques se trouvent pareillement en face de ces vers parce que le poète a emprunté l'ensemble de la comparaison à celle d'Hector blessé d'une pierre par Ajax (*sc.* XV, 263-268).

Ce passage est ainsi rejeté au profit de *Il.* XV, 263-269 (la comparaison s'applique alors à Hector), le scholiaste pense que la comparaison de Pâris à un « cheval à l'écurie » a été « empruntée » (μετήνεγκεν) à celle d'Hector :

> ὡς δ' ὅτε τις στατὸς ἵππος ἀκοστήσας ἐπὶ φάτνῃ
> δεσμὸν ἀπορρήξας θείῃ πεδίοιο κροαίνων
> εἰωθὼς λούεσθαι ἐϋρρεῖος ποταμοῖο
> κυδιόων· ὑψοῦ δὲ κάρη ἔχει, ἀμφὶ δὲ χαῖται
> ὤμοις ἀΐσσονται· ὃ δ' ἀγλαΐηφι πεποιθὼς
> ῥίμφά ἑ γοῦνα φέρει μετά τ' ἤθεα καὶ νομὸν ἵππων·
> ὡς Ἕκτωρ λαιψηρὰ πόδας καὶ γούνατ' ἐνώμα
> ὀτρύνων ἱππῆας, ἐπεὶ θεοῦ ἔκλυεν αὐδήν.

---

that male lions do not lead their cubs about ; familiarity with the habits of lions had led him to alter the text elsewhere (see 13.198-200 n., and cf. Pasquali, *Storia* 229). Aristarchus (Did/A) correctly understood that λέων and λὶς are always grammatically masculine and sex is not involved ; see Fränkel, *Gleichnisse* 92-93, on the gender of female animals. » Je n'ai pas pu retrouver le passage d'Aristarque qu'invoque Edwards.

Tel un étalon, trop longtemps retenu en face de la crèche où on l'a gavé d'orge, soudain rompt son attache et bruyamment galope dans la plaine, accoutumé qu'il est à se baigner aux belles eaux d'un fleuve. Il se pavane, il porte haut la tête ; sur ses épaules voltige sa crinière, et, sûr de sa force éclatante, ses jarrets promptement l'emportent vers les lieux familiers où paissent les cavales. Tel Hector, rapide, joue des pieds, des jarrets, pour aller stimuler ses meneurs de chars dès l'instant où il a ouï la voix du dieu.

Il est intéressant de constater que l'ordre linéaire du texte de l'*Iliade* ne semble avoir pour le scholiaste aucune pertinence ici ; la comparaison adaptée à Hector au chant XV a pu selon lui entraîner secondairement son application à Pâris au chant VI. En revanche, la scholie à la comparaison du chant II citée plus haut semble implicitement attacher de l'importance à cet ordre, sans parler des deux scholies au chant XVII qui comparent deux comparaisons dans le même chant. Mais il ne s'agit pas alors de l'ensemble de l'épopée. Le problème des scholiastes est celui de deux images analogues pour des personnages et des contextes différents : pour eux, cela suppose qu'un passage est authentique, l'autre imité. Il s'agit donc de déterminer le passage unique dans lequel la comparaison est pertinente et d'exclure la possibilité de multiples usages du même modèle de comparaison.

Une scholie au chant XV défend pourtant la position inverse, montrant que pour chaque passage, tel ou tel commentateur est prêt à développer une argumentation *ad hoc* en fonction de son interprétation du passage et du personnage en question :

263-4a ὡς δ' ὅτε τις στατὸς <-κροαίνων> : ταῦτα δεῖ φέρεσθαι τὰ δύο διὰ τὸ "ὡς "Εκτωρ" (Ο 265). Ἀπὸ δὲ τοῦ "εἰωθώς" ἀθετητέον· οἰκειότερον γὰρ ἐπὶ Ἀλεξάνδρου κεῖνται (sc. Ζ 508-511) · οὐ γὰρ ἁρμόσειαν Ἕκτορι νῦν.

Comme lorsqu'un cheval ... : il faut enlever ces deux vers à cause de « ainsi Hector » ; il faut faire l'athétèse à partir de « εἰωθώς » (XV, 265) : ces vers sont plus à leur place à propos d'Alexandre (*sc.* VI, 508-511) ; ils ne sauraient convenir maintenant à Hector.

Il me semble que l'on peut proposer plutôt une hypothèse dans le cadre de l'Oral Poetry : des images différentes du héros ou de héros différents peuvent se rencontrer dans différents contextes où elles donnent au récit une dimension de profondeur, une couleur poétique, sans nécessiter un choix du meilleur contexte aux dépens des autres occurrences[21]. Mais cela n'est nullement le point de vue des scholies.

Du point de vue – moderne – de l'anthropologie des images évoqué incidemment plus haut, on pourrait surtout suggérer que la comparaison d'Hector à un cheval à l'arrêt soudain libéré au chant XV prépare les comparaisons du chant XXII (en particulier 162-166 : la poursuite d'Hector par Achille entraîne une comparaison à une

---

21 Cet exemple précis est d'ailleurs cité par W. C. Scott – dont le point de vue central est de montrer que la technique homérique des comparaisons correspond à une composition orale – : il renvoie au commentaire de Leaf et au principe des analystes sans mentionner les scholies (*The Oral Nature of the Homeric Simile*, p. 6).

course de chevaux autour de la ville, qui n'a pas déclenché la verve des scholiastes, semble-t-il[22]). Dans le contexte du chant XV lui-même, elle suit d'ailleurs un discours d'Apollon à Hector évoquant les meneurs de chars des Troyens et leurs chevaux rapides (vers 257 et 258).

Cet exemple suscite l'envie de voir ce que les commentateurs disent dans d'autres cas de comparaisons formulaires. La multiplicité des comparaisons entre un héros et un lion dont il a été question plus haut montre bien que le problème aurait pu être posé dans les scholies.

Il semble relativement rare que les scholies constatent la coalescence de plusieurs figures dans un même passage, ainsi pour *Il.* II, 382, où la présence d'un *homeotéleute* combiné à une *anaphore* est soulignée par un scholiaste, avec le commentaire συνέπλεξε σχήματα (« tresser les figures ») qui me paraît remarquable, même s'il nous fait sortir du cadre des comparaisons et métaphores que nous avons choisi :

(382b.) {2ex.}2 εὖ μέν τις δόρυ<—θέσθω> : δύο συνέπλεξε σχήματα, ὁμοιοτέλευτον καὶ ἐπαναφοράν, ἐπανιὼν μὲν εἰς τὴν αὐτὴν λέξιν, καταλήγων δὲ εἰς τὸ ὁμοιοτελὲς τῶν ῥημάτων. A b (BCE3)T

Il a tressé deux figures, l'homéotéleute et l'épanaphore, en revenant sur la même expression et en terminant par une fin de mot identique.

(382c.) {2ex.}2 εὖ δ' ἀσπίδα θέσθω: ὁ τρόπος ἐπαναφορικός, ὡς τὸ
„εὖ μὲν Μυρμιδόνας φάσ' ἐλθέμεν, εὖ δὲ Φιλοκτήτην"(γ 188. 190),
„κλαῖε μὲν Ἀργείη Ἑλένη, κλαῖε δὲ Τηλέμαχος"(δ 184. 185). b(BE3)

Le trope est une épanaphore comme dans les vers suivants : *Od.* III, 188/190 et IV, 184/185.

Il me semble intéressant aussi de remarquer que la *Rhétorique* d'Aristote et le traité *Du style* de Démétrius admirent de même Homère pour de telles superpositions de figures dans le passage du Catalogue où il est question du beau Nirée, dont le nom revient à trois reprises dans le texte homérique. Les deux passages, visiblement redondants l'un par rapport à l'autre, laissent penser que Démétrius s'est largement inspiré de son prédécesseur :

Arist. *Rhét.* III, 12, 1414a2 : τοῦτο δὲ βούλεται ποιεῖν καὶ Ὅμηρος ἐν τῷ "Νιρεὺς αὖ Σύμηθεν", "Νιρεὺς Ἀγλαΐης", "Νιρεὺς ὃς κάλλιστος". περὶ οὗ γὰρ πολλὰ λέγεται, ἀνάγκη καὶ πολλάκις εἰρῆσθαι· εἰ οὖν [καὶ] πολλάκις, καὶ πολλὰ δοκεῖ, ὥστε ηὔξηκεν, ἅπαξ μνησθείς, διὰ τὸν παραλογισμόν, καὶ μνήμην πεποίηκεν, οὐδαμοῦ ὕστερον αὐτοῦ λόγον ποιησάμενος.

C'est l'effet [d'amplification, αὔξησις] qu'Homère veut produire par la répétition : « Nirée, venu de Symé … », « Nirée, fils d'Aglaé … », « Nirée, qui était le plus

---

22 Mais Eustathe l'a remarqué, il insiste sur l'inégalité des deux « chevaux » de l'image, Achille vainqueur (ἀεθλοφόρῳ εἰκάσας ἵππῳ) tandis qu'Hector court pour la vie (περὶ τῆς τοῦ Ἕκτορος ψυχῆς δρόμος). C'est d'autant plus remarquable que l'évêque byzantin reproduit d'ordinaire l'essentiel des scholies antérieures : ici, il ajoute sa remarque personnelle.

beau ». En effet, celui dont on dit plusieurs choses est nécessairement nommé plusieurs fois ; si donc on le nomme plusieurs fois, il semble qu'il accomplisse plusieurs exploits ; le poète a donc, grâce à ce paralogisme, accru l'importance du personnage, tout en ne le mentionnant qu'en un seul passage, et il en a assuré la mémoire, sans jamais faire mention de lui par la suite[23].

Le problème le plus intéressant à mes yeux, celui de la frontière entre métaphore et comparaison, est rarement abordé par les scholiastes autrement que de manière très allusive, mais permet de réfléchir sur leurs pratiques[24].

Une scholie voit la métaphore et la trouve « proche d'une comparaison », ἐγγὺς παραβολῆς ἡ μεταφορά, une autre remarque sa particularité dans le cas d'*Il.* XIII, 339a :

ex. ἔφριξεν δὲ μάχη <φθισίμβροτος ἐγχείησι> : ἐγγὺς παραβολῆς ἡ μεταφφορά. ἐν βραχεῖ δὲ τὸ μετέωρον τῶν δοράτων καὶ τὴν κίνησιν δηλοῖ· **b**(BCE3E4)**T** ὅμοιον γάρ τι τῇ τῶν σταχύων κινήσει γέγονεν. **T**

Le combat se hérissa : la métaphore est proche d'une comparaison ; avec concision elle montre l'instabilité des lances et leur mouvement. Il est en effet semblable au mouvement des épis.

XIII."339b".1
ex. ἔφριξεν δὲ μάχη <φθισίμβροτος ἐγχείησι> : ποιητικῶς ἔφη φρίττειν τὴν μάχην διὰ τῆς ἀνατάσεως τῶν δοράτων. **b**(BCE3E4)**T**

Le combat se hérissa : (le poète) dit poétiquement que le combat se hérisse à cause du redressement des lances.

---

23 Traduction Dufour-Wartelle légèrement modifiée. Nirée est un personnage très secondaire de l'*Iliade*, dont les exploits n'ont guère d'importance dans le récit, Aristote le dit très justement, sans expliquer à quoi pouvait correspondre cette insistance. Comparer avec le Ps.-Démétrios, *Du style*, § 61-62 : « Quant à Nirée, mince personnage s'il en fut, à la fortune encore plus mince (trois navires et une poignée d'hommes), Homère l'a fait grand, grande sa fortune et nombreuse sa maigre suite, par l'usage d'une double figure, faite du mélange de l'épanaphore et de la disjonction : *car Nirée*, dit-il, *amenait trois navires, Nirée le fils d'Aglaea, Nirée le plus bel homme venu sous Ilion…* La remontée de l'expression (épanaphore) au même mot, Nirée, et la disjonction, font l'effet d'une abondance de biens au lieu des deux ou trois réels. (62) Aussi, bien que Nirée ne soit nommé qu'une fois à peine au cours de l'action, nous nous souvenons de lui autant que d'Achille ou d'Ulysse dont il est pourtant question presque à chaque vers. La raison en est le pouvoir de la figure. Si Homère avait dit : "Nirée, fils d'Aglaea, amenait de Symé trois navires", cela serait presque revenu à passer Nirée sous silence. Il en va, en littérature, comme dans les banquets, où une petite quantité de mets disposée d'une certaine façon fait croire à une grande quantité. » (tr. P. Chiron).

24 On ne peut que regretter qu'Aristote, qui parle de la comparaison et de la métaphore dans la *Rhétorique* quelques paragraphes avant celui sur Nirée, et dit bien que la comparaison est réussie quand elle touche à la métaphore (1413) en donnant des exemples peu convaincants, n'ait pas analysé de près les comparaisons homériques. Sur cette relative déception, voir W. B. Stanford, *Greek Metaphor*, p. 28-29, qui souligne toutefois deux passages dans lesquels le Stagirite exprime son admiration pour certaines métaphores, *Poét.* 22, 59a et *Rhét.* III, 10, 1410-1411, où Homère n'est pas concerné. Son exemple le plus probant à mes yeux est le suivant : « Des quatre sortes de métaphores, les plus réputées sont celles qui se fondent sur une analogie, comme Périclès disait que la jeunesse morte pendant la guerre avait disparu de la cité comme si l'on avait retranché le printemps de l'année. »

XIII."339c".1 dit à peu près la même chose en plus condensé :

ex. <ἔφριξεν δὲ μάχη φθισίμβροτος ἐγχείῃσι :> ὠρθώθη τῆς μάχης τὰ δόρατα. A

Le combat se hérissa : les lances du combat se dressèrent.

La métaphore du frisson qui passe sur les armées en bataille évoque pour le premier commentaire le passage du vent sur les épis de blé, comparaison qui a effectivement des parallèles chez Homère. En l'occurrence, si l'on regarde le contexte immédiatement antécédent du vers 339, on remarque que les vers 334 à 338[25] sont justement une grande comparaison du combat à une tempête qui disperse de la poussière : ce n'est nullement une métaphore exceptionnelle, mais une métaphore qui prolonge une comparaison sous forme synthétique. Les spécialistes modernes ne semblent pas plus que les anciens avoir vu le phénomène : les uns commentent la comparaison[26], les autres la métaphore comme le scholiaste[27], mais ne voient pas le contexte d'ensemble – à moins que ce ne soit ce que voulait dire le scholiaste par ἐγγὺς παραβολῆς ἡ μεταφορά, à traduire alors par « la métaphore est proche de la comparaison » (en entendant celle qui précède immédiatement), mais l'absence de l'article avec παραβολῆς ne plaide pas dans ce sens.

Un peu plus loin dans le même chant XIII, un scholiaste commente en parlant d'allégorie et d'une comparaison « mixte » et dit que le poète se sert des éléments du combat comme métaphore : le scholiaste embarrassé évoque une comparaison tout en notant qu'elle ne suit pas le schéma corrélatif habituel mais fonctionne en réalité comme une métaphore[28] :

(358-60a.) {2ex.}2 τοὶ δ' ἔριδος κρατερῆς <— / ἄρρηκτόν τ' ἄλυτόν τε, τὸ πολλῶν γούνατ' ἔλυσεν> : μικτὴ ἡ ἀλληγορία. ἔχει δέ τι ἴδιον ἡ παραβολή· οὐ γὰρ ἰδίᾳ περὶ ἑκατέρου εἶπε τῆς τε εἰκόνος καὶ τοῦ εἰκονιζομένου πράγματος ὅτι, ὥσπερ οἱ ἐξασφαλιζόμενοι τοὺς δεσμοὺς τὰ πέρατα τῶν δεσμῶν ἄλλοις ἐπιβαλόντες δεσμοῖς καὶ συμπλέξαντες δυσδιάλυτον ποιοῦσι τὸν δεσμόν, οὕτω καὶ οἱ θεοὶ τὴν φιλονεικίαν τῶν στρατευμάτων ἔπλεξαν ὥστε δυσδιάλυτον αὐτὴν γενέσθαι· ἀλλ' ὥσπερ μεταφορᾷ κέχρηται ἀπὸ τῶν ἐπὶ τὴν μάχην, ἔριδος πέρας καὶ πολέμου πέρας ὥσπερ σχοινίων πέρατα ὀνομάσας καὶ τὸ ἐπαλλάξαι ὡς ἐπὶ δεσμῷ καὶ τὸ τανύσαι καὶ τὰ ἑξῆς ὀνόματα.

---

25 Ces vers sont ainsi traduits par F. Mugler : « Tels, sous le fouet de la tempête, on voit les vents sonores, / toutes les fois que la poussière abonde sur les routes, / la ramasser pour en former un nuage poudreux : / tel le combat ne fit plus qu'un seul bloc, et tous brûlèrent / de s'égorger dans la mêlée avec le bronze aigu. »

26 H. Fränkel, *Die Homerischen Gleichnisse*, p. 23 ; W. C. Scott, *The oral Nature of the Homeric Simile*, p. 65.

27 W. B. Stanford, *Greek Metaphor*, p. 28, dont la remarque vient de Démétrius, *Du style*, § 82 : « Certaines choses sont dites plus clairement et plus proprement dans les métaphores que dans les mots propres eux-mêmes, comme pour "la bataille se hérissa". En effet, on ne le dirait pas avec plus de vérité et de clarté en passant par les mots propres. Le poète a désigné l'agitation des lances et le son qui se produit lentement par un combat qui est continuellement en train de se hérisser, et en même temps il s'est emparé de la métaphore en puissance dont il a été question plus haut, en disant que le combat se hérisse comme un animal. » (traduction personnelle)

28 Scholie à *Il.* XIII, 358-360a.

134 FRANÇOISE LÉTOUBLON

L'allégorie est mêlée et la comparaison particulière, car le poète n'a pas dit en propre ce qui relève de chacun des deux termes, l'image et l'objet : de même que ceux qui renforcent des liens en ajoutant et en nouant d'autres liens aux extrémités, rendent le nœud difficile à défaire, de même les dieux ont noué la dispute entre les armées au point qu'elle devienne insoluble. Mais il se sert d'une métaphore tirée du domaine du combat, en appelant l'extrémité de la querelle et du combat comme le bout d'un cordage, ainsi qu'en parlant d'entrelacement et de tension.

Dans le texte homérique[29], très dense, le commentateur a fort bien vu ce que nous appellerions aujourd'hui une métaphore filée du nœud de la bataille dans les mots πεῖραρ, ἐπαλλάξαντες, τάνυσσαν, ἄρρηκτόν τ' ἄλυτόν τε.

Dans un autre cas, en commentant l'interversion de l'ordre habituel des termes dans une comparaison, un scholiaste semble faire par défaut une typologie des comparaisons homériques habituelles. Le texte commenté est celui de *Iliade*, II, 207-210 :

> Ὥς ὅ γε κοιρανέων δίεπε στρατόν· οἳ δ' ἀγορὴν δὲ
> αὖτις ἐπεσσεύοντο νεῶν ἄπο καὶ κλισιάων
> ἠχῇ, ὡς ὅτε κῦμα πολυφλοίσβοιο θαλάσσης
> αἰγιαλῷ μεγάλῳ βρέμεται, σμαραγεῖ δέ τε πόντος. (II, 207-210)

Ainsi il parle en chef et remet l'ordre au camp ; et, de nouveau, des nefs et des baraques, l'armée accourt à l'assemblée. Le fracas en est tout pareil à celui des flots d'une mer bruyante, qui mugit au long d'un rivage immense, cependant que gronde le large.

Les scholiastes proposent des commentaires voisins pour ces vers, nous avons choisi le plus détaillé :

> II.ʺ207-210ʺ.1
> Nic. οἳ δ' ἀγορὴν δέ / αὖτις ἐπεσσεύ<ον> το<- πόντος> : συναπτέον ἕως <τοῦ> ἠχῇ (209), ἐφ' ὃ διασταλτέον βραχύ · ἀν<τ>έστραπται γὰρ ἡ παραβολὴ καὶ <ἡ> ἀνταπόδοσις προτερεῖ. εἰ οὖν τεταγμένη ἦν ἡ παραβολὴ προτέρα καὶ ἡ ἀνταπόδοσις δευτέρα, πάντως ἂν πρὸ τῆς παραβολῆς ἐστίξαμεν τὸν τρόπον τοῦτον · ὡς ὅτε κῦμα πολυφλοίσβοιο θαλάσσης / αἰγιαλῷ βρέμεται (209_10), οὕτως ἐκεῖνοι ἀγορὴν δὲ αὖτις ἐπεσσεύοντο

Il faut lier jusqu'au mot ἠχῇ, après lequel il faut marquer une brève séparation. En effet la comparaison est dans l'ordre inverse et l'antapodose (*sc. le développement du comparé*) vient en premier. Si donc la comparaison était placée en premier et l'antapodose en second, nous aurions ponctué de la manière suivante : comme

---

29 *Il.* XIII, 358-360 τοὶ δ' ἔριδος κρατερῆς καὶ ὁμοιΐου πτολέμοιο πεῖραρ ἐπαλλάξαντες ἐπ' τοὶ δ' ἔριδος κρατερῆς καὶ ὁμοιΐου πτολέμοιο ἀμφοτέροισι τάνυσσανἄρρηκτόν τ' ἄλυτόν τε, τὸ πολλῶν γούνατ' ἔλυσεν.

lorsque le flot de la mer mugissante / gronde sur le rivage (209-210), ainsi ils s'élançaient vers l'assemblée[30].

Effectivement, le récit initial entraîne une comparaison à la mer en furie qui pourrait tenir en un hémistiche (ὡς ὅτε κῦμα πολυφλοίσβοιο θαλάσσης[31]), mais le poète, si souvent inspiré par la mer[32], semble s'être laissé aller à développer davantage la comparaison et à permuter l'ordre habituel du comparant et du comparé.

J'ai déjà abordé le passage d'*Iliade* III, 60-65 dans le cadre du colloque Σχῆμα/ *Figura* : que l'on me permette d'y revenir ici à cause de son importance.

Commençons par le texte originel, *Il.* III, 60-65 :

αἰεί τοι κραδίη πέλεκυς ὥς ἐστιν ἀτειρής
ὅς τ᾽ εἶσιν διὰ δουρὸς ὑπ᾽ ἀνέρος ὅς ῥά τε τέχνῃ
νήϊον ἐκτάμνῃσιν, ὀφέλλει δ᾽ ἀνδρὸς ἐρωήν·
ὡς σοὶ ἐνὶ στήθεσσιν ἀτάρβητος νόος ἐστί·
μή μοι δῶρ᾽ ἐρατὰ πρόφερε χρυσέης Ἀφροδίτης

Ton cœur à toi toujours est inflexible : on croirait voir la hache qui entre dans le bois, quand, aux mains de l'artisan taillant la quille d'une nef, elle aide à l'effort de l'homme. Ton cœur est aussi ferme au fond de ta poitrine. Ne me reproche pas pourtant les dons charmants de l'Aphrodite d'or.

On remarque d'abord dans le texte une comparaison du cœur (κραδίη) à une hache, πέλεκυς ὥς ἐστιν ἀτειρής, sur le modèle d'une comparaison brève, mais elle est étendue secondairement par une relative elle-même développée sur deux vers (61-62). Le vers 63 montre que le poète s'est ensuite senti dans le cadre typologique de la grande comparaison, commençant le vers par le ὡς que l'on appelle « résomptif », mais avec l'application de l'adjectif ἀτάρβητος, qui semble métaphorique, à νόος.

Le passage a suscité plusieurs scholies. Dans la scholie au vers 60, le scholiaste se tire d'une situation complexe en voyant une « image » dans la première comparaison : εὖ δὲ καὶ εἰκόνα ἀπαθεστάτην εὗρε τὴν τοῦ σιδήρου, « il a trouvé l'image la plus insensible, celle du fer », ce qui nous a amenée à faire entrer l'ensemble dans l'étude des attestations du « cœur de fer » et de ses variantes (de bronze ou de pierre).

Dans la scholie au vers 63, le même – ou un autre scholiaste plutôt – commente le deuxième terme en y voyant la superposition de deux images :

---

30 Le texte de l'édition d'Oxford est le suivant pour *Il.* II, 207-210 :
 ῝Ως ὅ γε κοιρανέων δίεπε στρατόν· οἱ δ᾽ ἀγορὴν δὲ / αὖτις ἐπεσσεύοντο νεῶν ἄπο καὶ κλισιάων / ἠχῇ, ὡς ὅτε κῦμα πολυφλοίσβοιο θαλάσσης /αἰγιαλῷ μεγάλῳ βρέμεται, σμαραγεῖ δέ τε πόντος.
31 Cf. le même second hémistiche en *Il.* I, 34 ; II, 209 ; VI, 247 ; IX, 182 ; XIII, 798 ; XXIII, 59 ; *Od.* XIII, 85 et 220.
32 Voir par exemple *Il.* II, 144 : κινήθη δ᾽ ἀγορὴ ὡς κύματα μακρὰ θαλάσσης ; XIII, 39 : Τρῶες δὲ φλογὶ ἶσοι ἀολλέες ἠὲ θυέλλῃ ; XIII, 334 : ci-dessus ; et surtout XV, 381, très voisin de II, 209 : Οἱ δ᾽ ὡς τε κῦμα θαλάσσης εὐρυπόροιο / νηὸς ὑπὲρ τοίχων καταβήσεται…

III."63b".1

ex. ὥς τοι ἐνὶ στήθεσσιν ἀτάρβητος : δύο ὑπεροχῶν ὁμοιότητας παρέθετο, πελέκεως καὶ γνώμης, ὡς εἴ τις λέγοι· ὅσον ἦν Αἴας πρᾶξαι δυνατός, τοσοῦτον Ὀδυσσεὺς βουλεύειν. **b**(BCE3)**T**

Il a juxtaposé deux comparaisons d'excellence, celle de la hache et celle de la pensée, comme si l'on disait : "autant Ajax était bon pour agir, autant Ulysse pour décider"[33].

On voit dans quelle perplexité nous nous trouvons actuellement. Faute de conclure, on pourrait dire que le problème de la relation entre le texte homérique et ses commentateurs apparaît dans sa complexité... Il faudra essayer de regarder systématiquement les commentaires disponibles pour chaque comparaison. Mais il est fort difficile de tenir compte de tous, ne serait-ce qu'à cause de la difficulté de visualiser les différents commentaires pour chaque texte. L'exemple des comparaisons répétées et des commentaires contradictoires entre eux nous semble une voie intéressante pour préparer la suite.

Les analyses des scholies sont certes moins profondes que celles du Pseudo-Plutarque[34], mais elles vont dans le même sens du rapport entre comparé et comparant par rapport au contexte, et elles invitent à poursuivre la recherche dans le cadre d'un projet collectif.

Bibliographie

Sources[35]

Dindorf, Wilhelm (éd.), *Scholia graeca in Homeri Odysseam*, Amsterdam, Hakkert, 1962, réimpression de l'édition d'Oxford, 1855.

Erbse, Hartmut (éd.), *Scholia graeca in Homeri Iliadem (scholia vetera)*, 5 vol., Berlin, De Gruyter, 1977-1988.

Van Thiel, Helmut, *Scholia D in Iliadem*. Proecdosis aucta et correctior 2014 : http://kups. ub.uni-koeln.de/5586/

Études sur les scholies

Clay, Diskin, « The Theory of the literary persona in Antiquity », *MD*, 40, 1998, p. 9-40.

Combellack, Frederick M., « The λῦσις ἐκ τῆς λέξεως », *AJPh*, 108, 1987, p. 202-219.

De Jong, Irene J. F., « *Gynaikeion ethos* : misogyny in the Homeric scholia », *Eranos*, 89, 1991, p. 13-24.

---

33 La suite du raisonnement n'est pas évidente.

34 Voir dans le présent volume l'article correspondant à la belle communication d'Hélène Fuzier.

35 Éditions des scholies servant de base à la version numérisée dans le *TLG*, auxquelles on ajoute Van Thiel pour les scholies D.

Dickey, Eleanor, *Ancient Greek Scholarship. A Guide to Finding, Reading, and Understanding Scholia, Commentaries, Lexica and Grammatical Treatises, from their Beginnings to the Byzantine Period*, Oxford, Oxford University Press, 2007.

Heath, Michael, « The Homeric Scholia », in *Id., Unity in Greek Poetics*, chap. 8, Oxford, Clarendon Press, 1989, p. 102-123.

Kennedy, George A., « Ancient Antecedents of Modern Literary Theory », *AJPh*, 110, 1989, p. 492-498.

Lamberton, Robert, « Homer in Antiquity », in I. Morris et B. Powell (éd.), *A New Companion to Homer*, Leyde, Brill, 1997, p. 33-54.

Lamberton, Robert et Keaney, John J. (éd.), *Homer's Ancient Readers : the Hermeneutics of Greek Epic's Earliest Exegetes*, Princeton, Princeton University Press, 1992.

LGGA : Lessico dei grammatici greci antichi-Aristarchus, www.aristarchus.unige.it/lgga/ depuis 2002, disponible en anglais depuis 2011.

Matthaios, Stephanos, « Philology and Grammar in the Imperial Era and Late Antiquity : An Historical and Systematic Outline », in F. Montanari, S. Matthaios et A. Rengakos (éd.), *Brill's Companion to Ancient Greek Scholarship*, Leyde, Brill, 2015, p. 184-296.

Montana, Fausto, « Hellenistic Scholarship », in F. Montanari, S. Matthaios et A. Rengakos (éd.), *Brill's Companion to Ancient Greek Scholarship*, Leyde, Brill, 2015, p. 60-183.

Montanari, Franco, *Studi di filologia omerica antica I et II*, Pise, Giardini, 1979 et 1995.

Montanari, Franco (éd.), *Omero : gli aedi, i poemi, gli interpreti*, Florence, Scandicci, 1998.

Montanari, Franco (éd.), *Omero Tremila anni dopo. Atti del Congresso di Genova, 6-8 luglio 2000*, Rome, Edizioni di Storia e Letteratura, 2002, 2009².

Montanari, Franco et Pagani, Lara, *From Scholars to Scholia. Chapters in the History of Ancient Greek Scholarship*, Berlin-New York, De Gruyter (Trends in Classics Suppl. 9), 2011.

Montanari, Franco, Matthaios, Stephanos et Rengakos, Antonios (éd.), *Brill's Companion to Ancient Greek Scholarship*, Leyde, Brill, 2015.

Morris, Ian et Powell, Barry (éd.), *A New Companion to Homer*, Leyde, Brill, 1997.

Nagy, Gregory, « Homeric Scholia », in I. Morris et B. Powell (éd.), *A New Companion to Homer*, Leyde, Brill, 1997, p. 101-122.

Nannini, Simonetta, *Omero e il suo pubblico. Nel pensiero dei commentatori antichi*, Rome, Edizioni Dell'Ateneo, 1986.

Pagani, Lara, « Pioneers of Grammar. Hellenistic Scholarship and the Study of Language », in F. Montanari et L. Pagani (éd.), *From Scholars to Scholia. Chapters in the History of Ancient Greek Scholarship*, Berlin-New York, De Gruyter (Trends in Classics Suppl. 9), 2011, p. 17-64.

Pfeiffer, Rudolf, *History of Classical Scholarship*, Oxford, Clarendon Press, 1968.

Razzetti, Francesca, « Aristonicos », *LGGA*, 2003.

Rengakos, Antonios, « The Hellenistic Poets as Homer's Critics », in F. Montanari (éd.), *Omero Tremila anni dopo*, Rome, Edizioni di Storia e Letteratura, 2002, p. 143-157.

Richardson, Nicholas J., « Literary Criticism in the Exegetical Scholia to the *Iliad* : a Sketch », *CQ*, 30, 1980, p. 265-287.

Richardson, Nicholas J., « La lecture d'Homère par les Anciens », *Lalies*, 10, 1988/89, p. 293-327.

Schmidt, Martin, « The Homer of the Scholia : What is explained to the Reader ? », in
F. Montanari (éd.), *Omero Tremila anni dopo*, Rome, Edizioni di Storia e Letteratura,
2002, p. 159-183.
Van Der Valk, Marchinus, *Researches on the Text and Scholia of the Iliad*, Leyde, Brill, 1963.
Wilson, Nigel G., « Scoliasti e commentatori », *SCO*, 33, 1983, p. 83-112.

Autres études

Bonnafé, Annie, « Quelques remarques à propos des comparaisons homériques de *l'Iliade*.
Critères de classification et études statistiques », *RPh*, 57, 1983, p. 79-97.
Casevitz, Michel, « Étude lexicologique. Du *schèma* au schématisme », in M. S. Celentano,
P. Chiron et M.-P. Noël (éd.), *Skhèma/Figura*, p. 15-29.
Celentano, Maria Silvana, Chiron, Pierre et Noël Marie-Pierre (éd.), *Skhèma/Figura*.
Formes et figures chez les Anciens, rhétorique, philosophie, littérature, Paris, Éditions Rue
d'Ulm, « Études de littérature ancienne » 13, 2004.
Crubellier, Michel et Pellegrin, Pierre, *Aristote, le philosophe et les savoirs*, Paris, Seuil, 2002.
Durante, Marcello, « ΕΠΕΑ ΠΤΕΡΟΕΝΤΑ. La parola come "cammino" in immagini
greche e vediche », *Rend. Acad. dei Lincei*, Classe di Scienze Morali, storiche
e filologiche, 13, 1958, p. 3-14 (trad. all. : « *Epea pteroenta*. Die Rede als "Weg"
in griechischen und vedischen Bildern », in R. Schmitt [éd.], *Indogermanische
Dichtersprache*, Darmstadt, Wissenschaftliche Buchgesellschaft, 1968, p. 242-260).
Edwards, Mark W., *The Iliad : A Commentary*, General editor G. S. Kirk, volume V : books
17-20, Cambridge, Cambridge University Press, 1991.
Fränkel, Hermann, *Die Homerischen Gleichnisse*, Göttingen, 1921, 2. unveränderte Auflage,
mit einem Nachwort und einem Literaturverzeichnis von Ernst Heitsch, Göttingen,
Vandenhoeck & Ruprecht, 1977.
Lee, Dionys J. N., *The Similes of the* Iliad *and the* Odyssey *compared*, Melbourne, Melbourne
University Press, 1964.
Létoublon, Françoise, « *Epea pteroenta* », *Oral Tradition*, 14, 1999, p. 321-335.
Létoublon, Françoise et Montanari, Franco, « Les métaphores homériques : l'exemple du
"cœur de fer" », in M. S. Celentano *et al.* (éd.), *Skhèma/Figura*, p. 31-46.
Létoublon, Françoise, « Comparaisons et métaphores homériques : un formulaire
traditionnel ou un art poétique ? », *Aevum Antiquum*, n.s. 2005, p. 117-134 (publié en
2009).
Lonsdale, Steven H., *Creatures of Speech : lion, herding and hunting similes in the* Iliad,
Stuttgart, Teubner, 1990.
Nagy, Gregory, *Pindar's Homer. The Lyric Possession of an Epic Past*, Baltimore, The Johns
Hopkins University Press, 1990.
Papanghelis, Theodore D. et Rengakos, Antonios (éd.), *A Companion to Apollonius
Rhodius*, Leyde, Brill, 2001.
Parry, Adam (éd.), *The Making of Homeric Verse. The Collected Papers of Milman Parry*,
Oxford, Clarendon Press, 1971.
Parry, Milman, *L'épithète traditionnelle dans Homère. Essai sur un problème de style
homérique*, Paris, Les Belles Lettres, 1928.
Parry, Milman, *Les Formules et la métrique d'Homère*, Thèse complémentaire, Paris, 1928.

Parry, Milman, « The Homeric Metaphor as a Traditional Poetic Device », *TAPhA*, 62, 1931, p. XXIV (repris in A. Parry [éd.], *The Making of Homeric Verse*, Oxford, Clarendon Press, 1971, p. 419) (résumé d'un article en projet).

Parry, Milman, « The Traditional Metaphor in Homer », *CP*, 28, 1933, p. 30-43 (repris in A. Parry [éd.], *The Making of Homeric Verse*, Oxford, Clarendon Press, 1971, p. 365-375).

Rengakos, Antonios, « Apollonius Rhodius as a Homeric scholar », in Th.D. Papanghelis et A. Rengakos (éd.), *A Companion to Apollonius Rhodius*, Leyde, Brill, 2001, p. 193-216.

Russell, Donald A. et Winterbottom, Michael (éd.), *Ancient Literary Criticism. The principal texts in new translations*, Oxford, Clarendon Press, 1972.

Sandoz, Claude, *Les Noms grecs de la forme. Étude linguistique*, Berne, 1982 (thèse de l'université de Neuchâtel, 1971).

Schmitt, Rüdiger (éd.), *Indogermanische Dichtersprache*, Darmstadt, Beck, « Wege der Forschung » 165, 1968.

Schnapp-Gourbeillon, Annie, *Lions, héros, masques : les représentations de l'animal chez Homère*, Paris, Maspero, 1981.

Scott, William C., *The Oral Nature of the Homeric Simile*, Leyde, Brill, « Mnemosyne Supplement » 28, 1974 [digital reissue, Dartmouth College Library, Hanovre, 2009].

Stanford, William B., *Greek Metaphor. Studies in Theory and Practice*, Oxford, B. Blackwell, 1936.

HÉLÈNE FUZIER

Homère, le maître incontesté de l'expression selon le Pseudo-Plutarque du *De Homero*

Le traité *De Homero*, faussement attribué à Plutarque, s'inscrit dans la tradition ancienne qui fait d'Homère un fondement pour ainsi dire obligé de la formation intellectuelle. De ce texte, on ignore à la fois l'auteur et la datation exacte ; je suivrai Kindstrand qui propose la seconde moitié du deuxième siècle. Son intérêt vient de son principe unificateur : la figure d'Homère qui permet à l'auteur d'aborder toutes sortes de sujets. Tout est dans Homère. C'est le premier des poètes, chronologiquement et de par son importance. Sa lecture apporte les plus grands profits dans trois domaines, l'expression (φωνή), la pensée (διάνοια) et la maîtrise des réalités concrètes (πραγμάτων πολυπειρία, § 1). Un peu plus loin, examinant les caractères de la narration homérique, le Pseudo-Plutarque souligne le talent du poète : il est au cœur de toute science et de toute technique de la parole (πάσης λογικῆς ἐπιστήμης καὶ τέχνης ἐντός, § 6) et il offre à ses successeurs, tant poètes que prosateurs, historiens ou philosophes, tous les principes aussi bien dans le domaine de l'expression que pour ce qui est de la matière à traiter. Et le Pseudo-Plutarque annonce alors sa démarche : il examinera d'abord, dans le domaine de l'expression, sa variété de langage (πολυφωνία) puis, en ce qui concerne le fond, son grand savoir (πολυμάθεια).

L'étude de la parole homérique est donc le sujet de la première partie du traité. Son développement suit un ordre attendu. Une première section relève de la grammaire et étudie succinctement les particularités de la langue homérique : métrique, formes et tournures syntaxiques dialectales, constitution du vocabulaire, mots étrangers, archaïques, communs et habituels. La suite est du domaine de la rhétorique : le cœur de l'exposé est consacré à la présentation des tropes et des figures (§ 15 à 71). Un développement assez bref envisage les *plasmata*, les types de style, ample, simple et moyen. Puis est introduite la distinction entre les genres de textes : historique, politique et, si l'on suit la restitution proposée par Wyttenbach, spéculatif. Le développement sur le premier genre littéraire est articulé en deux points : étude des éléments constituants de la narration, puis mise en œuvre stylistique, dépouillée ou ornée d'images. La suite du livre traitant des textes philosophiques et politiques introduit, par le biais des notions mises en œuvre, à la seconde partie du traité relative à la πολυμάθεια d'Homère.

Hélène Fuzier Docteur de l'Université Paul-Valéry-Montpellier.

Homère rhétorique. Études de réception antique, éd. par Sandrine DUBEL, Anne-Marie FAVREAU-LINDER et Estelle OUDOT, Turnhout, Brepols 2018 (*RRR* 28), p. 141-150
Brepols Publishers

10.1484/M.RRR-EB.5.115801

En ce qui concerne la πολυφωνία homérique, il est impossible, dans le cadre imparti, d'analyser toutes les catégories proposées par le Pseudo-Plutarque. Aussi me focaliserai-je sur deux développements qui font apparaître de façon exemplaire une différence d'approche du texte homérique. Le premier, l'exposé relatif aux tropes, donne la première place à la doctrine qui constitue le cadre dans lequel viennent s'insérer les exemples, ceux-ci ayant simple valeur d'illustration. Le second développement au contraire, qui traite des images littéraires, est conduit de façon plus libre et plus souple ; l'auteur est moins soucieux de définitions et de classifications et présente une réflexion nettement plus originale sur le texte homérique qu'elle contribue à éclairer. La confrontation de ces deux démarches nous conduira à essayer de cerner le projet du Pseudo-Plutarque dans son œuvre.

L'exposé relatif aux tropes

Le développement sur les tropes est un grand classique des manuels de rhétorique de l'Antiquité. Le texte du Pseudo-Plutarque présente des similitudes évidentes avec les textes analogues des rhéteurs grecs traitant du même sujet comme le Pseudo-Tryphon, Cocondrios ou Grégoire de Corinthe. Cependant on peut noter chez notre auteur quelques traits particuliers qui méritent de retenir l'attention.

Tout d'abord, il associe délibérément l'étude des tropes à celle des figures : la seconde fait suite à la première, tandis que les rhéteurs grecs paraissent s'être spécialisés, Alexandre, Phoibammon, le Pseudo-Hérodien, Tibérios, Zonaios pour les figures, les autres pour les tropes.

D'autre part, son travail s'inscrit dans une esthétique qui semble d'origine aristotélicienne. Selon lui, tropes et figures sont deux éléments qui relèvent du discours travaillé avec soin (ἐγκατάσκευος λόγος), lequel aime le changement par rapport à l'habituel (τὴν τοῦ συνήθους ἐξαλλαγήν), grâce auquel il devient plus évident (ἐναργέστερος), plus noble (σεμνότερος) et plus charmant (τερπνότερος). Dans cette rhétorique de l'écart, le souvenir d'Aristote est évident. Je ne rappellerai qu'un passage parmi beaucoup d'autres : la métaphore est un élément de l'expression noble et s'écartant de l'ordinaire (σεμνὴ δὲ καὶ ἐξαλλάττουσα τὸ ἰδιωτικόν, Poét. 22).

La définition elle-même des tropes et des figures reprend et amplifie cette notion d'écart à travers le terme ἐκτροπή, « détour, déviation », mis en facteur commun aux deux catégories : ἡ μὲν τῶν λέξεων ἐκτροπὴ καλεῖται τρόπος, ἡ δὲ τῆς συνθέσεως σχῆμα, « le détour de mots s'appelle trope, le détour de leur ordonnance s'appelle figure » (§ 15).

Le terme ἐκτροπή se retrouve chez Cocondrios dans sa présentation des tropes, mais ici chez le Pseudo-Plutarque, s'appliquant aussi bien aux tropes qu'aux figures, il fait des premiers un écart stylistique relatif aux mots pris isolément, tandis que les autres présentent un écart dans leur association, opposition qui remonte vraisemblablement à Théophraste.

Après cette définition suit l'examen des tropes qu'Homère a légués à la postérité. Le Pseudo-Plutarque en retient neuf : onomatopée, catachrèse, métaphore, métalepse, synecdoque, métonymie, antonomase, antiphrase et *emphasis* (c'est-à-dire suggestion expressive). Cette liste appelle quelques remarques.

C'est d'abord l'une des plus courtes que nous avons conservées de la rhétorique antique : neuf espèces, à comparer avec les dix mises à part par la *Rhétorique à Herennius*[1], avec les sept du premier ensemble de Quintilien, les tropes qui servent à désigner quelque chose (*significandi causa*, I.o. VIII, 6, 40)[2] ou encore avec les huit du noyau dur de la liste de Cocondrios, les tropes qui concernent un seul mot (οἱ μὲν περὶ μίαν λέξιν)[3].

La brièveté de ces listes est vraisemblablement une preuve de leur ancienneté, ou tout au moins de leur fidélité à un modèle ancien d'approche des tropes, sans doute stoïcien, comme l'est également la place initiale accordée à l'onomatopée aussi bien chez le Pseudo-Plutarque que dans la *Rhétorique à Herennius* ou chez Cocondrios.

Si la réflexion stoïcienne sur l'origine du langage constitue une composante essentielle qui fonde le concept de trope, alors l'onomatopée, littéralement « création de nom », est à juste titre la plus remarquable des espèces de la catégorie. C'est d'ailleurs l'un des tropes que le Pseudo-Plutarque étudie le plus longuement, avec la métaphore et la synecdoque. Des quarante-huit exemples homériques retenus pour illustrer les différents tropes, neuf s'appliquent à l'onomatopée et quatre à l'*epitheton* qui lui est subordonné, neuf sont relatifs à la métaphore et treize à la synecdoque, dont l'auteur distingue neuf variétés.

La plupart de ces exemples ne sont pas très originaux. Sur les quarante-huit, seuls dix-neuf sont propres au Pseudo-Plutarque[4]. Ils proviennent de l'*Iliade* à une faible majorité (dix-neuf exemples tirés de l'*Iliade* en regard de seize empruntés à l'*Odyssée*). Deux exemples sont des expressions qui figurent dans l'un et l'autre des

---

1 *Rhét. à Her.* 4, 42 : *Restant etiam decem exornationes uerborum quas* […] *a superioribus separauimus, quod omnes in uno genere sunt positae*, « Restent dix figures de mots […] que nous avons séparées des précédentes parce qu'elles appartiennent toutes à une même catégorie. ». Ces figures sont la *nominatio*, « création de mots » ou onomatopée, la *pronominatio*, « antonomase », la *denominatio*, « métonymie », la *circumitio*, « périphrase », la *transgressio*, « hyperbate », la *superlatio*, « hyperbole », l'*intellectio*, « synecdoque », l'*abusio*, « catachrèse », la *translatio*, « métaphore », la *permutatio*, « allégorie ».

2 Les sept premiers tropes sont la métaphore, la synecdoque, la métonymie, l'antonomase, l'onomatopée, la catachrèse et la métalepse. On remarque que ce sont les mêmes que les sept premiers de la liste du Pseudo-Plutarque, mais dans un ordre différent.

3 Ces huit tropes sont les suivants : onomatopée, πεποιημένον (néologisme), catachrèse, métaphore, métalepse, antiphrase, métonymie, antonomase. Cet ensemble est très proche de celui du Pseudo-Plutarque si l'on excepte la synecdoque, placée par Cocondrios dans le deuxième groupe de tropes, ceux qui ont trait à l'organisation des mots (οἱ δὲ περὶ σύνταξιν).

4 Constituent des exemples originaux sept des neuf exemples d'onomatopée, trois des quatre exemples d'*epitheton* (catégorie subordonnée à l'onomatopée), les deux exemples de catachrèse, un seul des neuf exemples de métaphore, quatre des treize exemples de synecdoque, un des trois exemples de métonymie, un des deux exemples d'*emphasis*. Les autres espèces, métalepse, antonomase et antiphrase, ne présentent aucun exemple propre au Pseudo-Plutarque.

poèmes[5], neuf se réduisent à un mot maintes fois employé dans le texte homérique[6], deux sont d'origine inconnue[7].

Les citations homériques sont diversement présentées. Parfois réduites à un seul mot (par exemple pour illustrer la première forme d'onomatopée), elles font le plus souvent apparaître une expression entière (c'est le cas pour la seconde forme d'onomatopée, la néologie sémantique[8]). Parfois encore le Pseudo-Plutarque cite un vers entier, par exemple dans le développement sur la métaphore. Les exemples fournis ne sont en général pas commentés, ou le sont *a minima*. On note la présence fréquente d'un schéma substitutif destiné à expliquer le trope : Homère dit telle chose à la place du terme propre[9]. C'est le commentaire de la plupart des métaphores. On a encore la formule : à partir de telle chose (ἀπό), il laisse voir (δηλοῖ) telle autre chose. C'est l'expression employée pour les synecdoques et pour un exemple de métonymie.

Quand les exemples sont traités avec plus d'ampleur, les remarques qu'ils suscitent sont d'ordre plus linguistique que stylistique. Mais elles ne sont pas dépourvues d'intérêt. Ainsi le vers 195 du chant X de l'*Odyssée* « l'île que la mer infinie ceint d'une couronne[10] », exemple seulement repris par un rhéteur anonyme et qui illustre chez le Pseudo-Plutarque le mécanisme métaphorique, est commenté ainsi : le rapport que la couronne entretient avec celui qu'elle ceint est le même que celui de la mer avec l'île[11]. On a ici un souvenir manifeste de l'analyse aristotélicienne de la quatrième forme de la métaphore, la métaphore par analogie, telle qu'elle apparaît au chapitre 21 de la *Poétique* : « La coupe est à Dionysos ce que le bouclier est à Arès. » (57b 20)

Un autre exemple est intéressant du fait de l'analyse linguistique qu'il laisse entrevoir. Il s'agit d'un exemple propre au Pseudo-Plutarque. Employé pour illustrer la catachrèse, il est assez finement commenté. À propos du syntagme αἰγείην κυνέην, littéralement « un couvre-chef de chien de chèvre » (*Odyssée*, XXIV, 231), l'auteur note que le couvre-chef (περικεφαλαία) est appelé chez Homère κυνέη, « de chien », parce que c'était la coutume qu'il soit en peau de chien ; il est dit ici « de chèvre »,

---

5 Le verbe ἀνέβραχε, « il retentit », exemple d'onomatopée que l'on trouve à la fois dans l'*Iliade* (XIX, 13) et dans l'*Odyssée* (XXI, 48) ; l'expression μαρμάρῳ ὀκριόεντι βαλών, « lançant une âpre roche », exemple de synecdoque désignant le genre à partir de l'espèce, commun à l'*Iliade* (XII, 380) et à l'*Odyssée* (IX, 499).

6 Par exemple, l'adjectif λευκώλενον, « aux bras blancs », exemple de synecdoque désignant la partie pour signifier l'ensemble.

7 L'exemple de métaphore transposant de l'animé vers un autre animé : φθέγξατο δ᾽ ἡνίοχος νηὸς κυανοπρῴροιο, « le cocher du navire à la proue sombre prit la parole » (où « cocher » est mis à la place de « pilote », selon le Pseudo-Plutarque), et un des exemples de métonymie : ἦμος ὅτ᾽ αἴζηοῖ Δημήτερα κωλοτομεῦσι, « quand les hommes rompent le pain ».

8 Par exemple, l'expression χαλκοτύπους ὠτειλάς (*Iliade*, XIX, 25), « blessures ouvertes par l'airain » et non pas « qui frappent l'airain », dans laquelle l'élément verbal du composé prend un sens passif, contrairement à l'habitude.

9 Par exemple, l'expression de l'*Iliade*, XXIV, 205 citée et commentée p. 17, 239 (Kindstrand) : σιδήρειον νύ τοι ἦτορ ἀντὶ τοῦ « σκληρόν », « ton cœur est de fer » au lieu de « dur ».

10 Νῆσον, τὴν πέρι πόντος ἀπείριτος ἐστεφάνωται.

11 Ὅν [λόγον ἔχει] στέφανος πρὸς τοῦτον ᾧ περίκειται, τὸν αὐτὸν καὶ θάλασσα πρὸς νῆσον.

parce que évidemment, dans le cas présent, c'est une peau de chèvre. Le Pseudo-Plutarque, sans l'expliciter totalement, laisse entrevoir le processus par lequel on arrive à un syntagme en apparence contradictoire : ellipse du substantif, substantivation de l'adjectif et lexicalisation du terme au sens de « couvre-chef », le sème « chien » se trouvant éliminé.

Cependant, malgré la finesse d'analyse dont il fait preuve à l'occasion, le Pseudo-Plutarque n'a pas entrevu, pas plus que les autres théoriciens de son époque, la distinction fondamentale entre tropes vivants et tropes lexicalisés, distinction qui lui aurait permis de mieux cerner l'apport original d'Homère à l'art de la parole.

On peut donc dire que cette analyse des tropes homériques proposée par le Pseudo-Plutarque constitue un témoignage intéressant dans l'histoire du concept, assez proche du modèle initial d'origine stoïcienne, mais marqué aussi par l'influence d'Aristote, le trope, mode d'expression ou de création lexicale devenant une ἐκτροπή, une déviation par rapport à un usage courant du langage. Le recours aux exemples homériques est certes éclairant, mais il est d'une originalité limitée. Il est possible que le Pseudo-Plutarque, comme les autres auteurs de traités sur les tropes, ait puisé dans les recueils d'exemples préalablement constitués par les grammairiens, et cela sans doute dans un but pédagogique afin d'illustrer sa conception des tropes. En revanche, le développement final concluant l'étude de l'expression homérique par l'analyse des images littéraires est plus original et s'appuie sur des exemples dont beaucoup sont propres à l'auteur.

L'analyse des images littéraires

Le texte qui est consacré aux comparaisons homériques est assez bref, mais non dénué d'intérêt. Il est sans équivalent dans la littérature critique ou dans les traités de l'Antiquité. Il semble faire appel à une théorie de la comparaison qui se développe notamment chez certains rhéteurs grecs auteurs de traités sur les figures comme Polybe de Sardes ou le Pseudo-Hérodien et chez des auteurs de traités sur les tropes comme le Pseudo-Tryphon ou Cocondrios. Ces divers rhéteurs identifient un nombre plus ou moins important de formes de comparaisons (de trois à six), présentées parfois comme espèces d'un genre, l'ὁμοίωσις, l'homoïose. Mais chez tous ces auteurs, la notion de comparaison est liée à celle d'exemple (παράδειγμα). L'image ou l'exemple peuvent servir de preuve dans le cadre d'une rhétorique de la persuasion ou bien ils peuvent avoir une pure valeur ornementale, au service d'une rhétorique de la séduction. Le Pseudo-Plutarque est le seul à étudier les images homériques en elles-mêmes, dans leur spécificité.

À l'inverse des autres rhéteurs, le Pseudo-Plutarque paraît assez peu intéressé par les questions de terminologie qu'il traite rapidement. Un seul paragraphe (§ 84) est consacré à une présentation succincte des espèces de la comparaison, appuyée seulement sur deux exemples. Le reste du développement (§ 85 à 90) examine le fonctionnement des images dans le texte homérique en faisant appel à vingt-six exemples, souvent originaux.

La théorie des images selon le Pseudo-Plutarque

Le Pseudo-Plutarque fait des comparaisons homériques l'une des deux modalités de la narration, celle qui s'oppose au récit dépouillé (ψιλός). Il ne propose aucun terme générique pour désigner cette modalité, mais répartit les comparaisons en trois espèces[12] : εἰκών (image, portrait imagé), ὁμοίωσις (homoïose, comparaison brève), παραβολή (mise en parallèle, comparaison développée).

Les deux premières espèces sont présentées sans définition, mais à l'aide d'un exemple. La troisième, en revanche, est définie, mais n'est illustrée d'aucun exemple. L'*eikon* est illustrée d'une citation de l'*Odyssée* (XVII, 37 ou XIX, 53), une comparaison qui assimile Pénélope à Artémis ou à Aphrodite[13], il s'agit d'un rapprochement d'ordre physique, de l'élément imagé d'un portrait rendu ainsi plus laudatif. L'exemple d'*homoïose* (*Iliade*, III, 196[14]) compare l'attitude d'Ulysse passant en revue ses troupes à celle d'un bélier marchant au milieu d'un troupeau de brebis éclatantes. C'est une comparaison peu développée qui offre une particularité remarquable : il s'agit de l'un des rares exemples retenus présentant comme terme d'introduction un ὥς en anastrophe[15]. L'homoïose du Pseudo-Plutarque pourrait correspondre à celles du Pseudo-Hérodien, une comparaison brève et sans antapodose[16], c'est-à-dire sans développement du comparé parallèle à celui du comparant et souligné par une structure corrélative. La *parabolè* est d'ailleurs précisément définie en relation avec cette notion : « Il y a *parabolè* quand il [Homère] établit entre des choses voisines un rapprochement qui présente une antapodose tirée du récit proposé[17]. » Le Pseudo-Plutarque précise alors que les espèces de *parabolai* sont variées chez Homère : ce poète établit un parallèle, de façon répétée et sous diverses formes, entre les actions ou les états des hommes et les actes ou les dispositions naturelles des autres êtres vivants[18]. On sort alors du domaine de l'examen théorique des formes d'images pour aborder une analyse thématique des comparaisons homériques.

---

12 Διηγεῖται δὲ ποτὲ μὲν ψιλῶς, ποτὲ δὲ μετὰ εἰκόνος ἢ ὁμοιώσεως ἢ παραβολῆς (§ 84, p. 40, 841 Kindstrand).

13 Πηνελόπεια/ Ἀρτέμιδι ἰκέλη ἠέ χρυσῇ Ἀφροδίτῃ (v. 36-37), « Pénélope semblable à Artémis ou à l'Aphrodite d'or » (§ 84, p. 40, 843).

14 Αὐτὸς δὲ κτίλος ὣς ἐπιπωλεῖται στίχας ἀνδρῶν, « en personne, tel un bélier, il inspecte les rangs des soldats. »

15 L'exemple d'homoïose que fournit le Pseudo-Hérodien est également une comparaison brève, avec un ὥς en anastrophe : ὄρνιθες ὥς. Pour lui, l'homoïose est caractérisée par sa concision (διὰ συντόμων) et par l'absence d'antapodose (χωρὶς ἀνταποδόσεως) (8, 609, 20-21 W.).

16 Quintilien (*I.O.* VIII, 3, 77) traduit la notion d'antapodose par *redditio contraria*, « représentation réciproque » (tr. J. Cousin), ce qui dans le contexte renvoie à l'éclairage mutuel que se prêtent les deux objets mis en présence par la comparaison, le comparant et le comparé. Ils sont tous les deux liés par une relation d'analogie réversible (*conlatione inuicem respondente*), soulignée par une structure syntaxique de corrélation. Dans d'autres cas, le comparant peut être libre et disjoint (*libera et separata*) c'est-à-dire employé sans corrélation avec le comparé. Dans la même ligne de pensée, Polybe de Sardes oppose deux types de παραβολαί, celles qui sont ἀνταποδοτικαί (corrélées) et celles qui sont ἀπόλυτοι (déliées, c'est-à-dire non corrélées).

17 C'est-à-dire du thème majeur du passage, celui du comparé qui reçoit un développement parallèle (antapodose) à celui du comparant.

18 Συνεχῶς γὰρ καὶ πολυτρόπως παρατίθησι ταῖς τῶν ἀνθρώπων πράξεσι καὶ σχέσεσι ζῴων ἄλλων ἐνεργείας καὶ φύσεις (§ 84, p. 40, 849-851).

L'examen d'un choix d'exemples de comparaisons homériques

On note tout d'abord que le corpus d'exemples sur lequel s'appuie le travail du Pseudo-Plutarque est nettement plus ample que celui des autres rhéteurs traitant de la comparaison : vingt-huit en tout, en regard de quatre chez le Pseudo-Hérodien, sept chez Polybe de Sardes, onze chez le Pseudo-Tryphon et douze chez Cocondrios. Sur les vingt-huit exemples, seulement six se retrouvent chez les rhéteurs ; les vingt-deux autres sont propres au Pseudo-Plutarque. Les exemples, presque exclusivement tirés de l'*Iliade*, présentent des structures grammaticales variées, bien que le Pseudo-Plutarque ne le mentionne pas, ne retenant aucun critère syntaxique pour ordonner son étude. On trouve, et c'est le cas le plus fréquent, des comparaisons introduites par l'adverbe ὡς repris le plus souvent au début de la principale par son corrélatif ὥς, mais aussi parfois employé seul, sans antapodose. On trouve également des exemples de ὥς en anastrophe, employé pour introduire une comparaison assez brève, ou au contraire plus développée et accompagnée d'une structure corrélative. On a aussi d'autres comparaisons introduites par l'adverbe ἠΰτε ou encore par l'adjectif ἴκελος/ εἴκελος, « semblable à », ou par le participe ἐοικώς de même sens. On a enfin une comparaison de forme assez originale, qui se présente au début sous un aspect métaphorique, sans outil de comparaison, mais le retour au comparé se fait grâce à l'emploi du démonstratif τοῖος, « tel », élément caractéristique d'une comparaison.

Ces comparaisons sont rarement citées en intégralité : le passage retenu par le Pseudo-Plutarque se réduit souvent à un seul vers, voire à un fragment de vers ; la citation la plus longue qu'il propose est relative au dernier exemple fourni : quatre vers, soit la comparaison dans son ensemble. De la structure comparative, le Pseudo-Plutarque omet le plus souvent l'élément comparé, parfois aussi l'outil de comparaison, et il ne retient souvent qu'une partie du comparant, celle sur laquelle il veut attirer l'attention.

En revanche, le *motif*[9] de la comparaison est toujours explicité : l'auteur s'attache à dégager la valeur symbolique du comparant. D'où le classement thématique qu'il adopte, avec une progression du plus insignifiant au plus spectaculaire : comparaison d'hommes à des animaux (vingt-trois occurrences), d'êtres humains entre eux (deux exemples), d'hommes aux forces de la nature (un exemple). À l'intérieur des comparaisons animalières, on observe la même progression, avec des séries : insectes (mouches, abeilles, guêpes, cigales § 85), oiseaux (grues, oiseaux migrateurs, faucon, aigle § 86), mammifères, avec une sous-série (animaux féroces : loups, sangliers, panthères, lions § 87), animaux marins (poulpe, dauphin § 88). Chaque animal, chaque être est doté d'un caractère propre que le Pseudo-Plutarque dégage avec soin. Mais il arrive qu'un même comparant puisse, suivant le contexte, prendre différentes significations, ou à l'inverse, qu'une même notion puisse être illustrée par divers comparants, chacun d'eux présentant une facette particulière de l'idée. Ainsi la mouche figure l'effronterie en *Iliade*, XVII, 570, tandis qu'en *Iliade*, II, 469 elle sert à montrer le grand nombre d'individus réunis en une masse compacte. La lâcheté peut

---

19 Au sens où Genette entend le terme : le point commun entre le comparant et le comparé.

être symbolisée par le lièvre ou par la biche[20]. La figure du chien est particulièrement riche : il représente tantôt la vigueur (*Iliade*, X, 360), tantôt l'attachement à ses petits (*Odyssée*, XX, 14), tantôt le zèle et la vigilance (*Iliade*, X, 183)[21].

Le Pseudo-Plutarque est également sensible au développement apporté par Homère au comparant. Ainsi, en *Iliade*, XVI, 259, les guêpes représentent la colère et l'ardeur à la poursuite, mais cette valeur se trouve renforcée par l'amplification que reçoit l'image : les insectes sont, dans le texte homérique, provoqués par des enfants, ce qui accroît leur caractère querelleur[22]. La dernière comparaison citée[23] est particulièrement bien analysée. Le Pseudo-Plutarque, dans son commentaire, note que l'image se combine avec une hyperbole et un effet d'amplification[24] et montre comment tous les détails donnés par le texte contribuent à accentuer la violence du bruit des flots : le choc de la vague se produit sur une falaise escarpée, là où en déferlant elle rend le son le plus fort ; de plus, la vague en question n'est pas ordinaire, mais elle est suscitée par le vent du Sud qui soulève des masses d'eau ; enfin elle s'abat sur un écueil qui s'avance dans la mer, cerné de tous côtés par les flots. L'accumulation de détails met en évidence le déchaînement des éléments.

L'étude du Pseudo-Plutarque rompt ainsi avec une approche essentiellement techniciste de la comparaison. Elle manifeste de la sensibilité et de la finesse : les images ne sont plus vues comme de simples procédés rhétoriques, elles sont un mode d'écriture poétique et une forme de langage particulièrement expressif. Ce qui importe avant tout, c'est d'en faire apparaître à la fois la signification et la mise en œuvre ; leur développement est en harmonie avec le contexte et avec l'intention de l'auteur. Cette étude, bien que rapide, a un intérêt certain, car elle est unique dans la littérature de l'Antiquité : les ouvrages de commentaire des œuvres classiques n'offrent aucune approche d'ensemble de la comparaison et les remarques ponctuelles formulées sur le sujet au fil des textes sont souvent bien pauvres.

Il est temps maintenant de tenter d'élucider le sens général du *De Homero*, en précisant la méthode et le projet de son auteur.

On doit observer qu'il ne cherche pas à présenter une étude systématique de l'œuvre homérique. La théorie du trope organise en amont le recours aux exemples. Pour illustrer chaque catégorie, seuls quelques-uns sont retenus, alors qu'un grand nombre d'autres seraient également adéquats. Ces exemples sont souvent peu originaux, ce qui conduit à s'interroger sur la méthode de travail des rhéteurs anciens. S'appuyaient-ils sur des répertoires d'exemples déjà constitués ou bien travaillaient-ils directement sur le texte homérique ? Il est probable, dans le cas du Pseudo-Plutarque, que les deux démarches ont dû se combiner.

---

20 Voir § 86, p. 42, 884-886.

21 Voir § 86, p. 42, 887-892.

22 Voir § 85, p. 41, 860-864. Les soldats conduits par Patrocle sont « semblables à des guêpes qui se trouvent le long des chemins et que les enfants ont coutume d'irriter ».

23 § 90, p. 43, 978-981 (Il., II, 394-397) : « Il parla ainsi. Les Argiens poussèrent un grand cri comme lorsque le Notos, en se levant, fait déferler une vague sur la falaise escarpée, comme un écueil qui s'avance en saillie. Les vagues ne le laissent jamais en repos, que le vent souffle d'ici ou de là. »

24 Δῆλός ἐστι καὶ ὑπερβολῇ καὶ αὐξήσει κεχρημένος (p. 43, 982).

Si le *De Homero* s'appuie sur des théories rhétoriques comme celle du trope, il n'est pas pour autant l'exposé d'un système ou même de plusieurs. L'auteur renvoie d'ailleurs, avant de procéder à l'examen des tropes et des figures, à un traité technique, une τεχνολογία pour de plus amples explications (§ 15). D'autre part, on a vu, à propos des images, toutes les libertés que prenait le Pseudo-Plutarque par rapport à la doctrine de l'homoïose. Enfin, les sujets abordés sont nombreux et divers et dépassent largement le cadre de la rhétorique.

Le *De Homero* relèverait-il de la littérature épidictique, sinon dans la forme, du moins dans l'esprit ? Le Pseudo-Plutarque propose en effet l'éloge implicite d'Homère : il en fait un auteur complet et un initiateur dans nombre de domaines. Son éloge est apparemment sans réserve, comme le montre par exemple le traitement de la catégorie des tropes.

L'œuvre a peut-être participé à un courant tendant à réhabiliter Homère face à ses détracteurs, notamment Platon et Épicure, face aussi à la montée en puissance du christianisme et à la valorisation progressive des textes bibliques.

Bibliographie

Sources

Kindstrand, Jan Fredrik, [*Plutarchi*], *De Homero*, Leipzig, Teubner, 1990.
Keaney, J. J. et Lamberton, Robert, [Plutarch], *Essay on the Life and Poetry of Homer*, Atlanta, (American Philological Association), Atlanta Scholars Press, 1996.
Spengel, Leonhard, *Rhetores Graeci*, t. III, Leipzig, Teubner, 1856 (Francfort-sur-le-Main, 1966).

Études

Hillgruber, Michael, *Die pseudoplutarchische Schrift* De Homero, Teil I : *Einleitung und Kommentar zu den Kapiteln 1-73* ; Teil II : *Kommentar zu den Kapiteln 74-218*, Stuttgart-Leipzig, Teubner, 1994-1999.
McCall, Marsch H. Jr., *Ancient Rhetorical Theories of Simile and Comparison*, Cambridge (Mass.), Harvard University Press, 1969.

PIERRE CHIRON

Homère dans le *De figuris* d'Alexandros : la lettre et l'esprit

Il ne va pas de soi de chercher un portrait d'artiste dans un recueil de figures de l'époque impériale[1].

Parce qu'il s'agit de figures, justement, c'est-à-dire d'énoncés remarquables, définis par la superposition de plusieurs exemples réduits au paradigme qui fait l'unité du procédé, ce qui influe forcément sur les modalités de la citation. Celles-ci, dans les traités conservés, sont souvent soigneusement décontextualisées[2].

Une telle décantation permet aux extraits de mieux coïncider avec la définition qu'ils ont contribué à forger mais aussi de servir plus aisément de modèles pour une autre création[3]. Dans la pédagogie rhétorique, en effet, la figure (*skhèma*) est une procédure verbale et/ou logique que l'élève doit répéter puis intérioriser, afin d'être capable de la mettre en œuvre presque sans y penser dans des contextes nouveaux. Or on imite plus facilement un syntagme ou une phrase s'ils sont réduits à leur *schéma*, c'est-à-dire débarrassés de détails anciens ou exotiques. Même si cette tendance s'est heurtée à la sacralisation des auteurs classiques et au désir de les embaumer dans leur étrangeté même, le versant de la tradition indirecte représenté par les traités des figures ne peut être utilisé dans la reconstitution d'un texte qu'avec les plus infinies précautions.

De surcroît, qui dit « énoncés remarquables » dit que la réunion des fragments de quelques auteurs dans un traité des figures compose une séquence doublement étrangère aux œuvres originales, par la nouveauté du contexte, d'abord : Homère n'est plus le même à côté de Démosthène ; d'autre part du fait de la relation au reste de l'œuvre, rendue inintelligible à la fois par l'extraction des fragments hors de leur contexte, par le caractère réputé exceptionnel de ces extraits[4] et par leur rapprochement.

---

1   IIe siècle de notre ère, cf. J. Brzoska, art. Alexandros. Le *De figuris* (*Fig.*) d'Alexandros est cité par les pages et les lignes de l'édition Spengel, p. 9-40.

2   Voir notre article « Tibérios citateur de Démosthène ».

3   Voir notre article « Citations et doctrine rhétorique dans le *De Figuris* d'Alexandros ».

4   Cette question de la norme de référence (énoncé remarquable « dans l'absolu » *vs* énoncé remarquable dans une œuvre particulière, donc dépendant davantage du référent ou du *kairos* que d'un usage établi) a fait l'objet de débats. En témoignent le titre et l'objet du traité de Tibérios : *De figuris Demosthenicis*. Voir notre article « La doctrine critique du rhéteur Tibérios », p. 530.

Pierre Chiron Professeur à l'Université de Paris-Est Créteil Val de Marne, membre senior de l'Institut Universitaire de France.

Homère rhétorique. Études de réception antique, éd. par Sandrine DUBEL, Anne-Marie FAVREAU-LINDER et Estelle OUDOT, Turnhout, Brepols 2018 (*RRR* 28), p. 151-162
Brepols Publishers   10.1484/M.RRR-EB.5.115802

Cette difficulté à conférer une portée critique aux taxinomies de figures est aggravée par une autre tendance, qui a souvent été exagérée[5], mais n'en est pas moins réelle : celle qui pousse les corpus scolaires à se figer en canons, ce qui a encouragé une sorte de schématisme et la reprise des mêmes exemples coupés de l'œuvre-source, dont le compilateur peut cesser d'avoir une connaissance directe. Quand on parle d'Alexandros, on parle d'une tradition critique et rhétorique qui pousse ses racines dans la période alexandrine, tradition consolidée à la fin de la République et au début de l'Empire, sans doute refondue dans un sens atticiste par Caecilius de Calè-Actè, etc. mais globalement assez répétitive. Il n'est pas sûr que l'on parle d'un critique qui aurait des vues personnelles sur chaque auteur.

Aussi notre propos aura-t-il pour objet, plutôt qu'un moment de la critique homérique, une *doxa* sur Homère telle qu'elle se manifeste dans un manuel du IIe siècle ap. J.-C. Cela dit, on ne doit pas renoncer à se demander si les citations d'Homère dans le *De figuris* ne composent pas une lecture signifiante, car, dans l'Antiquité, Homère est dans toutes les mémoires, depuis les premiers temps de l'école[6]. D'autre part, conception renforcée par la philosophie stoïcienne, Homère est parfois – pensons au Ps.-Héraclite, à la *Vie et Poésie d'Homère*, ou à Cornutus – le poète des origines, dont l'œuvre contient le germe de tous les savoirs. En rhétorique, Quintilien[7] fait de lui la matrice de toute technique, un surhomme dont la langue est naturellement élaborée, chez qui la technique immanente ne compromet pas l'unicité du geste créateur. On a même notion d'une recherche contemporaine d'Alexandros, menée par Télèphe de Pergame[8], sur les figures employées par Homère, usage bien antérieur à l'élaboration de la théorie des figures. On ne peut pas ne pas se demander si ces conceptions se manifestent ou non dans le traité qui nous occupe ici.

La place d'Homère

Ce sont quelque 17 fragments qui sont cités. Le Poète est le troisième auteur le plus souvent mis à contribution, après Démosthène (60) et Eschine (20) qui à

---

5 Le traité de Tibérios est caractéristique, qui propose un choix de figures très personnel, cf. « La doctrine critique du rhéteur Tibérios », p. 512 *sq.*

6 Cf. H. I. Marrou, *Histoire de l'éducation*, chap. 1 ; p. 380 *sq.* ; p. 463 *sq.*

7 Quintilien, X, 1, 46.

8 Ce grammairien (*Souda*, τ 495) vécut vers le milieu du IIe siècle ap. J.-C. Il a écrit une *Rhétorique d'Homère* (voir aussi H. Rabe, *Prolegomenon sylloge*, p. 189, 3-6) et un traité *Sur les figures rhétoriques chez Homère*. L'esprit de l'œuvre ressort plus clairement de cet autre titre : Ὅτι μόνος Ὅμηρος τῶν ἀρχαίων ἑλληνίζει (*ib.*). Mais s'il est facile de noter la convergence d'un certain nombre de scholies et d'ouvrages techniques (l'*Ars Rhetorica* de [Denys d'Halicarnasse], la *Vita Homeri* du Ps.-Plutarque, le *De Methodo sollertiae* d'[Hermogène] dans le traitement de la poésie d'Homère, ce qui laisse supposer l'existence d'une ou deux traditions critiques communes, il est moins aisé de rattacher l'une et/ou l'autre de ces traditions à Télèphe, comme le faisait H. Schrader (« Telephos der Pergamener Περὶ τῆς καθ᾽ Ὅμηρου ῥητορικῆς » ; cf. *contra* K. Fuhr, « Mitteilungen Περὶ τῆς καθ᾽ Ὅμηρου ῥητορικῆς » ; résumé du débat dans M. Patillon, *Hermogène, L'Art rhétorique*, p. 127-128).

eux deux totalisent presque la moitié de l'ensemble[9]. Si l'éclectisme des citations est traditionnel depuis la *Rhétorique* d'Aristote[10], ce rang et cette proportion (10%) sont remarquables.

En effet, les citations de poètes sont par ailleurs très rares (*ca* 10, surtout de dramaturges : Euripide [4], Sophocle [2 ou 3[11]] et Ménandre [2]), en vertu de la répartition des rôles voulant que la prose, domaine des rhéteurs, utilise les figures et la poésie, apanage des grammairiens, les tropes. Ce partage est d'origine philosophique[12] : les Péripatéticiens ont toléré et même cultivé la rhétorique et développé la théorie des figures, tandis que les Stoïciens, refusant toute rhétorique distincte de la dialectique, ont approfondi la critique des poètes, afin de comprendre le processus par lequel le contrat initial unissant selon eux les mots aux choses a été rompu, processus où le trope jouait un rôle de paradigme.

Les modes de désignation d'Homère définissent pour lui un statut particulier. Il est nommé tantôt par son nom (31, 4), tantôt comme le Poète par excellence (18, 9 ; 23, 31) à l'instar de son homologue Démosthène, l'Orateur, tantôt comme incarnant, par métonymie, la poésie. Ainsi p. 32, 6-8 où se lit la séquence suivante : la périphrase est typique de *la poésie*, car nombreuses sont les expressions périphrastiques chez *eux* (*sc.* les poètes), ainsi… (suivent deux formules homériques). Mais le mode de désignation le plus commun – privilège partagé avec Démosthène – est l'adjectif substantivé τὸ ὁμηρικόν, pour dire l'*exemple*, ou la *formule homérique*, soit une façon de s'exprimer propre au Poète, certes, mais aussi, comme en atteste l'article défini, un paradigme bien connu et imitable (16, 28 ; 20, 2 ; 20, 13 ; 31, 17 ; 31, 29 ; 34, 6 ; 38, 5 ; 40, 14). Il arrive même que la citation reste anonyme (10, 7-8 ; 38, 11). Compte non tenu des formules récurrentes (cf. 32, 8), l'*Iliade* est citée trois fois plus (x 12) que l'*Odyssée* (4). Jamais le poème n'est identifié, sinon par la mention des protagonistes (par ex. 31, 5). Notable également, à propos de l'*Iliade*, la prévalence du chant II (5 cit.). Il faut signaler, sans en tirer de conclusion prématurée, que ce chant constitue l'une des illustrations favorites du « discours figuré »[13].

Modalités de la citation

Les citations d'Homère sont d'une exactitude remarquable, qui tranche avec la liberté avec laquelle sont faites, généralement, les citations de prose. Sous réserve

---

9 Le *Fig.* comporte de 164 à 174 citations : cette approximation tient au fait qu'on ne peut toujours déterminer si les exemples anonymes sont forgés ou empruntés à des auteurs non identifiés. Il y a aussi des sortes de centons (citations faites de plusieurs éléments d'auteurs différents), ou des citations d'un même texte interrompues par un bref commentaire.

10 Ce semble être une initiative d'Aristote. Dans un manuel contemporain, la *Rhétorique à Alexandre*, les exemples sont forgés.

11 Une citation est d'auteur incertain : ce peut être du Sophocle ou de l'Eupolis.

12 Cf. M. Patillon, *Éléments de rhétorique classique*, p. 86, 121. Alexandros n'applique pas strictement cette répartition : il note même que certaines figures, comme la périphrase, sont propres à la poésie (32, 6).

13 Voir [Denys] (H. Usener et L. Radermacher (éds.), Dionysius Halicarnaseus, *Quae exstant*, p. 295-358).

de nuances que pourrait apporter la collation complète des manuscrits, on ne relève que six variantes de détail.

La différence porte sur un -ν euphonique (21, 7 = *Il.* II, 671 : ἄγεν *vs* ἄγε) ou une faute d'iotacisme (24, 3 = *Il.* II, 286 : τι *vs* τοι) laquelle, d'ailleurs, n'entraîne aucun problème métrique et donne un texte acceptable. Dans le même ordre d'idée, c'est-à-dire en raison d'habitudes de prononciation, Alexandros élimine un ionisme (21, 8 = *Il.* II, 672 : Ἀγλαΐας *vs* Ἀγλαΐης) ; au travers de la leçon οὔτ' Ἡρακλῆϊ (16, 30 = *Od.* VIII, 224), il ne fait que refléter la psilose qui s'est opérée lors du passage, à l'époque impériale, du grec ancien au grec byzantin[14].

Un peu plus consistante, puisqu'elle entraîne un vers faux, l'omission d'une syllabe (40, 15 = *Il.* IV, 450 : ἔνθ' ἅμα Alex. *vs* ἔνθα δ' ἅμα Hom.). Mais il s'agit peut-être d'une banale haplographie intervenue au cours de la transmission.

En revanche, on ne comptera pas au nombre des erreurs une variante (19, 31 *sq.* = *Il.* XX, 371 : τοῦ Alex. *vs* τῷ A), par laquelle Alexandros se range au côté des scholies du Venetus A, Eustathe et la majeure partie de la tradition indirecte, *vs* le Venetus A lui-même.

Cette exactitude est d'autant plus frappante que les citations homériques sont sans doute faites de mémoire, d'où la possibilité d'aiguillages inopinés dus à des associations inconscientes. On peut donner comme exemple l'*epimonè*, illustrée par *Od.* XVI, 17-19 (17, 27 *sq.*). Eumée accueille Télémaque de retour de Lacédémone comme, dit Homère, un père accueille son enfant après une absence de dix ans. Le début du troisième vers précise que ce fils est Μοῦνον, τηλύγετον, « unique, chéri », début qui coïncide aussi avec un passage du discours de Phénix à Achille, au chant IX de l'*Iliade*, où Phénix évoque l'accueil que lui a fait Pélée à sa cour quand il eut fui son propre père, et l'affection que le père d'Achille lui a témoignée :

Alexandros cite ainsi :

ὡς δὲ πατὴρ ὃν παῖδα φίλα φρονέων ἀγαπάζει
ἐλθόντ' ἐξ ἀπίης γαίης δεκάτῳ ἐνιαυτῷ,
μοῦνον, τηλύγετον, πολλοῖσιν ἐπὶ κτεάτεσσιν.

Comme un père accueillant avec tendresse son fils
Au retour d'une terre lointaine, après dix ans,
Un fils unique, chéri, héritier d'innombrables biens.

où l'on reconnaît *Od.* XVI, 17-19 :

ὡς δὲ πατὴρ ὃν παῖδα φίλα φρονέων ἀγαπάζῃ
ἐλθόντ' ἐξ ἀπίης γαίης δεκάτῳ ἐνιαυτῷ,
<u>Μοῦνον, τηλύγετον</u>, τῷ ἐπ' ἄλγεα πολλὰ μογήσῃ
…
Un fils unique, chéri, pour qui l'on s'est donné bien du tracas.

---

14 Cf. M. Lejeune, *Phonétique historique du Mycénien et du Grec*, p. 282.

à ceci près que le vers 19, au début identique au passage de l'*Odyssée*, se termine par un hémistiche emprunté à l'*Iliade* :

Il. IX, 481-482 : (καὶ μ᾽ ἐφίλησ᾽ ὡς εἴ τε πατὴρ ὃν παῖδα φιλήσῃ)
μοῦνον τηλύγετον πολλοῖσιν ἐπὶ κτεάτεσσιν.

(et il m'a aimé comme un père aime son fils)
unique, chéri, héritier de nombreux biens.

L'amalgame des deux textes vient certainement de l'hémistiche identique μοῦνον τηλύγετον et l'on peut se contenter de cette explication. Mais on remarque aussi le thème commun de l'amour paternel servant de comparant à une amitié virile. Il est même possible que la réminiscence vienne d'associations plus subtiles encore. La suite du discours de Phénix, où ce dernier n'évoque plus l'affection de Pélée mais celle que lui, Phénix, a portée à Achille, explique davantage l'aiguillage du premier sur le second texte. Plus précisément le thème des tracas que causent les enfants à ceux qui s'en occupent vraiment – Eumée et Phénix ont ceci en commun – et du lien que ces tracas resserrent. Plaide en ce sens le fait que, au vers 492 du chant IX de l'*Iliade*, on trouve ces deux mots : πολλ᾽ ἐμόγησα (« j'ai eu bien du tracas ») qui font écho au πολλὰ μογήσῃ de l'*Odyssée*. Il y a donc là une erreur, mais qui atteste une connaissance intime de l'œuvre homérique, puisque ce sont non seulement un hémistiche commun, mais le climat affectif baignant les deux morceaux, ainsi qu'une similitude textuelle assez distante qui induisent la greffe d'un passage sur un autre.

Le citateur, en tout cas, suppose partagée par son lecteur cette connaissance, comme en atteste le caractère allusif de certaines citations. Ainsi l'*hypexairesis*, illustrée par *Od.* VIII, 223-224. Ulysse parle aux Phéaciens, se vantant d'être le meilleur archer du monde à l'exception des demi-dieux. Alexandros commente la figure d'une manière assez bizarre : « Le fait d'excepter les valeureux reconnus rend la promesse (ἐπαγγελίαν) plus crédible ». Le mot ἐπαγγελίαν n'est clair que dans le contexte homérique : Ulysse, dont la valeur sportive a été contestée par Euryale et Léodamas, relève le défi – là est la promesse – et s'engage à prouver qu'il est le meilleur de tous… sauf exception.

Une liste ? un texte ?

Cette connaissance intime d'Homère qu'auraient eue tous les Grecs n'est donc pas un mythe. Mais quel est le rôle *rhétorique* des figures illustrées par Homère ?

Il dépend de la fonction expressive et/ou persuasive desdites figures. Malheureusement, à première vue en tout cas, le *De figuris* d'Alexandros, comme la plupart des autres traités des figures, semble une suite de fiches réduites à une définition et à des exemples, juste réparties en grandes catégories (figures de pensée/ figures d'expression), mais dépourvues de conseils d'utilisation. Le cas d'Alexandros est plus complexe : la double série est précédée d'une riche introduction, et les notices renferment quelques préceptes. De plus – ce que notre habitude de l'ordre alphabétique tend à occulter – il existe des liens entre figures, et des regroupements significatifs. Certaines formules attestent l'existence de sous-catégories, comme celle qui introduit l'*hypexairesis* comme « du même genre que les précédentes » (16, 21-22). Parfois juxtaposées (par ex. 14, 26 ; 19, 32), les notices sont plus souvent enchaînées par un δέ. On trouve aussi la particule ἄρα (25, 13), et un certain souci de variété (deux notices, p. 35, 5 et 17, commencent par la formule inédite ἐπὶ τούτου τοῦ σχήματος). Le lien est parfois plus élaboré : l'*amphidiorthôsis* est présentée comme un mixte des deux figures précédentes (15, 21) ; *idem* pour la symploque (30, 8) ; l'antistrophe est définie comme *le contraire de* l'épanaphore qui précède (29, 27). L'hyperbate est présentée comme dotée, *elle aussi*, de plusieurs modalités (38, 9), *elle aussi*, c'est-à-dire comme l'antithèse (36, 27), traitée deux figures plus haut, ce qui suppose une certaine hauteur de vue sur la série. La *parembolè* est dite voisine de l'hyperbate qui précède (39, 13). Il arrive parfois qu'Alexandros cite sa source, Caecilius (29, 5), et qu'il émette un jugement à la première personne (32, 6). Plus souvent, il utilise un « nous » qui l'associe aux autres praticiens du discours (par ex. 31, 12).

Nous avons donc affaire à un véritable *texte*, ce qui invite à chercher au-delà de la juxtaposition un principe d'ordre visant à distribuer les figures par fonctions et permettant, par conséquent, de situer les citations d'Homère par rapport à la gamme obtenue.

La fonction des figures

Il faut mettre à part, pour commencer, les citations où le Poète témoigne simplement du fonctionnement de la langue.

Homère est cité une première fois dans l'introduction, où l'on trouve (9-14) l'une des discussions les plus précises que nous ayons conservées sur la notion de figure. Alexandros est amené à évoquer les différences entre figure et trope : la première relève de l'étendue, le trope portant sur un mot unique, la figure sur plusieurs, ce qui permet une analogie entre trope et barbarisme, figure et solécisme, analogie qui porte non seulement sur la définition de ces unités – fautives ou non – du discours mais aussi sur les opérations que l'on peut effectuer sur elles : dans le cas du barbarisme on corrige un mot, dans le cas du solécisme on corrige la syntaxe ; si l'on ramène le trope à l'usage, on change de mot, si l'on retourne de la figure à l'énonciation naturelle, on modifie la syntaxe.

C'est alors (10, 5 *sq.*) qu'Alexandros introduit une deuxième différence : le trope joue sur la relation du mot à l'objet, puisqu'il substitue un mot étranger (*allotrion*) au mot propre, relation que la figure ne modifie pas. Alexandros donne alors (10, 7-8) deux exemples anonymes : κορυφὴν ὄρεος « la tête du mont » (= *Il.* II, 456, etc.), et πόδα νείατον Ἴδης « le pied enneigé de l'Ida » (= *Il.* II, 824). Les deux tropes sont « tête » pour « cime » et « pied » pour « base ». Certes, la répartition des exemples (Homère pour le trope, Eschine ensuite illustrera la figure) est traditionnelle. Mais ni le mot *poésie*, ni le nom d'Homère ne sont prononcés. On remarque aussi que ces deux tropes doivent probablement être identifiés comme des catachrèses, c'est-à-dire des métaphores forcées par l'absence de mot propre et donc proches du langage courant. On observe enfin que ces métaphores proposent comme comparant à la montagne des éléments plus petits, en l'occurrence des parties du corps humain, ce qui interdit d'y voir des procédés d'amplification[15]. Il s'agit plutôt d'humaniser les éléments naturels, humanisation d'autant plus nette que κορυφή représente un trope à double détente, le sens « tête » dérivant, par métonymie, du premier sens de κόρυς, « casque ». On constate enfin que la première de ces deux formules est récurrente chez Homère et ne possède aucun relief – si l'on ose dire – particulier.

Il ressort de cette première citation qu'Homère illustre une *lexis* poétique certes, en raison de l'utilisation de tropes, mais familière, plus suggestive que spectaculaire.

Signalons au passage qu'une figure illustrée par Homère aide à voir la différence entre l'approche grammaticale ancienne et la nôtre, l'*alloiôsis* – ensemble de substitutions portant sur le nombre ou le cas des noms, le temps ou la diathèse des verbes. Pour la substitution de cas, le rhéteur cite les *incipit* parallèles des deux épopées, « Chante la colère, déesse, qui, etc. », « Dis-moi le héros, Muse, qui, etc. » où des relatifs reprennent au nominatif les compléments d'objet μῆνιν... ἥ..., ἄνδρα... ὅς... Le fonctionnement normal du relatif est ressenti par le rhéteur comme un procédé de variation.

Dans la série des figures de pensée, Homère est cité d'abord pour illustrer un procédé qui a disparu de nos nomenclatures, l'*hypexairesis* (16, 20-17, 2), mot que l'on pourrait traduire par « réserve » ou « exception ». Sa disparition prouve que s'est exercée une sorte de régulation : les figures qui semblaient redondantes ou trop particulières ont été éliminées. Alexandros donne lui-même la clef du destin de l'hypexérèse en disant qu'elle est de même nature que les précédentes, qui sont quatre figures de précaution (prodiorthose, etc.) par lesquelles on s'efforce d'excuser des propos trop hardis (14, 26-29) ou d'effacer une prévention du public (16, 10-15). Redondante par son objectif, peut-être aussi parce qu'elle est trop proche de l'euphémisme, l'hypexérèse souffrait aussi d'être trop particulière, puisqu'elle consiste à excepter une personne ou une catégorie du comparant servant à un contraste flatteur, sur le mode : « si l'on excepte les dieux, Untel surpasse tous les autres combattants ». À deux reprises, Alexandros indique un lien entre cette figure et la *persuasion*. Après avoir noté son lien avec les figures précédentes, il enchaîne sur la méthode à suivre : « elle acquiert un surcroît de crédit si l'on procède ainsi... » (16, 22-23), et il commente la citation d'Homère à l'aide du même comparatif, πιστοτέραν (17, 1-2). Ce surcroît de crédit vient sans doute du souci d'éviter l'*hybris* et de cantonner l'amplification dans le registre du raisonnable[16]. On remarquera enfin qu'Homère est cité au milieu d'exemples forgés, au sein d'une production discursive. Bref : dans cet atelier d'écriture, Homère est cité comme *persuasif* pour le mélange de *confiance en soi* et de *retenue* qu'il donne à son personnage vantant sa propre valeur.

Homère illustre ensuite l'*epimonè*. Là encore, la succession est éclairante. Cette figure s'inscrit dans une série qui commence avec l'*aitiologia* (17, 3-11), qui consiste à donner la raison de ce que nous disons et vise à la clarté (17, 5), maître mot de cette

---

15 Quand la métaphore sert le grand style, le comparant doit surpasser le comparé. Voir Demetrius [Phalereus], *Eloc.* § 78-90 ; § 83-84.

16 Si l'on peut parler d'amplification, c'est que l'hypexérèse inclut une comparaison valorisante : d'ailleurs, la version chrétienne inédite de *Fig.* la glose par la *sunkrisis* (comparaison).

seconde série. Le *synathroismos* (regroupement, 17, 12 *sq.*), a le même rôle, et aussi l'*epimonè*, à ceci près que cette dernière figure se double d'une amplification (μετὰ αὐξήσεως, 17, 29). Un tel couplage se trouve déjà chez le Ps.-Longin (*Subl.* 12, 2). Mais ce dernier a une vue péjorative de l'amplification, qu'il oppose au sublime comme la quantité à l'intensité ; de surcroît, il la relie à l'argumentation, en en faisant une présentation détaillée de l'argument, visant à « enfoncer le clou », par opposition à la démonstration elle-même, si tant est que l'on puisse gloser ce passage, qui précède juste une lacune. Comme en réponse au Ps.-Longin, Alexandros donne des exemples qui témoignent moins d'une amplification que d'une intensification (δείνωσις). Détail troublant, la prose, avec Démosthène, met l'insistance au service d'une véhémence agressive, alors que les deux poètes, Euripide et Homère, illustrent des émotions positives, la gratitude, la tendresse paternelle. Mais ce que l'on retiendra surtout de ce deuxième regroupement – après les figures de précaution, les figures de la clarté et de l'amplification – est le caractère *émotionnel* de l'amplification recherchée.

Nous sommes donc sous le signe d'un second type d'illocution, la recherche d'intensité. C'est ce que confirme la figure suivante, la *leptologia*, ou exposé minutieux (18, 13 *sq.*), qui consiste dans l'évocation détaillée des événements passés ou présents. L'objectif est que l'auditeur puisse élaborer une image mentale très précise, facteur d'un surcroît d'émotion (18, 27-31)[17]. La convergence avec la figure suivante, la prosopopée, est assez claire (19, 14 *sq.*). Quant à l'épanalepse, elle s'inscrit dans la même série mais plutôt du côté de la clarté : son usage est bordé par une figure limitrophe, l'anadiplôse, où la reprise est fonction du découpage de la chaîne parlée en vers ou *côla*[18]. Or cet effet est qualifié de trop poétique, indice de la sobriété de l'esthétique d'Alexandros et raison supplémentaire de ne pas interpréter l'amplification en termes d'apparat, mais bien plutôt d'intensité émotionnelle.

L'épanaphore succède à l'épanalepse et s'inscrit dans la même série. La notice ne dit rien de son usage, mais on doit très certainement l'interpréter encore en termes de clarté et d'intensité. L'exemple donné est celui de Nirée (*Il.* II, 671) très souvent cité par les rhéteurs[19], admiratifs du talent déployé par Homère pour marquer les mémoires à propos d'un guerrier peu vaillant dont il n'est plus jamais question dans la suite du récit.

On peut se demander pourquoi Alexandros traite de cette figure dans les deux séries, alors que Tibérios la classe seulement dans les figures d'expression[20]. Si l'anaphore compte ici au nombre des figures de pensée, c'est, me semble-t-il, pour son lien avec la production du discours : elle permet à la pensée de se recueillir, de s'inventer et de se diversifier grâce à la répétition d'un même élément « matriciel ». L'éloquence improvisée ne s'invente pas autrement.

---

17 On notera l'emploi conjoint des termes πάθος et αὔξησις (ηὔξησε πάθος, 18, 30) ce qui confirme notre interprétation de l'αὔξησις comme *intensification* plutôt qu'amplification oratoire. Sur cette association de la clarté, de la précision, et de l'émotion, voir Demetrius [Phalereus], *Eloc.* § 212-216.

18 Cf. Aquila Romanus (IIe-IIIe siècles), *Fig.* p. 47 Elice (= *RLM* p. 32 Halm).

19 Ainsi Aristote, *Rh.* 1414 a 2 ; Demetrius [Phalereus], *Eloc.* § 61-62. Lucien (*Dmort.* 25) fait dialoguer le beau Nirée, le laid Thersite et Ménippe. Ce dernier conclut que tous les morts se ressemblent.

20 C'est le cas aussi de l'épanalepse.

Mais avec l'apostrophe, on constate que la série associant clarté et intensité s'est infléchie du côté de l'intensité, tout en se combinant à une fonction nouvelle, celle du sous-entendu. Parmi les figures intermédiaires, on compte l'*aposiôpèsis* (prétérition), et l'*ironie*. Ce nouveau glissement donne sans doute la clef de l'organisation du traité, et de l'impression qu'elle produit, tout à la fois de liberté et de cohérence. Le mécanisme semble être celui de l'association d'idées, qui assure à la fois la continuité de fils directeurs et certaines évolutions. On a le sentiment que les figures de pensée passent ainsi de l'un à l'autre de trois grands groupes unifiés par l'illocution ou, plus exactement, le type de rapport entretenu entre le locuteur et son destinataire : dans une première série, la retenue ; puis une relation franche et claire ; enfin une relation plus complexe où la dissimulation n'exclut pas l'agressivité. Notons que ces deux derniers pôles sont ceux entre lesquels oscille, chez le Ps.-Démétrios de Phalère, le style *deinos*.

Dans le cas de l'apostrophe, il s'agit clairement d'intensité émotionnelle, que la figure peut augmenter – en transformant l'échange feutré en affrontement direct – ou diminuer, par le moyen inverse, car il ne s'agit pas simplement d'interpeller quelqu'un mais de changer brusquement d'interlocuteur, et de s'adresser soit à quelqu'un d'autre que l'interlocuteur précédent, soit à quelqu'un d'autre que le véritable destinataire. Un cas célèbre d'apostrophe est commenté par le Ps.-Longin (*Subl.* 16, 2), c'est le fameux serment du *Sur la Couronne*[21], où, tout à trac, l'orateur passe au mode omotique et s'adresse aux ancêtres.

Mais chez Alexandros, par le biais de l'exemple et comme l'indique le verbe μετασχηματίζειν (24, 6), il s'agit aussi de *discours figuré*, stratégie qui vise à faire agir le destinataire lorsque la persuasion ouverte est impossible. L'exemple est révélateur. Au chant II de l'*Iliade*, l'armée grecque, découragée après dix ans d'efforts vains, commence à gronder contre son chef, qui met alors sur pied une complexe stratégie de manipulation : pour défouler ses troupes, il prétend vouloir lever le siège, mais il le fait dans un discours où sont présentes toutes les raisons de rester en Troade. D'autre part, il a pris soin de se désolidariser de son état-major, ce qui permet à ses chefs de jouer un rôle distinct du sien et d'œuvrer pour la poursuite du combat. Nous sommes dans la phase de reprise en main : après l'éclat de Thersite, Ulysse s'emploie à restaurer l'autorité d'Agamemnon. Il frappe Thersite, ce qui tend à défouler les passions et à remettre de l'ordre par la menace implicite que comporte cette violence. Ensuite, il ne dit pas aux soldats « obéissez », mais rappelle aux soldats leur promesse en parlant à la place d'Agamemnon dont l'autorité est encore vacillante. Ce faisant, il restaure sa parole. Il y a beaucoup d'habileté et d'efficacité dans cette éloquence d'action, ce qui nous éloigne encore davantage de l'éloquence décorative.

Pour les figures d'expression, on passera rapidement : deux mots suffisent à condenser leur fonction, telle qu'elle est illustrée par Homère, clarté et variété.

Commençons par l'*epanodos* : son effet n'est pas explicite, mais elle s'inscrit dans une série marquée par la clarté et l'insistance. Peut-on être plus précis ? Aquila

---

21 L. Pernot, « Le serment du discours *Sur la couronne* », p. 84-139.

Romanus[22], un des principaux épigones d'Alexandros, l'omet dans son traité latin[23]. Ce qui en reste dans les nomenclatures modernes n'a plus grand chose à voir avec la définition d'Alexandros[24]. Pourquoi cette instabilité ? Un détail attire l'attention. L'*epanodos* consiste à « lancer » deux termes, puis à les développer l'un après l'autre sans les répéter. Cette sorte d'ellipse s'en remet à la pensée (τῷ νῷ), ce qui n'est pas sans rappeler un moyen de persuasion préconisé par Théophraste et qui consiste à laisser une part du sens à déduire par le récepteur, d'où une captation inconsciente – puisque la déduction est orientée par les éléments fournis et que l'opération apporte une satisfaction d'amour-propre au récepteur qui supplée ce qui manque[25]. La complexité relative du mécanisme explique sans doute la disparition de la figure. Ce qui est sûr, c'est que l'insistance dont il s'agit est argumentative, puisque l'*epanodos* vient à la fois suspendre et structurer la pensée. Une fois encore, nous sommes aux antipodes de la rhétorique d'apparat.

Le *climax*, la *prosdiasaphèsis* semblent bien avoir les mêmes valeurs (clarté, insistance), mais ne sont pas commentés. La périphrase en revanche fait l'objet de remarques élaborées : la figure est poétique, dit le rhéteur, mais n'est pas absente des discours de Démosthène, qui y gagnent un surcroît d'élévation et de relief. Nous sommes à nouveau sur le terrain de l'intensité. Détail significatif, le « spécialiste » de la périphrase, dit Alexandros, est Thucydide, auteur traditionnellement associé à la grandeur, mais une grandeur austère, indifférente aux séductions de la forme.

Après la périphrase, intervient la série des figures de structuration, ex-figures de la période, dites aussi gorgianismes, et des figures qui viennent perturber ces structures en introduisant de la variété (*metabolè*). Parmi celles-ci, Homère illustre l'*alloiôsis*, l'*antenantiôsis* (notre litote), l'hyperbate, la *prosynapantèsis* (notre chiasme). Depuis Denys d'Halicarnasse au moins[26], la *metabolè* est un principe stylistique fondamental, destiné à éviter la lassitude. C'est aussi un facteur de plaisir. Aurions-nous enfin de la part d'Alexandros, une concession aux séductions oratoires ? On verra qu'il n'en est rien.

En résumé, les figures illustrées par Homère ne servent pas à orner, elles apportent du crédit, de la clarté, une amplification plus émotionnelle que solennelle, du relief et de la variété. Leur rôle est aussi de réguler l'interaction entre les êtres humains, en privilégiant la précaution, le respect humain sur l'affrontement direct. Détail significatif, le mot « beauté », qui dénote la recherche formelle déconnectée du sens, est absent du traité.

Il reste à voir quel rapport s'établit entre ces tendances et les principes généraux formulés en introduction (p. 13, 23-14, 23).

---

22 En revanche, Quintilien (IX 3, 36) l'appelle *regressio* et la définit comme la reprise et la division de ce que l'on vient d'énoncer. Quintilien précise que cette opération peut s'accompagner d'une variation de cas et de genre, ce qui a donné lieu – semble-t-il – à une définition nouvelle.

23 T. Schwab (éd.), *Alexander Numeniu Peri Schèmatôn*, p. 77 sq.

24 Ainsi chez H. Morier, *Dictionnaire de poétique et de rhétorique*, *s.v.*, dont la définition s'inspire de Quintilien.

25 Cf. Théophraste, fr. 696 FHS & G.

26 *Isocr.* 4, 2 ; *Is.* 3, 6 ; *Dem.* 20, 9, etc.

La doctrine de l'introduction

Commençons par citer ce passage :

L'emploi des figures suit plusieurs modalités (*tropous*). Il peut faire ressortir l'intensité (*epitasin*) des faits [...]. Par le biais de l'ironie, le discours prend davantage de relief que s'il avait été énoncé directement. (Il peut faire ressortir) aussi la destruction et la réfutation de la position des adversaires [...]. Il permet aussi la manifestation du caractère d'un homme de bien, comme Eschine [...] Eschine apparaît comme un homme qui rougit de ce qu'il va dire. Il est possible aussi grâce aux figures de donner l'impression qu'on parle en improvisant et sans préparation, comme Démosthène [...]. Des formules pareilles font l'effet que l'on semble parler sous l'impulsion du moment. De surcroît les figures apportent une certaine diversité au discours, lorsque du moins une façon de parler monotone prend le dessus, mais il faut que le plaisir soit second et que la diversité dans le discours ne fasse qu'accompagner son utilité[27], et cela, surtout dans le discours judiciaire. [...] Il (*sc.* Démosthène) parle souvent de l'État avec simplicité, et – là où il met du relief – modèle son discours de plusieurs manières diverses, et[28] revenant sur la libération des prisonniers, il rend plus dense le développement qui leur est consacré, donnant une forme différente à la même chose et variant la formulation. Sur un si grand sujet, voilà.

On voit à quel point la rhétorique illustrée par Homère coïncide avec les principes généraux de l'esthétique du rhéteur, avec les thèmes de l'intensité, de l'amplification non pas cérémonieuse mais plutôt émotionnelle, le souci d'afficher un *èthos* moralement positif, le souci d'une expression comme spontanée, le désir d'apporter une variété qui ne soit pas asservie au seul plaisir de l'auditeur mais soumise aux *requisit* du contenu de pensée.

Il ressort de cette enquête qu'Homère est étrangement présent dans ce traité dévolu à l'art oratoire, et que les exemples fournis coïncident presque exactement avec l'éventail des fonctions de la figure selon Alexandros, qu'ils semblent condenser. Le Poète incarne une voix ressentie tantôt comme poétique, tantôt comme familière, sans qu'il y ait de contradiction entre les deux. Les effets qu'il illustre apportent, sur le plan argumentatif, de la clarté et de la vraisemblance, sur le plan émotionnel du relief, de l'intensité, de la variété etc. mais sans rien de spectaculaire. On se prend à penser que dans cette doctrine atticiste, influencée par une esthétique stoïcisante, Homère représente davantage la matrice de tout le grec et de toute la rhétorique grecque plutôt qu'un maître en excentricités. On se moque souvent de l'impérialisme de la rhétorique qui lui fait annexer tous les savoirs et savoir-faire relatifs au langage, y compris la poésie. On constate, avec Alexandros, que c'est plutôt Homère qui est appelé à l'aide pour discipliner et vivifier la rhétorique impériale de son art *naturellement subtil*. Le rhéteur Démétrios désigne les anciens auteurs comme détenteurs d'un secret

---

27 En construisant <εἶναι> μετὰ κτλ.
28 On soupçonne une lacune.

à jamais perdu : savoir utiliser les figures avec un art si consommé que leur langage est plus proche de l'usage que celui des contemporains qui s'en abstiennent[29]. Dans le long débat qui a opposé les rhéteurs aux philosophes, les rhéteurs ont toujours cherché à annuler, voire retourner la critique platonicienne. Homère représente le paradigme d'une éloquence première, capable d'allier une langue complexe, artiste, au goût le plus exquis et à l'innocence la plus pure.

Bibliographie

Sources

Elice, Martina (éd.), *Aquila Romanus, De figuris*, Hildesheim, G. Olms, 2007.
Patillon, Michel (trad.), *Hermogène, L'Art rhétorique*, Lausanne, L'Âge d'Homme, 1997.
Rabe, Hugo (éd.), *Prolegomenon sylloge*, Leipzig, Teubner, 1931.
Spengel, Leonhard (éd.), *Rhetores graeci*, vol. III, Leipzig, Teubner, 1856 [1966²].
Usener, Hermann et Radermacher, Ludwig (éd.), Dionysius Halicarnaseus, *Quae exstant* vol. VI, *Opuscula* II, Leipzig, 1904-1929 [1985].

Études

Brzoska, Julius, art. Alexandros 96), *RE,* I 2, col. 1456-1459.
Chiron, Pierre, « La doctrine critique du rhéteur Tibérios », *REG*, 116, 2003, p. 494-536.
Chiron, Pierre, « Tibérios citateur de Démosthène », in L. Ciccolini, C. Guérin *et al.* (éd.), *Réceptions antiques*, Paris, Éditions rue d'Ulm, 2006, p. 107-129.
Chiron, Pierre, « Citations et doctrine rhétorique dans le *De Figuris* d'Alexandros », in L. Calboli-Montefusco (éd.), *Papers on Rhetoric*, X, Bologne, 2010, p. 89-104.
Fuhr, Karl, « Mitteilungen Περὶ τῆς καθ' Ὁμήρου ῥητορικῆς », *BPhW*, 48, 1902, col. 1499-1500.
Lejeune, Michel, *Phonétique historique du Mycénien et du Grec*, Paris, Klincksieck, 1972.
Marrou, Henri-Irénée, *Histoire de l'éducation dans l'Antiquité*, Paris, Seuil, 1965⁷.
Morier, Henri, *Dictionnaire de poétique et de rhétorique*, Paris, Presses Universitaires de France, 1981³.
Patillon, Michel, *Éléments de rhétorique classique*, Paris, Armand Colin, 1990.
Pernot, Laurent, « Le serment du discours *Sur la couronne* (Dém., XVIII, 208) dans la critique littéraire et rhétorique de l'Antiquité », *REG*, 114, 2001, p. 84-139.
Schrader, Hans, « Telephos der Pergamener Περὶ τῆς καθ' Ὁμήρου ῥητορικῆς », *Hermes*, 37, 1902, p. 530-581.
Schwab, Theodor, *Alexander Numeniu Peri Schèmatôn in seinem Verältnis zu Kaikilios, Tiberios und seinen späteren Benützern*, Paderborn, Schöningh, 1916.

---

29 *Eloc.* § 67.

PIERRE-YVES TESTENOIRE

Commentaires rhétoriques à l'Ambassade à Achille

Homère est maître du style : en tant que source et modèle de cet art du dire qu'est la rhétorique, il n'est, pour les Anciens, pas un domaine qui touche à la parole où il ne soit exemplaire. Aussi est-il un modèle pour le travail de la matière sonore de la langue. On connaît les très belles pages que Denys d'Halicarnasse consacre à ce sujet[1]. Mais si dans les textes examinant les ressorts de l'*euphonia* homérique, les questions de rythme ou d'expressivité sonore sont richement traitées, l'analyse des phénomènes de répétitions phoniques dans l'*Iliade* et l'*Odyssée* reste peu développée. Les notions d'allitération ou d'assonance n'existent pas en tant que telles en grec ancien, ni d'ailleurs en latin où le terme n'apparaît qu'à la Renaissance. Le vers se conçoit, dans l'Antiquité, moins comme une chaîne dont il s'agit d'analyser la reproduction de séquences qu'un assemblage de mots (σύνθεσις λέξεων) plus ou moins harmonieux. Les phénomènes d'échos sonores, s'ils existent chez Homère, restent, en outre, relativement discrets. La poésie homérique n'est pas structurellement allitérative comme peuvent l'être les poésies archaïques dans d'autres langues. C'est pourquoi la notion de παρήχησις (paréchèse) qu'utilise l'Antiquité tardive paraît plutôt adaptée au corpus homérique et mérite ici toute notre attention.

La paréchèse définie par Hermogène

La notion de paréchèse apparaît assez tardivement dans l'histoire de la rhétorique grecque. On la trouve mentionnée pour la première fois dans le traité Περὶ εὑρέσεως attribué à Hermogène. Elle apparaît dans le quatrième livre de ce traité où sont inventoriées les différentes figures de l'élocution. Après l'examen de l'antithèse, de la période, du *pneuma*, de la tension et du dilemme, un chapitre est consacré à la paréchèse :

Περὶ παρηχήσεως
Παρήχησις δέ ἐστι κάλλος ὁμοίων ὀνομάτων ἐν διαφόρῳ γνώσει ταὐτὸν ἠχούντων. γίνεται δέ, ὅταν δύο ἢ τρεῖς ἢ τέσσαρας λέξεις ἢ ὀνόματα εἴπῃ τις ὅμοια μὲν ἠχοῦντα, διάφορον δὲ τὴν δήλωσιν ἔχοντα, ὡς παρὰ τῷ Ξενοφῶντι "πείθει τὸν Πειθίαν" καὶ παρὰ τῷ Ὁμήρῳ "ἀλλ᾽ Εὐπείθει πείθοντο", κἀκεῖ μάλιστα ἐναργῶς

---

1 Denys d'Halicarnasse, *La Composition stylistique*. Sur l'analyse d'Homère et l'euphonie propre aux vers homériques : VI, 3, 7-11 ; VI, 15, 11-16, 18 ; VI, 20, 8-22.

Pierre-Yves Testenoire Sorbonne Université, *Laboratoire d'Histoire des Théories Linguistiques.*

Homère rhétorique. Études de réception antique, éd. par Sandrine DUBEL, Anne-Marie FAVREAU-LINDER et Estelle OUDOT, Turnhout, Brepols 2018 (*RRR* 28), p. 163-176
Brepols Publishers
10.1484/M.RRR-EB.5.115803

"ἤτοι ὅ γ' ἐς πεδίον τὸ Ἀλήιον οἷος ἀλᾶτο
ὃν θυμὸν κατέδων, πάτον ἀνθρώπων ἀλεείνων".
ἐνταῦθα γὰρ ὅμοια μὲν ἀλλήλοις ἠχεῖ τὸ "Ἀλήιον" καὶ τὸ "ἀλᾶτο" καὶ τὸ "ἀλεείνων",
ἀλλὰ τὸ μέν ἐστι τόπου ὄνομα, τὸ "Ἀλήιον", τὸ δὲ "ἀλᾶτο" πρᾶγμα, τὸ δὲ "ἀλεείνων"
πρᾶγμα μὲν καὶ αὐτό, ἄλλο δὲ παρὰ τὸ σεσημασμένον. Καὶ ὁ Θουκυδίδης " καὶ μὴν τότε
Αἴγυπτος ὑπὸ βασιλεῖ ἐγένετο πλὴν Ἀμυρταίου τοῦ ἐν τοῖς ἕλεσι βασιλέως· τοῦτον δὲ
διὰ μέγεθος τοῦ ἕλους οὐκ ἠδύναντο ἑλεῖν καὶ ἅμα μαχιμώτατοί εἰσι τῶν Αἰγυπτίων
οἱ Ἕλειοι". Ἕλος μὲν γὰρ ὁ τόπος, ἑλεῖν δὲ τὸ πρᾶγμα, Ἕλειοι δὲ οἱ ἐνοικοῦντες.

La paréchèse est un bel effet produit par des mots semblables, au sens différent,
qui répercutent le même son. Elle apparaît lorsque l'on utilise deux, trois ou
quatre énoncés ou noms qui présentent des sons semblables tout en ayant une
signification différente, comme chez Xénophon πείθει τὸν Πειθίαν[2], chez Homère
ἀλλ' Εὐπείθει πείθοντο[3] et, de manière très évidente, dans ce passage :
ἤτοι ὅ γ' ἐς πεδίον τὸ Ἀλήιον οἷος ἀλᾶτο
ὃν θυμὸν κατέδων, πάτον ἀνθρώπων ἀλεείνων[4].
Ici, en effet, Ἀλήιον, ἀλᾶτο et ἀλεείνων répercutent des sons semblables, Ἀλήιον
est le nom d'un lieu, ἀλᾶτο une action et ἀλεείνων une action aussi, mais avec une
autre signification. Chez Thucydide : Καὶ μὴν τότε Αἴγυπτος ὑπὸ βασιλεῖ ἐγένετο
πλὴν Ἀμυρταίου τοῦ ἐν τοῖς ἕλεσι βασιλέως· τοῦτον δὲ διὰ μέγεθος τοῦ ἕλους οὐκ
ἠδύναντο ἑλεῖν καὶ ἅμα μαχιμώτατοί εἰσι τῶν Αἰγυπτίων οἱ Ἕλειοι[5] : ἕλος est un
lieu, ἑλεῖν une action et Ἕλειοι les habitants de la région[6].

La paréchèse est à classer parmi les figures d'expression jouant sur les sonorités.
De ce point de vue, elle fait immanquablement songer aux figures gorgianiques que
rapporte la tradition rhétorique : ἀντίθεσις, πάρισωσις, ὁμοιοτέλευτον et son pendant
ὁμοιόπτωτον, παρονομασία… Néanmoins la paréchèse n'est pas le rhabillage termino-
logique d'une de ces figures, et spécifiquement pas de celle dont elle semble le plus
proche : la paronomase. En effet, si cette dernière repose également sur la similitude
phonique entre deux mots – d'après les définitions et les exemples que l'on trouve dans
la *Rhétorique à Herennius*[7], chez Denys d'Halicarnasse[8], chez Quintilien[9], Alexandre
le rhéteur[10] ou même ailleurs dans le corpus hermogénien[11] – elle implique soit, par
un procédé de dérivation, des mots d'une même famille soit, tout du moins, un jeu
sur le signifié. La paronomase a souvent une vocation étymologique ou éponymique

---

2 Xénophon, *Helléniques*, VII, 1, 41.
3 *Od.* XXIV, 465-466.
4 *Il.* VI, 201-202.
5 Thucydide, *Histoire*, I, 110, 2.
6 Hermogène, *Inv.* [= περὶ εὑρέσεως] 4, 7, *Opera*, p. 194. Sauf indication contraire, toutes les traductions
  contenues dans cet article sont nôtres.
7 *Rhétorique à Herennius*, 4, 29.
8 *Thucydide*, 48, 41 (3).
9 *Institution Oratoire*, IX, 66-67.
10 *De Figuris*, 36, 13-26.
11 *Sur les catégories du discours*, 2, 5, 79-97.

alors que, pour la paréchèse, la dimension sémantique est indifférente. Celle-ci apparaît donc bien comme une innovation du traité hermogénien *Sur l'invention* dont le quatrième livre en compte par ailleurs, d'après Michel Patillon, quelques autres[12]. La paréchèse est, comme son nom l'indique, un phénomène d'échos entre plusieurs lexèmes au sein d'un même énoncé.

Toute la difficulté, pour cette notion, est de déterminer la nature de la similitude entre deux mots qui se font écho. La paréchèse soulève la problématique inhérente à tous les phénomènes de répétitions sonores : celle de la frontière entre similitude et identité phoniques. Le jeu entre ce qui est ταὐτὸν (« identique ») et ce qui est ὁμοῖον (« semblable »), qui traverse la définition, en témoigne. Deux mots formant paréchèse ne sont semblables que dans la mesure où ils contiennent certains éléments phoniques identiques. L'auteur du traité ne précise pas la part et la nature des éléments identiques nécessaires pour former une paréchèse. Dans chacun des quatre exemples donnés – deux pris dans la prose classique, chez Xénophon et Thucydide ; deux choisis dans les poèmes homériques – c'est toutefois la répétition d'une même syllabe qui fonde la paréchèse.

La figure, ainsi définie, est reprise par les productions scolaires de l'Antiquité tardive. Les *technai* rhétoriques et les nombreux commentaires aux traités attribués à Hermogène reprennent inlassablement les deux mêmes exemples homériques. La paréchèse se retrouve aussi chez certains scholiastes. Plusieurs paréchèses sont ainsi relevées dans les scholies aux Tragiques et, surtout, à Aristophane ; les scholies à Homère, en revanche, l'ignorent. Comme le corpus hermogénien connaît une fortune considérable dans l'Orient byzantin où il devient une œuvre de référence, un commentateur va faire un usage exponentiel de cette figure : Eustathe de Thessalonique. Plus d'une centaine de paréchèses différentes sont, en effet, relevées dans son immense commentaire de l'*Iliade* et de l'*Odyssée*. Surtout, il affine la théorie des paréchèses qu'on trouve exposée chez Hermogène. Par l'usage extensif qu'il fait de cette figure, par les développements théoriques qu'il y consacre, Eustathe s'attache à faire de cette figure tardive de la rhétorique grecque un outil d'analyse opérant pour les phénomènes sonores chez Homère.

La « théorie des paréchèses » d'Eustathe

Un développement, long et fort instructif, est consacré dans le commentaire d'Eustathe à cette notion de paréchèse. Ce développement théorique est introduit à l'occasion de la première paréchèse que le commentateur découvre au premier chant de l'*Iliade* :

ὃν Βριάρεων καλέουσι θεοί, ἄνδρες δέ τε πάντες
Αἰγαίων᾽, ὃ γὰρ αὖτε βίην οὗ πατρὸς ἀμείνων·

---

12 Cf. Hermogène, *L'Art rhétorique*, introduction par Michel Patillon, p. 98 *sq.*

ὅς ῥα παρὰ Κρονίωνι καθέζετο κύδεϊ γαίων·
τὸν καὶ ὑπέδεισαν μάκαρες θεοὶ οὐδ᾽ ἔτ᾽ ἔδησαν.

Monstre appelé par les dieux Briarée, et par tous les hommes
Egéon, qui surpasse même en violence son père,
Et qui s'assit auprès de Zeus dans l'orgueil de sa gloire !
Les Bienheureux, devant lui, prirent peur, renoncèrent aux chaines[13].

Ces vers sont célèbres puisqu'ils contiennent le premier cas de double nomination qui figure dans les poèmes homériques[14]. C'est toutefois sur un autre aspect du passage que porte le commentaire d'Eustathe :

Δυνάμενος γὰρ ὁ ποιητὴς ἐγγυτάτω παραθεῖναι δύο εὐθείας τὸ "κύδεϊ γαίων" καὶ τὸ "Αἰγαίων" καὶ οὕτως ἐπαναστροφὴν ἢ παρήχησιν αὐθαδεστέραν ποιῆσαι ῥητορικήν, οἷον "Αἰγαίων γαίων κύδεϊ" ἢ ἄλλως πως, ὁ δὲ οὐκ ἐποίησεν οὕτως, οἷα μὴ θέλων ἄκαρπον ἄνθος γραφῆς ἐνθεῖναι τῇ ποιήσει παρὰ καιρὸν καὶ ἀμεθόδως καλλωπίσαι τὸν λόγον. Οὐ γὰρ ἔδει ποιῆσαι τοιαῦτα παίζειν πενθοῦντα τὸν Ἀχιλλέα. […] Ὅτι τὴν μὲν τοῦ Αἰγαίωνος παρήχησιν ἐξέκλινεν, ὡς εἴρηται, ὁ ποιητὴς ἐν τῷ μὴ ὁμοιοπτώτως εἰπεῖν "Αἰγαίων κύδεϊ γαίων", ἀλλ᾽ ἐν ἀρχῇ μὲν στίχου ἑνὸς εἰπεῖν Αἰγαίωνα, ἐν δὲ τέλει τοῦ ἑτέρου Αἰγαίων, αἰτιατικὴν δηλονότι καὶ εὐθεῖαν, εἰ καὶ ἄλλως ἡ ἔκθλιψις τοῦ ᾱ τῆς αἰτιατικῆς εἰς τρισυλλαβίαν συστείλασα τὸν Αἰγαίωνα ἔμφασιν δίδωσι παρηχήσεως. Καὶ οὕτω μὲν οὐ καθαρῶς παρήχησεν ὁ ποιητὴς ἐν τῷ Αἰγαίωνι. Ἐφεξῆς δ᾽ ἑτέρᾳ παρηχήσει χρᾶται εἰπών, ὅτι τὸν Αἰγαίωνα ὑπέδδεισαν μάκαρες θεοὶ οὐδέ τ᾽ ἔδησαν. Τοῦτο δὲ πάνυ καινότροπον. διὸ καὶ σπάνιοι αἱ τοιαῦται πανταχοῦ παρηχήσεις. Ὡς ἐπὶ τὸ πλεῖον γὰρ αἱ παρηχήσεις ἤγουν αἱ ταὐτὸν ἠχοῦσαι λέξεις διαφορὰν ἔχουσιν οὐ μόνον κατὰ τὴν σημασίαν ἀλλὰ καὶ κατὰ τὴν προφοράν, οἷον τὸ "Εὐπείθει πείθοντο" καὶ "κατὰ πεδίον Ἀλήϊον οἷος ἀλᾶτο πάτον ἀνθρώπων ἀλεείνων"

Le poète pouvait placer le plus près possible les deux nominatifs κύδεϊ γαίων et Αἰγαίων, et ainsi faire une épanastrophe ou une paréchèse rhétorique plus audacieuse, comme Αἰγαίων γαίων κύδεϊ ou quelque chose de similaire, mais il ne l'a pas fait, attendu qu'il ne voulait pas insérer dans son poème un éclat de style stérile et embellir son discours mal à propos et sans méthode. Il ne convenait pas, en effet, qu'Achille fasse de telles plaisanteries alors qu'il était affligé. […] Le poète a évité, comme il a été dit, la paréchèse de Αἰγαίων en ne disant pas avec la même désinence Αἰγαίων κύδεϊ γαίων, mais il a placé au début d'un vers Αἰγαίωνα et à la fin d'un autre Αἰγαίων, c'est-à-dire un accusatif et un nominatif, et c'est d'ailleurs l'élision du α de l'accusatif, ayant réduit Αἰγαίωνα à trois syllabes, qui donne l'apparence d'une paréchèse. Ainsi le poète n'a pas fait de paréchèse pure avec Αἰγαίων. Tout de suite après, il emploie une autre paréchèse lorsqu'il dit que les Bienheureux « craignirent » (ὑπέδδεισαν) Αἰγαίων et ne « l'enchaînèrent » pas (ἔδησαν). Ce phénomène est d'une espèce vraiment nouvelle. Aussi de telles

---

13 *Il.* I, 403-406. Trad. de Ph. Brunet.
14 Sur ces cas de double nomination et sur la « langue des dieux » qu'ils révèlent, on consultera notamment les travaux de Françoise Bader.

paréchèses sont-elles extrêmement rares. Car, en outre, les paréchèses, c'est-à-dire les mots qui répercutent le même son, sont différentes non seulement du point de vue de la signification mais aussi de la prononciation comme Εὐπείθει πείθοντο[15] et κατὰ πεδίον Ἀλήϊον οἷος ἀλᾶτο πάτον ἀνθρώπων ἀλεείνων[16][17].

La richesse du passage, qui réunit en l'espace de trois vers deux paréchèses, justifie le développement théorique qui suivra. La première paréchèse est discrète, du fait de l'espacement des termes qui se répondent. La seconde, bien plus voyante, réunit dans un seul vers deux verbes (ὑπέδδεισαν et ἔδησαν) qui, pour Eustathe, se font parfaitement écho. La fausse diphtongue ει et le êta se prononcent, en effet, tous les deux *i* au XIIe siècle du fait des progrès du iotacisme. Le commentaire cite ensuite le texte d'Hermogène, en reprenant, à quelques détails près, sa définition et ses deux exemples homériques.

C'est à présent qu'Eustathe innove par rapport à la définition devenue canonique d'Hermogène. Il affine la catégorie de la paréchèse en y introduisant des subdivisions :

Τὸ δὲ πάντη ταυτοφώνους εἶναι τὰς παρηχήσεις σπάνιον καὶ μεμετρημένον παρὰ τῷ ποιητῇ οἷον καὶ τὸ "χόλος δέ μιν ἄγριος ᾕρει", "Ἥρη δ' οὐ κέχαδε στῆθος χόλον". Τοιοῦτόν τι καὶ τὸ πρὸ ὀλίγου ῥηθὲν τὸ "ἀλλὰ πίθεσθε καὶ ὔμμε, ἐπεὶ πείθεσθαι ἄμεινον". Καὶ γὰρ καὶ τὸ πίθεσθε μέσου ἀορίστου δευτέρου προστακτικοῦ πληθυντικοῦ καὶ τὸ πείθεσθαι ἀπαρέμφατον ἐν διαφόρῳ γραφῇ τὸν αὐτὸν ἦχον ἔχουσι. Καὶ ἐν τοῖς ἑξῆς δὲ τὴν τῆς Ἥρας κλητικὴν διὰ τῶν δύο η καὶ τὴν τῆς Ἴριδος διὰ τῶν δύο ι ἐγγὺς ἀλλήλων τίθησι κατὰ τοιαύτην παρήχησιν παντελῶς μὲν ἠχοῦσαν ταὐτόν, ἀνομοιότητα δὲ ἔχουσαν κατά τε τὴν ἔννοιαν καὶ κατὰ τὴν γραφήν. Φησὶ γάρ · "Ἴρι θεά, τίς γάρ σε προέηκε ;" "Ἥρη με προέηκε". Τούτου τοῦ εἴδους ἐστὶ καὶ τὸ "οὐκ ὀφθήσῃ κενὸς ἐναντίον μου, ἀλλ' ἄλλον τρόπον καινός". Καὶ γὰρ καὶ ἐνταῦθα κενὸς μὲν καὶ καινὸς τὰ αὐτὰ κατὰ τὸν ἦχον ἀπαραλλάκτως εἰσί, πλὴν τὸ μὲν πρῶτον διὰ τοῦ ε ψιλοῦ γράφεται, τὸ δὲ δεύτερον τὴν διὰ διφθόγγου γραφὴν ἀπηνέγκατο. Τοιοῦτον καὶ παρὰ Θεοκρίτῳ τὸ "ὄρη, φίλε, ὃ μελύδριον ὥρη ἐξεπόνησα" [τουτέστιν "ὅρα τὸ μέλος, ὃ καθ' ὥραν ἐπονησάμην". Καὶ παροιμιῶδες τὸ "ζεῖ χύτρα, ζῇ φιλία".] Καὶ τοῦτο μὲν τοιοῦτον παρηχήσεως εἶδος ταυτοφωνίαν ἔχον παντελῆ, διαφορὰν δὲ φέρον κατὰ μόνην γραφήν · ὅπερ ἐστὶ διάφορον πρὸς τὴν ῥητορικὴν παρήχησιν, ἥτις ταυτογραφουμένη διαφορὰν ἔχει κατὰ τὴν ἐκφώνησιν.

Il est rare et limité chez le poète que les paréchèses aient en tout point le même son comme χόλος δέ μιν ἄγριος ᾕρει, Ἥρη δ' οὐ κέχαδε στῆθος χόλον[18], et comme, quelque peu avant, ἀλλὰ πίθεσθε καὶ ὔμμε, ἐπεὶ πείθεσθαι ἄμεινον[19] : πίθεσθε, impératif aoriste moyen à la deuxième personne du pluriel, et πείθεσθαι, infinitif, présentent, avec une lettre différente, le même son. Plus loin, le poète place le vocatif de Ἥρη avec ses deux η et celui d'Ἶρις avec ses deux ι proches l'un de

---

15 *Od.* XXIV, 465-466.

16 *Il.* VI, 201-202.

17 Eustathe, *Commentarii ad Homeri Iliadem*, éd. par Van der Valk, I, 191.19-192.33.

18 *Il.* VIII, 460-461.

19 *Il.* I, 274.

l'autre conformément à ce genre de paréchèses qui répercute parfaitement le même son, mais qui présente des différences au niveau du sens et de l'écriture. Il dit en effet : Ἴρι θεά, τίς γάρ σε προέηκε;, Ἥρη με προέηκε[20]. Οὐκ ὀφθήσῃ κενὸς ἐναντίον μου, ἀλλ' ἄλλον τρόπον καινός relève également de ce genre[21]. Ici, en effet, κενὸς et καινός sont exactement identiques pour ce qui concerne le son, sauf que le premier est écrit avec un ε pur et que le second est formé au moyen d'une diphtongue. Une figure du même genre se trouve chez Théocrite : ὄρη, φίλε, ὁ μελύδριον ὥρῃ ἐξεπόνησα[22] [c'est-à-dire « vois la petite chanson que j'œuvrai dans la montagne » et le proverbial ζεῖ χύτρα, ζῇ φιλία[23]]. Ce genre de paréchèse repose sur une parfaite identité de prononciation, mais comporte une différence seulement au niveau de l'écriture. Ce qui est différent de la paréchèse rhétorique qui, supposant une identité d'écriture, comporte une différence au niveau de la prononciation[24].

Le premier phénomène, qualifié précédemment de καινότροπον, n'est possible que par l'effet du iotacisme et la perte de la distinction phonémique des voyelles longues et brèves. Il est très bien représenté dans le commentaire d'Eustathe. À ce type de paréchèses supposant une identité phonique malgré une dissemblance graphique répond, dans la suite du texte, le phénomène inverse : une paréchèse reposant sur une identité graphique et une dissemblance phonique. De cette παρήχησις ῥητορική, ainsi qu'Eustathe la désigne, il n'est pas donné d'exemples, ceux repris un peu plus haut au corpus hermogénien relevant, selon toute évidence, de ce second type. Enfin, pour compléter la symétrie constituée par ces deux formes de paréchèse, s'ajoute une troisième catégorie :

Ἔστι δὲ καὶ ἄλλο ξενίζον παρηχήσεων εἶδος, ᾧ χρᾶται καὶ ὁ ποιητής. Καὶ κεῖνται τούτου ἱκανὰ παραδείγματα ἐν τοῖς εἰς τὴν Ὀδύσσειαν. Ἔστι δὲ τοιοῦτον, ὅταν καὶ παρηχῇ τις ἐν ἀνομοιότητι γραφῆς φωνηέντων ὁμοίως τοῖς πρὸ τούτου καὶ τὴν ταὐτοφωνίαν δέ πως ἀλλοιοῖ · καθὸ καὶ ἠναντίωται τοῦτο τῷ πρὸ αὐτοῦ, τῷ παντελῶς ταὐτοφώνῳ, οἷον τὸ "Σκύλλη κοίλης ἐκ νηός" καὶ "Ἐπειὸς ἐποίησε σὺν Ἀθήνῃ" καὶ "φίλησε δὲ φῦλον ἀοιδῶν" καὶ Ἀρριανός "φῦναι Φινέα" καὶ Ἡσίοδος "Φυλέα φίλον μακάρεσσι θεοῖσι" · καὶ Εὐριπίδης "ἐλελίζει αἴλινον" καὶ ὅσα ἄλλα ὅμοια. Τὰ δὲ τοιαῦτα οὐκ ἐπιτηδευτὰ ἔοικεν εἶναι, ἀλλ' ἐκ τοῦ παρατυχόντος παρήχηνται, ὡς καὶ ἐν τῇ Ὀδυσσείᾳ εἴρηται.

Et il y a un autre genre de paréchèse, d'aspect étrange, dont use le poète. Ses exemples se trouvent dans l'*Odyssée*. Il y a une telle figure lorsque l'on fait se répercuter des voyelles, avec une différence d'écriture, comme précédemment, mais que l'on altère quelque peu cette identité de prononciation. De telle sorte que ce cas se distingue du précédent où l'identité de prononciation était complète, ainsi :

---

20 *Il.* XVIII, 182-184.
21 « *fort. Eust. Ipse* » (Note de Van der Valk).
22 Théocrite, *Idylle*, VII, 51.
23 Zenob. IV, 12.
24 Eustathe, *Commentarii ad Homeri Iliadem*, I, 192.33-193.18.

Σκύλλη κοίλης ἐκ νηός[25], Ἐπειὸς ἐποίησε σὺν Ἀθήνη[26], φίλησε δὲ φῦλον ἀοιδῶν[27] ; chez Arrien : φῦναι Φινέα[28] ; chez Hésiode : Φυλέα φίλον μακάρεσσι θεοῖσι[29] ; chez Euripide : ἐλελίζει αἴλινον[30] et d'autres cas semblables. De telles expressions ne semblent pas être créées intentionnellement, mais bien se répercuter par hasard, comme on l'a dit dans l'*Odyssée*[31].

Le troisième type, dégradé, de paréchèse correspond aux mots que le iotacisme a rendus non pas, comme dans le premier cas, parfaitement identiques, mais simplement similaires du point de vue phonétique. Les dissemblances qui subsistent, malgré l'uniformisation vocalique, tiennent aux cadres consonantiques différents. Cette troisième catégorie est abondamment illustrée. C'est l'abondance même des exemples qui semble d'ailleurs soulever le soupçon quant à l'intentionnalité du phénomène. Après l'examen de ce type de paréchèses, qualifié de ξενίζον (« étrange »), Eustathe poursuit avec un autre type, πανοῦργον celui-ci :

Ἔστι τι καὶ ἄλλο πανοῦργον παρηχήσεως εἶδος, ὅπερ κατὰ γραμμάτων μετάθεσιν γίνεται, ὁποῖόν τι περιειργάσατο ὁ εἰπὼν τὸ τοῦ λόγου νᾶμα μάννα δοκεῖν τοῖς ἀκροαταῖς. […] Τοιοῦτον καὶ τὸ "οὐ λίθῳ βαλών, ἀλλὰ τῇ χειρὶ λαβών" καὶ τὸ λέπας καὶ πέλας παρὰ Λυκόφρονι. Καί εἰσι καὶ τούτου σπέρματα παρὰ τῷ ποιητῇ, ὃς εἰπὼν ἐν Ὀδυσσείᾳ "ἠμείψατο μύθῳ" ἐπήγαγε "θυμὸν ὤρινας", ὡς τοῦ μύθου καὶ τοῦ θυμοῦ τοῖς αὐτοῖς διοικουμένων γράμμασι. Καὶ ἐν τῷ "θυμοδακὴς δὲ μῦθος" τὸ αὐτὸ ἐμφαίνεται · καὶ ἐν τῷ "οὐχ᾽ ἥνδανε θυμῷ, κρατερὸν δ᾽ ἐπὶ μῦθον ἔτελλεν".

Il y a également un autre genre de paréchèse, qui nécessite de l'habileté, et qui survient par changement de lettres à peu près comme cet écrivain qui a déployé son habileté pour dire que le « ruisseau » (νᾶμα) de son discours était une « manne » (μάννα) pour ses lecteurs[32]. […] Du même genre est οὐ λίθῳ βαλών, ἀλλὰ τῇ χειρὶ λαβών[33], et λέπας et πέλας chez Lycophron[34]. Les germes de ce procédé sont chez le poète qui, lorsqu'il dit dans l'*Odyssée* ἠμείψατο μύθῳ, ajouta θυμὸν ὤρινας[35], parce que μύθου et θυμοῦ sont composés des mêmes lettres. Le même phénomène apparaît dans θυμοδακὴς δὲ μῦθος[36] et dans οὐχ᾽ ἥνδανε θυμῷ, κρατερὸν δ᾽ ἐπὶ μῦθον ἔτελλεν[37][38].

---

25 *Od.* XII, 245.

26 *Od.* VIII, 493.

27 *Od.* VIII, 481.

28 Arrien, *Bithynicorum Frag.* 20.

29 Hésiode, *frag.* 176, 4 M. W. = fr. 93, 4 Rz.

30 Euripide, *Phéniciennes*, 1514-1519.

31 Eustathe, *Commentarii ad Homeri Iliadem*, I, 193.18-30.

32 « *Christianus auctor mihi ignotus* » (note de Van der Valk).

33 « *Locus ignotus, ut opinor* » (note de Van der Valk).

34 Lycophron, *Alexandra*, 419-420.

35 *Od.* XV, 485 *sq.*

36 *Od.* VIII, 185.

37 *Il.* I, 378-379.

38 Eustathe, *Commentarii ad Homeri Iliadem*, I, 193.30-37.

Les mots formant ici paréchèse – νᾶμα / μάννα, βαλών / λαβών, λέπας / πέλας et μῦθος / θυμός – ne supposent pas, comme précédemment, l'itération d'une même syllabe, mais une inversion de consonnes. Ce phénomène est désigné sous un autre nom dans le reste du commentaire d'Eustathe, celui d'ἀναγραμματισμός. Aussi n'est-ce pas un hasard s'il est fait mention du poète Lycophron, auquel une tradition attribue l'invention de cette figure. Six cas d'anagrammes homériques sont repérés dans le commentaire d'Eustathe, dont trois tiennent à ce jeu entre μῦθος et θυμός qui revient à plusieurs reprises dans l'*Iliade* et l'*Odyssée*[39]. L'anagramme antique serait donc une sous-catégorie de la paréchèse : l'écho paréchétique entre deux énoncés s'obtiendrait soit par répétition soit par métathèse syllabique.

Si le domaine de la paréchèse semble s'étendre chez Eustathe, il ne s'agit néanmoins pas d'y inclure tous les jeux sur les sonorités rencontrés dans les poèmes. Aussi le commentateur s'attache-t-il à exclure certains procédés :

Οὕτω δὲ περιεργασαμένων τινῶν τὴν μίαν λέξιν καὶ διαστρεψάντων αὐτὴν ἄλλοι μένειν αὐτὴν κατὰ χώραν ἀφέντες ἔπαιξαν ἄλλως, ἅπερ ἤθελον. Ἡ γοῦν κωμῳδία τοιαῦτά τινα διθυραμβώδη ἐποίει ἐν μιᾷ λέξει ἀναγκάζουσα γραφὰς διαφόρους νοεῖν· οἷον ὅτε εἴπῃ, ὅτι ὁ Ζεὺς λήροις τοὺς νικῶντας ἀναδῶν στεφανοῖ. Τὸ γὰρ λήροις λέγεται μέν, ὡς τῶν νικώντων ἐν Ὀλυμπίοις φλυάρῳ καὶ κενῷ κόμπῳ θελγομένων. Βούλεται δὲ λέγειν καί, ὅτι λειρίοις ἤγουν ἄνθεσι τοὺς νικῶντας ἀναδεῖ. Τὸ αὐτὸ ποιεῖ ὁ Κωμικὸς καί, ὁπηνίκα κηρύλου μεμνημένος τοῦ ζῴου, ὅπερ τὴν διὰ τοῦ η ἔχει γραφήν, ἀποσκώπτει εἰς κουρέα τινὰ κηρύλον ἐκεῖνον θέλων νοεῖσθαι, ὡς ἀπὸ τοῦ κείρω, τὸ κουρεύω, ὅπερ διὰ διφθόγγου γράφεται. ὅμοιον καὶ τὸ "ἐστεφάνιξα κἀδωρησάμην". Δοκεῖ μὲν γὰρ λέγειν, ὅτι "δώροις ἐδεξιωσάμην", παραλαλεῖ δὲ καὶ τὸ Δωρικῶς εἰπεῖν ὡς τοῦ ἐστεφάνιξα διαλέκτου ὄντος Δωρικῆς. Ταῦτα δὲ παίγνια κωμικὰ κατά τινα δῆθεν ὁμωνυμίαν, οὐ μὴν παρηχήσεις. Ἡ γὰρ παρήχησις οὐ μιᾷ μόνῃ λέξει ἐμπεριγράφεται, ἀλλ' ἐν δυσὶ τὸ ἐλάχιστον.

Après avoir ainsi travaillé un mot et l'avoir détourné, d'autres se sont amusés, d'une manière différente, à le laisser à la place qu'ils voulaient. La comédie, par exemple, créait des effets de dithyrambe avec un seul mot lorsqu'elle contraignait l'auditeur à avoir des écritures différentes à l'esprit, comme lorsqu'il est dit que Zeus couronne les vainqueurs de « radotages » (λήροις)[40]. Il est question de « radotages » (λήροις), car les vainqueurs à Olympie sont fascinés par les bavardages et l'emphase creuse, mais on veut dire qu'il couronne les vainqueurs de « lis » (λειρίοις) c'est-à-dire de fleurs. Le poète comique fait la même chose, lorsque, mentionnant l'animal « alcyon » (κηρύλου), qui s'écrit avec un η, il lance une pique à un barbier avec l'intention que cet « alcyon » (κηρύλον) soit compris comme « être barbier » (κουρεύω) qui vient de « couper » (κείρω) et

---

39 Pour un aperçu plus complet de la question des anagrammes dans l'Antiquité grecque et des similitudes avec la paréchèse d'Eustathe, nous nous permettons de renvoyer à notre étude : « Des anagrammes chez Homère ? ».

40 Aristophane, *Ploutos*, 587 *sq.*

qui s'écrit avec une diphtongue[41]. Ἐστεφάνιξα κἀδωρησάμην (« je t'ai comblé de dons et de couronnes ») est similaire[42]. Il croit dire δώροις ἐδεξιωσάμην (« je t'ai comblé de présents »), mais il fait des fautes et parle en dorique, car ἐστεφάνιξα relève du dialecte dorique. Ces plaisanteries comiques reposent, à vrai dire, sur des similitudes entre des noms, ce ne sont cependant pas des paréchèses. Car la paréchèse ne repose pas sur un seul mot, mais au moins sur deux[43].

Est ainsi exclu de la paréchèse ce qu'on appelle communément le jeu de mots, c'est-à-dire l'allusion à un mot absent de l'énoncé ayant une ressemblance phonétique avec celui effectivement employé. Les exemples sont ici empruntés à Aristophane ; mais de tels jeux existent, on le sait, chez Homère. Outre les calembours, les plaisanteries savantes et les jeux sur l'intertextualité, bref tout ce qui fait appel au bagage linguistique ou culturel du lecteur ou de l'auditeur, sont tenus pour étrangers à la paréchèse. La dernière phrase du paragraphe – « la paréchèse ne repose pas sur un seul mot, mais au moins sur deux » – marque, à cet égard, une frontière déterminante pour la délimitation de la figure. Les échos de la paréchèse se placent uniquement sur l'axe syntagmatique du vers ou de l'énoncé ; tout ce qui relève du paradigmatique est forclos. Enfin, Eustathe récapitule les étapes du raisonnement parcourues, formant ainsi la παρηχήσεων θεωρία :

> Ἔστιν οὖν ὅλως τοιαύτη τις ἡ τῶν ῥηθεισῶν παρηχήσεων θεωρία. Ἡ παρήχησις ἢ διαφορὰν μέν τινα ἔχει ἐν λέξεων προφορᾷ, ταὐτότητα δὲ ἐν γραφῇ, καὶ ταύτην διχῶς · ἢ γὰρ ὀρθῶς κειμένων τῶν παρηχουσῶν λέξεων ἢ ἀνεστραμμένως · ὀρθῶς μὲν ἐν τῷ "οὐδ' Εὐπείθει πείθοντο" καὶ τοῖς ὁμοίοις, ὃ δὴ καὶ μόνον καιριωτάτη ἐστὶ παρήχησις · ἀνεστραμμένως δέ, οἷον τὸ μῦθος καὶ θυμὸς καὶ βαλών καὶ λαβών καὶ τὰ τοιαῦτα · ἢ ἀνάπαλιν ταὐτότητα μὲν ἔχει περὶ λέξεων προφοράν, διαφορὰν δὲ ἐν τῇ τῶν φωνηέντων γραφῇ · οἷον τὸ "ἔδδεισαν οὐδέ τ' ἔδησαν". Πολλάκις δὲ καὶ ἀμφότερα ἤγουν διαφορὰν καὶ φωνῆς καὶ γραφῆς, ὡς τὸ "Φυλέα φίλον μακάρεσσι" · καὶ "εἴδωλον δ' ἑτέρωθεν ἑταίρου πόλλ' ἀγόρευε".

Telle est donc, en résumé, la théorie des dites paréchèses. Soit la paréchèse présente une différence dans la prononciation des mots et une identité dans l'écriture, et cela de deux façons : soit les mots qui se font écho sont disposés dans le bon ordre, soit ils le sont dans un ordre bouleversé. Ils sont dans le bon ordre dans οὐδ' Εὐπείθει πείθοντο[44] et dans les exemples du même type ; ce qui est, à vrai dire, le seul cas de paréchèse vraiment satisfaisant. Mais ils sont dans un ordre bouleversé dans les cas comme μῦθος et θυμός, βαλών et λαβών, et ainsi de suite. Soit, au contraire, elle présente une identité au niveau de la prononciation des mots et une différence dans l'écriture des voyelles, comme : "ἔδδεισαν οὐδέ τ' ἔδησαν"[45]. Souvent, elle présente les deux, c'est-à-dire une différence de prononciation et

---

41 Aristophane, *Oiseaux*, 299-300.
42 Aristophane, *Cavaliers*, 1225.
43 Eustathe, *Commentarii ad Homeri Iliadem*, I, 193.37-194.13.
44 *Il.* XXIV, 465-466.
45 *Il.* I, 404-405.

d'écriture, comme Φυλέα φίλον μακάρεσσι[46], et εἴδωλον δ᾽ ἑτέρωθεν ἑταίρου πόλλ᾽ ἀγόρευε[47][48].

S'il est pris tant de soin à l'exposé des principes et des subdivisions de cette figure, c'est qu'il s'agit d'un outil d'analyse dont Eustathe use abondamment. Chacune des paréchèses découvertes au fil de son commentaire peut être ramenée à l'une des trois catégories ainsi hiérarchisées : la paréchèse due à un écho phonique originel, la paréchèse due à un écho phonique induit par des changements de prononciation, enfin, la forme dégradée de la paréchèse, celle qui malgré les changements de prononciation n'offre qu'un écho phonique imparfait. Ces catégories, définies ici par le recours à la diachronie, sont exprimées chez Eustathe en termes de correspondance entre la graphie et la phonie.

Après l'examen théorique de la paréchèse, il convient d'en étudier la mise en application dans la pratique du commentaire homérique. Le catalogue complet des paréchèses relevées par Eustathe excèderait les limites de cet article. Aussi, nous nous contenterons de proposer, à partir de quelques exemples, un panorama de la variété des figures présentes dans le commentaire d'Eustathe, illustrant l'originalité de la démarche de l'exégète dans le maniement de cet outil.

La pratique de la paréchèse dans le commentaire d'Eustathe

Les paréchèses qui relèvent de la première catégorie – la seule qui, selon Eustathe, soit vraiment satisfaisante – peuvent concerner des mots d'une grande banalité :

a) *Il.* IX, 544   <u>πολλέων</u> ἐκ <u>πολίων</u> θηρήτορας ἄνδρας ἀγείρας

Καὶ ὅρα τό τε "πολλέων ἐκ πολίων" κάλλος τι ἔχον παρηχητικὸν.

On voit que πολλέων ἐκ πολίων forme un embellissement paréchétique[49].

Ce type de paréchèse, souvent qualifié par l'adjectif σώφρων, porte indifféremment sur des mots d'une même famille (ἀθάνατοι θάνατον)[50] ou non (ἐϋμμελίης ἀμέλησε)[51]. Il est parfois couplé avec d'autres figures, épanastrophes, parisoses ou, le plus souvent, avec une figure étymologique :

b) *Il.* VII, 5-6   οὖρον, ἐπεί κε κάμωσιν ἐϋξέστῃς ἐλάτῃσι
πόντον ἐλαύνοντες, καμάτῳ δ᾽ ὑπὸ γυῖα λέλυνται,

---

46 Hésiode, *fr.* 176, 4 M. W. = fr. 93, 4 Rz.

47 *Od.* XI, 83.

48 Eustathe, *Commentarii ad Homeri Iliadem*, I, 194.13-22.

49 Eustathe, *Commentarii ad Homeri Iliadem*, I, 292.33.

50 Cf. Eustathe, *Commentarii ad Homeri Odysseam*, éd. par J. A. G. Weigel, I, 123.43.

51 Cf. Eustathe, *Commentarii ad Homeri Iliadem*, IV, 3, 11.

COMMENTAIRES RHÉTORIQUES À L'AMBASSADE À ACHILLE   173

Καὶ ὅρα παρήχησιν καὶ ἐνταῦθα, ἔτι δὲ καὶ ἐτυμολογίαν ἐν τῷ "ἐλάταις ἐλαύνοντες".

On voit ici une parchèse, et une étymologie dans ἐλάταις ἐλαύνοντες[52].

c) *Il.* VIII, 368-370   ἐξ Ἐρέβευς ἄξοντα κύνα <u>στυγεροῦ</u> Ἀΐδαο,
οὐκ ἂν ὑπεξέφυγε <u>Στυγὸς</u> ὕδατος αἰπὰ ῥέεθρα.
νῦν δ᾽ ἐμὲ μὲν <u>στυγέει</u>, Θέτιδος δ᾽ ἐξήνυσε βουλάς,

Τὸ δὲ "στυγεροῦ" καὶ τὸ "Στυγός" καὶ τὸ "στυγέει" ἐγγὺς ἀλλήλων παρακείμενα οὐ μακράν εἰσιν ἐτυμολογίας ἢ παρηχήσεως, ἣν ὁ ποιητὴς ἐπετηδεύσατο.

Στυγεροῦ, Στυγός et στυγέει placés les uns à côté des autres dans un petit espace relèvent de l'étymologie ou de la paréchèse, que le poète a créée intentionnellement[53].

Une question, récurrente dans le commentaire d'Eustathe au sujet de la paréchèse, concerne l'espacement convenable entre les deux termes qui se répondent. Trop loin, l'écho n'est plus perceptible, trop près, il relève de la plaisanterie de potache :

d) *Il.* XII, 183-186   δουρὶ βάλεν <u>Δάμασον</u> κυνέης διὰ χαλκοπαρήου·
ὑδ᾽ ἄρα χαλκείη κόρυς ἔσχεθεν, ἀλλὰ διὰ πρὸ
αἰχμὴ χαλκείη ῥῆξ᾽ ὀστέον, ἐγκέφαλος δὲ
ἔνδον ἅπας πεπάλακτο· <u>δάμασσε</u> δέ μιν μεμαῶτα·

Ὅτι σώφρονι μὲν παρηχήσει ὁ ποιητὴς καὶ ἐνταῦθα χρᾶται ἐν τῷ "δουρὶ βάλεν Δάμασον, δάμασε δέ μιν μεμαότα", πλὴν οὐκ ἐγγὺς θέμενος τὰς παρηχούσας λέξεις, ἀλλὰ προειπὼν μὲν τὸ Δάμασον, μετὰ δὲ δύο στίχους ἐπαγαγὼν τὸ "ἐδάμασεν".

On voit que le poète ici a fait une paréchèse modérée dans δουρὶ βάλεν Δάμασον, δάμασε δέ μιν μεμαότα, sauf qu'il n'a pas placé les deux mots qui se répondent l'un à côté de l'autre, il a d'abord dit Δάμασον, et après deux vers il a ajouté ἐδάμασεν[54].

Si la paréchèse nécessite parfois un espacement décent, certains sujets sont aussi à éviter pour des raisons de bienséance. De même qu'Achille, étant donné son chagrin, ne pouvait se laisser aller à une paréchèse éclatante sur le nom Αἰγαίων[55], de même Eustathe félicite Homère de ne pas faire, dans l'épisode d'Eumée, de paréchèse sur le nom du cochon[56]. Dans le même ordre d'idées, le commentateur sait gré au poète de toujours éviter, dans l'*Iliade*, les paréchèses entre le nom du père d'Ajax, Τελαμών, et le nom du baudrier, τελαμών[57]. Les exemples de paréchèses qu'Homère a épargnées à ses lecteurs sont nombreux dans le commentaire d'Eustathe. En voici un cas :

e) *Il.* XV, 576-578   ἀλλ᾽ Ἰκετάονος υἱὸν ὑπέρθυμον Μελάνιππον
νισόμενον πόλεμον δὲ βάλε στῆθος παρὰ μαζόν.
δούπησεν δὲ πεσών, τὸν δὲ σκότος ὄσσε κάλυψεν.

---

52 *Idem*, II, 385.13.
53 *Idem*, II, 599.1 *sq.*
54 *Idem*, III, 372.13 *sq.*
55 *Idem*, I, 191, 19 *sq.*
56 Cf. Eustathe, *Commentarii ad Homeri Odysseam*, II, 64, 18-20.
57 Cf. *Commentarii ad Homeri Iliadem*, II, 466, 20 *sq.*, III, 411, 10, *sq.*, III, 671, 3 *sq.*, IV, 56, 17 *sq.*

Ἐν τούτοις δὲ ὅρα καὶ ὅτι πεσόντος Μελανίππου δυνάμενος Ὅμηρος παρηχῆσαι διὰ τοῦ εἰπεῖν μέλας θάνατος εἷλεν, ἤ τι τοιοῦτον, οὐκ ἠθέλησεν οὕτω ποιῆσαι, ἵνα μὴ παίξῃ ἐν οὐ παικτοῖς.

Ici on voit qu'Homère aurait pu faire une paréchèse à propos de Melanippe en disant μέλας θάνατος εἷλεν («la mort noire le prit»), ou quelque chose de similaire, mais il n'a pas voulu la créer pour ne pas faire de plaisanterie dans les passages non amusants[58].

Le deuxième type de paréchèse est également bien représenté dans le commentaire de l'*Iliade* et de l'*Odyssée*. L'identité phonique reconnue est le plus souvent due aux effets du iotacisme :

f) *Il.* IV, 23-24   σκυζομένη Διὶ πατρί, χόλος δέ μιν ἄγριος <u>ᾕρει·</u>
              <u>Ἥρη</u> δ' οὐκ ἔχαδε στῆθος χόλον, ἀλλὰ προσηύδα·

Σημείωσαι δ' ἐν τούτοις καί τινα καινὴν παρήχησιν τὸ "χόλος δέ μιν ἄγριος ᾕρει· Ἥρη δ' οὐκ ἔχαδε χόλον στῆθος".

Notez dans ce passage une nouvelle paréchèse : χόλος δέ μιν ἄγριος ᾕρει· Ἥρη δ' οὐκ ἔχαδε χόλον στῆθος[59].

Plus rarement, l'identité est, comme ici, imputable à la perte de la distinction phonémique entre la voyelle longue et la voyelle brève :

g) *Il.* V, 788   ὄφρα μὲν ἐς <u>πόλεμον</u> <u>πωλέσκετο</u> δῖος Ἀχιλλεύς,

Ψευδοπαρήχησις δὲ τὸ "ἐς πόλεμον πωλέσκετο".

ἐς πόλεμον πωλέσκετο forme une fausse paréchèse[60].

Pour qualifier les paréchèses de ce deuxième type, Eustathe reprend l'adjectif καινός qu'il emploie lors de l'exposé théorique. Le terme de ψευδοπαρήχησις parfois utilisé désigne surtout les paréchèses de la troisième catégorie. Celles-ci sont, en principe, de qualité médiocre. Paradoxalement, ce ne sont pas les moins intéressantes pour l'exégèse. Ainsi la paréchèse notée ci-dessous, renforcée par la position des mots dans le vers – en début de vers et après la pause bucolique – rend compte d'un phénomène d'écho incontestable :

h) *Il.* XVI, 117   <u>πῆλ</u>' αὕτως ἐν χειρὶ κόλον δόρυ, <u>τῆλε</u> δ' ἀπ' αὐτοῦ

Ἐνταῦθα δὲ τὸ "πῆλε" καὶ τὸ "τῆλε" παρακείμενα ἐν στίχῳ ἑνὶ κάλλος τι ποιοῦσι τῇ τε παρισώσει καὶ τῇ ψευδοπαρηχήσει ἀμυδρόν.

Ici πῆλε et τῆλε placés dans un seul vers créent, par la parisose et la fausse paréchèse, une beauté obscure[61].

---

58 *Idem*, III, 767, 17 *sq.*
59 *Idem*, I, 695, 23 *sq.*
60 *Idem*, II, 202, 15 *sq.*
61 *Idem*, III, 818, 3 *sq.*

Enfin, il convient de citer un exemple des très nombreux cas de paréchèse involontaire qui forment l'essentiel de cette troisième catégorie :

i) *Il.* X, 192   οὕτω νῦν <u>φίλα</u> τέκνα <u>φυλάσσετε</u>· μηδέ τιν᾽ ὕπνος

Καὶ ὅρα τὸ "φίλα τέκνα φυλάσσετε" παρηχήσει ἐοικός, ἣν Ὅμηρος μὲν οὐκ ἐπετηδεύσατο, ἄλλοι δὲ πρὸ ἔργου ἔσχον, ἐν οἷς καὶ ὁ γράψας τὸ "Φυλέα φίλον θεοῖς", ὡς καὶ ἀλλαχοῦ δηλοῦται πλατύτερον.

On voit que φίλα τέκνα φυλάσσετε a l'apparence d'une paréchèse, ce qu'Homère n'a pas créé intentionnellement, mais que d'autres ont repris pour leur œuvre, parmi lesquels celui qui a écrit Φυλέα φίλον θεοῖς, comme on l'a montré plus longuement ailleurs[62].

En définitive, l'approche des paréchèses vaut sans doute moins par sa spécificité que par sa quantité. Un certain nombre des paréchèses relevées par Eustathe sont, en effet, consignées ailleurs – dans des traités, des commentaires, des scholies – avec une autre terminologie. Il faut signaler, en outre, qu'à l'intérieur même du commentaire d'Eustathe un phénomène ici noté comme relevant de la paréchèse sera noté ailleurs comme relevant de la parétymologie ou de la paronomase. Des phénomènes d'échos inouïs dans les poèmes homériques sont néanmoins mis en lumière par le maniement récurrent de cette figure. La théorie des paréchèses atteste l'existence, à l'époque byzantine, d'une tradition d'exégèse homérique particulièrement attentive et réceptive aux jeux de sonorités. Cette tradition, en ce qui concerne les paréchèses, n'est pas celle des scholies. Le commentaire d'Eustathe en est un des meilleurs témoins.

Bibliographie

Sources

Allen, Thomas W. et Monro D. B. (éd.), *Homeri Opera*, Oxford, Oxford University Press, 1902-1908.

Brunet, Philippe (trad.), Homère, *Iliade*, Paris, Seuil, 2010.

Dindorf G. (éd.), *Scholia graeca in Homeri Odysseam*, Oxford, Clarendon Press, 1855.

Erbse, Hartmut (éd.), *Scholia graeca in Homeri Iliadem*, Berlin, De Gruyter, 1969-1988.

Jaccottet, Philippe (trad.), Homère, *Odyssée*, Paris, La Découverte, 1982.

Patillon, Michel (trad., comm.), *Hermogène, L'Art rhétorique : exercices préparatoires, états de cause, invention, catégories stylistiques, méthode de l'habileté*, Lausanne, Paris, L'Âge d'Homme, 1997.

Rabe, Hugo (éd.), Hermogène, *Opera*, Leipzig, Teubner, 1913.

Van der Valk, Marchinus (éd.), Eustathe de Thessalonique, *Commentarii ad Homeri Iliadem pertinentes*, Leyde, Brill, 1976-1987.

---

62   *Idem*, III, 43, 17 *sq.*

Weigel, J. A. G. (éd.), Eustathe de Thessalonique, *Commentarii ad Homeri Odysseam*, Hildesheim, G. Olms, 1970 (1825-1826).

Études

Bader, Françoise, *La langue des dieux ou l'hermétisme des poètes indo-européens*, Pise, Giardini, 1989.

Bader, Françoise, *Anagrammes et allitérations*, Paris-Louvain, Peeters, 1993.

Bérard, Victor, *Introduction à l'Odyssée*, vol. I, Paris, Les Belles Lettres, 1924.

Bernhardt, Gualterus, *De alliterationis apud Homerum usu*, Leipzig, Gotha, 1906.

Desbordes, Françoise, *La Rhétorique antique*, Paris, Hachette, 1996.

Dickey, Eleanor, *Ancient Greek Scholarship. A Guide to Finding, Reading, and Understanding Scholia, Commentaries, Lexica, and Grammatical Treatises, from Their Beginnings to the Byzantine Period*, Oxford-New York, Oxford University Press, 2007.

Frédéric, Madeleine, *La répétition. Étude littéraire et rhétorique*, Tübingen, Max Niemeyer, 1985.

Guilleux, Nicole, « Allitérations et assonances associées à l'emploi des impressifs de sonorité dans la langue homérique », in A. Blanc et E. Dupraz (éd.), *Procédés synchroniques de la langue poétique en grec et en latin*, Bruxelles, Safran, 2007, p. 95-102.

Hackstein, Olav, « La paréchèse et les jeux de mots chez Homère », in A. Blanc et E. Dupraz (éd.), *Procédés synchroniques de la langue poétique en grec et en latin*, Bruxelles, Safran, 2007, p. 103-114.

Irigoin, Jean, « Du jeu verbal à la recherche étymologique : Homère et les scholies homériques », *Revue de Philologie* 65/1, 1991, p. 129-134.

Navarre, Octave, *La Rhétorique grecque avant Aristote*, Paris, Hachette, 1900.

Patillon, Michel, *La Théorie du discours chez Hermogène le Rhéteur : essai sur les structures linguistiques de la rhétorique ancienne*, Paris, Les Belles Lettres, 1988.

Packard, David W., « Sound-patterns in Homer », *Transactions and Proceedings of the American Philological Association* 104, 1974, p. 239-260.

Rank, Louis Philippe, *Etymologiseering en serwante Verschijnselen bij Homerus*, Assen, Van Gorcum, 1951.

Saussure, Ferdinand de, *Anagrammes homériques*, éd. Pierre-Yves Testenoire, Limoges, Lambert-Lucas, 2013.

Standford, William Bedell, « Greek views on Euphony », *Hermathena* 61, 1943, p. 3-20.

Testenoire, Pierre-Yves, « Des anagrammes chez Homère ? De Saussure aux commentateurs anciens », *Lalies*, 30, 2010, p. 215-231.

TROISIÈME PARTIE

Poète ou orateur ?
Homère dans la réflexion
rhétorique

SOPHIE CONTE

Homère dans le *Traité du Sublime*

Rhétorique et littérature ayant en commun l'art du langage, les poètes sont présents dans les traités de rhétorique, depuis l'origine[1]. Dès lors, l'expression « Homère rhétorique » peut revêtir plusieurs sens. Il s'agit d'une part de la présence « littéraire » d'Homère dans les traités, les deux épopées étant prises en compte en tant que textes poétiques, et d'autre part de sa présence « oratoire » puisqu'il y a des orateurs chez Homère.

Le traité du Pseudo-Longin occupe une place à part dans l'histoire de la rhétorique, ne serait-ce que parce qu'il est tout entier tourné vers un sujet unique, la définition du sublime[2]. Si l'auteur anonyme, que l'on pense être un juif hellénisé vivant à Rome à l'époque de Néron, ne cesse de rappeler que son but est de former un orateur apte à participer à la vie de la cité, il mêle aux exemples empruntés à l'art oratoire, à l'histoire et à la philosophie, des exemples poétiques, qu'ils soient épiques, tragiques ou parfois lyriques[3]. On peut en outre interroger l'écriture même du traité : « Homère rhétorique » serait alors le ferment rhétorique inspirant l'auteur du *Traité du Sublime*, qui se fait parfois, en écrivant la théorie, l'émule du grand poète.

Homère appartient à la tradition rhétorique, car on lui emprunte volontiers quelques archétypes, comme Nestor ou Ulysse, en puisant dans les nombreux discours qui animent les deux épopées. C'est toutefois plutôt en tant que modèle littéraire, à la fois premier et surplombant tous les genres, qu'il apparaît dans le *Traité du Sublime*. Le Poète est convoqué comme écrivain à plusieurs reprises, sans qu'il soit question précisément de ses œuvres : il est un auteur-repère, et à ce titre objet d'imitation, modèle ou juge. En outre, il fait partie des grands écrivains qui commettent plus de fautes que certains auteurs médiocres, mais dont les erreurs sont rachetées par les éclats du sublime. Aux côtés de Démosthène, il domine largement le traité.

Comme Denys d'Halicarnasse, Longin cite et commente les auteurs qu'il souhaite louer ou critiquer. Dans l'état lacunaire du texte tel qu'il nous est parvenu,

---

1 Voir H. Vial (éd.) et A.-M. Favreau-Linder (coll.), *Poètes et orateurs dans l'Antiquité. Mises en scènes réciproques*.

2 Pour les principales éditions et traductions, voir la bibliographie en fin d'article. Par commodité, nous appellerons désormais Longin l'auteur du *Traité du Sublime*, bien que cette attribution ne soit pas exacte.

3 Voir S. Conte, « Poètes et orateurs dans le *Traité du Sublime* ».

Sophie Conte Maître de conférences à l'Université de Reims Champagne-Ardenne, membre du CRIMEL (EA 3311).

Homère rhétorique. Études de réception antique, éd. par Sandrine DUBEL, Anne-Marie FAVREAU-LINDER et Estelle OUDOT, Turnhout, Brepols 2018 (*RRR* 28), p. 179-194

Brepols Publishers

10.1484/M.RRR-EB.5.115804

il privilégie l'*Iliade* par rapport à l'*Odyssée*, les deux textes étant comparés dans un passage célèbre. Nous nous interrogerons sur ces choix et sur les commentaires des passages retenus, songeant à la façon dont ils éclairent les épopées homériques et contribuent à leur réception, mais aussi à la manière dont, en retour, ces dernières nourrissent l'écriture du *Traité du Sublime*.

Homère dans le texte : une présence marquante et multiple

Une présence variable selon les parties du Traité

Analysons rapidement la répartition des références homériques dans l'économie de l'ouvrage, en suivant le plan proposé par D. A. Russell : une introduction comportant une préface et des remarques préliminaires (I-VIII) ; les deux premières sources du sublime : la grandeur d'âme et la passion (IX-XV) ; la troisième source : les figures (XVI-XXIX) ; la quatrième source : la noblesse de l'expression (XXX-XXXVIII) ; la cinquième source : la composition (XXXIX-XLII) ; une remarque sur la petitesse des mots (XLIII) et la conclusion (XLIV)[4].

À une exception près, cas relativement marginal (IV, 4), il n'est pas question d'Homère avant le passage sur les cinq sources du sublime (VIII, 2). La partie consacrée aux deux premières sources réunit les citations les plus nombreuses, surtout dans les chapitres IX (neuf occurrences) et X (deux occurrences), tandis que le modèle homérique est au cœur de la réflexion sur l'imitation, aux chapitres XIII et XIV. Il faut encore ajouter une référence méta-poétique (XV, 3). Homère apparaît quatre fois dans la partie sur les figures (XIX, XXVI, XXVII), et deux fois dans celle qui est consacrée à la noblesse de l'expression, à propos du génie et des fautes (XXXIII, XXXVI). Mais il n'est pas cité dans ce cas. La partie sur la composition ne comporte aucune référence homérique. La citation du chapitre XLIV n'est pas d'ordre stylistique.

C'est donc l'âme d'Homère, capable de faire naître la grandeur, qui retient l'attention de l'auteur du *Traité*. C'est dans cette perspective, surtout, que sont analysées ses réussites stylistiques.

Présence de l'Iliade, présence de l'Odyssée : un contraste éloquent

Les citations de l'*Iliade* n'ont pas toutes le même intérêt ni la même valeur. La première, qui se résume à une épithète homérique, sert simplement de faire valoir : c'est un instrument pour critiquer Xénophon (IV, 4)[5]. Certaines citations ont un statut méta-poétique plus ou moins affirmé. L'évocation d'Éris est ambiguë, car le passage est corrompu, mais Longin dit quand même qu'elle « n'exprime pas tant

---

4 D. A. Russell, *On the Sublime*, p. X-XXII. Sur la structure de ce traité lacunaire, voir par exemple J. Bompaire, « Le pathos dans le *Traité du Sublime* » ; G. Lombardo, « Le fonti del sublime e la struttura del *peri hupsous* » ; E. Matelli, « Struttura e stile del *peri hupsous* ».

5 *Il.* I, 225 : οἰνοβαρές, κυνὸς ὄμματ᾽ ἔχων. Nous citons l'édition d'H. Lebègue.

l'étendue de la Discorde que celle du génie d'Homère[6] » (IX, 4). Par un effet de mise en abyme, il reprend le passage où Homère compare Hector à Arès pour comparer lui-même Homère à cet Hector-là (IX, 11)[7]. De même, Euripide est comparé à Achille, lui-même comparé chez Homère à un lion qui se bat les flancs avec sa queue (XV, 3)[8]. Les auteurs sont donc hissés au rang de héros.

La plupart du temps, Longin commente le style homérique, conformément à la méthode à l'œuvre dans le traité. Le passage dans lequel les chevaux d'Héra franchissent l'univers d'un bond fait l'objet d'un commentaire décalé, sur lequel nous reviendrons, qui analyse l'hyperbole (IX, 5)[9]. Ensuite, en interpellant le destinataire du *Traité*, il décrit sans le nommer le procédé de l'hypotypose dans un passage de la *Théomachie*, proposant un commentaire enthousiaste sur la forme mais nuancé sur le fond (IX, 6-7)[10]. En revanche, le passage suivant est simplement soumis à l'admiration du lecteur, sans commentaire, comme si Longin alternait les passages commentés et les simples citations (IX, 8)[11]. À propos de la prière d'Ajax, Longin s'attache plus au fond, la grandeur d'âme du héros, qu'au style homérique proprement dit (IX, 10)[12]. Quand, au chapitre X, pour illustrer l'habileté d'Homère dans la description des tempêtes, il prend comme exemple la comparaison d'Hector avec une vague attaquant une nef en déroute, il ne s'arrête pas sur cette figure, mais fait une analyse stylistique précise sur la composition du vers et la contraction des prépositions (X, 5)[13]. Pour étudier le procédé du changement de personne, il encadre un extrait d'Hérodote par deux citations homériques, dont le commentaire semble plus général que spécifique : il décrit plus le procédé que la façon dont ce dernier est mis en œuvre dans les extraits cités (XXVI, 1-3)[14]. Il n'en va pas de même au chapitre suivant, à propos du procédé consistant à passer du style indirect au style direct, pour un effet plus saisissant : là, c'est la situation particulière d'Hector exhortant les Troyens qui est commentée (XXVII, 1)[15].

Les citations de l'*Odyssée* sont moins nombreuses que les précédentes. L'épisode du porcher Eumée expliquant à Ulysse pourquoi son chien a si piètre allure sert un propos d'ordre philosophique sur les rapports entre maîtres et esclaves (XLIV, 5)[16]. Le texte homérique n'est donc pas étudié ici pour sa valeur sublime, mais pris comme une source de sagesse, comme un texte qui fait autorité.

Les autres extraits de l'*Odyssée* sont plus ou moins sujets à commentaire. Ainsi, pour illustrer l'idée qu'il existe un sublime sans passion, Longin rapporte un « trait

---

6 *Il.* IV, 442.
7 *Il.* XV, 605-607.
8 *Il.* XX, 170-171.
9 *Il.* V, 770-772.
10 Les trois passages contaminés sont les suivants : *Il.* XXI, 388 ; *Il.* V, 750 ; *Il.* XX, 61-65.
11 Le texte cité par Longin est composé successivement des éléments suivants : *Il.* XIII, 18 ; *Il.* XX, 60 ; *Il.* XIII, 19 et *Il.* XIII, 27-29.
12 *Il.* XVII, 645-647.
13 *Il.* XV, 624-628.
14 *Il.* XV, 697-698 ; *Il.* V, 85.
15 *Il.* XV, 346-349.
16 *Od.* XVII, 322-323.

hardi » (παρατετολμημένα) d'Homère, tiré du passage où sont mis en scène les géants Otus et Éphialte (VIII, 2)[17]. Il n'y a pas vraiment de commentaire en l'occurrence, mais une remarque de l'auteur interrompt la citation pour attirer l'attention du lecteur sur le dernier vers. L'intervention est donc discrète. En ce qui concerne le silence d'Ajax comme expression ultime de la grandeur d'âme, le commentaire est minimaliste (IX, 2)[18]. Dans le cas de l'évocation par Nestor des héros grecs ayant péri à Troie, la citation vient illustrer l'idée selon laquelle l'*Odyssée* est l'épilogue de l'*Iliade* : elle est comme une preuve, dans le détail, du propos qui précède et n'appelle donc pas, pour elle-même, de commentaire (IX, 12)[19]. Nous nous rangeons pour cette raison à l'avis de D. A. Russell, qui propose, contrairement à H. Lebègue, de placer la phrase Οὐ γὰρ ἀλλ᾽ ἡ τῆς Ἰλιάδος ἐπίλογός ἐστιν ἡ Ὀδύσσεια avant et non pas après la citation homérique[20]. Cette idée est développée dans les deux paragraphes suivants (IX, 13-14), qui ne contiennent pas de citations. À propos des figures, l'exemple d'Euryloque donné pour l'asyndète fait l'objet d'un bref commentaire stylistique (XIX)[21]. En revanche, le discours de Pénélope visant à illustrer le changement de personne n'est absolument pas commenté (XXVII, 4)[22].

Si les citations homériques ont pour fonction première d'illustrer les différents aspects du sublime, inversement, les analyses que fait Longin éclairent le texte homérique. Il apparaît d'ores et déjà que son usage de la citation est d'une grande souplesse et d'une grande variété. Loin d'appliquer un procédé mécaniquement, il s'adapte à son propos et va à sa guise. La proportion entre les citations de l'*Iliade* et celles de l'*Odyssée* correspond au fait que Longin considère que la seconde épopée n'est pas le lieu du sublime *a priori* (IX, 12). Toutefois, sa conception du sublime est qu'il peut surgir partout, par fulgurances, ce qui explique qu'il puisse naître aussi dans l'*Odyssée*.

Enfin, Homère est convoqué comme *écrivain* à cinq reprises, sans qu'il soit question précisément de ses œuvres. Il apparaît tour à tour comme objet d'imitation (XIII, 3-4), comme modèle, l'auteur invitant l'orateur à se demander comment Homère aurait fait à sa place (XIV, 1), et comme juge (XIV, 2). Représentant du sublime, Homère est de ces grands écrivains qui ont pris des risques et donc commis plus de fautes que des auteurs moins bons (XXXIII, 4). Le sublime des écrivains comme lui rachète leurs fautes ; ces dernières ne sont d'ailleurs pas très nombreuses, au regard de leurs réussites (XXXVI, 2).

Telle est donc la place prééminente d'Homère, à côté de Démosthène, dans le traité. Étudions d'abord plus précisément le chapitre IX, qui contient à lui seul neuf citations sur les vingt-quatre citations et références que l'on peut voir dans le *Traité*, pour envisager ensuite plus rapidement les autres passages.

---

17 *Od.*, XI, 315-317.

18 *Od.*, XI, 563.

19 *Od.* III, 109-111.

20 « En réalité l'*Odyssée* n'est autre que l'épilogue de l'*Iliade* ». Voir D. A. Russell, *On the Sublime*, p. 96.

21 *Od.* X, 251-252.

22 *Od.* IV, 681-689.

Homère dans le chapitre IX

Avant d'entamer l'étude des cinq sources proprement dites, Longin fait la distinction entre sublime et pathétique en expliquant qu'il existe un sublime sans passion (VIII, 2). Pour ce faire, il a recours à une citation du chant XI de l'*Odyssée*, extraite du célèbre épisode de la Nékyia[23]. Ulysse, qui rend visite aux morts, énumère toutes les âmes qui se présentent à lui. Parmi celles-ci, Iphimédéia, qui eut de Poséidon les géants Otus et Éphialte. L'audace de ces derniers est exprimée par une hyperbole, trait typique de l'exagération épique : les deux géants essaient d'empiler le Pélion, montagne de Thessalie, sur l'Ossa, autre montagne de Thessalie, et l'Ossa sur l'Olympe. D'après H. Lebègue, « le trait paraissait audacieux, puisque Aristarque, réfuté par Didyme, avait rejeté les deux vers cités[24] ». L'auteur du *Traité* s'inscrit ici dans une tradition de commentateurs, ce qui est souvent le cas.

Le passage dans lequel Homère est le mieux représenté est le chapitre IX, qui illustre la première source du sublime, à savoir la grandeur d'âme[25]. Longin est conscient de l'ambiguïté : la grandeur d'âme doit plus à la nature qu'à l'éducation. Malgré tout, il faut s'efforcer d'élever les âmes au sublime (IX, 1). Comment ? La réflexion est fondée sur un exemple paradoxal non cité, le silence qu'Ajax oppose à Ulysse dans le même épisode de la Nékyia[26] (IX, 2). Longin peut certes se passer de la citation : le passage est connu et c'est plus la situation que le détail du texte qui compte ici. On peut toutefois noter le parallèle entre ces deux silences : de même que l'affront subi par Ajax ne supporte pas de mots, de même le sublime du silence se résume à l'évocation d'un épisode, sans citation explicite.

Dès lors, le véritable orateur ne saurait avoir de sentiments bas et vils (ταπεινὸν φρόνημα καὶ ἀγεννές). Le passage est imité de Démosthène, sans que cela soit dit explicitement (IX, 3). Cette idée est illustrée par le mot historique d'Alexandre à Parménion. Après une lacune, on devine un extrait de l'*Iliade* comportant le portrait d'Éris, « qui se dresse, petite d'abord, puis bientôt de son front s'en va heurter le ciel, tandis que ses pieds toujours foulent le sol[27] » (IX, 4). C'est une référence méta-poétique, puisque Longin met en parallèle Éris et Homère. G. S. Kirk souligne le caractère pittoresque de cette allégorie et l'explique en rapprochant ce vers du v. 424[28]. C'est donc une réussite littéraire qui sert de point d'appui, par un jeu subtil, à un glissement de sens : on reste dans le sujet, qui est la grandeur d'âme de l'auteur. Une autre allégorie, exemple trivial emprunté à Hésiode, sert de contrepoint à celle-ci (IX, 5).

---

23 *Od.* XI, 315-317.

24 H. Lebègue, *Du sublime*, p. 11, n. 1.

25 Sur le chapitre IX, voir M. D. Usher, « Theomachy, Creation, and the Poetics of Quotation in Longinus Chapter 9 ».

26 *Od.* XI, 563.

27 *Il.* IV, 442 : ἥ τ ὀλίγη μὲν πρῶτα κορύσσεται, αὐτὰρ ἔπειτα.

28 G. S. Kirk, *The Iliad : A Commentary*, vol. I, p. 381-382.

La transition est problématique : Ὁ δὲ πῶς μεγεθύνει τὰ δαιμόνια[29] ; Homère n'est pas désigné explicitement, mais le contexte est clair. Le verbe signifie « donner de la grandeur ». Il ne s'agit plus exactement, dès lors, de concevoir des pensées nobles, mais plutôt de la façon dont on traite un sujet noble par excellence, à savoir « les choses divines ». Si les deux citations précédentes sont liées (ἀνόμοιον), on ne voit pas très bien ici le sens du δέ : le vrai sujet est τὰ δαιμόνια.

Le passage cité évoque, par une hyperbole, les chevaux d'Héra qui parcourent l'univers d'un bond, ce qui traduit autant la divinité d'Héra que son impatience à gagner la terre[30]. Le mouvement décrit est opposé à celui d'Éris, qui se dresse vers le ciel, ce qui établit la continuité de la référence homérique, à peine interrompue par Hésiode. G. S. Kirk souligne la beauté de la comparaison, et rappelle que ce procédé est souvent utilisé par Homère pour décrire les déplacements des dieux[31]. Il loue la concision du style et note les termes élevés correspondant au sujet divin. Longin insiste là encore sur la mesure : τὴν ὁρμὴν αὐτῶν κοσμικῷ διαστήματι καταμετρεῖ[32]. Il commente ainsi sans le dire l'expression Ὅσσον... τόσσον présente dans le texte homérique. Mais alors qu'Homère envisageait ce que le regard d'un homme peut embrasser, Longin étend le propos à l'univers tout entier (κοσμικῷ διαστήματι) et change par-là d'échelle. Il modifie légèrement la perspective, comme pour rendre le texte encore plus grand. Cette phrase simple et descriptive en génère une autre, qui en reprend les éléments essentiels sous forme de question : τίς οὖν οὐκ ἂν εἰκότως διὰ τὴν ὑπερβολὴν τοῦ μεγέθους ἐπιφθέγξαιτο, ὅτι ἂν δὶς ἑξῆς ἐφορμήσωσιν οἱ τῶν θεῶν ἵπποι, οὐκέθ᾿ εὑρήσουσιν ἐν κόσμῳ τόπον[33] ; Ce commentaire est déconcertant. Les critiques sont divisés, certains ayant songé qu'il y avait là une nuance de blâme de la part de Longin, à cause de l'expression διὰ τὴν ὑπερβολὴν τοῦ μεγέθους[34]. D. A. Russell n'adhère pas à un tel point de vue, et cite d'autres occurrences de ces termes dans le *Traité* avec une valeur laudative[35]. Il semble évident que Longin veut ici donner Homère en exemple, surtout après la citation d'Hésiode. Il n'en demeure pas moins que son commentaire comporte une nuance de trivialité ou de naïveté.

La citation suivante quitte le registre de la grandeur au profit de l'effet, dans une réflexion qui met en valeur la vivacité du tableau et qui, sans la nommer, décrit les effets de l'hypotypose (IX, 6). Regardons tout d'abord la phrase de transition : ὑπερφυᾶ καὶ τὰ ἐπὶ τῆς θεομαχίας φαντάσματα[36]. La grandeur n'est plus une question de mesure, mais de nature (φύσις / φάντασμα). Le grand est encore donné par le sujet : les dieux, qu'Homère met en scène dans la *Théomachie*. Le texte donné dans

---

29 « Mais Homère, quelle majesté donne-t-il aux choses divines ? »

30 *Il.* V, 770-772.

31 G. S. Kirk, *The Iliad : A Commentary*, vol. II, p. 137-138.

32 « Il mesure l'étendue de leur bond à celle de l'univers. »

33 « Qui donc n'aurait pas raison de s'écrier devant ces vers où la grandeur est poussée jusqu'à l'hyperbole, que les coursiers des dieux ne trouveraient plus de place dans l'univers pour un second saut ? »

34 Voir par exemple G. M. A. Grube, « Notes on the *peri hupsous* ».

35 D. A. Russell, *On the Sublime*, p. 90-91.

36 « La nature est dépassée aussi dans la peinture de la *Bataille des dieux*. »

le *Traité* est une contamination de trois passages de l'*Iliade*[37]. Avec cette citation hybride, Longin analyse un texte recomposé, auquel il donne une nouvelle densité. On peut comparer ce procédé avec l'analyse du texte de Sappho, auquel l'auteur trouve justement cette qualité : la concentration des effets (X, 2-3).

Le texte ainsi recomposé suscite l'effroi et participe du sublime tant par les impressions sonores, renforcées par la recomposition, que par les impressions visuelles. D. A. Russell suggère qu'il s'agit de citations de mémoire ou que l'auteur s'inspire de critiques précédents, car le premier morceau notamment (*Il*. XXI, 388) a fait l'objet de nombreux commentaires dans la critique antique[38]. N. Richardson considère ce vers comme une « variation sur le thème typique des effets sonores qui signalent l'ouverture d'un combat majeur », il le rapproche d'autres passages caractéristiques de l'*Iliade* et note que les critiques étaient divisés, entre ceux qui admiraient la métaphore et ceux qui la trouvaient déplacée[39]. Or, vérification faite dans les ouvrages de Démétrios, Pline et Hermogène, Longin semble le seul à faire ce travail de composition. Hermogène par exemple, qui lui est postérieur, cite deux vers de l'*Iliade* à côté de celui-ci, mais ils sont juxtaposés et non pas mêlés. Longin se singularise, avec cette citation modifiée et augmentée, par rapport à ses prédécesseurs ou ses successeurs. Ainsi, dans la deuxième partie du vers, par l'ajout d'un mot, Οὔλυμπός τε, il renforce le caractère hyperbolique par la recomposition. Nous pouvons dès lors esquisser un parallèle avec le passage dans lequel Longin présente Platon comme rival d'Homère (XIII, 4) : lui aussi, ici, à sa manière, rivalise avec le grand poète.

Les cinq vers qui font l'essentiel de la citation décrivent l'effroi que ressent un dieu, Hadès, à cause d'un autre dieu, Poséidon : le passage est donc sous le signe de la grandeur. Mais ce que retient Longin, c'est le procédé qui lui est associé, l'hypotypose, à en juger par le verbe qu'il emploie pour attirer l'attention de son lecteur (ἐπιβλέπεις). Toutefois, il ne commente pas tant la scène décrite par Homère, l'effroi d'Hadès, que ce qui produit cet effroi, c'est-à-dire l'image mentale que se forge le dieu des Enfers, en imaginant les conséquences de l'action de Poséidon (δείσας … μή). Longin implique son lecteur et l'invite à se représenter ce que se représente Hadès pour expliciter l'effet produit par Homère. Ainsi, il reprend θνητοῖσι καὶ ἀθανάτοισι en τὰ θνητὰ τὰ ἀθάνατα et, selon nous, fausse quelque peu la perspective. Homère insiste sur le caractère hyperbolique et effrayant pour les dieux eux-mêmes de cette Théomachie, tandis que Longin suggère que la Théomachie implique autant les dieux que les hommes. C'est le bouleversement universel et le mélange des genres (πάνθ' ἅμα) qui retient surtout son attention. Le commentaire culmine sur le terme μάχη.

Longin, après avoir procédé par empathie, invitant le lecteur à se mettre à la place d'Hadès, éprouve cependant le besoin d'émettre des réserves (IX, 7). Peut-on tout dire ? Oui, Homère peut tout dire, car il maîtrise plus que tout autre les ressources du

---

37 *Il*. XXI, 388, *Il*. V, 750 et *Il*. XX, 61-65.
38 D. A. Russell, *On the Sublime*, p. 91, cite les auteurs suivants : Démétr., *Sur le style*, 83 ; Schol. B, *ad loc.* ; Plin. *Ep*., IX, 26, 6-7 ; Plut., *De audiendis poetis*, 16D ; Philostr., *Heroicus*, II, 19.
39 N. Richardson, *The Iliad : A Commentary*, vol. VI, p. 86-87. N. Richardson ajoute les critiques suivants : Aristide Quintilien, 2, 9 (84) ; Hermog., *Ideai*, II, 4 ; Eustathe, 1242, 27.

langage, mais Longin lui dénie le droit de tout dire, en soumettant l'effet produit, qui est indéniable, à la portée morale. Longin mêle ici les critères théologique (ἄθεα) et rhétorique (τὸ πρέπον), ce dernier terme pouvant aussi avoir un sens philosophique.

Après ce détour par la critique littéraire (ἀλλά), et le sens à donner aux poèmes homériques, il revient à son argumentation principale, en évoquant des passages supérieurs à la *Théomachie* pour l'expression du sublime : πολὺ δὲ τῶν περὶ τὴν θεομαχίαν ἀμείνω (8)[40]. Cette supériorité réside dans l'adéquation entre les moyens et le sujet, c'est-à-dire dans la réalisation du πρέπον rhétorique. Longin se dispense de commenter en renvoyant aux critiques qui l'ont précédé (πολλοῖς δὲ πρὸ ἡμῶν ὁ τόπος ἐξείργασται[41]), mais dont il n'y a pas trace dans le commentaire de D. A. Russell. Interrogeons-nous sur le statut de cette citation par rapport à la précédente. Il y a une continuité certaine dans la mesure où c'est toujours la grandeur de Poséidon qui est mise en valeur. La première citation insistait sur la peur d'Hadès devant Poséidon ; celle-ci admire le dieu de la mer dans toute sa prestance, semblant laisser de côté le contexte de la *Théomachie*. Mais dès lors qu'il s'agit de montrer les dieux dans toute leur splendeur, la convenance n'est pas offensée.

De nouveau nous avons affaire à une citation recomposée. Les trois premiers vers sont un ensemble de deux vers au milieu desquels un troisième a été intercalé[42]. Suivent trois vers empruntés à un autre passage[43]. Ces deux grandes parties appartiennent au même chant de l'*Iliade* et ne sont séparées dans le texte homérique que par quelques vers : Poséidon fait trembler la montagne en se mettant en marche, monte sur son char, et se trouve dans son élément en voguant sur les flots. Se dessine donc imperceptiblement une nouvelle image de Poséidon. Le dieu effrayant, l'Ébranleur du sol, qui sème la terreur sur la terre ferme, semblable en cela à Hadès, inspire au contraire la plus grande confiance aux dauphins, qui le reconnaissent comme seigneur. Si Longin refuse de faire un commentaire, se contentant de soumettre l'exemple à l'admiration du lecteur, c'est ce travail de composition qui fait sens, puisqu'il part d'une image semblable à celle qu'il a critiquée dans le passage précédent pour la modifier en suivant le texte même d'Homère, comme si cette citation-ci permettait de nuancer ce que la première avait de critiquable.

Cet exemple est mis en parallèle avec la citation de la *Genèse*, qui n'est pas davantage commentée (IX, 9). La transition est marquée par un καί adverbial, qui met le Dieu de la *Genèse* sur le même plan que Poséidon. Que nous dit cet exemple ? Rien d'autre que l'évidence de la divinité, qui fait naître le monde de sa parole. De même, Homère est mis implicitement sur le même plan que Moïse, ce dernier étant désigné par une périphrase laudative : ὁ τῶν Ἰουδαίων θεσμοθέτης[44]. Longin met en parallèle la description du dieu païen en majesté et un procédé tout différent, consistant à affirmer l'existence et la puissance de la divinité par le pouvoir de sa

---

40 « Ce qui est de beaucoup supérieur à la *Bataille des Dieux*... » Le δέ répond au μέν du paragraphe 7 (ἀλλὰ ταῦτα φοβερὰ μέν).

41 Des vers « sur lesquels bien d'autres avant moi se sont exercés ».

42 *Il.* XIII, 18-19 est interrompu par *Il.* XX, 60.

43 *Il.* XIII, 27-29.

44 « Le législateur des Juifs, qui n'était pas un homme vulgaire ».

parole. Il souligne le caractère performatif de la parole divine en mettant en suspens le complément d'objet direct (εἶπεν ὁ Θεός φησί· τί[45];). Il y a donc un contraste entre les deux dieux : l'un fait, l'autre dit. Quand Poséidon reçoit les hommages joyeux des dauphins, Dieu crée le monde. Longin nous présente bien l'image du *Deus orator, Deus creator*. En outre, le sublime est ici associé à une concision extrême.

Longin quitte alors les dieux pour se tourner vers les héros (IX, 10). La transition est ménagée par une précaution oratoire : Οὐκ ὀχληρὸς ἂν ἴσως, ἑταῖρε, δόξαιμι[46]. Ce mouvement était annoncé par la remarque du paragraphe 7 sur les dieux et les héros. Il est encore question de grandeur : ὡς εἰς τὰ ἡρωικὰ μεγέθη συνεμβαίνειν ἐθίζει[47]. Il s'agit de la prière d'Ajax, passage qui était très admiré dans l'Antiquité, d'après les scholiastes, ce qui explique sans doute l'absence de commentaire stylistique[48]. M. W. Edwards suggère un rapprochement avec les prières adressées à Zeus par d'autres héros, Agamemnon, Ménélas ou Achille. Il remarque que l'emploi de ἀλλὰ σύ avec un impératif, habituel chez Homère, ne se trouve qu'une fois dans une adresse à Zeus, et qu'il s'agit de Thétis. Cela vient conforter la noblesse de la repartie. De même, le rythme du v. 646, riche en spondées, donne un caractère solennel et impressionnant à la prière. Le commentaire que fait M. W. Edwards du καί du vers v. 647 rend justice au sens et montre ce que la tournure a d'exceptionnel et d'émouvant : ce καί adverbial est au cœur d'une expression oxymorique, vecteur ici du sublime. Mais de tout cela, Longin ne dit mot. Le sublime est encore ici l'écho de la grandeur d'âme, puisque l'objet du commentaire n'est pas le style homérique à proprement parler, mais la noblesse du héros. Cependant, en reprenant les motivations qui expliquent la réponse d'Ajax, Longin emploie le champ lexical de la grandeur héroïque et des valeurs aristocratiques, commentant ainsi la grandeur d'âme qui est au cœur de son propos, et il reprend le fameux καί adverbial, pour traduire le sens de ses paroles : dans le texte homérique, Ajax est prêt à mourir ; dans l'explication de Longin, il est prêt à se mesurer à Zeus. Longin perd dans sa paraphrase le sublime oxymore, mais il hisse Ajax à la hauteur du dieu des dieux, explicitant par là-même sa remarque du paragraphe 7. Il ne commente pas le καί adverbial, mais il le souligne en reproduisant le même effet.

Par un glissement subtil, Longin prête à l'auteur lui-même les qualités de ses héros (IX, 11). La particule initiale (ἀλλὰ γάρ) indique qu'il met un terme à son analyse de l'*Iliade* (ἐνθάδε[49]). Il élargit ensuite son propos par la comparaison avec l'*Odyssée*. Le lien entre Homère et Ajax est ménagé par le verbe πάσχω qui renvoie à καὶ οὐκ ἄλλο τι αὐτὸς πέπονθεν ἢ[50]… Mais en réalité, Homère est comparé à un dieu, Arès en l'occurrence. L'auteur Homère est sur le même plan que les dieux qui, dans l'*Iliade*, déterminent les combats des héros : c'est la figure de l'auteur démiurge. Or cet auteur-démiurge apparaît comme possédé, il est celui qui souffle (συνεπνεῖ), mais aussi celui qui est en

---

45 « "Dieu dit" écrit-il, "quoi donc ?"… ».
46 « Peut-être ne te paraîtrais-je pas importun, mon ami… »
47 « Comment il a coutume d'entrer dans la grandeur de pair avec ses héros ».
48 *Il.* XVII, 645-647 ; M. W. Edwards, *The Iliad : A Commentary*, vol. V, p. 125.
49 Ce terme renvoie plus vraisemblablement à l'*Iliade* qu'au passage précis que Longin vient de commenter : Homère n'y attise pas particulièrement la guerre, il peint un héros noble et résolu.
50 « Il n'est pas dans une autre disposition que… ».

proie au *furor* (μαίνεται). Dans le texte homérique, c'est Hector, dont l'ardeur vient d'être réveillée par Zeus, qui s'apprête à combattre, tel Arès. C'est une scène de *furor*, qui n'est pas unique. R. Janko remarque qu'Homère compare souvent les grands guerriers à Arès, dont un des traits est la folie et que, au lieu de développer cette comparaison, il ajoute celle du feu de forêt, qui est aussi une image traditionnelle. Si certains scholiastes pensent que ces vers évoquent aussi une bête sauvage, un lion par exemple, R. Janko considère que les yeux brûlants sont un signe normal de la folie du combat[51].

Mais le texte homérique doit être mis en perspective dans le contexte longinien. On reconnaît ici le vocabulaire employé pour décrire la deuxième source du sublime, la passion noble (VIII, 4) :

Θαρρῶν γὰρ ἀφορισαίμην ἂν ὡς οὐδὲν οὕτως ὡς τὸ γενναῖον πάθος, ἔνθα χρή, μεγαλήγορον, ὥσπερ ὑπὸ μανίας τινὸς καὶ πνεύματος ἐνθουσιαστικῶς ἐκπνέον καὶ οἰονεὶ φοιβάζον τοὺς λόγους[52].

J'oserais affirmer avec confiance qu'il n'y a rien de si grand qu'une passion noble, quand elle vient à propos. Elle s'exhale comme sous l'action d'un transport, d'un souffle enthousiaste, et semble animer les discours de l'inspiration de Phœbos.

À l'image d'Arès se superpose ainsi celle d'Apollon. Le même vocabulaire est encore employé dans le passage sur l'imitation qui met en scène l'auteur-Pythie inspiré non par Apollon directement mais par les auteurs du passé, au premier rang desquels figure Homère (XIII, 2). Ainsi se traduit le rôle ambivalent de ce dernier, à la fois équivalent des dieux en ce qu'il inspire les auteurs à venir et comparable aux héros en tant que champion de la littérature.

À la vision sublime d'Homère-Hector-Arès qui porte à son plus haut point l'évocation du sublime à l'œuvre dans l'*Iliade*, Longin fait succéder l'évocation de l'*Odyssée*, en contrepoint. La grandeur de l'auteur est encore au cœur du propos (μεγάλης φύσεως ὑποφερομένης), mais on voit que Longin est en train de perdre de vue son sujet et que, parti de l'expression de la grandeur d'âme, il en est venu à explorer différentes facettes de l'expression sublime chez Homère.

L'*Odyssée* est, selon l'auteur, l'épilogue de l'*Iliade* (IX, 12). Sur cette question, il s'inscrit dans une tradition critique sur les deux épopées, rappelée par les éditeurs modernes[53]. Nul sublime dans le passage de l'*Odyssée* où Nestor énumère pour Télémaque venu l'interroger les héros grecs morts à Troie, parmi lesquels figure en premier Ajax, dont la valeur guerrière est rappelée : Ἔνθα μὲν Αἴας κεῖται ἀρήιος[54]. Dès lors, il n'est pas nécessaire de commenter.

---

51 R. Janko, *The Iliad : A Commentary*, vol. IV, p. 294-295.

52 Pour le vocabulaire de la folie (μανία), voir aussi XXXIX, 3 ; XV, 3 ; X, 1.

53 H. Lebègue, *Du sublime*, p. 15, suggère des rapprochements avec le commentaire d'Eustathe ainsi que Sén., *De Breu. uit.* 13, 2 et Luc., *Ver. Hist.* II, 20. D. A. Russell, *On the Sublime*, p. 94-95, évoque, quant à lui, le scholiaste qui reprend les idées de Ménécrate de Nysa. Il ajoute une référence au *Certamen Homeri et Hesiodi* (T. W. Allen [éd.], p. 236).

54 « Là repose le valeureux Ajax… »

Longin compare le ton des deux épopées (IX, 13), opposant l'action et le combat à la narration. La supériorité de l'*Iliade* tient à ce qu'Homère était au plus haut de son inspiration : ἐν ἀκμῇ πνεύματος, ce que nous pouvons mettre en relation avec la figure d'Hector-Arès. L'émulation poétique est encore sensible chez Longin dans la comparaison de l'auteur de l'*Odyssée* à un soleil couchant. L'énumération des qualités dont l'*Odyssée* est dépourvue dessine en creux ce qui fait le sublime avec lequel l'*Iliade* semble se confondre : élévation de style toujours égale, profusion de passions, souplesse et force oratoire. Longin oublie sa première comparaison pour en faire naître une autre, celle de l'Océan qui se replie sur lui-même. Il énumère ensuite, pour les dénigrer, des épisodes caractéristiques de l'*Odyssée* (IX, 14). On voit alors que le traitement des deux épopées est différent : l'*Iliade* s'accommode mieux de la citation fragmentaire qui évoque, plus qu'une scène précise, un climat général, une tension épique présente d'un bout à l'autre de l'œuvre. La dernière idée de ce parallèle est que le pathétique, quand il est affaibli, conduit à la « comédie de mœurs » (IX, 15).

Nous voudrions revenir à notre tour sur le statut comparé des deux épopées dans ce chapitre. Il apparaît clairement que Longin exclut de l'*Odyssée* tout ce qui n'est pas directement lié à l'*Iliade*. Il la prend, comme il le dit lui-même, comme un épilogue de la première épopée et ne s'intéresse pas au reste. Par conséquent, son *Odyssée* est l'épopée des héros morts, qui parlent ou dont le silence est sublime, écho de leur grandeur d'âme et de leurs exploits passés, écho de la première épopée, au souffle vraiment épique. Le parcours que nous propose Longin dans ce chapitre nous conduit de la Nékyia, elle-même déjà présente au chapitre précédent, aux regrets de Nestor devant la disparition des héros de l'*Iliade*. Si Ajax semble prendre sa revanche sur le bavard Ulysse, modèle d'éloquence attesté dans les traités de rhétorique, absent ici, et s'affirmer dans l'exemple positif, emprunté à l'*Iliade*, de la prière aux dieux, autre manifestation de la noblesse de son âme, c'est bien l'image d'un gisant qui est suggérée à la fin du chapitre, et l'on sait que le miracle de la Nékyia ne se renouvellera pas. Dès lors, l'*Odyssée* est le lieu du pathétique, dans la mesure où elle est le lieu d'expression de la plainte (τὰς ὀλοφύρσεις καὶ τοὺς οἴκτους), comme le suggère à Longin la lamentation de Nestor (IX, 12). Ajax a pour rival un autre héros, bien vivant, dont la parole est liée à l'action : le noble Hector, qui apparaît dans trois passages empruntés au chant XV de l'*Iliade*[55].

Homère après le chapitre IX

Dans le chapitre X, Longin étudie le procédé de la concentration des effets, c'est-à-dire le fait de choisir sur un sujet donné les traits les plus caractéristiques et de les composer avec art les uns avec les autres. L'exemple le plus célèbre, sur lequel repose le chapitre, est le poème de Sappho. À la fin de sa brillante explication de ce

---

55 *Il.* XV, 346-349 (XXVII, 1) ; *Il.* XV, 605-607 (IX, 11) ; *Il.* XV, 624-628 (X, 5). Le chant XV fait encore l'objet d'une citation : *Il.* XV, 697-698 (XXVI, 1). Nous remercions S. Dubel pour ses suggestions, en particulier sur le chapitre IX.

chef d'œuvre de la littérature amoureuse, Longin dresse un parallèle avec les tempêtes chez Homère, sans préciser s'il songe à l'une des deux épopées plutôt qu'à l'autre (X, 3). Le motif des tempêtes avait été annoncé à la fin du chapitre IX et associé à l'écriture de l'*Odyssée* (IX, 14). À partir de la mention de ce motif commence alors un nouveau mouvement dans le chapitre, dont l'unité est l'expression de la peur. Si Aristée, l'auteur des *Arimaspes*, a manqué son effet à vouloir trop en faire (X, 4), il n'en est pas de même pour Homère dans l'*Iliade*, lorsqu'il exprime l'effroi que suscite Hector s'attaquant aux Grecs, par une comparaison avec une tempête (X, 5). Un exemple emprunté aux *Phénomènes* d'Aratos, de mauvaise facture, sépare le commentaire du passage d'Homère de la citation qui en avait été faite, ce qui met en valeur cette dernière (X, 6). Ici, l'effort de composition de Longin ne joue pas sur la matière des citations, mais sur la mise en scène du commentaire : le passage sur la tempête est d'abord annoncé (X, 3), puis cité (X, 5) avant d'être commenté (X, 6). Ces trois étapes sont entrecoupées de deux contre-exemples servant de faire-valoir.

L'exemple homérique évoque bien une tempête, mais c'est un emploi métaphorique, pour désigner l'ardeur d'Hector et l'effroi ressenti par les Grecs. Le commentaire de Longin montre que la description est sublime parce qu'elle suppose le processus sans cesse renouvelé du trépas. Le terme employé (τυτθόν) est abstrait et ne matérialise donc pas le secours que les marins peuvent attendre dans le danger. Longin prolonge l'analyse de la concentration des effets, effectuée à l'échelle d'un poème, cette fois-ci à la dimension d'une expression, en remarquant le procédé de concentration des prépositions (ὑπέκ). Le commentaire de R. Janko, au contraire, met en valeur le fait que l'expression en question laisse entrevoir que les matelots seront sauvés[56].

Dans les chapitres XIII-XIV, qui appartiennent eux aussi à la partie sur les deux premières sources du sublime, Longin explore une nouvelle voie pour atteindre au sublime : l'imitation. Homère n'est pas seulement un auteur inspiré, mais il est à son tour une source d'inspiration pour les autres. Parmi ses émules, Longin mentionne l'historien Hérodote, qu'il qualifie d'ὁμηρικώτατος. L'adjectif n'est pas rare, mais nous pouvons souligner le caractère piquant du superlatif, qui plus est appliqué à un prosateur. L'influence d'Homère sur Hérodote n'est pas une invention de Longin : D. A. Russell indique que Denys d'Halicarnasse en fait autant[57]. Longin mentionne aussi les poètes Stésichore et Archiloque, le philosophe Platon, ce qui montre que le modèle Homère transcende les genres littéraires (XIII, 3). Il ne développe pas cette question et se contente de renvoyer à Ammonius et son école[58]. Longin glisse une petite métaphore, présentant Homère comme une source à laquelle tous ont puisé, en particulier Platon, « qui a sur lui dérivé de ce grand fleuve un nombre incalculable de ruisseaux ». Mais en fait Longin en dit plus ici sur Platon que sur Homère (XIII, 4). Il a recours à la métaphore du combat, plus convenue, mais qui renvoie au contexte épique, avec une citation d'Hésiode qui fait entendre de nouveau le nom d'ἔρις. Dans

---

56 R. Janko, *The Iliad : A Commentary*, vol. IV, p. 296-297.
57 D. A. Russell, *On the Sublime*, p. 115 renvoie à D. H., *Ad. Pomp.* 3.
58 Ammonius, successeur d'Aristarque, a écrit un commentaire d'Homère.

le chapitre suivant, il assigne à Homère le rôle de modèle (XIV, 1) et de juge (XIV, 2), mais c'est un rôle abstrait qui ne fait pas entendre le texte homérique.

À partir du chapitre XVI commence l'analyse des figures, troisième source du sublime. Homère s'éclipse, pour ces analyses de détail, derrière Démosthène. C'est une citation de l'*Odyssée* qui illustre l'asyndète (XIX)[59]. Ulysse a envoyé Euryloque en mission de reconnaissance dans le manoir de Circé. La magicienne a transformé ses compagnons en pourceaux et ce dernier vient faire à Ulysse le récit de l'expédition. Dans ce passage au style direct, qui reproduit les paroles d'Euryloque, l'asyndète exprime toute l'émotion qui bouleverse le locuteur. Cette citation est mise en parallèle avec un extrait des *Helléniques* de Xénophon. Le tout est souligné par une analyse de style, simple et efficace.

Le passage le plus intéressant se trouve dans les chapitres XXVI-XXVII, relatifs au changement de personne et au procédé consistant pour l'auteur à se substituer à son personnage. Dans le chapitre XXVI, il est question de l'adresse au lecteur. Longin se soucie de l'effet sur l'auditeur et de l'implication de ce dernier. Le premier passage se situe après la comparaison d'Hector avec la vague, évoquée au chapitre X (XXVI, 1)[60]. Hector a tué un guerrier grec. Les Troyens approchent des nefs des Achéens, Ajax entreprend d'encourager les siens et le combat reprend. Alors, le poète s'adresse à l'auditeur, l'emploi de la deuxième personne du singulier ayant pour effet d'impliquer l'auditeur ou le lecteur dans le récit. R. Janko remarque lui aussi que les appels directs à l'auditeur sont rares et dramatiques[61]. Longin ne fait aucun commentaire. La citation homérique qui n'est pas particulièrement mise en valeur est complétée par des exemples empruntés à Aratos et Hérodote. Le commentaire porte surtout sur ce dernier (XXVI, 2).

Au troisième paragraphe, Longin introduit le héros du début du chant V de l'*Iliade*, Diomède, fils de Tydée, qui s'illustre particulièrement au combat grâce au soutien d'Athéna (XXVI, 3)[62]. Homère décrit la bataille, la violente mêlée, et évoque le fait qu'on ne sait au juste dans quel camp Diomède combat, car personne ne lui résiste. Cette citation a à peu près la même fonction que la précédente. G. S. Kirk souligne l'expression dramatique, renforcée par le rythme ternaire croissant du v. 85 et signale qu'un procédé similaire, incluant οὐδ᾽ ἂν ἔτι γνοίης, est employé à propos d'armées entremêlées en *Iliade*, XIV, 57-60[63]. Comme le remarque D. A. Russell, Longin lui-même interpelle son destinataire (λαλῆς), comme il le fait souvent, puisque le traité est écrit à la deuxième personne[64]. Il y a donc un effet de mise en abyme.

Dans le chapitre suivant, Longin étudie un procédé qui donne de l'intensité : lorsque l'auteur abandonne la narration au profit du style direct, donnant ainsi la

---

59 *Od.* X, 251-252.

60 *Il.* XV, 697-698.

61 R. Janko, *The Iliad : A Commentary*, vol. IV, p. 304. Voir aussi S. Dubel, « L'adresse en deuxième personne dans l'*Iliade* : le spectacle de l'énonciation ».

62 *Il.* V, 85.

63 G. S. Kirk, *The Iliad : A Commentary*, vol. II, p. 62-63.

64 D. A. Russell, *On the Sublime*, p. 144. Voir S. Dubel, « L'écriture en deuxième personne du traité *Du sublime* ».

parole à son héros (XXVII, 1). Le passage se situe dans le chant XV, avant ceux que nous avons déjà vus[65]. Les Troyens viennent de triompher des Grecs, qui sont en train de prendre la fuite. Hector exhorte alors les siens à poursuivre les ennemis au lieu de dépouiller les cadavres. Ces paroles d'exhortation font aussitôt effet, si bien que cette parole semble comme intégrée à l'action et au mouvement de la scène[66]. Longin cite ensuite Hécatée, puis Démosthène, et enfin Pénélope s'adressant au héraut Médon qui vient vers elle pour lui apprendre que les prétendants méditent de tuer Télémaque (XXVII, 4)[67]. Le passage est lui aussi au style direct. En fait, il semble qu'il y ait un glissement dans le raisonnement de Longin. L'exemple tiré de l'*Iliade* illustre le passage de la narration au style direct; pour Hécatée, le contexte fait défaut; Démosthène s'interrompt lui-même et change d'interlocuteur au milieu d'une phrase, prenant à partie son adversaire. Chez Pénélope, en revanche, point de rupture, si ce n'est qu'elle interrompt le héraut avant même qu'il puisse lui annoncer le funeste dessein des prétendants. Ce qui rapproche Démosthène de Pénélope est la véhémence et l'indignation.

Confrontons pour finir deux citations que nous avons laissées de côté jusqu'ici. Dans l'état du texte qui nous est parvenu, la première citation, issue de l'*Iliade*, a une fonction *a priori* utilitaire : une simple épithète homérique utilisée pour dénigrer Xénophon (IV, 4). Cette forme d'expression est cependant tellement caractéristique du style d'Homère que, bien souvent, l'épithète ne saurait être autre qu'homérique. À l'autre extrémité du texte, la mention d'un passage de l'*Odyssée* qui peut passer pour secondaire dans notre perspective, puisqu'elle sert à appuyer une réflexion philosophique, rappelle une autre valeur du texte homérique, qui est celle d'un texte qui fait autorité (XLIV, 5). Ainsi, au-delà des différences entre les deux épopées, au-delà des analyses stylistiques, Longin semble désigner, sans en avoir l'air, deux aspects caractéristiques du texte homérique qu'il ne commente pas. L'utilisation qu'il en fait, ayant naturellement recours à une épithète homérique et à un morceau de sagesse homérique, sont aussi des hommages détournés au Poète.

Quand il met en scène Platon émule d'Homère, quand il montre que ce dernier est un modèle, aussi bien pour la poésie que pour la prose, n'est-il pas, lui, l'auteur anonyme, si habile à analyser les finesses de cette poésie, le premier à être stimulé par le Poète au point que son écriture en soit profondément marquée ? Ce parcours nous a permis de confronter deux grands textes : au foisonnement et à la densité du premier, texte séminal à l'origine de la littérature occidentale, répond la subtilité de l'autre, fragmentaire par son état comme par sa méthode, qui cultive la discontinuité et va apparemment à sauts et à gambades, mais pourtant sait où il va, avec une méthode très sûre. Il y a une cohérence du *Traité du Sublime* qui est d'ordre poétique, et les échos que renvoient les épopées homériques n'en sont qu'un exemple.

---

65 *Il.* XV, 346-349.

66 Voir R. Janko, *The Iliad : A Commentary*, vol. IV, p. 264-265.

67 *Od.* IV, 681-689. Voir S. Dubel, « *Pênelopeia rhêtôr*. Sur une apostrophe de Pénélope aux prétendants (*Odyssée*, IV, 680-695) ».

Bibliographie

Sources

Allen, Thomas W. (éd.), *Homeri Opera*, Oxford, Oxford University Press, 1912.

Goyet, Francis (éd.), *Longin, Traité du Sublime*, traduit par Nicolas Boileau, Paris, Librairie Générale Française, 1995.

Jahn, Otto et Vahlen, Johannes (éd.), *Dionysii vel Longini De sublimitate libellus*, Stuttgart, Teubner, 1967 (1910).

Lebègue, Henri (éd.), *Du Sublime*, Paris, Les Belles Lettres, 1939.

Mazzucchi, Carlo Maria (éd., com.), *Dionisio Longino, Del Sublime*, Milan, Vita e pensiero, 1992.

Pigeaud, Jackie (trad.), *Longin, Du sublime*, Paris, Marseille, Rivages, 1991.

Russell, Donald A. (éd., trad., com.), « *Longinus* », *On the sublime*, Oxford, Oxford University Press, 1970 (1964).

Études

Bompaire, Jacques, « Le pathos dans le *Traité du Sublime* », *REG*, 86, 1973, p. 323-343.

Conte, Sophie, « Poètes et orateurs dans le *Traité du sublime* », in Vial, Hélène (éd.) et Favreau-Linder, Anne-Marie (coll.), *Poètes et orateurs dans l'Antiquité. Mises en scène réciproques, Actes des Journées d'études de Clermont-Ferrand (14-15 mai 2009)*, Clermont-Ferrand, Presses Universitaires Blaise Pascal, 2013, p. 259-279.

Conte, Sophie et Dubel, Sandrine (éd.), *L'Écriture des traités de rhétorique, des origines grecques à la Renaissance*, Bordeaux, Ausonius Éditions, « Scripta Antiqua » 87, 2016.

Dubel, Sandrine, « *Pênelopeia rhêtôr*. Sur une apostrophe de Pénélope aux prétendants (*Odyssée*, IV, 680-695) », *Gaia*, 14, 2011, p. 123-134.

Dubel, Sandrine, « Le lecteur dans le texte : l'écriture en deuxième personne du traité *Du sublime* », in S. Conte et S. Dubel (éd.), *L'Écriture des traités de rhétorique, des origines grecques à la Renaissance*, Bordeaux, Ausonius Éditions, « Scripta Antiqua » 87, 2016, p. 107-128.

Dubel, Sandrine, « L'adresse en deuxième personne dans l'*Iliade* : le spectacle de l'énonciation » (mémoire d'HDR, 2016).

Edwards, Mark W., *The Iliad : A Commentary, Volume V : books 17-20*, Cambridge, Cambridge University Press, 1991.

Grube, Georges M. A., « Notes on the *peri hupsous* », *AJPh*, 78, 1957, p. 355-374.

Janko, Richard, *The Iliad : A Commentary, Volume IV : books 13-16*, Cambridge, Cambridge University Press, 1992.

Kirk, Geoffrey S., *The Iliad : A Commentary, Volume I : books 1-4*, Cambridge, Cambridge University Press, 1993 (1985).

Kirk, Geoffrey S., *The Iliad : A Commentary, Volume II : books 5-8*, Cambridge, Cambridge University Press, 1993 (1990).

Lombardo, Giovanni, « Le fonti del sublime e la struttura del *peri hupsous* », *Helikon*, 22-27, 1982-1987, p. 375-394.

Matelli, Elisabetta, « Struttura e stile del *peri hupsous* », *Aevum*, 61, 1987, p. 134-247.

Richardson, Nicholas, *The Iliad : A Commentary, Volume VI : books 21-24*, Cambridge, Cambridge University Press, 1993.

Usher, Mark D., « Theomachy, Creation, and the Poetics of Quotation in Longinus Chapter 9 », *Classical Philology*, 102 (3), 2007, p. 292-303.

Vial, Hélène (éd.) et Favreau-Linder, Anne-Marie (coll.), *Poètes et orateurs dans l'Antiquité. Mises en scène réciproques, Actes des Journées d'études de Clermont-Ferrand (14-15 mai 2009)*, Clermont-Ferrand, Presses Universitaires Blaise Pascal, 2013.

PASCALE PARÉ-REY

L'Homère de Quintilien : *summus et primus auctor*

Nous proposons d'examiner les références homériques que nous avons dans l'*Institutio Oratoria* de Quintilien en partant des mentions explicites du nom d'Homère, toujours présent quand Quintilien en parle, à l'exception de ce seul passage, où il est question des reproches que Thersite fait à Agamemnon, pour illustrer le fait que telles paroles seront qualifiées différemment en fonction de celui qui les prononce :

> T1 XI, 1, 37. *Idem dictum saepe in alio liberum, in alio furiosum, in alio superbum est. Verba aduersus Agamemnonem a Thersite habita ridentur ; da illa Diomedi aliiue cui pari, magnum animum ferre prae se uidebuntur.*

Souvent le même langage est considéré différemment : franchise chez l'un, folie chez l'autre, orgueil chez un autre. Les paroles adressées par Thersite à Agamemnon font rire[1] ; si on les met dans la bouche de Diomède ou de quelqu'un de semblable, elles sembleront porteuses d'un grand courage[2].

Ces mentions, qui seront toutes citées ici, sont au nombre de vingt-sept. L'*Iliade* est plus représentée que l'*Odyssée* : Quintilien est l'héritier de la tradition lettrée et scolaire grecque, pour qui la première est plus en honneur (par opposition à la tradition philosophique, qui préfère l'*Odyssée*)[3]. En revanche, il n'y a pas de chants privilégiés (contrairement aux études littéraires qui en affectionnaient certains, les premiers de l'*Iliade*) ni de passages plus récurrents que d'autres[4]. Ces citations se répartissent de façon inégale :

Livre	Nombre d'occurrences	Contenu
I	2	éducation élémentaire de l'enfant chez le *grammaticus*
II	2	éducation rhétorique du jeune homme chez le *rhetor*
III	1	histoire de la rhétorique, *inuentio* et types de discours

---

1 Voir *Il.* II, 225-242, où Thersite reproche à Agamemnon son butin excessif.
2 Les traductions, sauf exception signalée, sont nôtres. Chaque citation de Quintilien est précédée d'une étiquette (T1, T2, etc.) pour faciliter les renvois internes.
3 H.-I. Marrou, *Histoire de l'éducation dans l'Antiquité*, p. 245.
4 On consultera avec profit l'*index nominum* réalisé par J. Cousin pour la C.U.F. à la fin du volume XII de l'*Institution Oratoire*.

Pascale Paré-Rey Maître de conférences à l'Université Jean Moulin – Lyon 3.

Homère rhétorique. Études de réception antique, éd. par Sandrine DUBEL, Anne-Marie FAVREAU-LINDER et Estelle OUDOT, Turnhout, Brepols 2018 (*RRR* 28), p. 195-214
BREPOLS PUBLISHERS   10.1484/M.RRR-EB.5.115805

Livre	Nombre d'occurrences	Contenu
IV	1	la *dispositio* et les parties du discours
V	0	la *dispositio* et les preuves
VI	0	épilogues et émotions
VII	1	la *dispositio* et la loi
VIII	3	*elocutio* (*sententiae*, figures, tropes)
IX	1	figures de pensée, de discours
X	8	imitation, lecture, écriture, et éloquence
XI	2	*memoria* et *actio*
XII	6	éloquence et philosophie morale : les vertus de l'orateur accompli
TOTAL	27	

Nous pouvons d'ores et déjà noter que les références les plus nombreuses (livres X et XII) figurent dans les parties concernant l'*elocutio*, la *memoria* et l'*actio*, tandis qu'elles sont bien plus discrètes au début du manuel de Quintilien, à propos des *inuentio* et *dispositio*. Homère représente un patrimoine littéraire indispensable à la formation de l'orateur, mais non un répertoire de lieux précis à réutiliser, encore moins à transposer tels quels[5]. Il importe que l'apprenti orateur connaisse ce pilier de la culture, les codes qu'il a contribué à fonder, mais qu'il compose ensuite ses propres discours, dans le respect de la pratique romaine. Cette conception a pour corollaire le fait que Quintilien « cite » toujours Homère en latin[6], sur le mode d'une traduction et appropriation de ce modèle sans souci d'authenticité ou d'exactitude dans son recours au texte, comme il est d'usage à Rome.

Nous devrons nous interroger sur les raisons d'une telle répartition et, plus largement, tenter de préciser quel Homère se dessine, pour quelle rhétorique, c'est-à-dire de comprendre les fonctions de cette figure aux différents visages. Pour ce faire, nous étudierons tout d'abord la longue description des qualités d'Homère au livre X, tout en considérant les limites que Quintilien assigne à ce modèle ; nous verrons ensuite que ce *summus auctor* est aussi un *primus auctor* devant être imité par celui qui veut devenir un orateur accompli. Ainsi, il est source de passages déjà exemplaires en eux-mêmes, mais il est aussi récupéré à des fins didactiques.

---

5 Nous avons adopté la même perspective de lecture dans l'article que nous avons coécrit avec B. Goldlust, « Le rôle de la lecture des auteurs dans l'apprentissage de l'*elocutio* par le futur orateur : Quintilien, *Institution oratoire*, 10, 1, 46-131 », *BAGB*, 2017, 2, p. 114-160.

6 Quand il écrit en grec, c'est pour certains mots seulement, techniques, dont il donne le plus souvent l'équivalent latin ; les citations sont, elles, traduites en latin. La raison n'est pas tellement à chercher du côté des sources, puisque J. Cousin a bien mis en évidence que Quintilien, pour ce qui est de l'élaboration de la liste des auteurs à imiter, a connu différents canons d'auteurs grecs établis par l'École de Pergame et s'appuie essentiellement sur une classification proche de Denys d'Halicarnasse : il aurait très bien pu dès lors citer les auteurs de référence en grec (J. Cousin, *Études sur Quintilien*, tome 1, p. 571).

Un *summus auctor*

Une référence obligée

Homère est des plus familiers à Quintilien et fait partie des auteurs les plus cités[7] dans l'*Institution Oratoire* (seul ou parmi d'autres auteurs qui ne sont pas forcément des poètes) parfois à titre de simple exemple, qu'il s'agisse d'illustrer une réalité historique et linguistique :

> T2 I, 5, 66. *Nam ex tribus nostrae utique linguae non concesserim, quamuis « capsis » Cicero dicat compositum esse ex « cape si uis » et inueniantur qui « Lupercalia » aeque tris partes orationis esse contendant quasi « luere per caprum ». 67 Nam « Solitaurilia » iam persuasum est esse « Suouetaurilia », et sane ita se habet sacrum, quale apud Homerum quoque est.*

Car je ne saurais concéder que notre langue connaisse surtout des mots composés de trois éléments, bien que Cicéron dise que *capsis* a été composé à partir de *cape si uis*[8], et qu'il se trouve des gens pour soutenir que *Lupercalia* est également un mot triple, soit *luere per caprum*. Pour *Solitaurilia*, on est désormais convaincu que c'est *Suouetaurilia*, et de fait il s'agit bien d'un triple sacrifice, tel qu'il y en a aussi chez Homère[9].

qu'il s'agisse d'illustrer les règles de la *dispositio* :

> T3 VII, 10, 11. *Illa enim est potentissima quaeque uere dicitur oeconomia totius causae dispositio, quae nullo modo constitui nisi uelut in re praesente potest : ubi adsumendum prohoemium, ubi omittendum, ubi utendum expositione continua, ubi partita, ubi ab initiis incipiendum, ubi more Homerico a mediis uel ultimis […].*

En effet, le plan le plus efficace et qui correspond réellement à l'économie de l'ensemble d'une cause ne peut en aucune manière être élaboré si l'on n'est pour ainsi dire en présence d'un cas précis : savoir quand il faut ajouter un exorde, ou quand l'omettre, quand il faut employer une exposition suivie, ou une subdivisée,

---

7 Il faut distinguer la théorie générale, qui prescrit la lecture des orateurs, des poètes – très utiles selon Théophraste dont Quintilien s'inspire – des historiens, des philosophes, et les « programmes » d'auteurs à lire, organisés en listes génériques, à la tête desquels figure Homère (J. Cousin, *Études sur Quintilien*, tome 1, p. 546). Voir, pour l'importance relative de chaque auteur, C. E. Bonnell, *Lexicon Quintilianeum, s.v. Homerus* et l'*index nominum* élaboré par J. Cousin pour la C.U.F. : parmi les auteurs grecs en général, figurent en bonne place Platon et Aristote, dont le nombre de références (une trentaine) est comparable à celui des références homériques ; Homère demeure cependant le poète le plus cité. Parmi les auteurs latins, la première place revient incontestablement à Virgile, avec une trentaine de citations des *Bucoliques* et des *Géorgiques*, mais une centaine de l'*Énéide*. D'autres poètes sont assez fréquemment cités, comme Horace (une trentaine de citations) et Ennius (une quinzaine).
8 Cic., *Or.* XIV, 154.
9 Comme en *Od.* XI, 131 (ἀρνειὸν ταῦρόν τε συῶν τ᾿ ἐπιβήτορα κάρπον) où Tirésias recommande un tel sacrifice à Ulysse. Les Anciens ont proposé de nombreuses étymologies pour ce terme, ce qui peut expliquer la référence à Homère, un peu surprenante sur ce point très précis : Quintilien souhaite peut-être apporter une caution à l'hypothèse qu'il retient finalement (*iam persuasum est*).

quand il faut commencer par le début ou, selon l'usage homérique, par le milieu ou la fin [...][10].

ou qu'il s'agisse enfin d'illustrer certaines figures, gradation et emphase :

> T4 IX, 3, 57. *Inuenitur apud poetas quoque, ut apud Homerum de sceptro, quod a Iove ad Agamemnonem usque deducit, et apud nostrum etiam tragicum :*
> « *Ioue propagatus est, ut perhibent, Tantalus,*
> *ex Tantalo ortus Pelops, ex Pelope autem satus Atreus,*
> *qui nostrum porro propagat genus* ».

On en [*scil.* des gradations] trouve aussi chez les poètes, comme chez Homère, à propos du sceptre qu'il fait descendre de Jupiter jusqu'à Agamemnon[11], et même chez un de nos tragiques[12] :

> « C'est à Jupiter, rapporte-t-on, que Tantale dut sa vie,
> c'est de Tantale qu'est né Pélops, et de Pélops est né Atrée,
> qui prolonge plus loin notre race ».

> T5 VIII, 3, 83. *Vicina praedictae, sed amplior uirtus est emphasis, altiorem praebens intellectum quam quem uerba per se ipsa declarant. Eius duae sunt species : altera quae plus significat quam dicit, altera quae etiam id quod non dicit. 84 Prior est et apud Homerum, cum Menelaus Graios in equum « descendisse » ait – nam uerbo uno magnitudinem eius ostendit, et apud Vergilium : « demissum lapsi per funem », nam sic quoque est demonstrata altitudo [...].*

Une qualité voisine de cette dernière [*id est* la brièveté], mais lui étant supérieure, c'est l'emphase, qui offre un sens plus profond que celui que les mots disent par eux-mêmes. Il y en a deux sortes : l'une signifie plus que ce qu'elle dit, l'autre même ce qu'elle ne dit pas. La première se trouve chez Homère, quand Ménélas dit que les Grecs « sont descendus » dans le cheval – car ce seul verbe montre la taille du cheval, et chez Virgile « s'étant laissés glisser le long d'un câble », car ici aussi on souligne la taille [...].

Il est intéressant de noter, dans cette dernière citation énumérant les types d'emphase, une erreur de Quintilien : ce n'est pas Ménélas qui « dit que les Grecs "sont descendus" dans le cheval » mais Ulysse parlant avec Achille aux Enfers[13]. Quintilien cite certainement le texte de mémoire, et ce qui l'intéresse n'est pas le

---

10 En effet, Homère fait commencer son *Iliade* quand neuf années de siège se sont déjà écoulées, son *Odyssée* quand Ulysse s'apprête à partir de l'île d'Ogygie, tandis que Virgile, dont la mention suit dans la citation, commence l'*Énéide* par le début, c'est-à-dire le départ d'Énée de Sicile.

11 *Il.* II, 101-107, où est décrit le long trajet de ce sceptre, passé entre de nombreuses mains avant d'échoir à Agamemnon.

12 Auteur inconnu.

13 *Od.* XI, 523 (ὅτ' εἰς ἵππον κατεβαίνομεν « quand nous sommes descendus dans le cheval ») : il y a en réalité confusion avec le récit de Ménélas à Télémaque en IV, 271 et suivant.

contexte de citation, ni l'identité des personnages, mais simplement illustrer des phénomènes de style dont il parle.

Dans ces exemples, Homère est donc intégré à une liste, aux côtés de Virgile, de Cicéron, d'un auteur tragique, mais c'est une référence obligée et automatique. Plus riches sont les citations longues et commentées, qui nous permettent de mieux comprendre le statut exceptionnel d'Homère dans ce manuel.

La laudatio uirtutum

Trois citations montrent combien la figure d'Homère est singulière et éminente :

T6 VIII, 5, 9. *Enthymema quoque est omne quod mente concepimus, proprie tamen dicitur quae est sententia ex contrariis, propterea quod* eminere *inter ceteras uidetur, ut Homerus « poeta », « urbs »* Roma.

L'enthymème, quant à lui, désigne toute conception de l'esprit, mais s'applique cependant à proprement parler à la pointe tirée des contraires, parce qu'elle se distingue de toutes les autres, comme on appelle Homère « le Poète » ou Rome « la Ville ».

T7 X, 1, 65. *Nam [Antiqua comoedia] et grandis et elegans et uenusta, et nescio an ulla, post Homerum tamen,* quem ut Achillem *semper excipi par est, aut similior sit oratoribus aut ad oratores faciendos aptior.*

Car elle [la comédie ancienne] a de la grandeur, de l'élégance et de la grâce, et je n'en connais pas d'autre, après Homère cependant qu'il faut toujours mettre à part, comme Achille, qui soit plus semblable au genre oratoire ou plus adaptée à la formation des orateurs.

T8 XII, 11, 26. *Nam et poesis ab Homero et Vergilio tantum fastigium accepit et eloquentia a Demosthene atque Cicerone, denique quidquid est optimum ante non fuerat. Verum etiam si qui summa desperet (quod cur faciat cui ingenium ualetudo facultas praeceptores non deerunt ?), tamen est, ut Cicero ait, pulchrum in secundis tertiisque consistere. 27 Neque enim si quis Achillis gloriam in rebus bellicis consequi non potest, Aiacis aut Diomedis laudem aspernabitur, nec, qui* Homeri non fuerunt, <non fuerunt> *Tyrtaei ?*

La poésie a en effet atteint une si grande hauteur avec Homère et Virgile, l'éloquence avec Démosthène et Cicéron, enfin tout ce qui est excellent n'a pas toujours été ainsi. En vérité, même si l'on désespère de ces sommets (pourquoi cela serait-il, si l'on ne manque pas de talent, de bonne disposition, de facilité, de maîtres ?), il est beau cependant, comme dit Cicéron, de s'asseoir à la deuxième et à la troisième place[14]. Car si l'on ne peut dans les affaires militaires acquérir la gloire d'Achille, on ne dédaignera pas la réputation d'Ajax ou de Diomède, et ceux qui ne furent pas des Homères n'ont-ils pu être des Tyrtées ?

---

14 Cic., *Orat.* 4 : *Prima enim sequentem honestum est in secundis tertiisque consistere.*

200   PASCALE PARÉ-REY

Homère est, par antonomase, celui que l'on entend en disant « le Poète », comme on entend « Rome » par « la Ville ». D'ailleurs son nom est si représentatif qu'il peut se mettre au pluriel pour désigner une catégorie, celle des poètes par excellence : son nom devient, par antonomase encore, emblématique.

Mais en quoi réside son excellence ? La réponse est concentrée dans le long portrait de ses qualités, brossé dans le livre X où Quintilien recommande de pratiquer la lecture, l'écriture et l'imitation afin de soigner son *elocutio* :

> T9 X, 1, 46. *Igitur, ut Aratus « ab Iove incipiendum » putat, ita nos rite coepturi ab Homero uidemur. Hic enim, quem ad modum ex Oceano, dicit ipse amnium fontiumque cursus initium capere, omnibus eloquentiae partibus* exemplum *et* ortum *dedit. Hunc nemo in magnis rebus sublimitate, in paruis proprietate superauerit. Idem laetus ac pressus, iucundus et grauis, tum copia tum breuitate mirabilis, nec* poetica modo sed oratoria uirtute *eminentissimus. 47. Nam ut de laudibus exhortationibus consolationibus taceam, nonne uel nonus liber, quo missa ad Achillem legatio continetur, uel in primo inter duces illa contentio uel dictae in secundo sententiae omnis litium atque consiliorum explicant artes ? 48. Adfectus quidem uel illos mites uel hos concitatos nemo erit tam indoctus qui non in sua potestate hunc auctorem habuisse fateatur. Age uero, non utriusque operis ingressu in paucissimis uersibus legem prohoemiorum non dico seruauit, sed constituit ? Nam et beniuolum auditorem inuocatione dearum quas praesidere uatibus creditum est et intentum proposita rerum magnitudine et docilem summa celeriter comprensa facit. 49. Narrare uero quis breuius quam qui mortem nuntiat Patrocli, quis significantius potest quam qui Curetum Aetolorumque proelium exponit ? Iam similitudines, amplificationes, exempla, digressus, signa rerum et argumenta ceteraque quae probandi ac refutandi sunt ita multa ut etiam qui de artibus scripserunt plurima earum rerum testimonia ab hoc poeta petant. 50. Nam epilogus quidem quis umquam poterit illis Priami rogantis Achillem precibus aequari ? Quid ? in uerbis, sententiis, figuris, dispositione totius operis nonne humani ingenii modum excedit ? Vt magni sit uiri uirtutes eius non aemulatione, quod fieri non potest, sed intellectu sequi. 51. Verum hic omnis sine dubio et in omni genere eloquentiae procul a se reliquit, epicos tamen praecipue, uidelicet quia durissima in materia simili comparatio est.*

46. Donc, de même qu'Aratos pense devoir « commencer par Jupiter »[15], de même semblons-nous légitimement appelés à commencer par Homère. Ce dernier en effet, comme il dit lui-même que les fleuves et les fontaines prennent leur source dans l'Océan[16], a ainsi offert un exemple, en leur donnant naissance, à tous les genres d'éloquence. Personne ne saurait le dépasser en sublimité dans les grandes choses, en propriété dans les petites. Le même poète peut être fleuri et serré, agréable et grave, admirable tantôt dans l'abondance, tantôt dans la brièveté, excellent non seulement par ses qualités poétiques mais aussi oratoires. 47. Car pour passer sous silence les passages d'éloges, d'exhortations, de consolations,

---

15   Arat., *Phaen.* 1. Le mot d'Aratos figurait déjà chez Théocrite, XVIII, 1 ; Cic., *de Rep.* I, 36 et Virg., *Ecl.* III, 60.

16   Quintilien emprunte cette image à Homère lui-même : *Il.* XXI, 195-197.

est-ce que le neuvième livre, où figure la députation envoyée à Achille, est-ce que dans le premier, la querelle des chefs, est-ce que dans le deuxième, les avis rendus ne nous révèlent pas toutes les techniques judiciaires et délibératives ? 48. Quant aux sentiments, ici doux, là agités, personne ne sera assez ignorant pour ne pas reconnaître que cet auteur les a soumis à son pouvoir. Allons, au début de ses deux poèmes, n'a-t-il pas, en très peu de vers, je ne dis pas observé mais établi la loi de l'exorde ? Car il rend l'auditeur bienveillant par l'invocation des déesses qui assistent, pense-t-on, les poètes, attentif par la grandeur des événements ainsi présentée, et docile par le résumé rapide du tout. 49. Mais qui peut faire une narration plus brève que celui qui annonce la mort de Patrocle[17], plus suggestive que celui qui expose le combat des Curètes et des Étoliens[18] ? Déjà les similitudes, amplifications, exemples, digressions, signes, arguments, et tout ce qui relève de la confirmation et de la réfutation, sont si nombreux que même ceux qui ont écrit sur ces techniques empruntent une très grande quantité de témoignages à ce poète. 50. Car, mieux, quel épilogue égalera jamais les prières de Priam à Achille[19] ? Eh bien, dans les mots, les pensées, les figures, la disposition de l'ouvrage entier, n'a-t-il pas excédé la mesure de l'esprit humain ? Si bien que c'est le propre d'un grand homme que de chercher à atteindre ses qualités non en devenant son émule, ce qui est impossible, mais en essayant de le comprendre. 51. Vraiment cet auteur a laissé sans nul doute loin derrière lui tous les autres et dans tous les genres d'éloquence, surtout cependant les poètes épiques, parce qu'évidemment c'est dans un sujet semblable que la comparaison est la plus exigeante.

Quintilien nous donne lui-même la clef de l'organisation de ce paragraphe, où il admire non seulement les qualités poétiques (*poetica uirtute*) d'Homère, mais aussi et surtout ses qualités rhétoriques (*oratoria uirtute*).

Pour les poètes, Homère offre une palette de styles étendue, qu'il manie avec à-propos (sublimité dans les grandes choses, propriété dans les petites) et équilibre, sachant passer de l'un à l'autre en fonction des circonstances.

Pour les orateurs, Homère offre toutes les ressources tant en matière d'*inuentio* que de *dispositio* et d'*elocutio*. Pour ce qui est de l'*inuentio*, le paragraphe 47 montre que tous les types de discours, épidictique, judiciaire et délibératif, se trouvent dans Homère. Pour la *dispositio* (§ 48) et les parties du discours, on trouve également des exordes, narrations, confirmations, réfutations et épilogues de choix dans l'œuvre homérique. Quintilien détaille même comment les exordes de l'*Iliade* et de l'*Odyssée* rendent le lecteur *beniuolum*, « bienveillant », *intentum*, « attentif », et *docilem*, « docile », en appliquant les termes techniques des traités rhétoriques latins aux épopées homériques (voir également en VII, 10, 11 cité *supra* T3). Enfin, l'*elocutio* peut aisément être travaillée à partir d'Homère, lui qui excelle dans les *uerbis, sententiis*

---

17 Effectivement, Antiloque commence à parler en *Il.* XVIII au v. 18 et annonce au v. 20 : Κεῖται Πάτροκλος.
18 Par Phoenix, *Il.* IX, 529-599.
19 Réclamant le corps de son fils : *Il.* XXIV, 486-506.

et *figuris* (§ 50) à tel point qu'il est une source plus abondante d'exemples, dans les traités oratoires, que les orateurs eux-mêmes.

Cette énumération des qualités d'Homère, autant poète qu'orateur, montre comment Quintilien lit l'organisation des œuvres homériques (avec exorde, narration, descriptions et épilogue), mais aussi comment il compose son œuvre propre, en fonction des parties de la rhétorique (voir le tableau *supra*). Homère est donc un père (*ortum*) mais aussi un modèle (*exemplum*), à la fois pour les apprentis orateurs à qui s'adresse Quintilien et pour lui-même, rhéteur aguerri.

Les limites de l'idéal

Cependant, il est des endroits de son œuvre où Quintilien limite le génie d'Homère, non seulement de façon absolue, mais encore de façon relative. D'une part, la valeur de l'œuvre d'Homère est parfois minorée comme par cette alternative *aut... aut...* :

T10 XII, 11, 21. *Ceterum, ut de Homero taceam, in quo nullius non artis aut opera perfecta aut certe non dubia uestigia reperiuntur, ut Elium Hippian transeam* [...].

Au reste, pour ne pas parler d'Homère, chez qui l'on trouve soit une œuvre parfaite, soit du moins des vestiges indiscutables de toute technique, pour ne pas parler d'Hippias d'Élis [...].

Homère est même accusé de sommeiller, indirectement certes par Quintilien, qui se réfugie derrière le jugement d'Horace :

T11 X, 1, 24. *Neque id statim legenti persuasum sit, omnia quae summi auctores dixerint utique esse perfecta. Nam et labuntur aliquando et oneri cedunt et indulgent ingeniorum suorum uoluptati, nec semper intendunt animum, nonnumquam fatigantur, cum Ciceroni dormitare interim Demosthenes, Horatio uero etiam Homerus ipse uideatur.*

Et il ne faut d'ailleurs pas que le lecteur soit persuadé que tout ce qu'ont dit les meilleurs auteurs est toujours parfait. Car ils se laissent parfois aller, cèdent sous leur poids, ont de la complaisance pour ce qui délecte leurs qualités, ne sont pas toujours concentrés, sont quelquefois atteints par la fatigue, puisque, selon Cicéron[20], Démosthène semble sommeiller de temps à autre, ainsi que, d'après Horace, Homère lui-même[21].

---

20 Cette remarque critique prenait place dans une lettre de Cicéron, selon Plutarque (*Vie de Cicéron*, 24) qui rapporte également ce jugement. La lettre de Cicéron est perdue, mais nous la connaissons justement par les citations de Quintilien ; voir également XII, 1, 22. *Demosthenes... quem dormitare interim dicit* [*Cicero*].

21 Hor., *Ars*, 357-362 :
[...] *sic mihi, qui multum cessat, fit Choerilus ille,*
quem bis terue bonum cum risu miror ; et idem
indignor quandoque bonus dormitat Homerus.
Verum operi longo fas est obrepere somnum.
« De même, celui qui toujours se néglige est pour moi comme ce Chérilus,
chez qui je suis, en souriant, tout surpris de trouver deux ou trois bons vers ; mais en revanche,

D'autre part, la valeur de l'œuvre homérique est relativisée, essentiellement par l'équivalent latin que Quintilien assigne à Homère, Virgile. L'association est néanmoins complexe, puisque :

– soit Quintilien met à distance les usages poétiques par les deux auteurs de l'usage rhétorique :

> T12 VIII, 6, 18. *At ego in agendo nec « pastorem populi » auctore Homero dixerim nec uolucres « per aera nare », licet hoc Vergilius in apibus ac Daedalo speciosissime sit usus. Metaphora enim aut uacantem locum occupare debet aut, si in alienum uenit, plus ualere eo quod expellit.*

> Quant à moi, en plaidant, je ne dirais pas « le pasteur du peuple », bien que ce soit d'Homère[22], ni que les oiseaux « nagent dans les airs », bien que Virgile ait employé cette expression à propos des abeilles et de Dédale[23]. La métaphore, en effet, doit ou bien occuper une place vacante, ou, si elle vient à la place d'un autre, avoir plus de force que le mot qu'elle exclut.

– soit il situe les deux poètes sur le même plan d'excellence : XII, 11, 26 (voir *supra* T8) ; X, 1, 85 ; I, 8, 4 et IV, 1, 34 (cités *infra*) ;

– soit il considère Virgile clairement comme supérieur. Ce dernier est représentatif, en ce cas, de l'ensemble des auteurs latins, qui, postérieurs, n'ont pas atteint le sommet homérique, mais ont été, dans leur médiocrité, plus uniformes :

> T13 X, 1, 85. *Idem nobis per Romanos quoque auctores ordo ducendus est. Itaque ut apud illos Homerus, sic apud nos Vergilius auspicatissimum dederit exordium, omnium eius generis poetarum Graecorum nostrorumque haud dubie proximus. 86 Vtar enim uerbis isdem quae ex Afro Domitio iuuenis excepi, qui mihi interroganti quem Homero crederet maxime accedere « secundus » inquit « est Vergilius, propior tamen primo quam tertio ». Et hercule ut illi naturae caelesti atque inmortali cesserimus, ita curae et diligentiae uel ideo in hoc plus est, quod ei fuit magis laborandum, et quantum eminentibus uincimur, fortasse aequalitate pensamus.*

> Pour les auteurs romains, nous devons suivre également le même ordre <que pour les Grecs> ; c'est pourquoi, de même que chez eux c'est Homère, de même, chez nous, c'est Virgile qui pourra nous offrir le commencement le plus favorable, lui qui, de tous les poètes grecs et latins de cette catégorie en est sans aucun doute le plus proche. J'userai en effet des mêmes termes que ceux que j'ai entendus de la part de Domitius Afer dans ma jeunesse, qui, quand je lui demandai quel poète, selon lui, s'approchait le plus d'Homère, me répondit : « Virgile vient en deuxième, mais il est plus proche du premier que du troisième ». Et, par Hercule, à supposer que nous accordions à celui-là un génie céleste et immortel,

---

je suis furieux quand il arrive au bon Homère de sommeiller.

Mais dans un long poème, il est permis de se laisser un peu aller au sommeil. » (trad. F. Richard, Paris, Garnier, 1944).

22 Hom., *Il.* II, 243 Ἀγαμέμνονα, ποιμένα λαῶν, etc. : expression formulaire.

23 Respectivement Verg., *Georg.* IV, 59 (*nare per aestatem*) et *En.* VI, 16 (*insuetum per iter gelidas enauit*).

en revanche il y a en celui-ci davantage de soin et d'application, parce qu'il eut davantage à travailler, et ce que nous perdons en passages remarquables, peut-être le compensons-nous en régularité.

Cette uniformité moyenne semble avoir autant de valeur (*pensamus*) aux yeux de Quintilien que l'excellence, qui ne se manifeste que par intermittence. Quelle que soit l'opinion profonde de Quintilien, il faut penser à relier cette comparaison récurrente entre les deux auteurs à l'un des *progymnasmata*, la *sunkrisis*, où les élèves mettaient en parallèle Cicéron et Démosthène, Homère et Virgile justement, comme nous l'enseignent Quintilien lui-même mais aussi Juvénal[24].

En tout cas, Homère demeure un *exemplum* à suivre par les apprentis orateurs, qui ne doivent pas hésiter à le défier.

Un *primus auctor*

En effet, pour Quintilien, Homère est un *primus auctor*, une origine (chronologique), mais doit aussi être une source (logique), un modèle à imiter. Homère ne doit pas être qu'une figure d'exemplarité, il doit être aussi une figure d'émulation.

Un auteur « premier »

Quintilien ne cesse de rappeler qu'il faut toujours commencer par Homère, parce qu'il est une base stylistique et morale inégalable. En témoignent, en latin, ces compléments prépositionnels en *ab* suivi de l'ablatif d'origine :

> X, 1. *Igitur, ut Aratus « ab Iove incipiendum » putat, ita nos rite coepturi* ab Homero *uidemur.*

> Donc, de même qu'Aratos pense devoir « commencer par Jupiter », de même semblons-nous légitimement appelés à commencer par Homère. (cité *supra* T9)

> T14 I, 8, 4. *Cetera admonitione magna egent, in primis ut tenerae mentes tracturaeque altius quidquid rudibus et omnium ignaris insederit, non modo quae diserta sed uel*

---

24 Juv., VI, 434-439 :
« *Illa tamen grauior, quae cum discumbere coepit*
laudat Vergilium, periturae ignoscit Elissae,
committit uates et comparat, *inde Maronem*
atque alia parte in trutina suspendit Homerum.
cedunt grammatici, uincuntur rhetores, omnis
turba tacet […] ».
« Plus assommante encore, celle qui, à peine à table, entame l'éloge de Virgile, absout Didon prête à mourir, confronte les poètes, les compare, met en balance Homère et le chantre d'Énée. Le grammairien capitule, le rhéteur s'avoue vaincu, tous les convives se taisent […] ». Voir encore XI, 179-182.

magis quae honesta sunt discant. 5. Ideoque optime institutum est ut ab Homero *atque Vergilio lectio inciperet,* […].

Du reste, une recommandation importante dont ont besoin avant tout des esprits malléables et susceptibles d'être plus profondément attirés par ce qui pénètre chez les rustres et les parfaits ignorants, c'est d'étudier non seulement ce qui est bien dit mais plus encore ce qui est moral. Raison pour laquelle c'est un excellent début que de commencer par lire Homère et Virgile […].

Quintilien ne fait là que relayer la tradition scolaire (*rite*) consistant à toujours commencer par Homère, base des exercices de lecture, d'écriture et de mémorisation, déjà chez les Grecs, puis chez les Latins, d'où sa présence dominante dans les citations des manuels[25].

Mais « premier » signifie aussi qu'Homère est un étalon de mesure à l'aune duquel les autres auteurs seront classés. Souvent les autres auteurs sont jaugés par rapport à lui, avec une appréciation de la distance plus ou moins grande qui les sépare. Ainsi ce passage tout entier articulé autour de la problématique du classement en XII, 11, 26 (voir T8 *supra*) : les adjectifs numéraux ordinaux, les comparatifs et superlatifs, les compléments prépositionnels indiquant la place de chacun. De même, dans le texte que nous venons de citer (voir T13 *supra*), est établie par Domitius Afer, le maître de Quintilien, toute une échelle de valeurs à partir d'Homère, qui occupe la première place, suivi de près par Virgile.

Ce qui est plus étonnant, c'est qu'Homère est un étalon de mesure pour des genres et des auteurs moins attendus, que ce soit le lyrisme de Stésichore ou la philosophie de Platon :

> T15 X, 1, 62. *Reddit enim personis in agendo simul loquendoque debitam dignitatem, ac si tenuisset modum uidetur aemulari proximus Homerum potuisse, sed redundat atque effunditur, quod ut est reprehendendum, ita copiae uitium est.*

Il rend en effet à ses personnages à la fois dans leur action et leur discours la dignité qui leur est due, et, s'il avait gardé la mesure, il aurait pu, semble-t-il, rivaliser de très près avec Homère, mais il est redondant et diffus, défaut qui est certes répréhensible, mais dû à l'abondance.

> T16 X, 1, 81. *Philosophorum, ex quibus plurimum se traxisse eloquentiae M. Tullius confitetur, quis dubitet Platonem esse praecipuum siue acumine disserendi siue eloquendi facultate diuina quadam et Homerica ?*

---

25 Cette tradition scolaire est attestée également par Pline, *Ep.* II, 14, 2. Voir H.-I. Marrou, *Histoire de l'éducation dans l'Antiquité*, p. 244-245 et J. Henderson, *Mayor's Juvenal « Thirteen satires »*, qui cite, pour la satire 7, v. 227 un fragment de Xénophane (ἐξ ἀρχῆς καθ᾽ Ὅμηρον ἐπεὶ μεμαθήκασι πάντες, *Silloi*, 10 Diels) et le Trimalcion du *Satiricon* de Pétrone, 48 : « *Solebam haec ego puer apud Homerum legere* », « dans mon enfance je lisais cela [*id est* les douze travaux d'Hercule, la légende d'Ulysse] chez Homère. » Lire aussi l'étude de D. van Mal-Maeder, « *Testis carminum antiquitas.* Homère dans la rhétorique et les déclamations latines ».

Parmi les philosophes, auxquels M. Tullius dit avoir énormément emprunté de son éloquence, qui pourrait douter que Platon ne soit le premier, par la subtilité de son raisonnement ou par une qualité d'éloquence divine et digne d'Homère ?

Cela s'explique par le fait que pour Quintilien, nous l'avons vu, Homère est le père et le modèle de tous les genres d'éloquence et c'est pour ses qualités stylistiques qu'il est convoqué à titre de point de repère ici. Homère est donc l'*auctor* par excellence, c'est-à-dire celui qui augmente la confiance et fait avancer, une autorité. Mais est-il aussi celui qui pousse à agir, un conseiller, comme le signifie également le terme latin ?

Homère modélisé

Même si nous ne saurions nous prononcer sur les intentions d'Homère, ce qui poserait bien des problèmes, cette double facette de l'*auctor* va cependant nous inciter à la prudence : certains passages se montrent déjà comme exemplaires chez Homère tandis que d'autres sont récupérés par Quintilien, professeur cherchant à élaborer une méthode de formation oratoire.

Père de personnages exemplaires

Pour Quintilien, certains personnages homériques sont exemplaires sur les plans esthétique, moral ou technique. C'est ainsi qu'il interprète comme une préférence générale d'Homère pour les femmes fortes le simple usage d'une épithète[26] appliquée aux cas particuliers d'Athéna et de Pénélope, ainsi érigées au rang de canons esthétiques :

> T17 XII, 10, 5. *Nam Zeuxis plus membris corporis dedit, id amplius aut augustius ratus atque, ut existimant, Homerum secutus, cui ualidissima quaeque forma etiam in feminis placet.*

> En effet, Zeuxis grossissait les membres du corps, estimant que cela avait plus d'ampleur et de majesté et, juge-t-on, pour suivre Homère, qui même chez les femmes préfère à toutes les silhouettes les plus fortes.

Mais c'est surtout pour leur éloquence que Quintilien choisit d'autres héros. Quand il cite Phœnix, c'est déjà un *exemplum* chez Homère, un παράδειγμα à partir duquel il est tout naturel que le *rhetor* trouve matière à imitation ou à caution :

---

26 En *Od.* XXI, 6, Pénélope est représentée χειρὶ παχείῃ, mais l'interprétation de cette expression est sujette à caution : pour certains, elle est inadaptée pour qualifier Pénélope ; pour d'autres, elle a un sens figuré désignant la puissance de la reine. Pour d'autres encore, un sens propre, à expliquer par le fait que sa main se soit épaissie à force de tisser. Peut-être est-ce simplement une « épithète homérique », comme quand le syntagme s'applique à Athéna, par exemple en *Il.* XXI, 403 et 424, de sens un peu lâche ici. La bibliographie sur cette expression de « large main » est très importante ; voir A. Heubeck, *A Commentary on Homer's* Odyssey, *ad loc.*

T18 XII, 4, 2. *Sciat ergo quam plurima : unde etiam senibus auctoritas maior est, quod plura nosse et uidisse creduntur (quod Homerus frequentissime testatur).*

Qu'il [*scil.* l'orateur] en sache donc le plus possible : l'autorité reconnue aux vieillards est en effet plus grande du fait que, croit-on, ils savent et ont vu plus de choses (ce qu'Homère atteste fort souvent)[27].

Il est bien ici question du *senex* favori des écoles de rhétorique[28], qui offre un modèle à l'orateur, dont Quintilien conçoit la figure comme celle d'un savant, dans la droite ligne d'Isocrate et de Cicéron[29]. C'est ensuite à propos de deux débats contemporains que Quintilien fait intervenir le personnage : à propos de la querelle opposant les partisans de l'instruction familiale et les tenants de l'école publique ; et à propos de la question de savoir si la rhétorique est un art, donc si elle peut s'enseigner. Pour Quintilien, les choses sont claires, il faut préférer l'école publique et ses *optimi praeceptores*, les meilleurs tant techniquement que moralement, c'est-à-dire aussi compétents que Phœnix :

T19 I, 3, 12. *Sit [praeceptor] ergo tam eloquentia quam moribus praestantissimus qui ad Phoenicis Homerici exemplum dicere ac facere doceat.*

Que <le maître> soit donc des plus éminents tant par son éloquence que par ses mœurs, de façon à enseigner, à l'exemple du Phœnix d'Homère, la parole et l'action.

Quintilien fait allusion aux célèbres vers de l'*Iliade* :

Il. IX, 441-442 : τοὔνεκά με προέηκε διδασκέμεναι τάδε πάντα,
μύθων τε ῥητῆρ᾽ ἔμεναι πρηκτῆρά τε ἔργων.

C'est la raison pour laquelle <Pélée> m'avait envoyé, pour t'enseigner tout ceci : être un bon diseur d'avis, un bon faiseur d'exploits.

où les génitifs μύθων et ἔργων, formant un chiasme avec les accusatifs ῥητῆρα et πρηκτῆρα, soulignent la complémentarité des deux aspects dans l'enseignement de Phœnix. Quintilien transpose l'idée dans les verbes *dicere* et *facere*, infinitifs objets de *doceat*, qui fait écho au grec διδασκέμεναι. Pour plaider la cause des *praeceptores* publics, il a donc choisi une figure de maître voulant accomplir une véritable mission intellectuelle et morale auprès d'Achille.

La dimension d'autorité et d'exemplarité de Phœnix est clairement affirmée dans la seconde controverse dans laquelle Quintilien, pour répondre, préfère déplacer le débat : peu importe de savoir, selon lui, quand l'enseignement de l'éloquence a

---

27 Voir par exemple *Il.* IX, 434-605 : discours à Achille ; Nestor est en la matière une figure exemplaire.

28 R. G. Austin, *Quintiliani Institutionis Oratoriae Liber XII*, p. 99.

29 Cicéron dont Quintilien invoque l'autorité par exemple en 1, *prohoemium* 13 : *Fueruntque haec, ut Cicero apertissime colligit, quemadmodum iuncta natura, sic officio quoque copulata, ut idem sapientes atque eloquentes haberentur. Scidit deinde se studium* [...], « Elles [*scil.* la sagesse et l'éloquence] sont, comme Cicéron l'établit très clairement, si liées dans leur nature, de même qu'elles sont si unies dans leur exercice, que les sages et les orateurs étaient considérés comme identiques ».

commencé ; il constate qu'on trouve déjà des figures de rhéteurs chez Homère, tels Phœnix et d'autres orateurs :

> T20 II, 17, 8. *Nos porro quando coeperit huius rei doctrina non laboramus, quamquam apud Homerum et praeceptorem Phoenicem cum agendi tum etiam loquendi, et oratores plures, et omne in tribus ducibus orationis genus, et certamina quoque proposita eloquentiae inter iuuenes inuenimus ; quin in caelatura clipei Achillis et lites sunt et actores. Illud enim admonere satis est, omnia quae ars consummauerit a natura initia duxisse.*

Quant à nous, nous ne nous épuisons pas à savoir quand a commencé son enseignement [*scil.* de l'éloquence], bien que chez Homère nous trouvions Phœnix, maître d'action et surtout d'expression, plusieurs orateurs, chaque type de discours chez les trois chefs, et des tournois d'éloquence proposés aussi aux jeunes hommes[30] ; bien plus, parmi les ciselures du bouclier d'Achille[31] figurent des procès et des plaideurs. Car il suffit de rappeler que tout ce que l'art a porté à la perfection a tiré son origine de la nature.

Quintilien choisit là un personnage qui se pose lui-même en donneur de leçons, mais ensuite la lecture qu'il fait de l'œuvre homérique dérive : il lit d'autres morceaux comme des modèles (des trois styles : *omne genus orationis* ; de tournois d'éloquence *certamina eloquentiae* ; de procès et de plaideurs). Il va également plus loin en développant ce qu'il entend par *omne genus orationis* dans cet autre passage, qui fait de Ménélas, Nestor et Ulysse respectivement les représentants du *genus humile*, du *genus medium* et du *genus grande* :

> T21 XII, 10, 63. *Quare si ex tribus his generibus necessario sit eligendum unum, quis dubitet hoc praeferre omnibus, et ualidissimum alioqui et maximis quibusque causis accommodatissimum ? 64 Nam et Homerus breuem quidem cum iucunditate et propriam (id enim est non deerrare uerbis) et carentem superuacuis eloquentiam Menelao dedit, quae sunt uirtutes generis illius primi, et ex ore Nestoris dixit dulciorem melle profluere sermonem, qua certe delectatione nihil fingi maius potest ; sed summam expressurus [est] in Vlixe facundiam et magnitudinem illi uocis et uim orationis niuibus [et] copia uerborum atque impetu parem tribuit[32].*

Si donc il y a nécessairement un choix à faire entre ces trois genres, comment douter qu'il ne faille préférer à tous le dernier, qui a par ailleurs le plus de force et qui est aussi de beaucoup le mieux approprié à toutes les causes les plus importantes ? Ainsi, Homère a donné à Ménélas une éloquence à vrai dire concise et agréable et juste[33] (car c'est là ce que veut dire « ne pas faire d'erreurs

---

30 *Il.* XV, 284 : ὁππότε κοῦροι ἐρίσσειαν περὶ μύθων.

31 *Il.* XVIII, 497-508.

32 Passage corrompu.

33 *Il.* III, 214-215a : Παῦρα μέν, ἀλλὰ μάλα λιγέως, ἐπεὶ οὐ πολύμυθος / οὐδ' ἀφαμαρτοεπής. Quintilien calque sa quadruple énumération sur celle d'Homère (παῦρα et οὐ πολύμυθος d'une part, *breuem* et *carentem superuacuis* de l'autre), tandis que Cicéron (*Brut.* 50 : *Menelaum ipsum dulcem illum quidem*

sur les mots ») et dépouillée de toute superfluité, ce qui constitue les qualités du premier genre, et de la bouche de Nestor, dit-il, « coulait un langage plus doux que le miel »[34], et certes, on ne peut rien imaginer de plus délectable ; mais, quand il voulut montrer dans Ulysse l'éloquence à son degré suprême, il lui attribua et une voix et une vigueur oratoire comparable aux neiges, à la fois par l'abondance verbale et par l'impétuosité[35].

On voit bien ici que Quintilien sélectionne ces trois personnages afin d'incarner la théorie des trois styles. C'est que son Homère est aussi celui de toute la tradition rhétorique latine, et en particulier cicéronienne[36], qui a élaboré cette tripartition fonctionnelle (puisqu'à chaque style est assigné un but, respectivement instruire, plaire, émouvoir), qui est une grille, un filtre de lecture, appliqués *a posteriori* aux poèmes homériques.

Prescriptions concernant certaines parties du discours

Quand on passe à des sujets plus techniques, comme les parties du discours, on voit encore que c'est Quintilien qui applique à Homère des prescriptions que la rhétorique a codifiées, par exemple sur l'exorde et sur l'*actio*.

Sur l'exorde, on trouve des éléments en VII, 10, 11 et X, 1, 48 (cités *supra* T3 et T9), dont une question rhétorique très explicite (*non utriusque operis ingressu in paucissimis uersibus legem prohoemiorum non dico seruauit, sed constituit ?*) montrant que Quintilien tire d'une simple pratique une loi, ou plutôt qu'il prête cette intention normative à Homère. Il tire également de l'épopée des prescriptions valables pour l'éloquence judiciaire, à savoir user de la *captatio beneuolentiae* :

T22 IV, 1, 34. *Sunt et illa excitandis ad audiendum non inutilia, si nos neque diu moraturos neque extra causam dicturos existiment. Docilem sine dubio et haec ipsa*

---

tradit Homerus, sed pauca dicentem) décrivait la brièveté par *pauca dicentem* et l'harmonie par *dulcem*, sans parler de la correction du langage comme chez Homère et Quintilien (οὐδ᾽ ἀφαμαρτοεπής d'une part, *propriam* [*id enim est non deerrare uerbis*] de l'autre).

34 *Il.* I, 249 : Τοῦ καὶ ἀπὸ γλώσσης μέλιτος γλυκίων ῥέεν αὐδή, vers qui semble avoir été célèbre très tôt : voir A. Otto, *Die Sprichwörter der Römer, s.v.* Nestor. Voir, *e.g.*, Cic., *de Sen.* 31 et St Jérôme, *Ep.* 52, 3.

35 Mélange de *Il.* III, 221-222 et de *Od.* VIII, 169-174.

36 La théorie des trois styles semble avoir été élaborée dès la période hellénistique, mais elle figure dans la *Rhétorique à Herennius* c'est-à-dire au 1er siècle avant J.-C. pour la première fois : voir A. E. Douglas, « A Ciceronian Contribution to Rhetorical Theory ». Voir Cic., *De Rep.*, V, XI, 13, frg 1 (cité par Gell. XII, 2, 7) : *Vt Menelao Laconi quaedam fuit suauiloquens iucunditas... breuiloquentiam in dicendo colat,* « De même que Ménélas le Laconien avait une certaine éloquence, pleine de charme et de douceur, et parce que, dans un autre passage, il a dit "qu'il s'applique à être bref dans ses discours" » (éd. et trad. E. Bréguet, CUF, 1991) et *Brut.* 40 : *neque enim iam Troicis temporibus tantum laudis in dicendo Vlixi tribuisset Homerus et Nestori, quorum alterum uim habere voluit, alterum suauitatem, nisi iam tum esset honos eloquentiae,* « en effet, dès les temps de la guerre de Troie, Homère n'aurait pas attribué un si grand talent oratoire à Ulysse et à Nestor, auxquels il a donné à l'un la force, à l'autre la douceur, si l'éloquence n'avait déjà alors été en honneur. »

praestat attentio, sed et illud, si breuiter et dilucide summam rei de qua cognoscere debeat indicarimus (quod Homerus atque Vergilius operum suorum principiis faciunt).

Ces moyens ne sont pas inutiles non plus, pour inciter le public à écouter : le laisser penser qu'on ne s'étendra pas longtemps et que notre discours ne sortira pas du sujet. Sans doute cette attention rend-elle disposé à s'instruire, mais ceci également : indiquer brièvement et clairement l'essentiel de l'affaire dont il doit prendre connaissance (ce qu'Homère et Virgile font au début de leurs œuvres).

Sur l'*actio*, c'est également Homère qui conseille, selon lui, de suivre l'exemple d'Ulysse, c'est-à-dire ménager un temps de silence pour donner plus de poids au discours :

T23 XI, 3, 157. *Etiam cum ad iudicem nos conuerterimus et consultus praetor permiserit dicere, non protinus est erumpendum, sed danda breuis cogitationi mora : mire enim auditurum dicturi cura delectat et iudex se ipse componit. 158 Hoc praecipit Homerus Vlixis exemplo, quem stetisse oculis in terram defixis inmotoque sceptro priusquam illam eloquentiae procellam effunderet dicit.*

Même quand nous nous serons tournés vers le juge et que le préteur, consulté, nous aura autorisés à parler, il ne faut pas nous précipiter tout de suite, mais il faut accorder un bref délai à la réflexion : car celui qui s'apprête à parler charme admirablement l'auditoire par ce soin et permet au juge lui-même de s'installer. C'est ce que conseille Homère avec l'exemple d'Ulysse, dont il dit qu'il est resté debout, les yeux rivés à terre, son sceptre immobile, avant de répandre la tempête de son éloquence[37].

Prescriptions sur la topique des genres oratoires

Enfin Homère est un réservoir potentiel de prescriptions sur la topique des genres oratoires. Cet exemple, concernant l'éloge, montre la démarche caractéristique de Quintilien :

T24 III, 7, 12. *Ipsius uero laus hominis ex animo et corpore et extra positis peti debet. Et corporis quidem fortuitorumque cum leuior, tum non uno modo tractanda est. Nam et pulchritudinem interim roburque prosequimur honore uerborum, ut Homerus in Agamemnone atque Achille, interim confert admirationi multum etiam infirmitas, ut cum idem Tydea paruum sed bellatorem dicit fuisse.*

Mais l'éloge du personnage lui-même doit se tirer de son caractère, de son physique et d'éléments extérieurs. Celui des traits physiques et accidentels sera léger, mais surtout traité de façon variée. Car tantôt c'est la beauté et la force que

---

37 *Il.* III, 216-224, passage régulièrement cité pour illustrer le grand style d'Ulysse, comme *Il.* I, 249 (τοῦ καὶ ἀπὸ γλώσσης μέλιτος γλυκίων ῥέν αὐδή) est cité pour illustrer le style intermédiaire de Nestor (voir notes 33 et 34). Voir l'étude de S. Perceau dans le présent volume.

nous honorons par nos paroles, comme Homère pour Agamemnon et Achille[38], tantôt c'est la faiblesse même qui suscite beaucoup d'admiration, comme quand le même poète dit que Tydée était petit mais vaillant guerrier[39].

Homère est aux yeux de Quintilien un modèle parce qu'il y trouve les motifs, beauté et laideur, qui feront partie des lieux, « qualités ou défauts naturels de l'âme ou du corps », de l'éloge des personnes[40]. Cependant, quand Homère soulignait les qualités oratoires de ses personnages, il s'agissait sans doute de les décrire et non de les prescrire. Mais Quintilien, lui, franchit le pas, cite et commente Homère en fonction de son but, fournir des modèles à l'orateur. Il semble conscient des problèmes que pose cette opération de sélection et de modélisation[41] :

> T25 X, 1, 56. *Audire uideor undique congerentis nomina plurimorum poetarum […]. Quid ? Horatius frustra Tyrtaeum Homero subiungit ? 57 Nec sane quisquam est tam procul a cognitione eorum remotus ut non indicem certe ex bibliotheca sumptum transferre in libros suos possit. Nec ignoro igitur quos transeo nec utique damno, ut qui dixerim esse in omnibus utilitatis aliquid.*

Il me semble entendre de tous côtés énumérer les noms de plus nombreux poètes encore […]. Eh bien ? Est-ce sans raison qu'Horace unit Tyrtée à Homère[42] ? Et vraiment personne n'est si loin de connaître ces noms qu'il ne puisse faire passer ne serait-ce qu'un catalogue de bibliothèque dans ses propres livres. Je n'ignore donc pas quels poètes j'omets, et ne les condamne en rien, puisque j'ai dit que tous recèlent quelque utilité.

Il sait que ne pas citer tous les Tyrtées à côté d'Homère lui sera reproché, mais l'important n'est pas l'exhaustivité – que l'on trouve dans les catalogues de bibliothèque – mais la qualité. Homère, donc, figure automatiquement dans la liste des auteurs recommandables, puisqu'il est déjà « classique » : en Grèce puis à Rome, l'enfant apprend à lire à partir de noms propres qui ne sont autres que des héros homériques, puis les premiers textes suivis qu'il peut lire sont, entre autres, des vers homériques.

Finalement, Homère figure comme un *auctor* de premier plan. Le mot latin prend avec lui tout son sens : il est un auteur, mais avant tout un fondateur, et surtout une autorité. Ses facettes, multiples, forment un tableau cohérent : de premier, incarnant une origine idéale, voire idéalisée, Homère devient un étalon de classement et de jugement, sinon pour le critique littéraire, du moins pour le rhéteur devant former des orateurs. Classique à avoir dans sa bibliothèque, il est un modèle à imiter pour ses qualités, et un modèle tant de lecture (pour les qualités morales et stylistiques de ses

---

38 Pour Agamemnon : *Il.* II, 477-483. Pour Achille : *Il.* II, 673-674 ; XIX, 387-389 ; XXIV, 453b-456.

39 *Il.* V, 801 : Τυδεύς τοι μικρὸς μὲν ἔην δέμας, ἀλλὰ μαχητής.

40 Voir Cic., *Inu.* I, 34-36 et L. Pernot, *La Rhétorique de l'éloge dans le monde gréco-romain*, p. 140-141.

41 La communication d'Amedeo Alessandro Raschieri sur « La liste des auteurs et des genres littéraires dans l'*Institutio oratoria* de Quintilien » montrait comment Quintilien présentait les opérations techniques préalables à l'élaboration de sa liste.

42 Hor., *Ars* 401b-403a.

personnages) que d'écriture (pour le respect, avant la lettre, des règles rhétoriques que l'on décèle dans la composition de ses poèmes). C'est bien un « Homère rhétorique » – praticien – mais aussi « rhétoricisé » – déjà théoricien de l'éloquence – que construit Quintilien : il est coulé dans le moule de l'enseignement et ses automatismes, que Quintilien a appris et transmet à son tour.

Bibliographie

Sources

Austin, Roland Gregory (éd.), *Quintiliani Institutionis Oratoriae Liber XII*, Oxford, Clarendon Press, 1948.

Colson, Francis Henry (éd.), *M. Fabii Quintiliani. Institutionis Oratoriae lib. I*, Hildesheim-New York, G. Olms, 1973.

Cousin, Jean (éd. et trad.), *Quintilien. Institution Oratoire*, Paris, Les Belles Lettres, 1975-1978.

Hild, Joseph-Antoine (éd. et comm.), *M. Fabi Quintiliani Institutionis Oratoriae liber decimus. Texte latin, publié avec un commentaire explicatif*, Paris, Klincksieck, 1885.

Russell, Donald A. (éd.), *Quintilian. The orator's education, books 11-12*, Cambridge, (Mass.)-Londres, Harvard University Press, « The Loeb Classical Library », 2001.

Études

Anderson, R. Dean, *Glossary of Greek rhetorical Terms connected to Methods of Argumentation, Figures and Tropes from Anaximenes to Quintilian*, Louvain, Peeters, 2000.

Benson, Thomas W. et Prosser Michael H. (éd.), *Readings in classical Rhetoric*, Bloomington, Indiana University Press, 1972.

Bonnell, Carl Eduard, *Lexicon Quintilianeum*, Hildesheim, G. Olms, 1962 (Leipzig, 1834[1]).

Cousin, Jean, *Études sur Quintilien. Tome I : Contribution à la recherche des sources de l'Institution Oratoire*, Amsterdam, P. Schippers N.V., 1967.

Dangel, Jacqueline, « Typologie des textes et rhétorique antique : Quintilien », in F. Rastier (éd.), *Textes et sens*, Paris, Didier, 1996, p. 245-262.

Dominik, William J., *Roman Eloquence. Rhetoric in Society and Literature*, Londres-New York, Routledge, 1997.

Douglas, Alan E., « A Ciceronian Contribution to Rhetorical Theory », *Eranos*, 55, 1957, p. 18-26.

Goldlust, Benjamin et Paré-Rey, Pascale, « Le rôle de la lecture des auteurs dans l'apprentissage de l'*elocutio* par le futur orateur : Quintilien, *Institution oratoire*, 10, 1, 46-131 », *BAGB*, 2017, 2, p. 114-160.

Henderson, John E. B., *Mayor's Juvenal « Thirteen satires »*, Exeter, Bristol Phoenix Press, 2007.

Heubeck, Alfred *et alii.*, *A Commentary on Homer's Odyssey*, Oxford, Clarendon Press, 1988-1992.

Marrou, Henri-Irénée, *Histoire de l'éducation dans l'Antiquité*, Paris, Seuil, 1948.

Otto, August, *Die Sprichwörter und sprichwörterlichen Redensarten der Römer*, Hildesheim, G. Olms, 1962.

Paré-Rey, Pascale, « Du *demonstrare* au *uincere*. L'enthymème tragique entre logique et rhétorique », *Pallas*, 69, 2005, p. 413-426.

Pernot, Laurent, *La Rhétorique de l'éloge dans le monde gréco-romain*, Paris, Institut d'Études Augustiniennes, 1993.

Pernot, Laurent, *La Rhétorique dans l'Antiquité*, Paris, Le Livre de Poche, 2000.

Raschieri, Amedeo Alessandro, « La liste des auteurs et des genres littéraires dans l'*Institutio oratoria* de Quintilien », communication présentée lors du colloque international organisé par M. Ledentu et R. Loriol « Interpréter la liste dans l'antiquité gréco-romaine. Questions méthodologiques autour d'une forme », Université de Lyon, Université Jean Moulin – Lyon 3, 30-31 août 2016.

Van Mal-Maeder, Danielle, « *Testis carminum antiquitas*. Homère dans la rhétorique et les déclamations latines », in S. Dubel, A.-M. Favreau-Linder et E. Oudot (éd.), *À l'école d'Homère. La culture des orateurs et des sophistes*, Paris, Éditions Rue d'Ulm, 2015, p. 47-60.

Williams, James D., *An Introduction to classical Rhetoric. Essential Readings*, Chichester, Oxford, Blackwell, 2009.

Wooten, Cecil W., « Cicero and Quintilian on the Style of Demosthenes », *Rhetorica*, 15/2, 1997, p. 177-192.

JOHANN GOEKEN

Homère, père des sophistes? Les références homériques dans la rhétorique religieuse d'Aelius Aristide

Au IIe siècle de notre ère règnent incontestablement l'éloquence et la prose. Pourtant, le déclin des poètes est très relatif et les sophistes, dont certains produisent eux-mêmes des vers, attachent une grande importance à la poésie[1] et à la poésie homérique en particulier, laquelle est pensée comme une source d'inspiration oratoire. Ainsi, par exemple, « alors que le sophiste Nicagoras avait appelé la tragédie "mère des sophistes", Hippodromos corrigea son propos en disant : "Pour moi, leur père est Homère !" » Cette anecdote, rapportée par Philostrate dans sa biographie d'Hippodromos de Thessalie[2], constitue un des très nombreux témoignages attestant le statut privilégié dont jouit Homère, en tant que modèle pour les représentants de la Seconde Sophistique[3].

La contribution qui suit se propose de vérifier la légitimité de ce statut dans le domaine de la religion, à une époque où le recours aux mythes et la critique de ces derniers restent des habitudes de pensée bien ancrées dans les mentalités[4]. L'analyse sera centrée sur Aelius Aristide (117 – c. 180 ap. J.-C.), qui est une des figures les plus classicisantes de la période[5], et en particulier sur ses hymnes en prose. Parmi ces discours, on distingue huit éloges consacrés aux divinités suivantes : Athéna (*or.* XXXVII), les Asclépiades (*or.* XXXVIII), Héraclès (*or.* XL), Dionysos (*or.* XLI), Asclépios (*or.* XLII), Zeus (*or.* XLIII), Sarapis (*or.* XLV) et Poséidon (*or.* XLVI). À ce corpus se rattachent deux discours en l'honneur de la mer Égée (*or.* XLIV)

---

1 Cf. E. L. Bowie, « Poetry and Poets in Asia and Achaia », p. 198-205 ; *Id.*, « Greek Sophists and Greek Poetry in the Second Sophistic », p. 209-258 ; *Id.*, « Greek Poetry in the Antonine Age », p. 53-90.

2 Cf. *Vies des sophistes*, II, 27, 620, éd. Civiletti : Νικαγόρου δὲ τοῦ σοφιστοῦ μητέρα σοφιστῶν τὴν τραγῳδίαν προσειπόντος διορθούμενος ὁ Ἱππόδρομος τὸν λόγον "ἐγὼ δὲ" ἔφη "πατέρα Ὅμηρον". Toutes les traductions présentées dans cet article sont nôtres.

3 Voir en particulier J. F. Kindstrand, *Homer in der Zweiten Sophistik*.

4 On pense en particulier aux exercices de la réfutation (ἀνασκευή) et de la confirmation (κατασκευή) des mythes enseignés par les rhéteurs aux adolescents et théorisés dans les manuels de *Progymnasmata* (cf. par exemple Théon, *Prog.*, 93, 5 *sq.*, éd. Patillon). Voir également l'ouvrage classique de P. Veyne, *Les Grecs ont-ils cru à leurs mythes*? Utile aussi, à propos d'Aelius Aristide en particulier, l'article de S. Saïd, « Aristides's Uses of Myths », p. 51-67.

5 Pour un aperçu général et complet (malgré quelques préjugés) sur cet orateur, il faut encore se reporter à A. Boulanger, *Aelius Aristide et la sophistique*.

Johann Goeken Maître de conférences à l'Université de Strasbourg.

Homère rhétorique. Études de réception antique, éd. par Sandrine DUBEL, Anne-Marie FAVREAU-LINDER et Estelle OUDOT, Turnhout, Brepols 2018 (*RRR* 28), p. 215-228
BREPOLS PUBLISHERS   10.1484/M.RRR-EB.5.115806

et du puits sacré de l'Asclépieion de Pergame (*or.* XXXIX)[6]. À proprement parler, ces deux derniers textes constituent respectivement un éloge de lieu divinisé et un éloge de monument, mais ils fournissent eux aussi de précieux renseignements sur la conception aristidienne du divin et du sacré[7].

L'étude de quelques exemples significatifs de ce corpus montre non seulement qu'Homère, contrairement à Hésiode, demeure une référence obligée et qu'il s'avère bien souvent, pour Aristide, un point de départ dans son appréhension des dieux et dans sa pratique de la célébration du divin, mais aussi que l'orateur n'hésite jamais à critiquer son modèle et à convoquer d'autres témoignages quand la représentation homérique du divin ne lui convient pas. De fait, si Aristide fonde davantage sa croyance sur des actions concrètes et quotidiennes, force est de constater que les dieux auxquels il attache le plus d'importance n'ont parfois que très peu de rapports avec le panthéon de l'*Iliade* et de l'*Odyssée*.

Homère : une référence obligée

Dans un premier temps, il convient d'observer que les références à Homère constituent très souvent, dans les hymnes en prose d'Aristide, le point de départ du discours en général et de l'éloge en particulier. C'est ce qu'on peut déjà observer dans la mise en scène de certains discours et dans la manière dont l'orateur présente alors sa démarche. Ainsi, par exemple, l'éloge des Asclépiades commence par ces mots : « Écoutez, mes amis, un rêve divin est venu à moi pendant la nuit[8]. » Reprenant les termes qu'Agamemnon prononce, au vers 56 du chant II de l'*Iliade*, à l'intention du conseil des vieillards, l'orateur explique ensuite que l'idée de composer un discours pour Podalirios et Machaon lui est venue en songe – un songe (envoyé par Asclépios) auquel il s'empresse d'obéir et qui lui a indiqué de s'exprimer ainsi en guise de préambule. L'identification de la situation d'Aristide à celle d'Agamemnon, qui procure une grandeur épique à l'exorde et qui permet au sophiste d'adopter une posture héroïque (mais aussi de montrer qu'il fréquente les auteurs jusque dans son sommeil), procède encore d'une intention humoristique. Chez Homère, en effet, le songe est trompeur ; or Aristide s'apprête à commenter l'ambiguïté de sa vision nocturne, qui lui a d'abord suggéré de célébrer le seul Podalirios, puis les deux fils d'Asclépios, Podalirios et Machaon[9]. L'élaboration du procédé, auquel se superpose celui de la mise en abîme (puisque l'orateur se voit en rêve prononcer un discours qui commence par la mention d'un rêve), ne doit pas faire croire que l'expérience

---

6 Les textes d'Aristide sont cités dans l'édition de B. Keil (Berlin, 1898), révisée et annotée dans J. Goeken, *Aelius Aristide et la rhétorique de l'hymne en prose*, p. 343 *sq.*

7 L'étude de cette conception dans les hymnes en prose en lien avec les références à Homère permet de préciser les travaux qui ont été menés sur la religion d'Aristide, en particulier : C. A. Behr, *Aelius Aristides and the Sacred Tales* ; *Id.*, « Aristides and the Egyptian Gods », p. 13-24 ; J. Maréchal, *Étude sur la religion d'Aelius Aristide* ; R. Monier, *La Religion d'Aelius Aristide*.

8 XXXVIII, 1 (Κλῦτε φίλοι, θεῖός μοι ἐνύπνιον ἦλθεν ὄνειρος).

9 Cf. XXXVIII, 1-3.

vécue ici par Aristide se réduise à une bizarrerie ou à un jeu littéraire sans importance. Cette expérience révèle à quel point les rapports entre religion et littérature sont étroits dans l'esprit d'Aristide. Dans ces conditions, la référence homérique procède de l'affirmation d'un *éthos* qu'on voit à l'œuvre dans d'autres textes, par exemple dans la *Lalia* en l'honneur d'Asclépios, où Aristide évoque ses succès devant la cour impériale pour se comparer à Ulysse racontant ses aventures devant Alkinoos[10].

Mais les références à Homère permettent surtout de nourrir l'éloge des dieux, que ce soit en fournissant des arguments, en constituant des termes de comparaison ou en ornant de citations la démonstration, si bien que le propos paraît souvent fondé en grande partie sur les données de l'*Iliade* et de l'*Odyssée*. Qu'Homère constitue le fondement de la célébration est illustré par le tout début de l'éloge de Poséidon. Ébauchant un développement sur la nature du dieu, Aristide cite la célèbre imprécation de Ménélas (lancée contre les Achéens : « Mais puissiez-vous tous redevenir eau et terre[11] ») et il fait allusion aux théories de Xénophane, ainsi qu'aux allégories stoïciennes, telles qu'elles sont exposées notamment par Héraclite. Traitant d'un *topos* qu'il abandonne peu après, le sophiste rappelle ce qu'il faut savoir sur le thème de l'eau, même si les théories philosophiques ne conviennent pas à sa démarche, et il remplit par ce biais sa fonction d'éducateur de la Grèce[12]. Mais surtout, dans ce même *Discours isthmique*, où il laisse finalement de côté les discussions philosophiques sur la nature du dieu, Aristide fonde véritablement son éloge sur le témoignage d'Homère, en évoquant la tripartition du monde que l'on trouve exposée dans l'*Iliade* (XV, 187 sq.) et qui attribue à Zeus le ciel et l'éther, à Poséidon la mer et à Hadès la région souterraine ; et c'est à partir de là précisément que la célébration commence à proprement parler[13]. Mais l'examen révèle d'autres emplois de la référence homérique dans la conduite de l'éloge.

Homère représente une autorité qui permet à l'orateur d'étayer son propos. De fait, dans le *Discours isthmique*, Aristide précise qu'il veut parler de façon accessible et qu'il traite ainsi de sujets dont les poètes sont garants. Et ce qu'il dit des trois fils de Cronos vient après une déclaration d'intention où le recours aux poètes et à Homère en particulier se révèle constitutif d'une éloquence qui évite tout propos abscons et entend parler de faits connus pour créer un consensus[14]. C'est ainsi que le témoignage d'Homère, présenté comme le fondement de la démarche rhétorique (par opposition au discours de type philosophique), est souvent invoqué par Aristide quand il traite ou illustre les différents *topoi*, c'est-à-dire les différentes rubriques de ses hymnes. Dans l'hymne aux Asclépiades, le sophiste se sert de l'*Iliade* pour célébrer l'action militaire et sanitaire des dieux médecins lors de la guerre de Troie[15]. Dans l'hymne

---

10 Cf. XLII, 14. Sur le recours à la figure d'Ulysse dans l'œuvre d'Aelius Aristide, voir H.-O. Schröder, « Das Odysseusbild des Ailios Aristeides ».
11 XLVI, 6 avec une citation de *Il.* VII, 99 (ἀλλ' ὑμεῖς γε πάντες ὕδωρ καὶ γαῖα γένοισθε).
12 Sur la mission éducative des sophistes de l'Empire, voir en particulier L. Pernot, *La Rhétorique de l'éloge*, p. 725 *sq.*
13 Cf. XLVI, 8.
14 Cf. XLVI, 7.
15 Cf. XXXIX, 8-11.

à Athéna, il cite Homère pour rappeler le rôle de la divinité dans les concours[16]. De la même façon, pour illustrer les liens qui unissent la déesse à Zeus, il rappelle qu'Athéna combat, chez Homère, avec les armes de son père et il cite un vers où le poète célèbre l'égide « redoutable, que même la foudre de Zeus ne dompte pas[17] ». Enfin, il résume les pouvoirs étendus de la déesse en ces termes :

> Πάντα μὲν τὰ ἀπορώτατα οἱ ποιηταὶ ταύτῃ προστιθέασιν, ἐπειδὰν πόριμα καὶ δυνατὰ ἀποφῆναι βούλωνται, Ὀδυσσέας τε νηχομένους ἐν μέσοις τοῖς ἐρήμοις πελάγεσιν καὶ νέους ἐκ γερόντων καὶ καλοὺς ἐξ οὐ καλῶν γιγνομένους καὶ τοὺς ἀπὸ τῶν ἐθνῶν μνηστῆρας ἀπολλύντας ἀπὸ φαύλου καὶ γελοίου τοῦ ἐπικουρικοῦ, μειρακίου καὶ νομέοιν δυοῖν, καὶ ἕτερα τούτων ἀτοπώτερα.

> Les poètes lui attribuent toutes les situations les plus insurmontables, quand ils veulent les rendre surmontables et possibles : ce sont des Ulysses nageant au milieu des mers désertes, devenant jeunes et beaux, de vieux et sans beauté qu'ils étaient, tuant les prétendants étrangers avec l'aide insignifiante et dérisoire d'un jeune garçon et de deux bergers, ainsi que d'autres situations plus absurdes encore. (XXXVII, 23)

Mais si le texte homérique permet de construire l'argumentation de l'éloge, ainsi que l'image de la divinité, l'*Iliade* et l'*Odyssée* sont aussi pensées comme un fonds inépuisable de comparaisons. Cette démarche comparative est attestée en particulier dans l'éloge du puits sacré de l'Asclépieion, où le comparant homérique sert à rehausser l'objet de la célébration. Ainsi l'eau du puits est à rapprocher du lotus décrit par Homère[18] et elle s'avère plus légère encore que le Titarésios, ce bras du Styx qui, selon l'*Iliade*, coule à la surface du Pénée sans jamais se mélanger à lui[19]. Quant au puits lui-même, qui est toujours prêt à rendre service et qui est constamment rempli, « il est comme une créature […] d'Asclépios, de la même façon qu'Homère a représenté les outils et les ouvrages d'Héphaïstos se mettant en action quand ce dieu le décide[20] ». D'autres exemples peuvent être cités : à propos de la mer Égée, Aristide déclare qu'elle « est poissonneuse et giboyeuse, comme doit l'être en particulier, selon Homère, la mer des Bienheureux[21] » ; pour qualifier Corinthe, il l'appelle « capitale, palais, cour (de même qu'Homère a parlé de la cour de Zeus) et base de Poséidon[22] ». Le recours aux textes homériques permet ainsi, on le voit, de présenter la réalité sous un jour plus flatteur.

---

16 Cf. XXXVII, 21.

17 XXXVII, 6 (σμερδαλέην, ἣν οὐδὲ Διὸς δάμνησι κεραυνός).

18 Cf. XXXIX, 2 ; *Od.* IX, 94-95 et XXIII, 311.

19 Cf. XXXIX, 7 ; *Il.* II, 751-755.

20 XXXIX, 11 (ἔστιν ὥσπερ ἄλλο τι θρέμμα […] Ἀσκληπιοῦ, ὥσπερ Ὅμηρος ἐποίησεν ὅπλα καὶ ἔργα Ἡφαίστου πρὸς τὸ ἐκείνῳ δοκοῦν κινούμενα), avec une référence à *Il.* XVIII, 468-473.

21 XLIV, 16 : εὔιχθυς δὲ καὶ εὔθηρος οἵαν μάλιστα Ὅμηρος εἶναι ἔφη τὴν τῶν εὐδαιμόνων δεῖν θάλατταν, avec une référence à *Od.* XIX, 113.

22 XLVI, 20 : ἀρχεῖα Ποσειδῶνος καλῶ καὶ βασιλείαν καὶ αὐλήν, ὥσπερ Ὅμηρος τοῦ Διὸς αὐλὴν ὠνόμασε, καὶ ὁρμητήριον, avec une référence à *Od.*, IV, 74.

La prise de distance par rapport au précédent homérique

Si les références homériques jouent donc un rôle primordial dans la démarche encomiastique, elles ne suffisent pourtant pas à exprimer la piété d'Aristide, et l'orateur peut prendre ses distances par rapport à l'*Iliade* et à l'*Odyssée*.

Dans les hymnes en prose, cette méfiance prend plusieurs formes : l'orateur peut préciser un point trop vite abordé par Homère ; il peut aussi corriger, de manière plus virulente, les données de l'épopée, en se fondant sur des critères rhétoriques et théologiques. Dans tous les cas, la démarche d'Aristide s'inscrit dans un contexte de prudence manifestée à l'égard de la poésie en général, comme en témoigne par exemple l'hymne à Athéna, où l'orateur déclare ne vouloir louer la déesse qu'en « recourant aux poètes dans les limites de la mesure[23] » et où il désapprouve certains épisodes mythologiques tels que la Titanomachie[24].

La première méthode qui consiste à corriger Homère est illustrée en particulier dans l'hymne à la mer Égée. L'orateur commence ainsi :

Πέλαγος δὲ οὐδείς πω διὰ τέλους ἦισεν οὔτε ποιητὴς οὔτε λογογράφος, ἀλλ' Ὅμηρος λέγει "ἰοειδέα πόντον" καὶ "οἴνοπα πόντον" [...] καὶ εἰ δή τις ἄλλος ἄλλο τι τοιοῦτον.

Nul n'a encore chanté parfaitement la mer, ni poète, ni prosateur. Certes, Homère parle de l' « onde sombre » et de l' « onde vineuse » [...] et d'autres encore emploient pareil registre. (XLIV, 1)

Mais, ajoute Aristide, ce n'est ni juste ni suffisant. De la même façon, pour célébrer la richesse de l'Égée qui contient des îles en très grand nombre et facilite ainsi la navigation, l'orateur explique :

Οὐ γὰρ κατὰ τὸ Ὁμήρου πέλαγος δι' ἐρήμου δεῖ διελθεῖν καὶ ἐπί τι τῶν οἰκουμένων ἀνύσαι, ὥστε μηδενὶ θεῶν κεχαρισμένην εἶναι τὴν ὁδὸν ὑπὸ τῆς ἐρημίας.

Il n'est pas nécessaire, comme c'est le cas pour la mer d'Homère, de traverser un désert pour parvenir à un lieu habité, en sorte que la route ne soit agréable à aucun des dieux en raison de sa désolation (cf. *Od.*, III, 270, V, 270 *sq.* et XII, 351). (XLIV, 9)

Et Aristide de souligner que seule la mer Égée « n'est pas moins peuplée que la terre elle-même[25] » et que la distance entre ses îles équivaut à la distance qui sépare les cités sur le continent. Dans ces deux cas, on comprend que la poésie demeure un héritage nécessaire, tout en constituant un défi qui fait de la pratique sophistique un *agôn*. Mais la critique d'Homère a ici d'autres implications.

Pour Aristide, l'hymne, comme tout éloge, est composé de manière à pouvoir examiner de façon exhaustive le sujet à louer. Dans l'exorde de l'hymne à la mer Égée, quand il regrette que nul n'ait encore chanté la mer διὰ τέλους (« parfaitement,

---

23 XXXVII, 8 : ποιηταῖς τε ἄχρι τοῦ μετρίου προσχρωμένους.
24 Cf. XXXVII, 9.
25 XLIV, 9 : οὐχ ἧττον οἰκεῖται ἢ αὐτὴ ἡ γῆ.

complètement »), c'est pour dire que les poètes se contentent d'épithètes trop rapides (« l'onde sombre », « l'onde vineuse », « le flot éclatant ») et parfois insultantes (quand ils l'appellent « salée » ou « tumultueuse »)[26], alors qu'un discours complet consisterait à évoquer plus longuement le nombre et la nature des avantages et des bienfaits qu'elle procure aux hommes[27].

De telles considérations sont développées dans l'introduction programmatique de l'éloge de Sarapis. Dans ce texte, Aristide démontre la supériorité de l'hymne rhétorique sur l'hymne poétique, en présentant les principaux défauts de la poésie. Ces défauts résident dans le choix de sujets, mais aussi dans la manière de les traiter. Avec des arguments mal présentés, les poètes ne savent pas composer leurs discours. Pourtant ils exercent une tyrannie sur le genre de l'hymne et ils s'imaginent qu'en disant n'importe quoi leurs productions suffisent à satisfaire leur public. Pour Aristide,

> οὐδὲν αὐτοῖς ἀτόλμητον οὐδ' ἄπορόν ἐστιν, ἀλλὰ θεοὺς ἀπὸ μηχανῆς αἴρουσι, καὶ εἰς πλοῦν ἐμβιβάζουσιν συμπλεῖν οἷς ἂν αὐτοῖς δοκῇ, καὶ ποιοῦσιν οὐ μόνον συγκαθημένους, ἂν οὕτω τύχῃ, τοῖς ἀνθρώποις, ἀλλὰ καὶ συμπίνοντας καὶ λύχνους ἔχοντας φῶς ποιοῦντας.

il n'est rien qu'ils n'osent entreprendre et qui pour eux soit insurmontable : ils soulèvent les dieux au moyen d'une machine, ils les font embarquer pour naviguer avec qui bon leur semble, ils les représentent non seulement siégeant, le cas échéant, avec les hommes, mais aussi en train de boire avec eux et de leur faire de la lumière en tenant des flambeaux (cf. *Od.* II, 270 *sqq.*; III, 51 *sqq.*; XIX, 33-34). (XLV, 2)

Par le biais de ces références au théâtre et à l'*Odyssée*, l'orateur aborde la question du traitement poétique de la mythologie et précise son propos : il ne traite pas de la prose en général, mais de l'éloge des dieux. Ce faisant, Aristide critique la méthode et le style des poètes, en dénonçant leurs carences en matière d'*akribeia*. Mais quand l'image des dieux est en péril, l'attaque peut s'avérer beaucoup plus sévère, en se fondant sur des critères philosophiques et théologiques, et non plus seulement rhétoriques et littéraires. Par exemple, pour Aristide, les dieux peuvent se montrer effrayants, mais ils sont toujours bienveillants : c'est pourquoi Homère a eu tort de représenter Zeus en train d'interdire aux dieux de veiller sur les hommes, alors qu'il les a créés précisément pour cela[28].

C'est à propos du mythe de Leucothéa qu'Aristide lance ses critiques les plus violentes. Selon la tradition la plus courante, le petit Dionysos avait été confié à Ino, sœur de Sémélé et femme d'Athamas, mais Héra, poussée par la jalousie, punit les parents adoptifs en les rendant fous : Athamas tua son propre fils Léarque, tandis

---

26 XLIV, 1 : "ἰοειδέα πόντον" καὶ "οἴνοπα πόντον"… "ἅλα πορφυρέην"… "ἁλμυρὰν" καὶ "βαρύβρομον". Comparer, par exemple, dans l'ordre : *Il.* XI, 298 et Hésiode, *Théogonie*, 844 ; *Il.* II, 613 et Hés., *Les Travaux et les Jours*, 622 ; *Il.* XVI, 391 et Euripide, *Les Troyennes*, 124 ; *Od.* IX, 470 et Hés., *Th.*, 107 ; Bacchylide, 17, 76 Snell et Eur., *Hélène*, 1304-1305.

27 Cf. XLIV, 2.

28 Cf. XLIII, 22 ; *Il.* VIII, 2 *sqq.*

qu'Ino se jeta dans la mer avec leur autre fils Mélicerte (qu'elle avait au préalable jeté dans un chaudron d'eau bouillante). Mais, recueillis par les divinités marines, Ino et Mélicerte furent divinisés sous le nom de Leucothéa et Palémon. Avant de réfuter cette version, Aristide s'interroge en ces termes :

Πότερα ὡς τοῖς πολλοῖς δοκεῖ καὶ Ὁμήρῳ δὲ συνδοκεῖ, θεῶν παθήματα συμπεισθῆναι καὶ ἡμᾶς, οἷον Ἄρεως δεσμὰ καὶ Ἀπόλλωνος θητείας καὶ Ἡφαίστου ῥίψεις εἰς θάλατταν, οὕτω δὲ καὶ Ἰνοῦς ἄχη καὶ φυγάς τινας, ἢ τοῦτο μὲν οὔτε ὅσιον οὔτε εὐσεβὲς εἰπεῖν, ἄλλως τε καὶ περὶ τῶν θεῶν τὸν λόγον ποιούμενον, ἀλλὰ τοῦτον μὲν τὸν λόγον ὑπεροριστέον ἡμῖν οὐ μόνον ἔξω τοῦ Ἰσθμοῦ καὶ τῆς Πελοποννήσου, ἀλλὰ καὶ ξυμπάσης τῆς Ἑλλάδος· καὶ ἀποκαθαρτέον γε καὶ ἐπ' ἄμφω ταῖν θαλάτταιν ἐλθόντας, εἰ δέοι, τὸν Ἀθάμαντα, ὅστις ποτὲ ἦν, καὶ τὴν μανίαν τὴν ἐκείνου, εἴτε οὖσαν εἴτε καὶ ψευδῶς θρυληθεῖσαν ὑπὸ τῶν κάκιστα ἀπολωλότων τῶν ταῦθ' ἕκαστα ἡμῖν συνθέντων.

Devons-nous être persuadés nous aussi, comme c'est l'avis de la foule et également celui d'Homère, des souffrances des dieux, par exemple : les captivités d'Arès, les services loués d'Apollon et les culbutes d'Héphaïstos dans la mer, et de même les souffrances et certaines fuites d'Ino ? Ou bien faut-il dire que cela n'est ni conforme ni pieux, surtout quand on discourt sur les dieux, et qu'il nous faut proscrire ce discours non seulement hors de l'Isthme et du Péloponnèse, mais aussi de la Grèce tout entière, et qu'il faut même, si besoin, aller aux deux mers se purifier d'Athamas, quel que soit le personnage dont il s'agit, et de sa folie, qu'elle soit réelle ou qu'elle ait été aussi colportée mensongèrement par les plus misérables des hommes qui nous ont composé chacune de ces histoires ? (XLVI, 33)

Après cette interrogation oratoire, l'orateur donne la bonne version de l'histoire, à savoir : Poséidon, épris de Leucothéa, l'invita à le rejoindre à l'Isthme et du coup il adopta Palémon, fils qu'elle avait eu d'un premier lit. Par conséquent, si Leucothéa s'est rendue à l'Isthme de Corinthe, ce n'est pas pour se jeter dans la mer, comme le disent les poètes, mais c'est pour célébrer ses noces avec Poséidon (le dieu de l'Isthme), et elle n'allait pas dans ces conditions abandonner le fils qu'elle avait eu auparavant[29].

La controverse lancée par le sophiste a pour objet de poser le problème du statut de la divinité et celui de la représentation du divin[30]. Comme Platon, en effet, Aristide n'admet pas que les dieux soient placés dans de fâcheuses situations. Par ce refus, il s'élève contre les images dégradantes de la divinité que des poètes comme Homère ont colportées. Dans ces conditions, Leucothéa a toujours été une déesse et n'aurait jamais pu ainsi être poursuivie par qui que ce soit[31].

Il n'en demeure pas moins que l'exercice se révèle périlleux pour Aristide, qui accumule les hésitations, voire les contradictions, à l'égard de l'héritage poétique.

---

29 Cf. XLVI, 35.
30 Sur ces problèmes à l'époque d'Aristide, voir C. Clerc, *Les Théories relatives au culte des images*.
31 Cf. XLVI, 36-37.

Homère reste la référence inévitable et quand Aristide vante ensuite les pouvoirs de Leucothéa, il admet ainsi :

ἐπεὶ δεῖ πείθεσθαι τῷ Ὁμήρου λόγῳ, κινδυνεύει τὸ κατ᾽ αὐτὴν μοναρχία τις εἶναι τῆς ἀρχῆς τῆς κατὰ θάλατταν καὶ οὐδὲ τῷ Ποσειδῶνι αὐτῷ ἐξεῖναι οὐδὲν μὴ συνεθελούσης ταύτης

puisqu'il faut croire à ce que dit Homère, il se peut bien qu'elle exerce une sorte d'emprise personnelle sur l'empire maritime et que sans son consentement rien ne soit permis à Poséidon lui-même. (XLVI, 38)

En effet, ajoute encore l'orateur, Poséidon avait beau se déchaîner contre Ulysse, son trident n'était rien contre le voile protecteur donné par Leucothéa à Ulysse[32]. On aura souligné au passage l'expression « puisqu'il faut croire à ce que dit Homère », qui nous fait comprendre que le sophiste ne peut ni ignorer complètement le mythe ni en faire tout ce qu'il veut, car il contient des données inévitables et attendues, à condition de ne pas offenser la majesté divine. Or cette attitude nous invite à considérer les croyances de l'orateur et de son public.

Les dieux d'Aristide et de son public

Les divinités célébrées par Aristide s'inscrivent principalement dans une religion de type homérique. Mais si l'orientation olympienne et panhellénique du propos d'Aristide est très nette, il est possible de discerner çà et là des allusions à des spécificités locales, par exemple : les liens entretenus avec Héraclès par les stratèges de Smyrne, le culte smyrniote de Dionysos *Briseus* ou l'assimilation pergaménienne de Zeus Asclépios[33].

En tout état de cause, les hymnes d'Aristide supposent que le règne de Zeus est établi depuis les origines et qu'il est incontesté. Une telle conception semble globalement conforme à la vision synchronique des dieux que propose l'épopée homérique ; elle s'en démarque néanmoins en ce que le pouvoir de Zeus n'est pas considéré comme récent et qu'il ne suscite jamais aucune contestation.

Tel qu'il se présente dans les hymnes en prose d'Aristide, le panthéon s'organise tout entier autour de Zeus, qui sert de référence même pour un dieu comme Sarapis. Le monde des dieux dans les hymnes d'Aristide correspond donc en grande partie au modèle homérique d'une société divine de type monarchique. Toutefois certaines nuances sont remarquables. Zeus apparaît comme un père qui détient tous les pouvoirs, mais qui se révèle beaucoup plus abstrait que chez Homère[34]. Placé au sommet de la hiérarchie divine en tant que créateur de l'univers, Zeus semble parfois concurrencé par d'autres divinités, tel Sarapis, qui partage de nombreux

---

32 Cf. XLVI, 38 ; *Od.* V, 291 *sqq.*

33 Cf. XL, 13 ; XLI, 5 ; XLII, 4.

34 C'est ce dont témoignent en particulier les discours XXXVII (*Athéna*) et XLIII (*En l'honneur de Zeus*). Voir *infra.*

HOMÈRE, PÈRE DES SOPHISTES ?   223

points communs avec le père des dieux, ou Asclépios, qui détient lui aussi, au dire d'Aristide, tous les pouvoirs. Mais, même dans de tels cas, l'orateur insiste toujours sur la primauté du créateur[35].

Dans ces conditions, le polythéisme d'Aristide est fondé sur la distinction qui s'opère entre le dieu suprême et les autres dieux, lesquels occupent un rang secondaire dans la hiérarchie. La particularité d'une telle organisation est expliquée dans les hymnes à Zeus et à Athéna : les dieux, dit Aristide, sont chargés d'accomplir les volontés de Zeus, tandis qu'Athéna, « parèdre et conseillère[36] » d'un père qui reste en un sens à l'arrière-plan, leur communique les missions qui leur incombent. L'idée de dieux-ministres, auxquels Zeus attribue un poste comme à des soldats ou des satrapes[37], est un écho des doctrines stoïciennes selon lesquelles les dieux de la tradition sont les noms que peut prendre le Dieu suprême selon les régions du monde où se manifeste sa puissance[38].

Ensuite, à l'intérieur du monde divin, le climat évoqué dans les hymnes en prose est tout à fait différent de celui que décrit l'épopée homérique, marquée par l'hostilité mutuelle des dieux. Chez Aristide, au contraire, le panthéon se révèle très consensuel. Les dieux sont « camarades[39] », « parèdres[40] », « conseillers[41] » les uns des autres. Certains sont « associés[42] » à d'autres dont ils sont parfois les inséparables « collaborateurs[43] ». L'idée de « collégialité[44] » qui en ressort permet d'ailleurs aussi d'expliquer certaines contradictions apparentes. Les dieux se partagent en effet les attributions de façon harmonieuse. Prenant part aux mêmes prérogatives et se prêtant les uns aux autres des sphères d'influence (τιμαί), les dieux des hymnes en prose se distinguent par l'esprit de concorde qui règne entre eux.

Mais si la religion des poètes (et d'Homère en particulier) constitue le point de départ de la démarche rhétorique, il n'est pas toujours possible de se référer à un tel précédent. C'est ce qu'illustre très précisément l'hymne *En l'honneur de Sarapis*. En effet, le dieu « égyptien » est relativement récent par rapport aux divinités homériques, et de ce fait il n'a pas de mythologie, ce qui ne l'empêche pas d'occuper une place de choix dans le panthéon d'Aristide. Ne pouvant se référer à la tradition poétique et délaissant les réflexions philosophiques sur la nature divine, Aristide fonde par conséquent son éloge sur la seule célébration des actions de Sarapis, qui servent à

---

35 Cf. XLV, 15 *sq.* (Sarapis) ; XLII, 4 (Asclépios).

36 XXXVII, 5 : πάρεδρόν τε καὶ σύμβουλον τὴν Ἀθηνᾶν.

37 Cf. XLIII, 17-18, 26. Voir l'introduction de P. Athanassiadi, M. Frede (éds), *Pagan Monotheism in Late Antiquity*, p. 8-9.

38 Cf. par exemple Diogène Laërce, VII, 147.

39 Cf. XL, 19, à propos de la « camaraderie » entre Héraclès et Hermès : πρὸς τοσοῦτον ἥκουσι τῆς ἑταιρείας.

40 Cf. XXXVII, 5 : πάρεδρον ; XLI, 10 : πάρεδρον.

41 Cf. XXXVII, 5 : σύμβουλον.

42 Cf. XXXVII, 21 : πρὸς Ἑρμῆν κοινωνία τῆς θεοῦ ; XXXVIII, 21 : κοινωνία τῷ πατρί ; XLI, 10 : Ἀφροδίτη μὲν γὰρ κοινωνήσας.

43 Cf. XXXVIII, 14 : παῖδας συνεργούς ; XXXIX, 11 : συνεργὸν τοῦ φιλανθρωποτάτου τῶν θεῶν ; XXXIX, 14 : ὁ θεὸς αὐτῷ χρῆται ὥσπερ ἄλλῳ τῳ συνεργῷ ; XL, 2 : Ἡρακλῆς συνεργὸς τῷ πατρί.

44 Terme repris à P. Veyne, « Une évolution du paganisme gréco-romain », p. 300.

mettre en lumière sa nature, ses pouvoirs et ses bienfaits[45]. Une telle démarche n'est en réalité pas surprenante : Aristide ne fait qu'omettre un type de développement qui lui sert seulement, dans les autres hymnes, de point de départ. L'orateur, quand il loue les autres dieux, commence par évoquer leur origine, conformément à la tradition poétique, et il mentionne les épisodes mythologiques les plus fameux concernant chacun ; mais il s'attache surtout à célébrer leur puissance et leur action présentes, dont lui-même et son public peuvent témoigner. À cet égard, les exemples d'Héraclès et des Asclépiades sont particulièrement instructifs : quand Aristide célèbre les apparitions des fils d'Asclépios sur la terre ou les épiphanies d'Héraclès dans le palais des stratèges (*stratêgion*) de Smyrne[46], il élabore un nouveau type de discours religieux fondé non plus sur le témoignage des poètes, mais sur sa propre expérience et sur celle de ses auditeurs. Dès lors, les parousies des Asclépiades et d'Héraclès constituent de nouveaux mythes qui témoignent d'une autre appréhension de la divinité.

Aristide célèbre donc les dieux sans toujours pouvoir *a priori* se référer à Homère. L'orateur invoque aussi le témoignage d'autres poètes, il cite des philosophes, il prend en compte les arts figurés et il attache une grande importance à l'expérience quotidienne de la divinité. Cependant, même quand il célèbre des dieux non homériques, la référence à l'épopée n'est pas complètement exclue du sentiment religieux et de la méthode encomiastique. Dans l'hymne à Sarapis, Aristide affirme ainsi :

Ὅμηρος μὲν οὖν ἔφη τὴν γῆν ἐπίκοινον λελεῖφθαι καὶ τὸν Ὄλυμπον τοῖς θεοῖς, ὁ δὲ γῆς τε κληροῦχος αὐτὸς διαφέρων καὶ τῶν ἰδίων αὖ τῶν ἄλλων μερῶν κοινωνὸς ἑκάστῳ προσφαίνεται.

Sans doute Homère disait que la terre a été laissée en commun aux dieux avec l'Olympe, mais il est encore manifeste que Sarapis se distingue à lui seul en détenant le lot de la terre et en partageant encore avec chaque dieu les autres parts d'action qui leur sont propres (cf. *Il.* XV, 193). (XLV, 24)

Se référant ainsi encore à Homère, tout en complétant son témoignage, pour montrer la grandeur du dieu, il ajoute plus loin :

Φιλανθρωπότατος γὰρ θεῶν καὶ φοβερώτατος αὐτός, τὸν λυσιτελῆ φόβον ἀνθρώποις ἔχων, ὅπως μήτε ποιήσουσιν μήτε πείσονται κακῶς ἀλλήλους μηδ' ὑπ' ἀλλήλων. πρὸς δ' οὖν τὸν ἔλεον μᾶλλον τέτραπται καὶ ὅπερ εἶπε περὶ πάντων τῶν θεῶν Ὅμηρος, στρεπτοὺς εἶναι καὶ παραιτητούς, μάλιστα οὗτος βεβαιοῖ.

[Sarapis] est à la fois le plus philanthrope et le plus effrayant des dieux, inspirant aux hommes la peur profitable qui les empêche de se faire du mal et d'en subir les uns de la part des autres. Cela étant, il est plutôt enclin à la pitié et confirme particulièrement les propos d'Homère, selon lesquels on peut toucher et fléchir tous les dieux (cf. *Il.* IX, 497). (XLV, 26)

---

45 Cf. XLV, 15-16.
46 Cf. XXXVIII, 20-21 ; XL, 13.

C'est dire que Sarapis illustre les propos d'Homère, lequel reste malgré tout la norme dans l'appréhension du divin, comme en témoignent encore d'autres affirmations. Au § 27, Aristide fait allusion aux théoxénies de Sarapis en ces termes :

ὥσπερ Ὅμηρος ἔφη τὴν Ἀθηνᾶν αὐτὴν ἅμα σπένδειν τε καὶ τελεῖν ἕκαστα, αὐτὸς ὢν ὁμόσπονδός τε καὶ ὁ τὰς σπονδὰς δεχόμενος, ἐπὶ κῶμόν τε ἀφικνούμενος καὶ καλῶν ὡς αὐτὸν κωμαστάς, οἵ [...] ἅμα τοῖς στεφάνοις τὴν ἀγαθὴν εὐθυμίαν οἴκαδε εἰσενεγκάμενοι τὴν δευτέραν ἀποδιδόασιν ἐπικαλεσάμενοι.

De même qu'Homère disait qu'Athéna elle-même à la fois fait des libations et exauce chaque vœu, [Sarapis] verse lui-même des libations et il en est le destinataire, il se rend à la fête et invite chez lui des festoyeurs qui [...], après avoir apporté à la maison leur bonne humeur en même temps que leurs couronnes, lui rendent la pareille quand ils l'ont invité (cf. *Od.* III, 45 et 62). (XLV, 27)

Au § 29 l'orateur déclare : « C'est [Sarapis] qui contrôle véritablement les vents, bien plus que l'insulaire [c'est-à-dire Éole] dépeint par Homère[47] », et il ajoute, en citant *Od.*, X, 22 : « C'est lui qui est maître de "les arrêter et de les déchaîner à sa guise"[48] ». Ici, il s'agit de signifier, par un effet de surenchère, que Sarapis fait mieux qu'Éole, la divinité dépeinte par Homère, même si le poète reste pourtant le point de référence, tandis que, dans le premier exemple, le parallèle établi entre le Sarapis d'Aristide et l'Athéna de l'*Odyssée* permet de conférer une dignité homérique au dieu célébré par l'orateur.

Il ressort de ces exemples que l'orateur peut nuancer ce qu'il affirmait avec force dans l'introduction de l'hymne *En l'honneur de Sarapis*. Ainsi, aux paragraphes 27 et 28 du discours, il faut souligner la manière dont l'orateur célèbre la *koinônia* que le dieu instaure entre les hommes et lui-même. S'il évoque les repas et les fêtes auxquels le dieu participe en tant qu'invité ou donneur de banquet, Aristide présente aussi Sarapis comme le collègue et l'associé des marchands et des armateurs (en faisant allusion notamment aux prêts à intérêts concédés par les temples)[49]. Ces propos peuvent surprendre quand on se souvient qu'Aristide reprochait aux poètes de recourir au *deus ex machina*, mais encore de faire voyager les dieux avec les hommes, de les faire boire avec eux, quand bon leur semble. En réalité, la contradiction n'est qu'apparente, si l'on tient compte de l'optique encomiastique et religieuse de ces arguments. Il s'agit pour Aristide d'évoquer, plus longuement que ne le feraient les poètes, mais surtout de célébrer l'intimité du dieu avec les hommes, en insistant sur une commensalité retrouvée (et toujours renouvelée) et sur la sollicitude permanente du dieu (même dans les affaires matérielles). Ici encore, Aristide ne se place plus seulement sur le plan littéraire, mais il obéit à son sens de la piété, pour donner la meilleure image possible de la divinité. Et il le fait tantôt avec le concours d'Homère, tantôt contre lui.

---

47 XLV, 29 : οὗτός ἐστιν ὁ τῷ ὄντι ταμίας ἀνέμων πολὺ μᾶλλον ἢ ὁ νησιώτης, ὃν Ὅμηρος ἐποίησεν.
48 XLV, 29 : οὗτος κύριος 'ἠμὲν παυέμεν<αι> ἠδ' ὀρνύμεν ὅν κ' ἐθέλῃσιν'.
49 Cf. XLV, 28.

L'examen des références à Homère dans les hymnes en prose d'Aelius Aristide permet d'éclairer la réception du poète dans un domaine précis et moins connu de l'éloquence antique, celui de la rhétorique religieuse.

Les mythes de l'*Iliade* et de l'*Odyssée* constituent souvent un point de départ pour l'hymnographe en lui fournissant des ornements mais surtout des outils qui lui permettent de célébrer les dieux. Aussi la référence à Homère constitue-t-elle un élément fondamental de la religiosité, car elle sert à exprimer la piété du sophiste et de son public.

Mais Aristide se montre également très prudent : s'il lui arrive de préciser ou de compléter les données homériques, il peut encore dénigrer Homère, et même l'attaquer durement, pour des raisons littéraires et théologiques. À vrai dire, l'orateur reconnaît le prestige de la poésie (et d'Homère en particulier), mais il considère que la poésie n'est pas la forme la plus adaptée pour parler du sacré. Pour l'hymnographe, les poètes font œuvre de divertissement, mais ne parviennent ni à décrire correctement ni à louer dignement le divin. Par conséquent, les textes homériques ne peuvent constituer la source unique de la conception du divin. De fait, si le panthéon d'Aristide ressemble à celui que dépeint Homère, l'orateur accorde sa préférence aux dieux de son époque qui agissent au jour le jour.

Ainsi appréhendé, le corpus des hymnes en prose d'Aristide proclame la vitalité de la religion grecque et atteste une évolution des croyances – c'est là un aspect qui reste encore méconnu dans les études consacrées à la Seconde Sophistique. Dans cette perspective, il apparaît que le recours à Homère obéit à un sentiment religieux (qui veut que les dieux soient aussi élaborés par l'art), mais encore à un souci qu'a l'orateur de transmettre l'héritage de la *paideia*, quand bien même la tradition peut heurter la piété. Critiquer le mythe tout en fondant en partie sa démarche sur lui constitue donc un défi pour un sophiste qui est à la fois un esprit religieux et un ardent défenseur de la tradition hellénique. Et c'est cette tension qui, créant une dynamique, empêche de taxer Aristide, comme beaucoup l'ont fait, de passéisme.

Bibliographie

Sources

Civiletti, Maurizio, *Filostrato, Vite dei sofisti : Introduzione, traduzione e note di M. C.*, Milan, Bompiani, 2002.

Keil, Bruno, *Aelii Aristidis Smyrnaei opera quae exstant omnia*, II (*or.* XVII-LIII), Berlin, 1898 [réimpr. Hildesheim, Weidmann, 2000].

Patillon, Michel, *Aelius Théon, Progymnasmata. Texte établi et traduit par M. P. avec l'assistance, pour l'Arménien, de Giancarlo Bolognesi*, Paris, Les Belles Lettres, 1997.

Études

Athanassiadi Polymnia, Frede Michael (éd.), *Pagan Monotheism in Late Antiquity*, Oxford, Clarendon Press, 1999.

Behr, Charles A., *Aelius Aristides and the Sacred Tales*, Amsterdam, Hakkert, 1968.

Behr, Charles A., « Aristides and the Egyptian Gods. An unsuccessful search for salvation, with a special discussion of the textual corruption at XLIX, 47 », in M. B. de Boer, T. A. Edridge (éd.), *Hommages à Maarten J. Vermaseren*, I, Leyde, Brill, 1978, p. 13-24.

Boulanger, André, *Aelius Aristide et la sophistique dans la province d'Asie au IIe siècle de notre ère* (Bibliothèque des Écoles françaises d'Athènes et de Rome, 126), Paris, De Boccard, 1923.

Bowie, Ewen L., « Poetry and Poets in Asia and Achaia », in S. Walker, A. Cameron (éd.), *The Greek Renaissance under the Roman Empire*, Londres, Institute of Classical Studies, 1989, p. 198-205.

Bowie, Ewen L., « Greek Sophists and Greek Poetry in the Second Sophistic », *ANRW*, II, 33, 1, Berlin, New York, 1989, p. 209-258.

Bowie, Ewen L., « Greek Poetry in the Antonine Age », in D. A. Russell (éd.), *Antonine Literature*, Oxford, Clarendon Press, 1990, p. 53-90.

Clerc, Charly, *Les théories relatives au culte des images chez les auteurs grecs du IIe siècle ap. J. C.*, Paris, 1915.

Goeken, Johann, *Aelius Aristide et la rhétorique de l'hymne en prose*, Turnhout, Brepols, « Recherches sur les rhétoriques religieuses » 15, 2012.

Kindstrand, Jan Fredrik, *Homer in der Zweiten Sophistik. Studien zu der Homerlektüre und dem Homerbild bei Dion von Prusa, Maximos von Tyros und Ailios Aristeides*, Upsal, Acta Universitatis Upsaliensis, « Studia Graeca Upsaliensia » 7, 1973.

Maréchal, Joseph, *Étude sur la religion d'Aelius Aristide*, thèse dactylographiée, Louvain, 1937.

Monier, Robert, *La Religion d'Aelius Aristide*, thèse d'État, Paris IV, 1987.

Pernot, Laurent, *La Rhétorique de l'éloge dans le monde gréco-romain*, Paris, Institut d'Études Augustiniennes, Paris, 1993.

Saïd, Suzanne, « Aristides's Uses of Myths », in W. V. Harris, B. Holmes (éd.), *Aelius Aristides between Greece, Rome, and the Gods*, Leyde-Boston, Brill, 2008, p. 51-67.

Schröder, Heinrich O., « Das Odysseusbild des Ailios Aristeides », *RhM*, 130, 1987, p. 350-356.

Veyne, Paul, *Les Grecs ont-ils cru à leurs mythes ?*, Paris, Seuil, 1983.

Veyne, Paul, « Une évolution du paganisme gréco-romain : injustice et piété des dieux, leurs ordres ou "oracles" », in P. Veyne (éd.), *La Société romaine*, Paris, Seuil, 1991, p. 281-310.

CHRISTIANE DELOINCE-LOUETTE

Homère rhétorique à la Renaissance :
de l'éloquence à l'élégance

La *Rhétorique à Herennius* puis *L'Orateur* de Cicéron ont défini l'orateur idéal comme celui qui maîtrise parfaitement les trois styles correspondant à ses trois devoirs : le style simple pour démontrer, le style moyen pour plaire et le style véhément pour émouvoir, celui où se révèle le mieux la puissance de l'éloquence[1]. Bien que, dans le même traité, Cicéron prenne soin de distinguer le style des orateurs de celui des poètes, plus libre dans la création verbale et la composition (*iudicium electioque uerborum*), ce sont ces trois manières d'appréhender le style qui sont utilisées pour illustrer l'excellence de poètes complets comme Homère ou Virgile, chez Quintilien par exemple, ou Macrobe. La perspective de ces deux auteurs est cependant différente : Quintilien célèbre en Homère le père de toute poésie quand *Les Saturnales* de Macrobe le confrontent immédiatement à son illustre successeur, Virgile, montrant par là-même qu'Homère n'est pas incomparable. Les humanistes de la Renaissance, qui redécouvrent Homère dans le texte à la fin du XVe siècle, souvent avec difficulté, vont s'aider de ces lunettes antiques pour le comprendre, l'apprécier, voire le critiquer. Si la lecture de Quintilien domine dans la première moitié du XVIe siècle, la comparaison avec Virgile modifie assez nettement la réception du poète grec à partir des années 1550. Au début du XVIIe siècle, Homère laissera, pour longtemps, la première place à Virgile.

C'est l'évolution du regard porté sur le poète grec que je voudrais évoquer ici, en prenant pour angle d'attaque la question du style d'Homère. La lecture conjointe d'Homère et de Virgile mènera progressivement à une remise en cause d'Homère comme maître des styles et, par voie de conséquence, à une réévaluation de la pertinence de la théorie des styles au profit de l'émergence de la notion de style d'auteur.

Les trois (ou quatre) styles de l'« auteur récapitulatif »

En 1470, âgé seulement de 15 ans, Politien offre à Laurent de Médicis une traduction du chant II de l'*Iliade* qui connaît un très grand succès. Devenu en 1480

---

1   Cicéron, *L'Orateur*, 69 : *Sed quot officia oratoris, tot sunt genera dicendi, subtile in probando, modicum in delectando, uehemens in flectendo, in quo uno uis omnis oratoris est* ; et 101 : *Is erit igitur eloquens, ut idem illud iteremus, qui poterit parua summisse, modica temperate, magna grauiter dicere*. Voir aussi 20 pour la description détaillée des trois styles et 68 pour l'examen du style des poètes.

Christiane Deloince-Louette Maître de conférences à l'Université Grenoble-Alpes.

Homère rhétorique. Études de réception antique, éd. par Sandrine DUBEL, Anne-Marie FAVREAU-LINDER et Estelle OUDOT, Turnhout, Brepols 2018 (*RRR* 28), p. 229-244
BREPOLS PUBLISHERS   10.1484/M.RRR-EB.5.115807

titulaire de la chaire de poétique au Studio de Florence, l'humaniste florentin fera cours sur Homère durant cinq années successives, de 1485 à 1489, dans ces mêmes années où Démétrios Chalcondylas, le professeur de grec du Studio, prépare l'*editio princeps* des poèmes homériques[2]. De ces cours sur Homère, nous avons conservé deux *praelectiones*, en vers et en prose, publiées dans ces mêmes années : la Silve *Ambra* en vers latins et l'*Oratio in expositione Homeri* en prose. Dans l'*Ambra* (1485), Politien fait l'éloge d'Homère dont la vie et l'œuvre, exemplaires, doivent être prises comme modèles. Homère est présenté comme le père de toute science, l'origine de la culture, de la poésie et de la philosophie, à travers une comparaison déjà utilisée par Quintilien et dont les échos traversent toute la Renaissance :

> *Vtque parens rerum fontes et flumina magnae*
> *Suggerit oceanus terrae : sic omnis ab istis*
> *Docta per ora uirum decurrit gratia chartis*
> *Hinc fusa innumeris felix opulentia saeclis*
> *Ditauit mentes, tacitoque infloruit aeuo*
> *Omnia ab his et in his sunt omnia : siue beati*
> *Te decor eloquii seu rerum pondera tangunt.*

Tout comme l'Océan, père des éléments, donne à la terre immense les sources et les fleuves, de même, de ses écrits découle toute la savante grâce qu'exprime la voix des hommes ; c'est de son œuvre que s'est répandue pour d'innombrables siècles l'heureuse opulence qui enrichit les esprits et s'épanouit dans le temps silencieux ; tout provient de sa poésie, et dans sa poésie il y a tout, que l'on soit sensible à la beauté de son heureuse éloquence ou bien à l'importance de ses sujets. (*Ambra*, v. 476-482, trad. P. Galand, p. 274-275)

Pour rendre compte de la richesse et de la variété d'Homère, Politien a encore recours au célèbre éloge de la maîtrise par Homère des trois grands styles que faisait Quintilien au livre X de l'*Institution oratoire*[3] :

> *Quantus honos uocum quam multis diues abundat*
> *Floribus : et claris augescit lingua figuris.*
> Siue libet tenui uersum deducere filo
> Seu medium confine tenet : seu robore toto
> Fortior assurgit. *Seu uena paupere fertur*
> *Aridius : celeri seu se breuis incitat alueo*
> *Gurgite seu pleno : densisque opulentior undat*
> *Vorticibus : siue humentes laeto ubere ripas*

---

2 L'*editio princeps* d'Homère paraît en 1488 à Florence, chez Giunta. Sur la lecture d'Homère par Politien, voir P. Galand-Hallyn, *Les Yeux de l'éloquence*.

3 Quintilien, X, 1, 46 : *Hic* [Homère] *enim, quem ad modum ex Oceano, dicit ipse amnium fontiumque cursus initium capere, omnibus eloquentiae partibus exemplum et ortum dedit. Hunc nemo in magnis rebus sublimitate, in paruis proprietate superauerit. Idem laetus ac pressus, iucundus et grauis, tum copia tum breuitate mirabilis, nec poetica modo sed oratoria uirtute eminentissimus.* Cf. l'article de P. Paré-Rey, « L'Homère de Quintilien : *summus et primus auctor* », dans le présent volume.

Daedala germinibus uariat : *maiore nec unquam*
Sermo potens meminit se maiestate *loquentem.*

Ne trouve-t-on pas chez lui toute la beauté des paroles, la riche abondance d'un style fleuri, et une langue enrichie de figures brillantes ? Qu'il se plaise à étirer son vers en un fil ténu, qu'il s'en tienne à un style intermédiaire, ou que, plus hardi, il s'élève de toute sa puissance ; qu'il se laisse porter, plus aride, par une veine poétique moins riche, qu'il s'élance avec brièveté, en un cours rapide, ou bien qu'il ondoie, plus abondant, en un gouffre qu'il emplit et en denses tourbillons, ou encore qu'artistement il parsème de fruits variés les rives que baigne sa fécondité opulente, jamais l'éloquence puissante ne se souvient s'être exprimée avec une plus grande majesté. (*Ambra*, v. 487-493 ; je souligne)

L'abondance (*copia*) et la variété (*uarietas*) définissent ainsi l'« éloquence puissante » et la « majesté » de l'« auteur récapitulatif » qu'est Homère[4]. C'est la maîtrise de l'ensemble des *genera dicendi* qui constitue alors pour Politien l'*altum opus* (v. 260-261), le grand œuvre qui fait d'Homère l'égal de Phoebus (v. 217 *par contendere Phoebo*).

Dans l'*Oratio in expositione Homeri*, parue l'année suivante, Politien reprend très précisément les analyses du traité du pseudo-Plutarque. L'œuvre d'Homère donne de nombreux exemples des trois styles :

Age uero cum styli tria sint genera, sublime, tenue, et medium : quibus in singulis Thucydides, Lysias, ac Demosthenes laudantur : non ne omnium apud Homerum exempla reperias ?

On sait bien qu'il existe trois genres de style, élevé, bas et moyen, dont on loue respectivement Thucydide, Lysias et Démosthène. Ne trouve-t-on pas chez Homère des exemples de chacun de ces styles ?

Politien reprend alors les exemples donnés par le pseudo-Plutarque et, comme lui, ajoute le style fleuri :

Neque item apud eundem, floridum elocutionis genus desiderabis, ubi scilicet et pulchritudo splendeat, et gratia, quae perinde atque ipsi flores animo arrideat, quasique illum uoluptate permulceat : plena quippe his ornamentis tota sunt Homeri uolumina. Et de stylo quidem hactenus[5].

Ne manquera pas même à Homère le style fleuri, celui qui fait resplendir la beauté et la grâce qui plaisent à l'âme comme les fleurs et ont le charme de la

---

4 L'expression est de J. Lecointe, *L'Idéal et la Différence*, p. 162 sq.

5 *Oratio in expositione Homeri* dans Angelo Poliziano, *Opera omnia*, 1546, t. III. Voir Pseudo-Plutarque, *Sur Homère*. Au § 72, il est dit qu'Homère a utilisé les trois sortes de style : grand (ἁδρόν), simple (ἰσχνόν), moyen (μέσον) quand ses successeurs n'ont su en pratiquer qu'une seule sorte (Thucydide pour le grand style, Lysias pour le simple, Démosthène pour le moyen). Le style fleuri (τὸ ἀνθηρὸν εἶδος) est évoqué au § 73. L'auteur du *Sur Homère* exemplifie chacun de ces styles et souligne ainsi la variété (ποικιλία) de la poésie d'Homère.

volupté. Les œuvres d'Homère sont remplies de ces ornements. Voilà ce qu'il fallait dire sur le style.

De ces exemples on tirera deux conclusions : d'une part, on le voit, la poésie est lue au travers des normes de l'éloquence, et Homère est le poète exemplaire, à la fois parce qu'il est le premier poète connu et parce que son œuvre a une dimension récapitulative. La grandeur ou majesté que la Renaissance accorde au Poème Héroïque (c'est ainsi qu'on nomme à la Renaissance ce que nous appelons épopée) semble découler directement de la capacité de l'œuvre, et du poète, à varier les styles. D'autre part, par une sorte de renversement qui n'est pas dépourvu d'ambiguïté, l'exemplarité ainsi définie rejaillit sur l'appréhension même de la poésie comme genre face à la prose. Ainsi, la défense de la poésie que l'humaniste Caelius Rhodiginus propose en 1516 au livre VII de ses *Antiquae Lectiones* (constamment rééditées durant tout le XVIe siècle) tire exemple d'Homère, *literarum parens*, pour faire de la poésie l'origine de l'art oratoire :

> *Et quia genus id orationis magnitudinem habet ac sublimitatem estque ἔποχον, id est equo uehitur : inde quae talis non est oratio ex humilitate pedestris dicitur, ut quae ex alto in solum sit delapsa paulatim. Ita ut rhetoricae eloquutionis, et artis dicendi fons, sit ipsa poetica, uerum florulentior, ac (ut sic dicam) picturatior.*

Et, parce que ce genre de style possède grandeur et sublimité et qu'il est *epochos*, c'est-à-dire inspiré, on dit qu'il ne suit pas le genre bas de la prose, de telle sorte qu'il semble être tombé peu à peu des hauteurs jusqu'au sol. En conséquence, la poésie elle-même est la source de l'ornementation rhétorique et de l'art oratoire, mais elle est plus fleurie et, pour ainsi dire, plus chatoyante[6].

Mais ces éloges sont en partie convenus. Malgré les efforts des hellénistes dans la première moitié du XVIe siècle, Homère reste mal connu et certaines des caractéristiques de sa poésie gênent : ainsi des fameuses épithètes homériques… Si les premières traductions de l'*Odyssée* se réclament aussi de l'intérêt d'Homère pour l'éloquence, les épithètes, jugées inappropriées, sont parfois purement et simplement supprimées. C'est le cas dans la traduction de Raffaele Maffei (Raphaël Volaterranus), publiée à Rome en 1510, lequel déclarait pourtant dans sa préface avoir entrepris ce travail pour révéler à la fois les qualités morales d'Ulysse et l'habileté de son éloquence[7]. Et quand Leonardo Bruni, suivant Quintilien, traduit pour Brassicanus trois discours du chant IX de l'*Iliade* parce qu'ils contiennent des exemples des trois principaux styles rhétoriques, il décide de ne pas traduire les épithètes homériques, parce que la « superfluité de mots » (*superflua uerborum adiunctio*) qui en découle affaiblirait la force persuasive des arguments de l'orateur. La traduction en prose de l'*Iliade* par Lorenzo Valla (1474) ne restituait pas non plus les épithètes homériques.

---

6 Cité et traduit par S. Lecompte, *La Chaîne d'or des poètes*, annexe I, p. 384 (texte) et p. 394 (traduction).

7 Voir P. Ford, *De Troie à Ithaque*, p. 29.

HOMÈRE RHÉTORIQUE À LA RENAISSANCE : DE L'ÉLOQUENCE À L'ÉLÉGANCE 233

S'exprime donc assez nettement dans le cas d'Homère, malgré les déclarations des uns et des autres, le sentiment d'un fossé difficile à combler entre l'art oratoire et l'art poétique. Homère certes maîtrise les divers styles qui caractérisent l'art oratoire, à la fois dans sa poésie elle-même et dans les discours qu'il attribue à ses personnages. Mais les humanistes de la Renaissance, peut-être parce qu'ils connaissent mieux Virgile, ne parviennent pas à cacher leur réticence devant les vers d'Homère. Homère ne sera un maître pour l'orateur et le poète qu'à condition de l'expurger de certaines particularités stylistiques gênantes.

Échappant à la théorie des styles, les épithètes homériques semblent un des points de départ d'une remise en question de l'excellence d'Homère au profit de son émule latin, Virgile, qui n'encourt pas le même reproche. De fait, en 1555, lorsque Peletier du Mans décrit le « grand ouvrage » qu'est l'Œuvre Héroïque, il s'appuie encore sur cette double exigence de variété et de maîtrise dans l'emploi des quatre styles :

> Car comme il y ait quatre générales sortes de style ès Orateurs : l'un qui flue et redonde, qui se dit Copieux : l'autre, concis et succinct, qui est le Bref : l'un sobre et sans exquisition, qui est appelé Sec : l'autre est luculent et gaillard, que les Latins ont nommé Floride : certes Virgile se trouvera avoir apporté en son Livre une éloquence de toutes ces espèces-là[8].

Mais l'« auteur récapitulatif » n'est plus Homère, c'est Virgile.

Le poète détrôné

C'est sans doute la lecture conjointe d'Homère et de Virgile, telle qu'elle s'exprime dans les comparaisons entre les deux poètes, qui fait, au milieu du XVIe siècle, pencher ouvertement la balance du côté de Virgile. La Renaissance, en effet, lit beaucoup Macrobe dont le livre V des *Saturnales* est consacré tout entier à la comparaison des deux grands poètes antiques : comparaison « objective » puisque Macrobe, dans un cadre théorique général qui reste celui de la théorie des quatre genres de style (abondant, concis, sec et fleuri) repère tout à la fois les passages où Virgile a égalé Homère, ceux où il l'a surpassé et enfin, ceux où il s'est montré inférieur[9]. Certes, Virgile doit tout à Homère qui reste l'*auctor* par excellence, l'*archetypus* :

> Hinc diuersarum inter heroas suos personarum uaria magnificatio, hinc deorum interpositio, hinc auctoritas fabulosorum, hinc affectuum naturalis expressio, hinc monumentorum persecutio, hinc parabolarum exaggeratio, hinc torrentis orationis sonitus, hinc rerum singularum cum splendore fastigium.

---

8 Jacques Peletier du Mans, *Art poétique*, éd. F. Goyet (*Traités de poétique et de rhétorique de la Renaissance*, p. 314).

9 Macrobe, *Saturnales*, V, 1, 7. Sur la réception de Macrobe à la Renaissance, cf. S. Lecompte, *La Chaîne d'or des poètes*.

C'est à lui qu'il emprunte la noble variété, la diversité de ses héros, l'intervention des divinités, son autorité dans les questions mythologiques, l'expression naturelle des sentiments, la recherche des traditions, l'ampleur des comparaisons, l'éclat d'un style entraînant, la brillante perfection du détail[10].

Mais l'art de Virgile est indiscutable :

Et haec quidem iudicio legentium relinquenda sunt, ut ipsi aestiment quid debeant de utriusque collatione sentire. Si tamen me consulas, non negabo non numquam Vergilium in transferendo densius excoluisse.

Il convient de laisser aux lecteurs le soin de décider eux-mêmes ce qu'ils doivent penser de ces comparaisons entre les deux auteurs. Si l'on me demande mon avis, je ne nierai pas que parfois la manière de Virgile dans ses emprunts est plus serrée et plus brillante[11].

La remise en cause définitive d'Homère en tant que maître des styles est le fait du théoricien italien Jules-César Scaliger. Sa comparaison entre Homère et Virgile (qui doit beaucoup à Macrobe bien qu'il affiche son mépris pour le « grammairien » latin) prend place au livre V de sa *Poétique* de 1560[12]. Le but de son entreprise est clairement avoué : enlever à Homère sa place de premier poète, autrement dit, puisque l'ordre chronologique ne se discute pas, dénoncer comme abusive la valorisation de l'origine pour lui substituer l'idée de progrès dans les arts.

Homeri ingenium maximum, ars eiusmodi, ut eam potius inuenisse quam excoluisse uideatur. Quare neque mirandum est, si in eo naturae idea quaedam, non ars exstare dicatur. Neque censura haec pro calumnia accipienda. Vergilius uero artem ab eo rudem acceptam lectioris naturae studiis atque iudicio ad summum extulit fastigium perfectionis.

Homère a beaucoup de génie, mais pour l'art il paraît l'avoir découvert plutôt que cultivé. Il ne faut donc pas s'étonner si l'on dit qu'on trouve en lui l'Idée de la nature, mais point d'art, cependant cette observation ne doit pas être prise pour une condamnation. Virgile avait reçu de lui un art grossier, il l'a élevé au plus haut point de perfection grâce aux études et au jugement d'une nature plus raffinée[13].

Scaliger établit ici des distinctions que les siècles suivants vont entériner : l'opposition entre Homère et Virgile recoupe pour une part l'opposition entre la nature (*ingenium, natura*) et l'art (*ars*). Scaliger accorde cependant à Homère un « art grossier » (*artem rudem*) dont l'examen va mettre en valeur, par contraste, la perfection du poème

---

10 *Saturnales*, V, XIII, 41 (Trad. H. Bornecque).

11 *Ibid.*, V, XI, 1.

12 Julius Caesar Scaliger, *Poetices libri septem*, éd. en six volumes de L. Deitz et G. Vogt-Spira.

13 Éd. citée, t. IV, p. 48. La traduction est de J. Chomarat (J.-C. Scaliger, *La Poétique, livre V*). Je me permets de reprendre ici quelques exemples déjà utilisés dans une communication à la journée d'études consacrée aux commentaires de Virgile organisée par Ch. Noille-Clauzade à l'Université Paris 7 (22 avril 2011).

virgilien : *Fudit Homerus, hic collegit ; ille sparsit, hic composuit* (« Homère éparpille, Virgile concentre, l'un disperse, l'autre unifie »)[14]. Deux grandes oppositions stylistiques sont mises en place : aux longueurs et au relâchement d'Homère s'opposent la densité et la brièveté de Virgile, à la simplicité et au dépouillement homériques, la richesse et la majesté virgiliennes. Au dixième livre de l'*Iliade*, dit Scaliger, toutes choses sont *nuda, rudia, infelicia* dans la description du camp de Rhésus. En revanche, dans l'épisode comparable du chant IX de l'*Énéide* (l'expédition de Nisus et d'Euryale), les adjectifs sont dithyrambiques : *diuina omnia, numerosa, uaria, inexpectata* (« Chez notre poète, tout est divin, cadencé, varié, inattendu »)[15]. Les vers d'Homère décrivant le bouclier d'Achille ne sont que frivolités puériles (*friuola et puerilia*) exprimées en termes populaires (*plebeiis uerbis*). Mais lorsque Virgile peint le bouclier d'Énée, c'est un ouvrage céleste et les termes dont il use sont divins (*diuinis uerbis*)[16]. De même, à côté d'Andromaque qui pleure la mort de son époux comme une femme du peuple (*plebeiam mulierculam*), la mère d'Euryale fait entendre une plainte sublime (*conquestio sublimis*)[17]. Face au vrai poète qu'est Virgile (*uerum poetam*), Homère n'est qu'un conteur de foire (*foraneum narratorem*). Et si Scaliger reconnaît parfois à Homère une simplicité positive, il montre immédiatement comment Virgile a donné à la même matière plus de grandeur et de raffinement (*grandior, cultior*)[18].

La condamnation est sans appel : Scaliger dénie à Homère la maîtrise des styles qui fondait non seulement la suprématie de l'auteur récapitulatif, mais aussi celle du poète héroïque. Homère n'est désormais pour Scaliger qu'un représentant du style simple (*humilis*, ἰσχνός), dont l'ἰσχνολογία ou l'*humilitas* s'oppose à l'*animata oratio* de Virgile[19]. À Homère le commun, le simple, le peu travaillé ; à Virgile l'ampleur, la force, la majesté, la grandeur. Ce dernier atteint seul à la noblesse du poème héroïque. Et lorsqu'au début du livre III de sa *Poétique*, Scaliger examine les principes de l'œuvre héroïque, il ne cite même pas Homère. Virgile, prenant appui sur une « ébauche », a dépassé celui qui lui a montré le chemin et composé, seul, la véritable œuvre d'art.

Les épithètes homériques qui gênaient tant les premiers traducteurs d'Homère ne sont plus qu'un élément à peine significatif dans une critique généralisée. Scaliger, sans le formuler explicitement, pose les bases d'une nouvelle lecture qui, sans abandonner les critères stylistiques de l'éloquence oratoire, construit, encore timidement car le contexte est parfois ici plus polémique que théorique, la notion de style d'auteur. Ainsi Homère n'est-il plus défini par son statut d'*auctor* ou d'*archetypus* (Macrobe), et donc de maître de la variété des styles : Scaliger lui attribue une dominante stylistique, la simplicité, face à un autre auteur, Virgile, devenu le modèle absolu pour d'éventuels

---

14 *Ibid.*

15 *Poetices*, V, 3, éd. citée, t. IV p. 158.

16 *Ibid.*, p. 194 et 196.

17 *Ibid.*, p. 206. Et Scaliger ajoute : *Omnia signate ex natura, ex arte, ex eruditione : sententiae, numeri, figurae, simplicitas, candor, ornatus incomparabilia atque uno ut absoluam Vergilii* (p. 208).

18 *Ibid.*, p. 208-210 : la grandeur et le raffinement viennent aussi du rythme (*numerus*).

19 *Ibid.*, p. 212. L'adjectif ἰσχνός désigne le style simple chez Démétrios, *Du Style*, essentiellement par opposition au grand style.

L'« élégance » d'Homère

Les éditions d'Homère dans la deuxième moitié du XVIe siècle sont essentiellement le fait de protestants, bons connaisseurs du grec et séduits, semble-t-il, par la simplicité des héros d'Homère. Henri Estienne donne ainsi en 1566 à Genève sa magistrale édition du texte homérique, fondée sur la lecture d'un manuscrit récemment découvert, le *Genevensis 44*. Obertus Giphanius (Hubert van Giffen) accompagne son édition strasbourgeoise de 1572 de scholies à l'*Iliade* et à l'*Odyssée*. Et Jean de Sponde qui, en 1583, n'est pas encore poète, mais jeune étudiant à Bâle, publie à cette date une édition complète des poèmes homériques accompagnée d'un commentaire continu et précis (*perpetui iustique commentarii*) qui entreprend tout à la fois de rendre compte de l'ensemble de la tradition antique sur Homère et de défendre le poète malmené par Scaliger[20]. C'est là, à mon sens, que s'approfondit, de manière plus explicite, la réflexion sur le style d'Homère ébauchée par Scaliger.

Le commentaire de Sponde se veut d'abord l'écho de la science et de la philosophie d'Homère. Puisant largement chez Eustathe, le protestant utilise la fonction récapitulative du commentaire pour épouser au plus près les richesses du savoir homérique. Dans cette perspective, Sponde renoue avec l'image du poète *doctus* largement répandue, on l'a vu, par Quintilien et Politien. Les amples *Prolégomènes* à l'édition d'Homère passent ainsi en revue les divers domaines explorés par le poète grec et associent, comme le faisait déjà Rhodiginus, la science d'Homère et l'excellence de la poésie[21]. Mais Sponde a lu Scaliger : il n'ignore pas que Virgile est désormais un poète tenu pour bien plus représentatif du grand œuvre héroïque que le poète grec auquel on reproche sa platitude et sa simplicité. De fait, sur les questions poétiques et rhétoriques, Sponde est prudent : nulle part, on ne trouve dans son commentaire de référence au genre épique ou héroïque. Et il ne reprend pas non plus à son compte les éloges d'Homère qui montraient son éloquence et son excellence par la maîtrise des trois styles.

Quelques exemples : lorsque Sponde commente les discours d'Ulysse, de Phénix et d'Ajax au chant IX de l'*Iliade*, il ne se fait pas l'écho de la tradition déjà présente chez Quintilien et reprise par Leonardo Bruni au début de la Renaissance, qui attribuait à Ulysse le grand style, à Phénix le moyen et à Ajax le simple. C'est seulement à propos du discours d'Ajax qu'il mentionne l'efficacité de la *breuiloquentia* d'un discours « violent et impétueux » (*contorta et ualida oratio*). Certes, Sponde utilise des outils

---

20 *Homeri quae extant omnia*, […] *perpetuis item iustisque in Iliada simul et Odysseam Io. Spondani Mauleonensis commentariis* […], *Basileae, Eusebii Episcopii opera ac impensa*, 1583. Une seconde édition paraît en 1606 à Bâle et à Genève simultanément.

21 Sur ce sujet, je me permets de renvoyer à mon ouvrage *Sponde commentateur d'Homère*. L'édition du commentaire lui-même, accompagné d'une traduction, vient de paraître aux Éditions Classiques Garnier.

rhétoriques, mais plutôt pour rendre compte de la construction des discours et de l'agencement des arguments. La dimension proprement stylistique de l'analyse est beaucoup plus générale. Commentant le premier discours à Achille, celui d'Ulysse, il souligne la diligence (*diligentia*) d'Homère et son art (*artificium*). Le commentaire de la réponse d'Achille, puis celui du discours de Phénix, insiste également sur l'art (*artificium*) qui s'y déploie[22].

Mais qu'est-ce, pour Sponde, que l'art d'Homère ? L'association des deux termes, *artificium* et *diligentia*, laisse à penser que l'insistance du protestant est dirigée contre Scaliger. Pour ce dernier en effet, face à un Virgile spécialiste de l'art, Homère était plutôt du côté de la nature. Dans son entreprise de réhabilitation d'Homère, Sponde cherche à montrer que cette opposition est fausse. Homère sait faire preuve de cette *diligentia* que Cicéron définit comme la pratique continuelle qui accompagne l'orateur bien doué et bien appris[23]. Loin d'être seulement du côté de la nature, Homère sait ainsi joindre l'*ars* à l'*usus*, l'art à la pratique.

La lecture de l'ensemble du commentaire montre que la réflexion de Sponde sur le style d'Homère, toujours aiguillonnée par les invectives de Scaliger, s'approfondit et se précise au fil des annotations. La première remarque au chant IX introduit explicitement un nouveau critère stylistique : l'*artificium* d'Homère est associé à l'*elegantia*.

> *Vt lectores attentius in huius Rhapsodiae diligenti examinatione uersentur, id eos praescire oportet, in tot hoc Iliadis opere nullam elegantiorem extare, et in qua maius artificium Rhetoricum eluceat*[24].

Afin que les lecteurs se consacrent avec plus d'intérêt à l'examen diligent de ce Chant, il faut qu'ils sachent par avance que, dans toute l'*Iliade,* il n'y a pas de chant plus juste et dans lequel brille davantage l'art Rhétorique.

Pour la *Rhétorique à Herennius* (IV, 7), l'*elegantia* tient à la fois à la correction de la langue (*latinitas*) et à la clarté (*explanatio*). Dans *L'Orateur*, Cicéron l'associe au style simple en tant qu'elle est refus de la parure voyante, de l'ornement trop visible : l'*elegantia*, c'est l'effet de style qui ne se déclare pas comme tel, le relâchement que l'on maîtrise, *la neglegentia diligens* qui privilégie la précision ou la justesse, condition d'un charme discret mais réel[25].

C'est ce terme, principalement sous sa forme adjectivale ou adverbiale (*elegans, eleganter*) que Sponde utilise à de très nombreuses reprises pour qualifier le style d'Homère. Le commentaire au v. 8 du chant X de l'*Iliade*, glosant l'image de la « gueule de la guerre » (πτολέμοιο μέγα στόμα πευκεδανοῖο), souligne qu'elle est employée avec justesse (*eleganter*) et qu'elle est un des exemples qui font d'Homère le

---

22 Voir en annexe le commentaire au discours d'Ulysse (*Iliade*, IX, v. 225-306).
23 *De Oratore*, II, 147-150.
24 *Homeri quae extant omnia…*, éd. citée, p. 150.
25 *L'Orateur*, 78-79. Il est très difficile de trouver en français un équivalent à *elegantia* : je retiens le terme de « justesse » qu'utilisera en 1787 Marmontel dans ses *Éléments de littérature* pour définir l'« élégance » du style (voir l'édition présentée et établie par S. Le Ménahèze, p. 441).

« père des expressions justes » (*elegantiarum parentem*), condition d'une éloquence harmonieuse (*concinne loquendi uiam*)[26]. Sponde soulignera ainsi les nombreuses *comparationes elegantes* employées par Homère. Par exemple au chant III de l'*Iliade* :

> [10] εὖτ' ὄρεος) *Haec comparatio ideo sumitur, ut exprimat hanc quoque* περίστασιν *pulueris, qui a tanta utrinque multitudine (ad utrumque enim exercitum ista pertinere censeo) excitabatur. Eum ergo eleganter nebulae comparat, quod ut terram nebula obumbrat sua crassa et obscura caligine : sic iste etiam puluis densus et copiosus tenebras quasi offundebat, ut homines inuicem non cernerentur. Vide autem quam singula singulis respondeant. Notus enim nebulam excitat : Exercitus uero puluerem. Notus id quodam impetu facit : Exercitus etiam celeritate sua, qua campum Troianum pertranseunt.*

> [10] *Comme sur les cimes d'une montagne*) Cette comparaison est choisie de façon à exprimer la circonstance (*peristasis*) de poussière provoquée par la si grande foule de part et d'autre (la chose s'applique à mon sens à l'une et l'autre armée). Avec justesse, il la compare à une nuée, parce que de même que la nuée assombrit la terre sous d'épaisses et noires ténèbres, de même cette poussière dense et abondante offusque comme les ténèbres si bien que les hommes ne se reconnaissent plus les uns les autres. Vois comme chaque élément répond à son symétrique. Le Notus provoque la nuée, l'armée provoque la poussière. Le Notus agit par son élan, l'armée par la rapidité avec laquelle elle traverse la plaine de Troie[27].

La justesse de la comparaison tient, me semble-t-il, non seulement au choix du comparant (*elegantia* vient de *eligere*, choisir) mais aussi à sa complétude – chaque élément y trouve son symétrique – qui l'associe à la juste disposition des termes dans la figure.

Le lien entre *elegantia* et *dispositio* se retrouve au chant XVIII de l'*Iliade*, dans l'analyse de la description du bouclier d'Achille. Sponde convie son lecteur à admirer comme il convient l'*elegans artificium* dont Homère a fait preuve :

> [478] ποίει δὲ πρώτιστα) *Huc omnes omnium literatorum hominum cohortes appello spectatrices tam elegantis artificii, et non humanam, sed diuinam, et Vulcano ipso plane dignam, manum intueantur. Si unquam Poetae nostri ingenium apparuit, hic luculentissime inclarescit.*

> [478] *Il commence par faire*) J'invite ici toutes les cohortes de tous les gens de lettres à contempler une composition si juste et à considérer attentivement la main qui l'a élaborée, main non humaine, mais divine, et tout à fait digne de Vulcain lui-même. Si jamais le génie de notre Poète s'est montré de façon manifeste, c'est ici qu'il brille dans toute sa splendeur[28].

---

26 *Homeri quae extant omnia…*, éd. citée, p. 175.

27 *Ibid.*, p. 50. *Peristasis* désigne « les arguments de circonstance » : voir Quintilien, V, 10, 104.

28 *Homeri quae extant omnia, …*, éd. citée, p. 344.

Sponde reprend ensuite une à une les scènes décrites dans le bouclier pour proclamer l'art incomparable d'Homère auquel Virgile n'a jamais pu atteindre. Seul, cependant, un de ses propres contemporains a su rivaliser avec Homère ; il s'agit de Guillaume Saluste Du Bartas, poète protestant, auteur de *La Sepmaine* (1578), long poème en sept chants qui décrit la création du monde et dont le chant VII s'ouvre par une superbe *ekphrasis* : Dieu contemple le spectacle varié du monde qu'il vient de créer et la description est prétexte à une récapitulation des richesses de la création. L'*elegantia* est donc ici associée au *docere*, elle désigne le style privilégié du Poète *doctus* qui veut transmettre son savoir[29].

Elegantia en vient donc à désigner la dominante du style homérique : un style simple et précis, soucieux de correction et de justesse, tant dans le choix des termes que dans leur disposition. Or cette « justesse » d'Homère, cette habileté stylistique qui conjoint l'harmonie et la clarté, Sponde l'associe à la simplicité d'un Poète dont le savoir est au service de son lecteur. Homère est toujours pour Sponde le *Poeta doctus*, mais c'est désormais parce qu'il cherche à transmettre un savoir qu'il a recours de préférence au style simple. Là où Scaliger voyait un défaut, un manque face au grand style de Virgile, Sponde voit une qualité qui n'est pas sans rapport pour lui avec une autre simplicité stylistique, celle des Écritures, si importantes pour les réformés, associées à une époque où l'on vivait aussi simplement que les héros homériques. Sponde souligne donc la cohérence de l'œuvre d'Homère : cohérence d'un style et d'un mode de vie plus proche de ceux des protestants que de la Contre-Réforme baroque, thuriféraire de Virgile.

La maîtrise des divers styles n'est donc plus la marque de l'auteur récapitulatif. Le savoir total d'Homère est désormais dissocié des genres de styles. Certes, l'horizon critique de Sponde relève encore de la théorie antique des styles, car l'*elegantia* d'Homère ressortit au style simple. Mais Sponde ne le dit pas explicitement et, gommant ainsi les références à la théorie des styles, il approfondit la lecture ébauchée en 1560 par Scaliger : Homère écrit simplement, certes, mais cette simplicité est une vertu non négligeable.

Encensé à la fin du xve siècle pour sa maîtrise absolue des divers genres d'éloquence, laquelle désigne tout à la fois l'auteur récapitulatif et l'excellence du poète héroïque, Homère voit peu à peu sa gloire mise à mal au cours du siècle suivant lorsque, dans la lignée de Macrobe, fleurissent les comparaisons avec son émule latin. Entre la condamnation de Scaliger et la tentative de réhabilitation que propose Jean de Sponde, la simplicité d'Homère semble acquise, et même justifiée par le mode de vie de ses héros et par leur discours. En s'éloignant des éloges hyperboliques de l'Antiquité, la lecture que la Renaissance fait d'Homère établit certes une distinction entre le style d'auteur et le style du genre épique, mais témoigne aussi d'une réflexion sous-jacente sur la pertinence des critères rhétoriques (ceux de la théorie des trois ou quatre styles) pour juger du style d'un poète ou d'une épopée. Les poèmes homériques, résistant aux critères (postérieurs) qui servent pourtant à les juger, ne

---

29 Voir Ch. Deloince-Louette, « Sponde, Homère et Du Bartas ».

sont-ils pas le lieu où se voit confirmée l'impossibilité de soumettre la poésie à une lecture exclusivement rhétorique ?

Bibliographie

Sources

Bornecque, Henri (éd.), Macrobe, *Saturnales*, Paris, Garnier, 1937.

Chiron, Pierre (éd.) Démétrios de Phalère, *Du Style*, Paris, Les Belles Lettres, 2002.

Chomarat, Jacques (trad.), Jules-César Scaliger, *La Poétique, livre V*, Genève, Droz, 1994.

Deitz, Luc et Vogt-Spira, Gregor (éd.), Jules-César Scaliger, *Poetices libri septem*, Stuttgart-Bad Cannstatt, Frommann-Holzboog, 1994-2011.

Galand-Hallyn, Perrine (éd.), Ange Politien, *Les Silves*, Paris, Les Belles Lettres, 1987.

Goyet, Francis (éd.), *Traités de poétique et de rhétorique de la Renaissance*, Paris, Le Livre de Poche, 1990.

Keany, J. J. et Lamberton, Robert (éd.), [Plutarch] *Essay on the Life and Poetry of Homer*, Atlanta, GA, Scholars Press, 1996.

Le Ménahèze, Sophie (éd.), Marmontel, *Éléments de littérature*, Paris, Éditions Desjonquères, 2005.

Politien, Ange, *Opera omnia*, Lyon, Sébastien Gryphe, 1546.

Sponde, Jean de, *Homeri quae extant omnia, [...] perpetuis item iustisque in Iliada simul et Odysseam Io. Spondani Mauleonensis commentariis [...], Basileae, Eusebii Episcopii opera ac impensa*, 1583.

Sponde, Jean de, *Commentaire aux poèmes homériques*, édition critique et traduction par Christiane Deloince-Louette avec la collaboration de Martine Furno, Paris, Éditions classiques Garnier, 2018, 3 vol.

Yon, Albert (éd.), Cicéron, *L'Orateur*, Paris, Les Belles Lettres, 1964.

Études

Deloince-Louette, Christiane, *Sponde commentateur d'Homère*, Paris, Champion, 2001.

Deloince-Louette, Christiane, « Sponde, Homère et Du Bartas », *Bibliothèque d'Humanisme et Renaissance*, 71/2, 2009, p. 255-270.

Ford, Philip, *De Troie à Ithaque. Réception des épopées homériques à la Renaissance*, Genève, Droz, 2007.

Galand-Hallyn, Perrine, *Les Yeux de l'éloquence. Poétiques humanistes de l'évidence*, Orléans, Paradigme, 1995.

Lecointe, Jean, *L'Idéal et la Différence*, Genève, Droz, 1993.

Lecompte, Stéphanie, *La Chaîne d'or des poètes. Présence de Macrobe dans l'Europe humaniste*, Genève, Droz, 2009.

Annexe

Le discours d'Ulysse à Achille
Commentaire de Jean de Sponde au v. 225 du chant IX de l'*Iliade*

Sponde décompose le discours d'Ulysse en six parties : l'exorde (*occasio loquendi, exordia*), la narration (*orator exponit*), l'exhortation (*exhortatio*), la suasoire (*suadet*), elle-même appuyée sur deux arguments, les conseils de Pélée et les présents d'Agamemnon, et la péroraison (*commouet*). L'art rhétorique (*artificium rhetoricum*) d'Homère se lit dans la construction même du discours.

[225] χαῖρ' Ἀχιλεῦ) *Quantum sit huius orationis artificium, lectores diligenter oportet attendere : nec leuiter, ut alioqui in hoc Poeta fieri consueuisse scio, praetereunda sunt quae Homerus diligentissime scribit, ut intelligat etiam quiuis spiritus Poetae nostri ῥητορικωτάτους admiraculum. Et id quidem a Plutarcho ante nos praestitum est, qui in libro de Homero tres istas orationes enarrat : sed nos id accuratius praestabimus. Hanc igitur nos in sex partes distribuemus. Prima, est occasio loquendi, ex re praesenti sumpta, hoc est e re nata, ut uocant Rhetores : cuiusmodi exordia Poetae nostro sunt usitatissima, quae magis commoda uidentur, minusque affectatae industriae, ut quasi non praemeditata, sed nunc primum orta censeatur oratio. Ex hoc ergo Achillis conuiuio ansam dicendi arripit, quod quidem laudat et in eo Achillis τρυφερότητα, qui eiusmodi conuiuium instruxerit, cui nihil ad egregie epulandum desit : sed haec tempora conuiuiis non esse accommodata, in quibus et otium et animi tranquillitas requirantur, quae duo nunc legatis deficiant : et hinc connexo iam suo argumento pergit ad secundam orationis partem, quae Graecorum calamitates complectitur. Eas orator exponit : sed in ipso initio statim mentem suam aperit, quae erat de implorando Achillis auxilio : tum fusius per ἐπεξήγησιν eas ita persequitur, ut te in rem praesentem quasi deducat : adesse Troianos cum uniuerso auxiliarium copiarum exercitu, nauibusque proximos cum tanta pugnandi alacritate, ut palam et superbe dictitent instare iam tempus, quo in naues impetum faciant. Quod cum inani iactantiae, et quae irrita futura sit tribui posset : addit, eos non frustra hanc spem animo concepisse, siquidem diuina ope freti sint, quibus Iupiter prospere fulguret. Vnde magis esse metuendum ipsis Graecis, cum Iouem quoque sibi manifeste aduersari intelligant. Quia uero iactantia illa Troianorum nihili facienda uidebatur, si eorum princeps Hector non memoraretur, cum in ducis uirtute posita sit quoque militum uirtus : addit ipsius quoque Hectoris superbam arrogantiam, qua exitium Graecis omnibus minitatur, uniceque optat, ut aurora diem reducat, qua illucescente, ferrum et flammam nauibus iniecturum se praedicet, ex cuius fumo turbati Graeci perituri sint : quod Vlysses ne accidat timet, statutumque fato sit, ut in Troianis oris longe a patria ipsis occumbendum sit. Tertia pars habet exhortationem, qua Vlysses Achillem impellit, ut pro Graecorum salute dimicet, quae tantopere periclitatur : neque auxilium diutius differat, cum re iam confecta nulla eius reparandae ratio inueniri possit. In quarta suadet Achilli, ut iram deponat, qua ab auxilio Graecis afferendo eum reuocari intelligebat : idque grauissimo argumento, nimirum recordatione praeceptorum, quibus Peleus eum ad bellum Troianum proficiscentem instruxerat, quorum summa eo redibat, ut sibi a contentione Achilles temperaret. Et hoc, ut dixi, ualidissimum fuit argumentum,*

siquidem liberos parentum mandatis audientes esse deceat, alioqui impie facere existimentur.
Quinto, ut eum hoc pacto magis ab ira reuocet, commemorat dona quae ipsi Agamemnon
offerat, prout antea uidimus : ut hic repetendum non sit, si suam iram deposuerit. Sexto
artificiose eum commouet, ut si nulla ratione aduersus Agamemnonem placari possit,
saltem reliquorum Graecorum gratia Troianis sese opponat, ita dextre uniuersorum
salutem unius odio anteponendam esse docens. Et quia generosum heroem sciebat gloriae
et honoris cupidum, hoc quoque aculeo illum stimulat, cum ei egregium fortitudinis suae
segetem hic parari dicit in Hectore perdomando, et reprimenda illius ἀλαζονεία, qua sibi
nullum comparandum iactitat : in quibus uidetur etiam ipse Achilles comprehendi, cum
generaliter omnes se inferiores dicat. Itaque non deceat Achillem torpescere, ut qui si nec
Agamemnonis nec Graecorum omnium ratio commoueat, hoc saltem pacto ad arma
aduersus Hectorem capienda inflammetur, a quo iam quasi pro homine nihili censeatur.

[225] *Salut à toi Achille*) Que les lecteurs prêtent une attention diligente à l'art
remarquable de ce discours ! Qu'ils ne laissent pas de côté avec légèreté – je sais que
c'est une pratique courante en ce qui concerne notre Poète – ce qu'Homère écrit avec
la plus grande diligence, afin de comprendre le prodige que constituent ses qualités
d'orateur (*rhètorikôtatous*). Cela bien sûr, Plutarque l'a montré avant nous, lui qui,
dans son livre *Sur Homère,* commente ces trois discours : mais nous allons le montrer
avec plus de soin. Nous diviserons donc ce discours en six parties. La première,
c'est le moment propice à la prise de parole, tiré de la situation présente, c'est-à-dire
du cas, comme disent les Rhétoriciens : les exordes de ce genre sont très fréquents
chez notre Poète, parce qu'ils semblent les plus appropriés et offrent le moins le
témoignage d'une recherche trop appliquée : le discours donne donc l'impression
de ne pas avoir été médité à l'avance, mais de naître spontanément. Ulysse tire donc
l'occasion de parler de l'éloge du banquet d'Achille et, à son propos, de la délicatesse
(*trupherotès*) d'Achille qui y a si bien pourvu qu'il ne laisse rien à désirer pour dîner
agréablement ; mais les circonstances actuelles ne sont pas propres aux banquets qui
réclament le loisir et la tranquillité de l'âme, deux choses qui font à présent défaut
aux ambassadeurs : ajustant son argument à cette remarque, il parvient à la seconde
partie de son discours qui embrasse les malheurs des Grecs. L'orateur les expose :
mais dès le début il dévoile sa pensée qui était d'implorer l'aide d'Achille ; puis il
les développe plus largement au moyen d'une explication détaillée (*épexègèsis*),
pour te conduire au cœur même de la situation : les Troyens sont là avec l'ensemble
des troupes auxiliaires, ils sont tout proches des navires et combattent avec une si
grande ardeur qu'ils vont répétant ouvertement, pleins d'orgueil, que le temps est
venu de donner l'assaut aux navires. Et alors qu'on pourrait attribuer cette attitude à
une vaine jactance destinée à être sans effet, il ajoute qu'ils n'ont pas en vain conçu
cet espoir en leur cœur, puisqu'ils s'assurent dans l'aide divine et que Jupiter, par sa
foudre, leur marque sa faveur. La crainte des Grecs doit donc redoubler puisqu'ils
voient que Jupiter aussi leur est ouvertement contraire. Et parce que la jactance des
Troyens semblait un argument faible s'il ne rappelait l'image mémorable de leur
prince Hector – la valeur des soldats réside en effet dans la valeur du chef – il ajoute
l'arrogance orgueilleuse d'Hector, qui ne cesse de menacer les Grecs de la ruine, et
ne forme qu'un souhait, que l'aurore ramène le jour car, quand elle brillera, il déclare

qu'il portera le fer et le feu sur les navires et que les Grecs périront, affolés par la fumée. Et Ulysse craint que cela n'arrive et que les décrets du destin ne stipulent qu'ils doivent tomber sur les rivages troyens, loin de leur patrie. La troisième partie comporte une exhortation par laquelle Ulysse pousse Achille à combattre pour le salut si menacé des Grecs et à ne pas différer son aide plus longtemps, car une fois le malheur arrivé, il n'y aurait aucun moyen de le réparer. Dans la quatrième partie, il cherche à persuader Achille d'abandonner sa colère car il savait bien qu'elle l'empêchait de porter secours aux Grecs : et il le fait par un argument de très grand poids, en rappelant les préceptes que Pélée lui donna à son départ pour la guerre de Troie, lesquels préceptes se résumaient pour Achille à s'abstenir de conflits de rivalité. C'est, comme je l'ai dit, un argument très puissant puisqu'il convient que les enfants obéissent aux recommandations de leurs parents, pour ne pas être accusés d'impiété. Cinquièmement, pour qu'il abandonne sa colère, il rappelle les présents mémorables que lui offrirait Agamemnon – nous l'avons vu auparavant, il n'est donc pas besoin de le répéter ici – s'il déposait sa colère. Sixièmement, il cherche avec art à l'émouvoir, afin que, si nul raisonnement ne peut apaiser sa colère contre Agamemnon, ce soit au moins pour aider les autres Grecs qu'il combatte les Troyens : il enseigne ainsi habilement que le salut de tous doit passer avant la haine d'un seul homme. Et parce qu'il savait bien qu'un héros au cœur noble désire la gloire et l'honneur, il le pique de cet aiguillon quand il dit qu'il prépare à son courage une remarquable récompense s'il vainc Hector et réprime ses fanfaronnades (*aladzoneia*) qui lui font clamer que nul ne peut lui être comparé : en quoi il semble aussi viser Achille puisqu'il déclare en bloc que tous lui sont inférieurs. Achille ne doit donc pas s'endormir : si rien ne l'émeut, ni les présents d'Agamemnon ni l'attente de tous les Grecs, qu'il mette au moins toute son ardeur à prendre les armes contre Hector qui le tient désormais pour quantité négligeable.

Bibliographie d'orientation

Ahern Knudsen, Rachel, *Homeric Speech and the Origins of Rhetoric*, Baltimore, The Johns Hopkins University Press, 2014.

Ahern Knudsen, Rachel, « Homer in the First Sophistic. A Study of Four Speeches », in S. Dubel, A.-M. Favreau-Linder et E. Oudot (éd.), *À l'école d'Homère. La culture des orateurs et des sophistes*, Paris, Éditions rue d'Ulm, 2015, p. 33-45.

Bowie, Ewen L., « Greek Sophists and Greek Poetry in the Second Sophistic », *ANRW*, II, 33, 1, Berlin, New York, 1989, p. 209-258.

Bowie, Ewen L., « Greek Poetry in the Antonine Age », in D. A. Russell (éd.), *Antonine Literature*, Oxford, Clarendon Press, 1990, p. 53-90.

Chiron, Pierre, « Les arts rhétoriques gréco-latins : structures et fonctions », *Mètis*, NS 5, 2007, p. 101-134.

Chiron, Pierre, « La poésie, modèle et repoussoir chez les théoriciens des caractères et des formes (*ideai*) du discours », in J.-Ph. Guez et D. Kasprzyk (éd.), *Penser la prose dans le monde gréco-romain*, Rennes, Presses Universitaires de Rennes, 2016, p. 57-68.

Cole, Thomas, « Who was Corax ? », *Illinois Classical Studies*, 16, 1-2, 1991, p. 65-84.

Cole, Thomas, *The Origins of Rhetoric in Ancient Greece*, Baltimore, The Johns Hopkins University Press, 1991.

Conte, Sophie, « Introduction : Le traité de rhétorique comme texte », in S. Conte et S. Dubel, (éd.), *L'écriture des traités de rhétorique des origines grecques à la Renaissance*, Bordeaux, Ausonius éditions, « Scripta Antiqua » 87, 2016, p. 11-28.

Conte, Sophie et Dubel, Sandrine (éd.), *L'écriture des traités de rhétorique des origines grecques à la Renaissance*, Bordeaux, Ausonius éditions, « Scripta Antiqua » 87, 2016.

De Cremoux, Anne, « Les figures de poètes et la définition de la *philosophia* isocratique, quelques remarques » Vial, Hélène (éd.) et Favreau-Linder, Anne-Marie (coll.), *Poètes et orateurs dans l'Antiquité. Mises en scène réciproques*, Clermont-Ferrand, coll. « Erga » 13, Presses Universitaires Blaise Pascal, 2013, p. 75-87.

Deloince-Louette, Christiane, *Sponde commentateur d'Homère*, Paris, Champion, 2001.

Dentice di Accadia Ammone, Stefano, *Omero e i suoi oratori. Tecniche di persuasione nell'Iliade*, De Gruyter, Berlin-Boston, 2012.

Dickey, Eleanor, *Ancient Greek Scholarship. A Guide to Finding, Reading, and Understanding Scholia, Commentaries, Lexica, and Grammatical Treatises, from Their Beginnings to the Byzantine Period*, Oxford, Oxford University Press, 2007.

Dubel, Sandrine, Favreau-Linder, Anne-Marie & Oudot, Estelle (éd.), *À l'école d'Homère. La culture des orateurs et des sophistes*, Paris, Éditions rue d'Ulm, 2015.

Ford, Philip, *De Troie à Ithaque. Réception des épopées homériques à la Renaissance*, Genève, Droz, 2007.

BIBLIOGRAPHIE D'ORIENTATION

Galy, Jean-Michel et Thivel, Antoine (éd.), *La rhétorique grecque. Actes du colloque « Octave Navarre »*, Publication de la Faculté des lettres, arts et sciences humaines de Nice, Nouv. sér., n°19, Nice, 1994.

Goldhill, Simon, *The Invention of Prose*, Oxford, Oxford University Press, 2002.

Graff, Richard, « Prose *versus* Poetry in Early Greek Theories of Style », *Rhetorica*, 23, 4, 2005, p. 303-335.

Graziosi, Barbara, « The ancient Reception of Homer », in L. Hardwick et C. Stray (éd.), *A Companion to Classical Receptions*, (Blackwell Companions to the Ancient World). Oxford, Blackwell, 2008, p. 26-37

Griffin, Jasper, « The Speeches », in R. Fowler (éd.), *The Cambridge Companion to Homer*, Cambridge, Cambridge University Press, 2004, p. 156-167.

Guez, Jean-Philippe et Kasprzyk, Dimitri (éd.), *Penser la prose dans le monde gréco-romain*, Presses Universitaires de Rennes, Rennes, 2016.

Hunter, Richard, « The Rhetorical Criticism of Homer » in F. Montanari, S. Matthaios et A. Rengakos (éd.), *Brill's Companion to Ancient Greek Scholarship*, Leyde-Boston, Brill, 2015, vol. 2, p. 673-705.

Innes, Doreen, « Philodemus » in Kennedy, Georges A., *Cambridge History of Literary Criticism, vol. 1 : Classical Criticism*, Cambridge, Cambridge University Press, 1989, p. 215-219.

Irigoin, Jean, « Du jeu verbal à la recherche étymologique : Homère et les scholies homériques », *Revue de Philologie* 65/1, 1991, p. 129-134.

Karp, Andrew J., « Homeric Origins of ancient Rhetoric », *Arethusa*, 10, 1977, p. 237-258.

Kennedy, George A., « The Ancient Dispute over Rhetoric in Homer », *AJPh*, 78-71, 1957, p. 23-35.

Kennedy, George A., « The evolution of a theory of artistic prose », dans *id.* (éd.), *Cambridge History of Literary Criticism, vol. 1*, Cambridge, Cambridge University Press, 1989, p. 184-199.

Kennedy, George A. (éd.), *Cambridge History of Literary Criticism*, Cambridge, Cambridge University Press, 1989.

Kennedy, George A., *Classical Rhetoric and its Christian and Secular Tradition from Ancient to Modern Times*, 2e édition, Chapel Hill et Londres, University of North Carolina Press, 1999.

Kindstrand, Jan Fredrik, *Homer in der Zweiten Sophistik. Studien zu der Homerlektüre und dem Homerbild bei Dion von Prusa, Maximos von Tyros und Ailios Aristeides,* Upsal, Acta Universitatis Upsaliensis, « Studia Graeca Upsaliensia » 7, 1973.

Létoublon, Françoise, « Le bon orateur et le génie selon Anténor dans l'*Iliade* : Ménélas et Ulysse », in J.-M. Galy et A. Thivel (éd.), *La rhétorique grecque. Actes du colloque « Octave Navarre »*, Nice, Publication de la Facuté des lettres, arts et sciences humaines de Nice, Nouv. sér., n°19, 1994, p. 29-40.

Martin, Richard P., *The Language of Heroes : Speech and Performance in the* Iliad, Ithaca, NY-Londres, Cornell University Press, 1989.

Meijering, Roos, *Literary and Rhetorical Theories in Greek Scholia*, Egbert Forsten, Groningue, 1987.

Montana, Fausto et Porro, Antonietta (éd.), *The Birth of Scholiography. From Types to Texts*, Trends in Classics, 6, 2014.

Montanari, Franco (éd.), *Omero tremila anni dopo*, Rome, Edizioni di Storia e Letteratura, 2002.

Montanari, Franco et Pagani, Lara (éd.), *From Scholars to Scholia. Chapters in the History of Ancient Greek Scholarship*, Berlin-New York, de Gruyter, 2011.

Montanari, Franco, Matthaios, Stephanos et Rengakos, Antonios (éd.), *Brill's Companion to Ancient Greek Scholarship*, Leyde, Brill, 2015.

Nagy, G., « Homeric Scholia », in I. Morris et B. Powell (éd.), *A New Companion to Homer*, Leyde, Brill, 1997, p. 101-122.

Nünlist, Richard, *The Ancient Critic at Work : Terms and Concepts of Literary Criticism in Greek Scholia*, Cambridge, Cambridge University Press, 2009.

Papillon, Terence, « Isocrates and the Greek Poetic tradition », *Scholia* 7, 1998, p. 41-61.

Perceau, Sylvie, « Des mots ailés aux mots en flocon : quelques portraits d'orateurs dans l'*Iliade* », dans Vial, Hélène (éd.) et Favreau-Linder, Anne-Marie (coll.), *Poètes et orateurs dans l'Antiquité. Mises en scène réciproques*, Clermont-Ferrand, coll. « Erga » 13, Presses Universitaires Blaise Pascal, 2013, p. 23-37.

Pernot, Laurent, *La Rhétorique de l'éloge dans le monde gréco-romain*, Paris, Institut d'Études Augustiniennes, 1993.

Pernot, Laurent, *La Rhétorique dans l'Antiquité*, Paris, Livre de poche, série « Antiquité », 2000.

Porter, Stanley E. (éd.), *Handbook of Classical Rhetoric in the Hellenistic Period (330 BC-AD 400*, Leyde, Brill, 1997.

Ramos Jurado Enrique A., « Homero come fuente de la retorica en el mundo antiguo », in A. Ruiz Castellano (éd.), *Actas del Primer Encuentro Interdisciplinar sobra retorica, texto y comunicacion*, col. Retorica griega, Universita de Cadiz, Cadix, 1994, p. 21-31.

Richardson, Nicholas, « Literary Criticism in the Exegetical Scholia to the *Iliad* : a Sketch », *CQ*, 30-32, 1980, p. 265-287.

Robert, Fabrice, « La présence d'Homère dans les *progymnasmata* d'époque impériale », in Dubel Sandrine, Favreau-Linder, Anne-Marie & Oudot, Estelle (éd.), *À l'école d'Homère. La culture des orateurs et des sophistes*, Paris, Éditions rue d'Ulm, 2015, p. 73-86.

Schiappa, Anthony Edward, *The Beginnings of Rhetorical Theory in Classical Greece*, New Haven, Yale University Press, 1999.

Schironi, Francesca, « Greek Commentaries », *Dead See Discoveries*, 19, 2012, p. 399-441.

Schmidt, Martin, « The Homer of the Scholia : what is explained to the reader ? », in Montanari Franco (éd.), *Omero tremila anni dopo*, Rome, Edizioni di Storia e Letteratura, 2002, p. 159-177.

Van Mal-Maeder, Danielle, « *Testis carminum antiquitas*. Homère dans la rhétorique et les déclamations latines », in S. Dubel, A.-M. Favreau-Linder et E. Oudot (éd.), *À l'école d'Homère. La culture des orateurs et des sophistes*, Paris, Éditions Rue d'Ulm, 2015, p. 47-60.

Vial, Hélène (éd.) et Favreau-Linder, Anne-Marie (coll.), *Poètes et orateurs dans l'Antiquité. Mises en scène réciproques*, Clermont-Ferrand, coll. « Erga » 13, Presses Universitaires Blaise Pascal, 2013.

Webb, Ruth, « Poetry and Rhetoric », in Porter, Stanley (éd.), *Handbook of Classical Rhetoric in the Hellenistic Period (330 BC-AD 400)*, Leyde, Brill, 1997, p. 341-349.

Index des principaux passages cités[1]

AELIUS ARISTIDE
II, 25 : 95
II, 93-96 : 87
XVII,
  14-16 : 33
  15 : 35
XVIII, 2-9 : 30
XXXIII, 29 : 34-35
XXXVII
  5 : 223
  6 : 218
  8 : 219
  9 : 219 ; 220
  21 : 218, 223
  23 : 218
XXXVIII
  1 : 216
  1-3 : 216
  14 : 223
  20-21 : 224
  21 : 223
XXXIX
  2 : 218
  7 : 218
  8-11 : 217
  11 : 218, 223
  14 : 223
XL
  2 : 223
  13 : 222, 224
  19 : 223

XLI
  5 : 222
  10 : 223
XLII
  4 : 222, 223
  14 : 217
XLIII
  17-18 : 223
  22 : 220
  26 : 223
XLIV
  1 : 219, 220
  2 : 220
  9 : 219
  16 : 218
XLV
  2 : 220
  15-16 : 223, 224
  24 : 224
  26 : 224
  27 : 225
  28 : 225
  29 : 225
XLVI
  6 : 217
  8 : 217
  20 : 218
  33 : 221
  35 : 221
  36-37 : 221
  38 : 222

---

[1] Nous remercions Catherine Songoulashvili, ingénieur d'études au CELIS, pour son aide dans la préparation de cet index.

INDEX DES PRINCIPAUX PASSAGES CITÉS

ALEXANDROS
  De figuris : 151-162
    36, 13-26 : 164
ANONYME
  Sur les figures du discours : 95, 108
ANONYME
  Préambule à la rhétorique, 5 : 59
ANONYME DE SÉGUIER,
  Art du discours politique
    I, 7 : 63
    I, 8 : 63
APSINÈS
  Art rhétorique, I, 1 : 63
AQUILA ROMANUS
  De figuris, p. 47 : 158
ARATOS
  Phénomènes, 1 : 200
ARISTOPHANE
  Cavaliers, 1225 : 171
  Oiseaux, 299-300 : 171
  Ploutos, 587 *sq.* : 170
ARISTOTE
  Histoire des Animaux, VI, 31, 579b : 128
  Poétique
    1453a18 : 99
    1454a18-19 : 73
    1456a33 : 10
    1458a23 : 142
    1459a : 132
    1459a30 *sq.* : 100
    1459b 13-16 : 42
  Rhétorique
    I, 2, 1356a5-13 : 115
    I, 3, 1358b20 *sq.* : 61
    I, 4, 1359b1 : 61
    I, 4, 1359b33 *sq.* : 61
    III, 1, 1404a : 10
    III, 1, 1404b4-5 : 10
    III, 7, 1408a25-32 : 73
    III, 8, 3, 1408b30 : 9
    III, 9, 1409a : 104
    III, 9, 1409a24-25 : 15
    III, 10, 1410-1411 : 132

III, 12, 1414a2 : 131, 158
III, 14, 1415a 3-36 : 63
III, 19, 1419b25 : 62
[ARISTOTE]
  Rhétorique à Alexandre
    1421b23-30 : 61
    1436a-1439b 36 : 62
    1436b37 *sq.* : 63
    1439b11-36 : 62
ARRIEN
  Bithynicorum Frag. 20 : 169
AULU-GELLE
  Nuits attiques, XII, 2, 7 : 209
BACCHYLIDE
  Poèmes, 17, 76 : 220
CICÉRON
  Brutus, 141 : 9 ; 150 : 209
  De inuentione, I, 34-36 : 211
  De optimo genere oratorum, 13 : 9
  De oratore, II, 147-150 : 237
  De republica, I, 36 : 200
  De senectute, 31 : 209
  Orator, 4 : 199
    14 : 197
    20 : 229
    68 : 229
    69 : 229
    78-79 : 237
    101 : 229
COMÉTAS
  Épigrammes, 40, 23-24 : 111
DÉMÉTRIUS
  Sur le style
    61-62 : 132, 158
    67 : 162
    78-90 : 157
    82 : 133
    83-84 : 157
    83 : 185
    212-216 : 158
    287-295 : 84
    289-292 : 72
    289 : 72

INDEX DES PRINCIPAUX PASSAGES CITÉS   251

DENYS D'HALICARNASSE
La Composition stylistique
3, 7-11 : 163
15, 11-16 : 163
15, 18 : 163
20, 8-22 : 163
23, 1-2 : 29
24, 4 : 29
24, 5 : 29-30
Démosthène
20, 9 : 160
41, 2 : 29
Isée, 3, 6 : 160
Isocrate, 4, 2 : 160
Thucydide, 48, 41 (3) : 164
[DENYS D'HALICARNASSE]
Ars rhetorica
A, 11 : 69, 71
A, 15 : 69
B, 5 : 69
B, 14 : 69-71
B, 15 : 72
DIOGÈNE LAERCE
Vies des philosophes illustres, VII, 147 :
223
ÉPHORE
FGrH 2a,70,F, frgt 1 : 35
EURIPIDE
Hélène, 1304-1305 : 220
Phéniciennes, 1514-1519 : 169
Troyennes, 124 : 220
EUSTATHE DE THESSALONIQUE
Commentarii ad Homeri Iliadem
I
p. 1, l. 18 : 81
p. 2, l. 6-9 : 81
p. 3, l. 13-14 : 81
p. 151, l. 2 : 27-28
p. 151, l. 8-11 : 28, 31
p. 151, l. 13-14 : 82
p. 191, l. 19 – p. 192. l. 33 : 167, 173
p. 192, l. 33 – p. 193, l. 18 : 168
p. 193. l.18-30 : 169
p. 193, l. 30-37 : 169
p. 193, l. 37 – p. 194, l.13 : 171

p. 194, l. 13-22 : 172
p. 290, l. 2-4 : 84
p. 292, l. 33 : 172
p. 336, l. 25-26 : 82
p. 352, l. 4-6 : 82
p. 623 : 114
p. 639 : 114
p. 640 : 108
p. 642 : 114, 115
p. 695, 23 *sq.* : 174
II
p. 202, l. 15 *sq.* : 174
p. 385, l. 13 : 173
p. 466, l. 20 *sq.* : 173
p. 599, l. 1 *sq.* : 173
p. 707, l. 8-9 : 62, 63
p. 708, l. 13 : 62
p. 708, l. 15 : 62
p. 713, l. 15 : 66
p. 726, l. 25 : 73
p. 739, l. 3-4 : 66
p. 749, l. 14-16 : 64
p. 750, l. 3 : 70
p. 817, l. 15 *sq.* : 67
p. 820, l. 13-16 : 67
p. 821, l. 10 *sq.* : 68
III
p. 43, l. 17 *sq.* : 175
p. 212 : 95, 108
p. 372, l. 13 *sq.* : 173
p. 411, l. 10, *sq.* : 173
p. 671, l. 3 *sq.* : 173
p. 767, l. 17 *sq.* : 174
p. 818, l. 3 *sq.* : 175
IV
p. 3, l. 11 : 172
p. 56, l. 17 *sq.* : 173
Commentarii ad Homeri Odysseam
I
p. 45, l. 22-25 : 85
p. 51, l. 11-14 : 85
p. 55, l. 10 : 85
p. 72, l. 31-35 : 89
p. 81, l. 16-18 : 86
p. 81, l. 35-36 : 86

p. 82, l. 7-8 : 86
p. 83, l. 34-35 : 86
p. 99, l. 18-21 : 87
p. 110, l. 2-6 : 87
p. 110, l. 21-31 : 84
p. 116, l. 38-40 : 86
p. 121, l. 42-45 : 87
p. 122, l. 46 – p. 123, l. 2 : 86
p. 123. l. 43 : 172
p. 156, l. 28-29 : 86
p. 156, l. 31-33 : 86
p. 184, l. 5-7 : 87
p. 184, l. 34-36 : 87
p. 208, l. 39 : 83
p. 244, l. 25 – p. 247, l. 46 : 83
p. 244, l. 26 : 83
p. 245, l. 33-34 : 83
p. 276, l. 31 : 83 ;
p. 277, l. 8-9 : 83
p. 306, l. 10-14 : 83
p. 306, l. 12-13 : 83
p. 321, l. 6-11 : 88
p. 345, l. 39-40 : 83
p. 348, l. 11-12 : 83

II

p. 19, l. 16-17 : 84
p. 19, l. 43-44 : 84
p. 49, l. 28-31 : 84
p. 64, l. 18-20 : 173
p. 83, l. 21-24 : 84
p. 122, l. 2-9 : 88
p. 124, l. 17-24 : 88
p. 125, l. 11 : 89
p. 152, l. 42-44 : 84
p. 156, l. 39-43 : 85
p. 166, l. 15-21 : 89
p. 188, l. 1-3 : 88
p. 196, l. 24-27 : 84
p. 196, l. 31-34 : 84
p. 240, l. 7-8 : 89
p. 240, l. 22-25 : 89
p. 252, l. 42-44 : 89
p. 257, l. 39-40 : 83
p. 259, l. 4-7 : 83
p. 298, l. 33-35 : 89

Epistulae, 19 : 115

GORGIAS

Éloge d'Hélène, 8 : 9

[HERACLITE]

Allégories d'Homère

63, 6 : 86
63, 8, 9 : 85

HERMOGÈNE

De l'invention

I, 1 : 66
I, 4, 1 : 63
II, 7 : 62
III, 3, 9 : 66
IV, 7 : 164
IV, 13 : 84

Sur les catégories du discours

II, 4 : 185
II, 5, 79-97 : 164
II, 9 : 113
II, 10, 31 : 11
II, 10, 32 : 12

Sur la méthode de l'éloquence, 22 : 69

[HÉRODIEN]

De figuris

63 : 146
65 : 67

HÉRODOTE

Histoires, III, 72 : 84

HÉSIODE

Théogonie

27 *sq.* : 95, 104
107 : 220
844 : 220

Travaux et les Jours

622 : 220
651sq. : 95

frg. 176, 4 M. W. = fr. 93, 4 Rz : 169, 172

HOMÈRE

Iliade

I, 34 : 135 ; 225 : 180 ; 249 : 27, 31, 116, 209, 210 ; 274 : 167 ; 378-379 : 169 ; 403-406 : 166 ; 404-405 : 172

II, 56 : 216 ; 87-94 : 124-125 ; 101-107 : 198 ; 135 : 69 ; 144 : 135 ; 207-210 : 134-135 ; 209 : 135 ; 225-242 :

195 ; 243 : 203 ; 286 : 154 ; 294 :
116 ; 394-397 : 149 ; 456 : 156 ;
469 : 147 ; 477-483 : 211 ; 613 :
220 ; 671 : 154, 158 ; 672 : 154 ; 751-
755 : 218 ; 751 : 25 ; 753 : 25 ; 824 :
156 ; 850 : 26

III, 4 : 116 ; 60-65 : 135 ; 196 : 146 ;
203-224 : 66 ; 212-224 : 13 ; 214-
215a : 209 ; 216-220 : 86 ; 216-224 :
210 ; 221-222 : 209 ; 221-224 : 116 ;
222-224 : 88

IV, 23-24 : 174 ; 323 : 59 ; 442 : 181,
183 ; 450 : 154 ; 452 : 116

V, 85 : 181, 191 ; 88 : 116 ; 750 : 185 ;
770-772 : 181, 184 ; 788 : 174 ;
801 : 211

VI, 201-202 : 164 ; 247 : 135 ; 506-
511 : 129 ; 508 : 27

VII, 5-6 : 172 ; 99 : 217

VIII, 2 *sq.* : 220 ; 368-370 : 173 ;
460-461 : 167

IX, 55-61 : 88 ; 82 : 135 ; 198 : 63 ;
222-642 : 59-80 ; 225-306 : 237 ;
225 : 241-243 ; 427-429 : 64 ;
434-605 : 207 ; 441-442 : 207 ;
442-443 : 13, 59 ; 443 : 85 ; 481-
482 : 155 ; 492 : 155 ; 529-599 :
201 ; 544 : 172

X, 8 : 237 ; 183 : 148 ; 192 : 175 ;
360 : 148

XI, 298 : 220 ; 493 : 116

XII, 154-160 : 117 ; 183-186 : 173 ;
277-287 : 116-117 ; 283 : 117 ;
380 : 144

XIII, 18-19 : 186 ; 19 : 181 ; 27-29 :
181, 186 ; 39 : 135 ; 138 : 116 ; 334 :
135 ; 798 : 135

XIV, 57-60 : 191 ; 433 : 27 ; 434 : 26

XV, 187 *sq.* : 217 ; 193 : 224 ; 257-
258 : 131 ; 263-269 : 129 ; 265 : 27 ;
275 : 128 ; 284 : 59, 208 ; 346-349 :
181, 189, 192 ; 381 : 135 ; 576-578 :
174 ; 605-607 : 181, 189 ; 624-628 :
181, 189 ; 697-698 : 181, 189, 191

XVI, 117 : 174 ; 259 : 148 ; 391 : 220

XVII, 4-7 : 126 ; 109 : 128 ; 132-139 :
126 ; 549 : 116 ; 570 : 147 ; 645-
647 : 181, 187

XVIII, 18 : 201 ; 20 : 201 ; 182-184 :
168 ; 318 : 128 ; 468-473 : 218 ;
497-508 : 209

XIX, 13 : 144 ; 25 : 144 ; 387-389 : 211

XX, 60 : 181, 186 ; 61-65 : 185 ; 170-
171 : 181 ; 371 : 154

XXI, 1 : 27 ; 48 : 144 ; 195-197 : 29,
200 ; 388 : 181, 185 ; 403 : 206 ;
424 : 206

XXII, 162-166 : 130

XXIII, 59 : 135 ; 144-151 : 33 ; 420 : 116

XXIV, 205 : 144 ; 453b-456 : 211 ;
465-466 : 171 ; 486-506 : 201 ;
692 : 27

Odyssée

I, 1-20 : 48 ; 13-15 : 42 ; 48-59 : 44 ;
55-57 : 42 ; 84-87 : 44 ; 86 : 45 ;
158-177 : 48 ; 173 : 85 ; 207-209 :
86 ; 215-216 : 85 ; 231-251 : 48, 85 ;
326-327 : 50 ; 417-420 : 89

II, 51 : 86 ; 82-83 : 86 ; 270 *sq.* : 220 ;
314-315 : 87

III, 23 : 85 ; 45 : 225 ; 51 *sq.* : 220 ;
62 : 225 ; 95 : 48 ; 97 : 99 ; 103 :
98 ; 109-111 : 182 ; 120 : 98 ; 122-
125 : 86 ; 126 : 98 ; 130-161 : 50 ;
135 : 98 ; 141 : 98 ; 162 : 98, 99 ;
184 : 98 ; 203 : 87 ; 208 : 99 ;
218-222 : 50 ; 225-226 : 85-86 ;
240 *sq.* : 99 ; 270 : 219 ; 314-
319 : 50

IV, 74 : 218 ; 141-143 : 86 ; 148-150 :
86 ; 184-185 : 131 ; 188-190 : 131 ;
271 *sq.* : 198 ; 325 : 48 ; 305: 101 ;
332 : 101 ; 347 : 101 ; 370 : 101 ;
400 : 101 ; 426 : 101 ; 460 : 101 ;
551 : 101 ; 556-560 : 42 ; 571 : 101 ;
593-624 : 101 ; 605-608 : 87 ; 611 :
87 ; 681-689 : 182, 192 ; 831-834 :
48 ; 832 : 48

V, 1-42 : 42 ; 13-17 : 44, 42 ; 16-17 :
42 ; 30-32 : 44 ; 30 : 45, 51 ; 31-40 :

52 ; 31 : 48 ; 32-33 : 55 ; 41-42 : 51 ;
43-48 : 46 ; 75 : 46 ; 81-84 : 53,
54 ; 85-148 : 41-58 ; 151-158 : 53,
54 ; 270 *sq.* : 219 ; 291 *sq.* : 222

VI, 148 : 83

VII, 259 : 42

VIII, 169-174 : 209 ; 185 : 169 ; 223-
224 : 155 ; 224 : 154 ; 481 : 169 ;
493 : 169

IX, 21-28 : 87 ; 29-30 : 42 ; 94-95 :
218 ; 470 : 220 ; 499 : 144

X, 22 : 225 ; 195 : 144 ; 251-252 : 182,
191

XI, 83 : 172 ; 131 : 197 ; 238 : 26 ; 315-
317 : 182, 183 ; 523 : 198 ; 545 : 59 ;
563 : 182, 183

XII, 245 : 169 ; 351 : 219 ; 374-390 :
50 ; 374-419 : 50

XIII, 85 : 135 ; 89 *sq.* : 96 ; 220 : 135 ;
314-319 : 50 ; 351 : 219

XIV, 37-47 : 48 ; 80-108 : 48 ;
122-143 : 48 ; 196 : 103 ; 216 : 103 ;
256 : 103 ; 291 : 103 ; 321 : 103

XV, 391 : 102 ; 403 : 102 ; 410 : 102 ;
415 : 102 ; 420 : 102 ; 440 : 102 ;
455 : 102 ; 464 : 102 ; 470 : 102 ;
477 : 102 ; 479 : 102 ; 484 : 102 ;
485 *sq.* : 169

XVI, 17-19 : 154 ; 196-198 : 88 ; 211-
212 : 88 ; 264-307 : 88 ; 287-294 :
88 ; 309-320 : 88

XVII, 37 : 146 ; 135-136 : 55 ; 142-
146 : 42 ; 322-323 : 181 ; 419-444 :
84 ; 470-472 : 85

XVIII, 62-65 : 89

XIX, 13 : 144 ; 16-20 : 88 ; 33-34 :
219 ; 53 : 146 ; 113 : 218 ; 203 : 104 ;
204 : 84

XX, 14 : 148 ; 140 : 48 ; 339-344 :
89 ; 345-346 : 89

XXI, 6 : 206 ; 48 : 144

XXII, 412 : 34

XXIII, 117-122 : 89 ; 311 : 218 ; 333-
337 : 42

XXIV, 231 : 144 ; 287-296 : 48 ; 465-
466 : 164

SCHOLIES À L'*ILIADE*

Scholies ad I, 83 : 122

Scholies ad I, 141, 4.3 : 122

Scholies ad I, 287-9a : 122

Scholies ad I, 366a : 122

Scholies ad I, 366b : 122

Scholies ad I, 409 : 64

Scholies ad II, 87 : 124

Scholies ad II, 207-210 : 134-135

Scholies ad II, 382 : 131

Scholies ad III, 63 : 135

Scholie ad III, 212 : 95, 107, 110

Scholie ad III, 213 : 110

Scholie ad III, 222 : 110, 111

Scholies ad IV, 224, 2 : 122

Scholies ad VI, 506-511 : 129

Scholies ad IX, 225a : 62, 63

Scholies ad IX, 226 : 72

Scholies ad IX, 228 : 65

Scholies ad IX, 232a : 62, 64,

Scholies ad IX, 252 : 72

Scholies ad IX, 311 : 72

Scholies ad IX, 312 : 66

Scholies ad IX, 313 : 68

Scholies ad IX, 316 : 66

Scholies ad IX, 340-343 : 66

Scholies ad IX, 346 : 73

Scholies ad IX, 348 : 73

Scholies ad IX, 360-361 : 61

Scholies ad IX, 364 : 66

Scholies ad IX, 369 : 72

Scholies ad IX, 378 : 67

Scholies ad IX, 417a : 61

Scholies ad IX, 418 : 66

Scholies ad IX, 432 : 67, 73

Scholies ad IX, 434 : 63, 64

Scholies ad IX, 437 : 70

Scholies ad IX, 443a : 59

Scholies ad IX, 491-495 : 69

Scholies ad IX, 496 : 71

Scholies ad IX, 497 : 72

Scholies ad IX, 524 : 71

Scholies ad IX, 527-529 : 67

INDEX DES PRINCIPAUX PASSAGES CITÉS   255

Scholies ad IX, 636 : 61
Scholies ad IX, 651-652 : 67
Scholies ad X, 437 : 122
Scholies ad XIII, 339 : 132-133
Scholies ad XIII, 358-360a : 133-134
Scholies ad XV, 263-269 : 130
Scholies ad XVI, 364 : 123
Scholies ad XVII, 4 : 127
Scholies ad XVII, 133-136 : 125-126
Scholies ad XVIII, 318 : 128
SCHOLIES À L'ODYSSÉE
Scholies ad I, 284 a : 85
Scholies ad II, 15 : 86
Scholies ad V, 96a : 44-45 ; 105a :
  48 ; 110b : 49 ; 114a : 49 ; 107a : 50 ;
  130a : 54
Scholies ad VI, 148 : 82, 83 ; 152 : 82 ;
  160 : 82 ; 170 : 82 ; 178 : 82, 83
Scholies ad VII, 241 : 83 ; 244 : 83 ;
  290 : 83 ; 293 : 83 ; 303 : 83 ; 305 : 83
Scholies ad VIII, 166 : 86
Scholies ad XIII, 267 : 84
HIMÉRIOS
Or. XL, 18-20 : 32
HORACE
Art poétique,
  357-362 : 202
  401b-403a : 211
ISOCRATE
Panathénaïque, 246 : 84
Sur l'échange, 46-47 : 9
JÉRÔME
Epître, 52.3 : 209
JUVÉNAL
Satires
  VI, 434-439 : 205
  XI, 179-182 : 205
[LONGIN]
Traité du sublime : 179-194
  XII, 2 : 158
  XVI, 2 : 159
LUCIEN
Alexandre ou le faux prophète, 53 : 23
Dialogues des morts, 25 : 158
Histoires vraies, II, 20 : 188

LYCOPHRON
Alexandra, 419-420 : 169
MACROBE
Saturnales,
  V, I, 7 : 233 ;
  V, XI, 1 : 234 ; V, XIII, 41 : 234
MICHEL CONIATES
Μονῳδία εἰς τὸν ἁγιώτατον
Θεσσαλονικῆς κῦρ Εὐστάθιον, 21,
éd. S.P. Lampros, p. 292 : 81
MICHEL ITALIKOS
Lettres 20 : 30-31 ; 40 : 31
NICETAS CONIATES
Historia, p. 87 (éd. van Dieten) : 116
PÉTRONE,
Satiricon, 48 : 205
PHILOSTRATE,
Heroikos, II, 19 : 185
Images, II, 8 : 25
Vies des sophistes, I, 21, 516 : 31 ; I, 25,
  542 : 68 ; II, 26, 613 : 31 ; II, 27, 620 :
  215 ;
LE MARTYRE DE PIONIOS
  IV, 2 : 33-34
  IV, 3-4 : 34
PLATON
Cratyle 398d : 12
Hippias Minor, 364b-365c : 42,
  68 ; 364e : 73 ; 364e-365b : 68 ;
  370a-371d : 73
Phèdre, 261c2 : 118
Republique, 398e 2 : 110
PLINE LE JEUNE,
Lettres,
  II, 14, 2 : 205
  IX, 26, 6-7 : 185
PLUTARQUE,
Vie de Cicéron, 24 : 202
De audiendis poetis, 16D : 185
[PLUTARQUE]
Sur Homère 141-150 : 67 ; 81, 86 ; 72 :
  231 ; 73 : 231 ; 162 : 81 ; 164 : 86 ; 164-
  174 : 59 ; 169 : 62, 63, 67, 69 ; 172 : 73

POLITIEN

Ambra, v. 217 : 231 ; v. 260-261 : 231 ;
v. 476-482 : 230 ; v. 487-493 : 230-231

QUINTILIEN

Institution Oratoire

I, Proem., 13 : 207

I, 3, 12 : 207 ; 5, 66 : 197 ; 8, 4 : 203,
204-205

II, 17, 8 : 59, 208

III, 6, 47 : 66 ; 7, 12 : 210

IV, 1, 5 : 63 ; 1, 34 : 203, 210 ; 31 : 63

V, 10, 104 : 238

VII, 10, 11 : 197, 201, 209

VIII, 3, 77 : 146 ; 3, 83 : 198 ; 5, 9 :
199 ; 6, 18 : 203 ; 6, 40 : 143

IX, 2, 65-66 : 84 ; 2, 66-67 : 164 ; 3,
36 : 160 ; 3, 57 : 198

X, 1, 24 : 202 ; 1, 46 : 107, 152, 200,
204, 230 ; 1, 47 : 59, 201 ; 1, 48 :
201, 209 ; 1, 50 : 202 ; 1, 56 : 211 ;
1, 62 : 205 ; 1, 65 : 199 ; 1, 81 : 205-
206 ; 1, 85 : 203-204

XI, 1, 37 : 195 ; 3, 157 : 210

XII, 1, 22 : 202 ; 4, 2 : 207 ; 10, 5 :
206 ; 10, 58 : 108 ; 10, 59 : 115 ; 10,
61 : 113 ; 10, 63 : 113, 208-209 ; 10,
64 : 29, 112 ; 10, 65 : 113 ; 11, 21 :
202 ; 11, 26 : 199, 203, 205

QUINTUS DE SMYRNE

Posthomériques, II, 309 *sq* : 98

RHÉTORIQUE À HERENNIUS

IV, 7 : 237 ; 29 : 164 ; 42 : 143

Rufus

Ars Rhetorica, 39 : 66

JULIUS CAESAR SCALIGER

Poétique

IV, p. 48 : 234, 235 ; p. 158 : 235 ;
p. 194 et 195 : 235 ; p. 206 : 235 ;
p. 208 : 235 ; p. 208-210 : 235 ;
p. 212 : 235

V, 3 : 235

SÉNÈQUE,

De breuitate uitae, 13, 2 : 188

Lettres à Lucilius, 40.2 *sq.* : 111 ; 40.4 :
112 ; 40.5 : 112 ; 40.8 : 112, 115

SPONDE (Jean de)

Commentaire aux poèmes homériques
p. 50 : 238 ; p. 150 : 237 ; p. 175 : 238 ;
p. 344 : 238

STRABON,

Géographie

XIV, 1, 37 : 31

THÉOCRITE

Idylles

VII, 51 : 168

XVIII, 1 : 200

THÉON

Progymnasmata, 60, 27-29 : 86 ; 60,
28 : 73 ; 78, 17 : 64 ; 93, 5 *sq.* : 215 ;
115.23-116-21 : 73

THÉOPHRASTE

fr. 696 FHS & G : 160

THUCYDIDE,

Guerre du Péloponnèse

I, 110, 2 : 164

VIRGILE

Énéide, II, 29 *sq.* : 98 ; VI, 16 : 203

Géorgiques, IV, 59 : 203

Églogues, III, 60 : 200

TIBERIUS

De figuris demosthenicis, 39 : 66

TZÉTZÈS

Chiliades, 13, 630 : 24

XÉNOPHANE

Silloi 10 : 205

XÉNOPHON

Helléniques, VII, 1, 41 : 164